LA GRA

CW01507997

DU MÊME AUTEUR

Principes d'économie moderne, De Boeck, 1999 ; 2014.
La Grande Désillusion, Fayard, 2002 ; Le Livre de poche n° 15538.
Quand le capitalisme perd la tête, Fayard, 2003 ; Le Livre de poche n° 30388.
Économie monétaire (avec Bruce Greenwald), Economica, 2005.
Un autre monde, Fayard, 2006 ; Le Livre de poche n° 31130.
Pour un commerce mondial plus juste (avec Andrew Charlton), Fayard, 2007 ; Le Livre de poche n° 31626.
Une guerre à 3 000 milliards de dollars (avec Linda J. Bilmes), Fayard, 2008.
Le Triomphe de la cupidité, Les Liens qui libèrent, 2010 ; Babel n° 1042.
Le Rapport Stiglitz, Les Liens qui libèrent, 2010 ; Babel n° 1105.
Le Prix de l'inégalité, Les Liens qui libèrent, 2012 ; Babel n° 1228.
La Grande Fracture, Les Liens qui libèrent, 2015.
L'Euro : comment la monnaie unique menace l'avenir de l'Europe, Les Liens qui libèrent, 2016.

Titre original :
The great divide
unequal societies and what we can do about them
Éditeur original :
W. W. Norton & Company, New York
© Joseph E. Stiglitz, 2015

© Les Liens qui libèrent, 2015

ISBN 978-2-330-07531-6

JOSEPH E. STIGLITZ

LA GRANDE FRACTURE

LES SOCIÉTÉS INÉGALITAIRES
ET CE QUE NOUS POUVONS FAIRE
POUR LES CHANGER

essai traduit de l'anglais (États-Unis)
par Françoise, Lise et Paul Chemla

BABEL

*À mes nombreux lecteurs, qui ont réagi
avec tant d'enthousiasme
à mes écrits sur l'inégalité et sur l'égalité des chances.*

*À mes enfants, Siobhan, Michael, Jed et Julia,
et à mon épouse, Anya, qui tous, à leur façon,
luttent pour créer un monde meilleur et plus juste.*

*Et aux chercheurs et militants de partout
qui œuvrent ardemment pour la justice sociale.*

Merci pour votre inspiration et pour vos encouragements.

Introduction

Nul ne peut le nier aujourd'hui : il existe une grande fracture en Amérique. Elle sépare les super-riches – que l'on appelle parfois le 1 % – et tous les autres. Leurs vies sont différentes. Ils n'ont pas les mêmes soucis, pas les mêmes aspirations, pas les mêmes façons de vivre.

Les Américains ordinaires se demandent comment ils vont payer la formation supérieure de leurs enfants ; ce qui va se passer si un membre de la famille a une maladie grave ; comment ils vont gérer leur retraite. Dans les affres de la Grande Récession, des dizaines de millions se sont demandé s'ils allaient pouvoir garder leur maison. Des millions n'y ont pas réussi.

Les membres du 1 % – et plus encore ceux du 0,1 % supérieur – ont d'autres sujets de discussion : le type de jet privé qu'il faut acheter ; le meilleur moyen de protéger du fisc leurs revenus. (Que va-t-il se passer si les États-Unis imposent à la Suisse la fin du secret bancaire ? Ce sera au tour des îles Caïman ? L'Andorre est-elle sûre ?) Sur les plages de Southampton [1], ils se plaignent du bruit que font leurs voisins quand ils arrivent en hélicoptère de

1. Sur l'île de Long Island, dans la région des Hamptons, lieu de villégiature favori des riches New-Yorkais *(NdT)*.

New York. Ils ont peur, aussi, de ce qui se passerait s'ils tombaient de leur perchoir. Ce serait de si haut. Et, à de rares occasions, cela arrive.

Récemment, j'ai été convié à un dîner que donnait un membre brillant et engagé du 1 %. Conscient de la grande fracture, notre hôte avait réuni des milliardaires, des universitaires et d'autres personnes préoccupées par l'inégalité. Dans le babil des premières conversations à bâtons rompus, j'ai entendu un super-riche – qui devait ses heureux débuts dans la vie à la fortune dont il avait héritée – dialoguer avec l'un de ses homologues d'un grave problème : les fainéants, qui resquillaient aux dépens des autres Américains. Après quoi ils sont passés sans transition à une discussion sur les paradis fiscaux, sans mesurer, apparemment, l'ironie de cet enchaînement. Plusieurs fois dans la soirée, on a invoqué Marie-Antoinette et la guillotine : les ploutocrates réunis se rappelaient les uns aux autres les risques de laisser croître exagérément l'inégalité. «Souvenons-nous de la guillotine!» La formule donne le ton de cette réception. Et, par ce refrain, les convives reconnaissaient le bien-fondé d'un message central de ce livre : le niveau actuel de l'inégalité en Amérique n'est pas inévitable. Il n'est pas le résultat des lois inexorables de l'économie. Il dépend des politiques que nous suivons, et de la politique. Que disaient, en fait, ces hommes puissants? Qu'il leur était possible d'agir contre l'inégalité.

Ce n'est pas pour cette seule raison que l'inégalité est devenue une urgente préoccupation au sein même du 1 %. Ses membres sont toujours plus nombreux à comprendre que la croissance économique durable, dont dépend leur prospérité, est impossible quand les citoyens, dans leur immense majorité, ont des revenus stagnants.

Au rassemblement annuel de l'élite mondiale à Davos[1] en 2014, Oxfam[2] a usé d'une image forte pour que chacun mesure

---

1. La réunion annuelle du Forum économique mondial, qui se tient à Davos (Suisse), à la fin du mois de janvier. Voir plus loin, p. 000 *(NdT)*.
2. Organisation internationale qui se propose de mobiliser «le pouvoir citoyen contre la pauvreté» (site en français à l'adresse <www.oxfam.org/fr>) *(NdT)*.

l'ampleur de l'inégalité en pleine ascension dans le monde. Si l'on mettait 85 multimilliardaires dans un autobus, il contiendrait une fortune équivalente à celle de la moitié la plus pauvre de l'humanité, environ trois milliards de personnes [1]. Un an plus tard, l'autobus a rétréci : il n'a plus que 80 places. Et Oxfam a fait une autre découverte, tout aussi spectaculaire : 1 % de la population de la planète détient aujourd'hui près de la moitié de la fortune mondiale. Et il est bien parti pour posséder, en 2016, autant que les 99 % restants réunis.

La grande fracture a mis du temps à se dessiner. Dans les décennies qui ont suivi la Seconde Guerre mondiale, alors que les États-Unis connaissaient leur croissance la plus rapide, les Américains progressaient ensemble. Si les revenus montaient dans toutes les composantes de la population, ils augmentaient plus vite en bas de l'échelle qu'au sommet. Il y avait un partage réel de la prospérité.

C'était un âge d'or en Amérique, mais à mes yeux de jeune il était plus sombre sur les bords. Je grandissais alors sur la rive Sud du lac Michigan, dans l'une des villes industrielles emblématiques du pays, Gary (Indiana). Je voyais la pauvreté, l'inégalité, la discrimination raciale et le chômage épisodique lors des récessions successives qui frappaient le pays. Les conflits du travail étaient courants : les ouvriers luttaient pour obtenir leur juste part de cette prospérité américaine couverte d'éloges mérités. J'entendais les beaux discours qui présentaient l'Amérique comme une société de classe moyenne. Mais les gens que je voyais autour de moi, pour la plupart, occupaient les échelons inférieurs de cette formation sociale supposée et leurs voix n'étaient pas de celles qui modelaient le destin du pays.

Nous n'étions pas riches, mais mes parents avaient ajusté leur mode de vie à leurs revenus – et, finalement, c'est une grande partie de la bataille. Je portais des vêtements recyclés de mon frère, que ma mère avait toujours achetés en solde en privilégiant la durabilité au lieu d'opter pour le prix le plus bas : les économies

---

1. Oxfam, «Working for the Few : Political Capture and Inequality», document de synthèse n° 178, 20 janvier 2014.

de bouts de chandelle font les grosses dépenses, disait-elle. Pendant mon enfance, elle aidait mon père dans sa compagnie d'assurances – elle avait passé une licence à l'université de Chicago pendant la Grande Dépression. Quand elle travaillait, nous étions confiés à notre «aide ménagère», Minnie Fae Ellis, femme aimante, travailleuse et brillante. Même à dix ans, j'étais perplexe : pourquoi n'avait-elle qu'une instruction de niveau sixième dans un pays qui, disait-on, était si riche et donnait sa chance à tout le monde? Pourquoi s'occupait-elle de moi plutôt que de ses propres enfants?

Quand j'ai obtenu mon diplôme de fin d'études secondaires, ma mère a réalisé l'ambition de sa vie : retourner à l'université pour obtenir un certificat d'aptitude à l'enseignement et devenir insti-tutrice dans une école primaire. Elle a enseigné dans les établisse-ments publics de Gary. Au moment de la «fuite des Blancs [1]», elle est devenue l'une des rares institutrices blanches dans une école muée de fait en lieu de ségrégation raciale. Forcée de prendre sa retraite à l'âge de soixante-sept ans, elle s'est mise à enseigner sur le campus de l'université Purdue, dans le Nord-Ouest de l'Indiana, en veillant bien à ce que le plus de gens possible aient accès aux cours. Dans ses quatre-vingt et quelques années, elle a fini par cesser ses activités.

Comme tant de jeunes de mon âge, je désirais ardemment le changement. Transformer la société est difficile, nous disait-on, cela prend du temps. Même si je n'avais pas subi le genre d'épreuves que mes pairs subissaient à Gary (sauf une petite dose de discrimination), je m'identifiais à ceux qui en étaient victimes. Avant même d'étudier en détail les statistiques du revenu – je le ferais plusieurs décennies plus tard –, j'avais le sentiment que l'Amérique n'était pas le pays de l'égalité des chances qu'elle pré-tendait être : elle offrait des possibilités remarquables à certains, mais fort peu à d'autres. Horatio Alger [2] était un mythe, au moins en

---

1. La mixité ethnique des villes industrielles de la région a disparu quand les Blancs ont gagné massivement les banlieues pavillonnaires aisées. Les centres villes se sont transformés en quartiers noirs (*NdT*).
2. Romancier américain du XIXᵉ siècle dont les personnages passent de la misère à l'extrême richesse par le travail et la frugalité (*NdT*).

partie. Beaucoup d'Américains qui travaillaient dur ne réussiraient jamais. J'ai été l'un des heureux élus auxquels l'Amérique a donné sa chance : une bourse du mérite national pour Amherst College[1]. Plus que tout le reste, c'est *cette* chance-là qui m'a ouvert, avec le temps, un monde d'autres possibilités.

Dans « Le mythe de l'âge d'or de l'Amérique », on verra qu'au cours de ma troisième année d'étude à Amherst, j'ai changé de discipline principale : j'ai remplacé la physique par l'économie. J'avais envie de savoir pourquoi notre société fonctionnait comme elle le faisait. Si je suis devenu économiste, ce n'était pas seulement pour comprendre l'inégalité, la discrimination et le chômage, mais aussi, espérais-je, pour agir contre ces fléaux qui accablaient le pays. Le chapitre le plus important de ma thèse de doctorat au MIT, rédigée sous la direction de Robert Solow et de Paul Samuelson (qui tous deux auraient plus tard le prix Nobel), portait sur les déterminants de la répartition du revenu et de la fortune. Présenté en 1966 à l'assemblée générale de la Société d'économétrie (l'association internationale des économistes spécialisés dans les mathématiques et les statistiques appliquées à l'économie) et publié dans sa revue *Econometrica* en 1969, ce texte, un demi-siècle plus tard, sert encore fréquemment de cadre aux réflexions sur le sujet.

Les lecteurs potentiels d'une analyse de l'inégalité étaient rares, dans le grand public et même chez les économistes. Le sujet n'intéressait pas. Dans la profession, il suscitait parfois une hostilité directe. Elle a perduré même quand l'inégalité a commencé à s'accroître nettement aux États-Unis, à l'époque où Reagan est devenu président. Un économiste en vue de l'université de Chicago, Robert Lucas, prix Nobel, l'a exprimée avec force : « Parmi les tendances qui nuisent à une saine pratique de la science économique, la plus séduisante et [...] toxique est la concentration sur les questions de répartition[2]. »

1. Une des plus prestigieuses universités des États-Unis, dans le Massachusetts (*NdT*).
2. Robert Lucas, « The Industrial Revolution : Past and Present », essai du rapport annuel 2003 de la Federal Reserve Bank de Minneapolis, 1er mai 2004. Il poursuit : « Sur l'immense progrès du bien-être de centaines de

Comme tant d'économistes conservateurs, il soutenait que la meilleure façon d'aider les pauvres était d'accroître la taille du gâteau économique national. En attirant l'attention sur la minceur de la part que recevaient les défavorisés, estimait-il, on se détournait de l'enjeu essentiel : comment faire grossir le gâteau ? De fait, une longue tradition en économie pose qu'on peut séparer les deux problèmes (l'efficacité et la répartition, la taille du gâteau et sa division) et que le travail de l'économiste est étroit, important et difficile : il lui faut exclusivement trouver le moyen de maximiser le gâteau. Sa division est une question politique. Les économistes ne doivent pas s'en mêler.

Puisque des positions comme celles de Lucas faisaient fureur dans la profession, comment s'étonner que les économistes n'aient prêté pratiquement aucune attention à la montée de l'inégalité dans le pays ? Ils n'ont guère remarqué que, si le PIB augmentait, les revenus de la plupart des Américains stagnaient. Et c'est parce qu'ils ont négligé cette réalité qu'ils ont été incapables, finalement, d'expliquer correctement ce qui se passait dans l'économie, de saisir les conséquences de l'ascension de l'inégalité et d'élaborer des politiques qui auraient pu permettre au pays de changer de cap.

C'est pourquoi j'ai été ravi, en 2011, de la proposition que m'a faite *Vanity Fair* : soumettre la question au grand public. L'article qui en a résulté, «Du 1 %, par le 1 %, pour le 1 %», a eu beaucoup plus de lecteurs, et de très loin, que celui que j'avais publié dans *Econometrica* quelques décennies plus tôt. Son analyse du nouvel ordre social – 99 % des Américains étaient dans le même bateau : la stagnation – est devenue le slogan du mouvement Occupy Wall Street : «Nous sommes les 99 %.» Il exposait la thèse qu'expriment tous les articles repris ici, et mes écrits suivants : s'il y avait moins d'inégalité, nous serions pratiquement tous en meilleure posture

---

millions de personnes intervenu dans les deux cents années écoulées depuis la révolution industrielle, pratiquement rien n'est attribuable à une redistribution directe de ressources des riches vers les pauvres. Pour améliorer la vie des pauvres, le potentiel de la recherche d'autres façons de répartir la production actuelle n'est *rien* comparé au potentiel apparemment illimité de l'augmentation de la production.»

– même de nombreux membres du 1 %. L'intérêt éclairé du 1 % est d'aider à construire une société moins divisée. Je ne cherchais pas à déchaîner une nouvelle guerre entre les classes mais à créer un nouveau sentiment de cohésion nationale : l'ancien s'était évanoui quand une grande fracture s'était ouverte dans notre société.

L'article se concentrait sur une question : *pourquoi faut-il se soucier de la hausse massive de l'inégalité ?* Pour des raisons morales mais aussi économiques. Parce que la nature de notre société et notre sentiment d'identité nationale sont en jeu. Et même nos intérêts stratégiques généraux. Bien que militairement nous restions les plus forts – en faisant près de la moitié des dépenses militaires du monde –, nos longues guerres d'Irak et d'Afghanistan ont révélé les limites de cette puissance : nous avons été incapables d'assurer notre autorité sur de petits territoires dans des pays infiniment plus faibles que le nôtre. Le point fort des États-Unis a toujours été leur *soft power*, notamment leur influence morale et économique, l'exemple qu'ils donnent aux autres et l'attrait de leurs idées, y compris celles qui concernent leur économie et leur politique.

Malheureusement, la montée de l'inégalité le prouve : le modèle économique américain n'a pas été payant pour de vastes composantes de la population. En termes réels – compte tenu de l'inflation –, la situation de la famille américaine type est pire qu'il y a un quart de siècle. Même le pourcentage de pauvres a augmenté. Bien que l'ascension de la Chine se caractérise par une forte inégalité et par un déficit démocratique, son économie a apporté davantage à la plupart de ses citoyens : elle a fait sortir de la pauvreté 500 millions de personnes dans la période où la classe moyenne américaine subissait la stagnation. Lorsque le modèle économique d'un pays ne sert pas la majorité de ses citoyens, il a peu de chances de servir d'exemple que d'autres voudront imiter.

L'article de *Vanity Fair* a conduit à mon livre *Le Prix de l'iné-galité*[1], qui développait de nombreux thèmes que j'y avais esquissés. Et cet ouvrage a incité le *New York Times* à me demander,

1. Joseph E. Stiglitz, *Le Prix de l'inégalité*, Paris, Les Liens qui libèrent, 2012, trad. fr. de Françoise et Paul Chemla (*NdT*).

en 2013, de prendre en charge la publication d'une série d'articles sur l'inégalité, que nous avons intitulée «La Grande Fracture». Je comptais bien, par ce moyen, continuer à éveiller mes concitoyens au problème auquel nous étions confrontés. Nous n'étions pas le pays où chacun a sa chance, comme nous nous l'imaginions – et comme tant d'autres le croyaient aussi. Nous étions devenus le pays avancé le plus inégalitaire et celui où l'égalité des chances était la plus faible. Nos inégalités se manifestaient de bien des façons. Mais elles n'étaient pas fatales. Elles n'étaient pas dues au jeu inexorable des lois de l'économie. Elles venaient de nos politiques et de notre politique. Avec d'autres politiques, nous aurions d'autres résultats : une économie plus forte (de quelque façon qu'on la mesure) et moins d'inégalité.

L'article initial de *Vanity Fair* et la série de textes que j'ai rédigés pour «La Grande Fracture» constituent le noyau de ce livre. Depuis une quinzaine d'années, j'écris aussi une tribune mensuelle, publiée dans de nombreux journaux, pour le *Project Syndicate*. Initialement destiné à apporter la pensée économique moderne aux pays en transition vers une économie de marché après la chute du rideau de fer, le *Project Syndicate* a remporté, au fil du temps, un tel succès que ses articles sont aujourd'hui publiés par des journaux du monde entier, notamment dans la plupart des pays avancés. Évidemment, parmi les textes que j'ai écrits dans ce cadre, beaucoup traitaient sous divers angles de l'inégalité, et je reprends ici une sélection de ces articles – ainsi que d'autres, que j'ai publiés dans divers quotidiens et périodiques.

Bien que ces textes soient centrés sur l'inégalité, j'ai décidé d'en inclure plusieurs sur la Grande Récession – des articles rédigés dans la marche à la crise financière de 2007-2008 et juste après, quand l'Amérique et le monde sont entrés dans *le grand malaise*. Ils méritent de figurer dans ce livre, car la crise financière et l'inégalité sont inextricablement mêlées : l'inégalité a contribué à provoquer la crise ; la crise a exacerbé les inégalités préexistantes ; et leur aggravation a plombé l'économie et rendu encore plus difficile une reprise *robuste*. Pas plus que dans l'inégalité, il n'y avait de fatalité dans la profondeur ni dans la durée de la crise. De fait, la crise n'a pas été voulue par Dieu. Ce n'est pas une inondation ou un séisme qui se produit une fois par siècle. C'est quelque chose que nous nous sommes fait à nous-mêmes. Comme l'inégalité sans mesure, la crise est le résultat de nos politiques et de notre politique.

Ce livre porte essentiellement sur l'*économie* de l'inégalité. Mais, comme je viens de le dire, on ne peut séparer nettement politique et économie. Dans divers articles de cet ouvrage, et dans mon livre précédent, *Le Prix de l'inégalité*, je décris le nœud qui se crée entre les deux. C'est un cercle vicieux : l'aggravation de l'inégalité économique se traduit en inégalité politique, notamment dans le système politique américain, qui donne à l'argent un pouvoir sans limite ; cette inégalité politique accroît l'inégalité économique. Mais ce mécanisme s'est encore renforcé quand de nombreux citoyens américains ont été déçus par le processus politique. Au lendemain de la crise de 2008, on a dépensé des centaines de milliards pour sauver les banques et très peu pour aider les propriétaires en difficulté. Sous l'influence du secrétaire au Trésor Timothy Geithner et du président du Conseil économique national Larry Summers – qui avaient tous deux compté parmi les architectes des politiques de déréglementation, en partie à l'origine de la crise –, l'administration Obama, au départ, n'a pas accordé son soutien aux efforts pour faire restructurer les prêts hypothécaires, ce qui aurait soulagé les millions d'Américains victimes du crédit prédateur et discriminatoire des banques. On peut même dire qu'elle s'y est opposée. Donc, ne nous étonnons pas que tant de gens aient envoyé les deux partis au diable !

J'ai résisté à la tentation de réviser ou d'étoffer les articles ici réunis, et même de les actualiser. Je n'ai pas non plus rétabli les nombreuses coupes effectuées sur les textes originaux, des idées importantes que j'avais dû laisser de côté dans ma lutte pour respecter le nombre de mots qui m'était assigné [1]. Le format journalistique

---

1. Dans un petit nombre de cas, j'ai modifié le titre d'un article, car les rédacteurs avaient par inadvertance choisi des formulations trop proches. Cela signifie aussi qu'il y a, inévitablement, quelques chevauchements dans

a bien des avantages : ses textes sont courts et percutants ; ils répondent aux problèmes du moment, sans les multiples nuances et mises en garde qui enveloppent tant d'écrits scientifiques. Quand j'écrivais ces articles, en m'engageant dans les débats souvent très vifs de l'époque, je gardais à l'esprit les messages de fond que je voulais transmettre. J'espère que ce livre réussit à les communiquer.

Au temps où j'étais président du Comité des conseillers économiques, puis économiste en chef de la Banque mondiale, j'ai publié à l'occasion des tribunes libres. Mais je n'ai commencé à le faire régulièrement qu'à partir de 2000, lorsque le *Project Syndicate* m'a invité à écrire une tribune mensuelle. Ce défi a énormément accru mon respect pour ceux qui doivent rédiger un éditorial une ou deux fois par semaine. En revanche, quand on s'exprime une fois par mois, l'un des problèmes principaux est le choix : sur les milliers d'événements économiques qui surviennent chaque mois dans le monde, lequel a le plus d'intérêt et peut donner l'occasion de faire passer un message d'ordre général ?

Dans la dernière décennie, notre société a été confrontée à quatre problèmes centraux : la grande fracture – l'inégalité massive qui émerge aux États-Unis et dans beaucoup d'autres pays avancés –, la mauvaise gestion de l'économie, la mondialisation et les rôles respectifs de l'État et du marché. Comme ce livre va le montrer, ces quatre thèmes sont liés. La montée de l'inégalité a été à la fois la cause et la conséquence de nos dures épreuves macroéconomiques, la crise de 2008 et le long malaise qui l'a suivie. Il est pratiquement certain que la mondialisation, quelles qu'aient pu être ses vertus pour stimuler la croissance, a aggravé l'inégalité – notamment parce que nous l'avons mal gérée. La mauvaise gestion de notre économie et celle de la mondialisation sont liées au rôle des intérêts particuliers dans notre politique – politique qui représente de plus en plus les intérêts du 1 %. Mais si la politique a été en partie la cause de nos problèmes actuels, ce n'est que par la politique que nous trouverons des solutions : le marché ne le

les thèmes abordés par les divers articles. J'ai fait des corrections mineures pour éviter les répétitions.

fera pas tout seul. Avec les marchés libres et sans entraves, nous aurons encore plus de pouvoir de monopole, encore plus d'abus du secteur financier, encore plus de relations commerciales déséquilibrées. Ce n'est qu'en réformant notre démocratie – en faisant en sorte que notre système de gouvernement rende des comptes à *l'ensemble* du peuple et reflète mieux les intérêts de tous – que nous parviendrons à résorber la grande fracture et à rétablir aux États-Unis la prospérité partagée.

*

Les textes repris dans ce livre sont regroupés en huit parties. Chacune commence par une petite introduction, qui s'efforce d'expliquer dans quelles circonstances ont été rédigés les articles réimprimés ou d'aborder certains sujets que je n'ai pu traiter dans leurs étroites limites.

Je commence par un prélude, intitulé : «Attention, fissures!» Dans les années qui ont précédé la crise, nos dirigeants économiques, notamment le président de la Federal Reserve Alan Greenspan, se sont enorgueillis d'une nouvelle économie où les fluctuations cycliques, ce fléau du passé, n'avaient plus cours. La Grande Modération, comme on disait, inaugurait une ère nouvelle d'inflation faible et de croissance apparemment élevée. Mais il suffisait de regarder les choses d'un peu plus près pour constater que tout cela n'était qu'une fine couche de vernis. Elle dissimulait une mauvaise gestion économique et une corruption politique massive (dont une partie était apparue en pleine lumière lors du scandale Enron[1]). Et il y avait pire : la croissance qui avait lieu n'était pas partagée, elle n'apportait rien à l'écrasante majorité des Américains. La grande fracture continuait à s'élargir. Les articles de ce prélude décrivent la fabrication de la crise et ses conséquences.

1. Compagnie énergétique célèbre, entre autres, pour sa manipulation du marché de l'électricité en Californie en 2000, qui a provoqué une incroyable hausse des prix, et pour sa faillite retentissante en 2001, qui a entraîné la chute du cabinet comptable Arthur Andersen. Voir Joseph E. Stiglitz, *Quand le capitalisme perd la tête*, Paris, Fayard, 2003, chap. 10, trad. fr. de Paul Chemla.

Après avoir donné dans la première partie une vue d'ensemble de certains problèmes primordiaux que pose l'inégalité (notamment avec mon article de *Vanity Fair* «Du 1 %, par le 1 %, pour le 1 %», et avec le texte inaugural de la série «La Grande Fracture» dans le *New York Times*), je passe dans la deuxième à deux articles consacrés à des réflexions personnelles sur l'éveil initial de mon intérêt pour le sujet. Les troisième, quatrième et cinquième parties traitent des dimensions, des causes et des conséquences de l'inégalité. La sixième présente certaines idées cruciales sur les politiques à suivre. La septième examine l'inégalité dans d'autres pays et les stratégies qu'ils ont conçues pour la combattre. Enfin, dans la huitième, je me tourne vers une des causes principales de l'inégalité actuelle aux États-Unis : l'anémie persistante de notre marché du travail. Je me demande quels sont les meilleurs moyens de remettre l'Amérique au travail, dans des emplois décents et avec des salaires permettant de vivre convenablement. En épilogue, on trouvera un bref entretien avec le rédacteur en chef de *Vanity Fair*, Cullen Murphy, abordant certaines questions qui ont été très souvent posées au cours des débats sur l'inégalité : quand l'Amérique a-t-elle pris le mauvais tournant ? Les 1 % ne sont-ils pas les créateurs d'emplois, et par conséquent, si l'on rend la société plus égalitaire, ne va-t-on pas nuire, finalement, aux 99 % ?

Remerciements

Ce livre n'est pas un ouvrage universitaire classique. C'est un recueil d'articles et d'essais écrits ces dernières années, pour divers journaux et périodiques, sur l'inégalité – ce gouffre béant qui s'est ouvert notamment aux États-Unis et aussi, à un moindre degré, dans bien d'autres pays du monde. Mais ces articles reposent sur des recherches scientifiques de longue durée, entamées au temps où j'étais doctorant au MIT puis chercheur Fulbright à Cambridge, en Grande-Bretagne, au milieu des années 1960. À l'époque – et jusqu'à une date récente –, le sujet n'intéressait guère les économistes américains. Je suis donc très reconnaissant à mes directeurs de thèse, deux des grands économistes du XXe siècle, Robert Solow (qui avait fait sa propre thèse sur la question) et Paul Samuelson, pour m'avoir encouragé à suivre cet axe de recherche et pour leurs grands apports intellectuels [1]. Et je remercie spécialement mon premier coauteur, George Akerlof, qui a partagé avec moi le prix Nobel en 2001.

1. Solow et moi avons été plus tard les auteurs d'un article touchant à certains aspects macroéconomiques de l'inégalité et de la demande. Voir R. M. Solow et J. E. Stiglitz, « Output, Employment, and Wages in the Short Run », *Quarterly Journal of Economics*, vol. 82, novembre 1968, p. 537-560.

À Cambridge, nous discutions souvent des déterminants de la répartition du revenu, et j'ai énormément bénéficié de conversations avec Frank Hahn, James Meade, Nicholas Kaldor, James Mirrlees, Partha Dasgupta, David Champernowne et Michael Farrell. C'est là que j'ai été le directeur d'études puis le collaborateur d'Anthony Atkinson, le grand spécialiste de l'inégalité du dernier demi-siècle. D'autres anciens étudiants et collègues m'ont beaucoup appris sur les sujets analysés dans cet ouvrage : Ravi Kanbur, Arjun Jayadev, Karla Hoff et Rob Johnson.

Ce dernier dirige actuellement l'Institute for New Economic Thinking (INET), fondé au lendemain de la Grande Récession. Dans le grand naufrage de l'économie, on a mieux compris que les modèles économiques admis n'avaient pas bien servi les États-Unis ni le monde ; qu'il nous fallait une nouvelle pensée économique – qui porterait plus d'attention à l'inégalité et aux limites des marchés. Je tiens à remercier l'INET pour son soutien à certains travaux de recherche qui sous-tendent les articles présentés ici [1].

Si le lien entre inégalité et performance macroéconomique constitue depuis longtemps une de mes préoccupations dans mes recherches théoriques et dans mes travaux sur l'action publique, son importance est – enfin – comprise de plus en plus nettement (y compris par le Fonds monétaire international). Je voudrais ici reconnaître l'apport de ma collaboration avec mes collègues de Columbia Bruce Greenwald et Jose Antonio Ocampo, et du travail d'une commission que j'ai présidée, la « Commission d'experts sur la Réforme du système monétaire et financier international »,

1. En particulier l'article « Le Livre des Jobs », initialement publié dans *Vanity Fair* : il repose sur des recherches effectuées conjointement avec Bruce Greenwald et d'autres auteurs, avec le soutien de l'INET. Voir par exemple D. Delli Gatti, M. Gallegati, B. C. Greenwald, A. Russo et J. E. Stiglitz, « Sectoral Imbalances and Long Run Crises », *in* F. Allen, M. Aoki, J.-P. Fitoussi, N. Kiyotaki, R. Gordon et J. E. Stiglitz (éd.), *The Global Macro Economy and Finance*, IEA Conference Volume no 150-III, Houndmills (G.-B.) et New York, Palgrave, 2012, p. 61-97 ; D. Delli Gatti, M. Gallegati, B. C. Greenwald, A. Russo et J. E. Stiglitz, « Mobility Constraints, Productivity Trends, and Extended Crises », *Journal of Economic Behavior & Organization*, vol. 83, n° 3, p. 375-393.

réunie par le président de l'Assemblée générale des Nations unies[1].

Tous ceux qui étudient aujourd'hui l'inégalité doivent beaucoup à Emmanuel Saez et Thomas Piketty, dont les minutieux travaux ont apporté tant de données révélatrices sur l'ampleur de la concentration de la fortune au sommet, aux États-Unis et dans bien d'autres pays avancés. On reconnaîtra dans ce livre l'influence d'autres chercheurs importants : François Bourguignon, Branko Milanovic, Paul Krugman et James Galbraith[2].

Quand Cullen Murphy, alors rédacteur en chef d'*Atlantic Monthly*, m'a persuadé d'écrire un article sur certaines de mes expériences à la Maison-Blanche (dans un article, «The Roaring Nineties» [Les folles années 1990], qui a finalement engendré mon deuxième livre destiné au grand public[3]), il m'a donné une occasion d'exprimer des idées auxquelles je réfléchissais depuis quelques années. Mais il m'a aussi lancé un nouveau défi : étais-je capable de présenter succinctement des raisonnements souvent complexes afin de les rendre largement accessibles ? J'avais écrit beaucoup de mes articles scientifiques avec un coauteur ; la relation étroite entre un rédacteur en chef, ou un éditeur, et un

1. Cette commission comptait parmi ses membres José Antonio Ocampo, Rob Johnson et Jean-Paul Fitoussi. Son rapport a été publié sous le titre *Le Rapport Stiglitz. Pour une vraie réforme du système monétaire et financier international*, Paris, Les Liens qui libèrent, 2010, trad. fr. de Françoise et Paul Chemla. J'ai aussi coprésidé avec Jean-Paul Fitoussi et Amartya Sen une «Commission internationale sur la mesure de la performance économique et du progrès social» : elle a mis l'accent sur les nombreuses dimensions du bien-être qui ne sont pas correctement saisies dans le PIB. Les articles repris dans ce livre reflètent bon nombre des idées de cette commission. Son travail se poursuit actuellement à l'OCDE. Son rapport a été publié en français en deux volumes : J. E. Stiglitz, J.-P. Fitoussi et A. Sen, *Performances économiques et progrès social. Richesse des nations et bien-être des individus*, et *Performances économiques et progrès social. Vers de nouveaux instruments de mesure*, Paris, Odile Jacob, 2009.

2. On trouvera une liste de remerciements plus complète dans l'édition de poche en anglais du *Prix de l'inégalité*.

3. L'article «The Roaring Nineties», *Atlantic Monthly*, octobre 2002, a été à l'origine du livre *The Roaring Nineties : A New History of the World's Most Prosperous Decade*, New York, W. W. Norton, 2003 ; trad. fr., *Quand le capitalisme perd la tête, op. cit.*

auteur est semblable à certains égards, mais différente à d'autres. Chacun de nous avait son rôle distinct. Cullen connaissait le public, d'une façon que je pouvais à peine imaginer. J'ai pu prendre la mesure du rôle que joue un grand rédacteur en chef dans la mise en forme d'un article. Il permet à la voix de l'auteur de percer tout en améliorant l'exposé – et, parfois, en donnant plus d'attrait au sujet lui-même.

Après «The Roaring Nineties», j'ai écrit plusieurs autres textes pour *Atlantic Monthly* et, quand Cullen Murphy est passé à *Vanity Fair*, il a continué à me demander des articles. L'un d'eux, «Les imbéciles du capitalisme» (repris dans le présent ouvrage), a été rédigé pendant la marche à la Grande Récession et juste après son éclatement. Il a remporté un prix prestigieux, le Gerald Loeb Award, qui récompense le journalisme d'exception. De toute évidence, sous la tutelle de Cullen, j'avais progressé à grands pas dans mon écriture.

Cullen a travaillé en contact étroit avec moi sur tous les articles que j'ai écrits pour *Vanity Fair*, dont quatre sont repris ici. Son apport le plus important pour ce volume, c'est d'avoir sollicité l'article «Du 1 %, par le 1 %, pour le 1 %», qui a lui-même suscité mon livre *Le Prix de l'inégalité* et le présent ouvrage. Il a aussi œuvré très sérieusement avec moi à la rédaction de cet article. C'est Graydon Carter qui en a suggéré le titre. «Nous sommes les 99 %» est devenu le slogan du mouvement Occupy Wall Street, et le symbole de la grande fracture de l'Amérique.

Mes collaborations avec le *Project Syndicate*, *Vanity Fair*, le *New York Times* et quantité d'autres médias, que reflètent les articles réunis ici, m'ont permis de m'exprimer sur ce qui se passait dans le monde – d'être un «grand commentateur», peut-être plus réfléchi que ceux qui sont contraints de donner leur avis sur les sujets les plus variés dans les émissions du dimanche matin, puisque je pouvais à la fois choisir les questions et bien penser les réponses.

Les rédacteurs qui ont travaillé sur chacun des articles réunis ici ont apporté de précieuses contributions à ces textes. Je souhaite en particulier remercier Sewell Chan et Aaron Retica, qui se sont occupés de la série «La Grande Fracture» du *New York Times* (auquel ce livre doit son titre). Avant même que nous définissions ensemble, fin 2012, notre stratégie sur la meilleure façon de porter devant le peuple américain les problèmes de la montée de l'inégalité aux États-Unis, dans toutes leurs dimensions et avec toutes leurs conséquences, Sewell avait travaillé avec moi à la mise en forme d'un article repris ici (rédigé avec Mark Zandi), « Il ne reste qu'une solution pour l'immobilier : le refinancement massif des prêts hypothécaires ». Aaron et Sewell ont fait un travail extraordinaire sur les seize articles du *New York Times* inclus dans le présent ouvrage. J'ai tendance à être trop long, et il est toujours triste de voir une si grande partie de ce qu'on a écrit finir au panier ; mais faire passer un ensemble d'idées en 750 mots, ou même en 1 500 mots, est l'un des vrais défis du journalisme. Aaron et Sewell ajoutaient toujours d'importants éclairages tout en coupant le verbiage.

Je suis très redevable à beaucoup d'autres rédacteurs, notamment Andrzej Rapaczynski, Kevin Murphy et les autres membres de l'équipe du *Project Syndicate*, Allison Silver (aujourd'hui chez Thomson Reuters), Michael Hirsh à *Politico*, Rana Foroohar au *Time*, Philip Oltermann au *Guardian*, Christopher Beha chez *Harper's*, Joshua Greenman au *New York Daily News*, Glen Nishimura à *USA Today*, Fred Hiatt au *Washington Post* et Ed Paisley au *Washington Monthly*. Je voudrais aussi remercier pour leurs encouragements et leur soutien Aaron Edlin à *The Economists' Voice*, Roman Frydman au *Project Syndicate* et Felicia Wong, Cathy Harding, Mike Konczal et Nell Abernathy au Roosevelt Institute, pour lequel j'ai écrit un document de synthèse que j'expose en partie dans mon article « Pseudo-capitalisme ».

Le Roosevelt Institute et l'université Columbia m'ont assuré un soutien institutionnel hors pair. Le Roosevelt Institute, qui est issu de la Roosevelt Presidential Library, est devenu l'un des principaux instituts de réflexion des États-Unis. Il œuvre pour les idéaux de justice économique et sociale que défendaient les Roosevelt. Les fondations Ford et MacArthur, et Bernard Schwartz, ont généreusement soutenu le programme de recherche Roosevelt / Columbia sur l'inégalité.

Depuis quinze ans, l'université Columbia est mon port d'attache intellectuel. Elle m'a donné la liberté de poursuivre mes recherches. Elle m'a offert des étudiants brillants, toujours enthousiastes pour s'engager dans les débats d'idées, et d'éminents collègues dont j'ai tant appris. Columbia m'a apporté l'environnement qui m'a permis de m'épanouir, de faire ce que j'aime : chercher, enseigner et plaider pour des idées et des principes qui, je l'espère, rendront le monde meilleur.

Une fois de plus, j'ai une dette envers Drake McFeely, président de W. W. Norton, et envers mon vieil ami et éditeur Brendan Curry, qui a fait à nouveau un superbe travail d'édition sur ce livre et a lui-même bénéficié de l'aide de Sophie Duvernoy. Je dois aussi beaucoup, comme d'habitude, à Elizabeth Kerr et à Rachel Salzman chez Norton – pour ce livre et pour leur soutien au fil des ans. J'ai aussi énormément bénéficié, pendant toutes ces années, du travail attentif de Stuart Proffitt, mon éditeur chez Penguin / Allen.

Je n'aurais pas pu mener à bien ce livre sans un secrétariat efficace, dirigé par Hannah Assadi et Julia Cunico, avec le soutien de Sarah Thomas et de Jiaming Ju.

Eamon Kircher-Allen a non seulement dirigé tout le processus de fabrication du livre, mais il a aussi servi de correcteur. Je lui dois de doubles remerciements : il a aussi corrigé chacun des articles repris dans ce livre à leur première publication.

Comme toujours, c'est à mon épouse, Anya, que je dois le plus : elle croit fermement aux thèmes que j'expose ici et à l'importance de les faire connaître à un large public, elle m'a beaucoup encouragé et aidé à le faire, elle a longuement discuté les idées qui sous-tendent tous mes livres et elle a contribué à les modeler et remodeler.

Attention, fissures !

Ce livre commence au tout début de la Grande Récession, plusieurs années avant le lancement de la série « La Grande Fracture » dans le *New York Times*. Le premier article repris ici est sorti dans *Vanity Fair* en décembre 2007. C'est le mois où l'économie américaine a glissé dans une récession qui allait être la pire depuis la Grande Dépression.

Cela faisait trois ans qu'avec un petit groupe d'économistes, je multipliais les avertissements contre l'implosion imminente. Les signaux d'alerte étaient là. Tout le monde pouvait les voir. Mais trop de gens gagnaient trop d'argent : il leur était plus commode de fermer les yeux. Une grande fête était en cours. Il n'y avait qu'un petit nombre d'invités, les plus riches, mais on allait nous demander, à nous tous les autres, de payer la facture. Tout le plaisir était pour ces joyeux drilles (et tous les profits aussi). Malheureusement, les responsables chargés de maintenir l'économie à flot étaient étroitement liés à ces fêtards. Et c'est pour cela que ces textes figurent ici, en guise de prélude. La fabrication de la Grande Récession est intimement liée à celle de la grande fracture américaine.

Commençons par planter le décor. Il y avait eu dans les années 1990 une grande expansion économique, alimentée par une bulle :

le cours des actions des entreprises du secteur des technologies de pointe s'était envolé. Mais en 2001, après l'éclatement de cette bulle, l'économie avait glissé dans la récession. Quelle que fût la maladie, George W. Bush administrait toujours le même remède : une réduction d'impôts. Surtout au profit des riches.

Les membres de l'administration Clinton, qui avaient tant peiné pour réduire le déficit budgétaire, avaient bien des raisons d'être atterrés par cette politique. Elle ramenait les déficits – et défaisait donc tout le travail accompli dans les huit années précédentes. L'administration Clinton avait remis à plus tard des investissements dans les infrastructures et l'éducation. Elle avait différé des programmes sociaux pour aider les pauvres. Tout cela au nom de la réduction du déficit. Je n'étais pas d'accord avec certaines de ces décisions. J'estimais qu'emprunter pour investir dans l'avenir du pays était économiquement justifié. Et je craignais qu'une autre administration, plus tard, ne dilapidât à de moins nobles fins ces gains obtenus de haute lutte.

Quand l'économie a commencé à s'enfoncer dans la récession de 2001, il y a eu consensus chez les décideurs de l'action publique : il fallait stimuler. Procéder aux investissements que nous avions différés aurait été une façon de le faire, bien meilleure que les réductions d'impôts du président Bush pour les riches [1]. J'étais déjà inquiet de la montée de l'inégalité dans le pays, et ces injustes baisses d'impôts ne faisaient que l'aggraver. D'où l'entame de mon article «Bush's Tax Plan – The Dangers» [Le plan fiscal de Bush – Les dangers] dans la *New York Review of Books* (13 mars 2003) : «On a rarement vu si peu de personnes tant recevoir de tant de gens.»

Ce n'est pas tout : je pensais que les réductions d'impôts seraient *relativement* inefficaces. Et les faits m'ont donné raison. C'est un thème auquel je reviens fréquemment dans ce livre. *L'inégalité affaiblit la demande globale et l'économie.* L'aggravation

---

1. Le président Bush a introduit deux séries de réductions d'impôts pour les riches. Il a mis en œuvre la première en 2001, quand l'économie a glissé dans la récession. Comme cette politique n'a pas eu l'effet escompté, il a décidé de doubler la mise : il a offert aux riches encore plus de réductions d'impôts en 2003.

de l'inégalité en Amérique faisait passer de l'argent de la base de la pyramide à son sommet et, puisqu'en haut on dépense une moindre part de son argent qu'en bas, ce transfert déprimait la demande globale. Dans les années 1990, nous avions camouflé son insuffisance en créant la bulle technologique – un boom de l'investissement. Mais, quand cette bulle a éclaté, l'économie a sombré dans la récession. Bush a réagi par une réduction d'impôts en faveur des riches. Dans une période où les consommateurs étaient inquiets pour leur avenir, elle n'a stimulé l'économie que faiblement. Ajouter un nouvel allégement de l'imposition des plus-values à celui que le président Clinton avait déjà décidé quelques années plus tôt ne pouvait qu'encourager à spéculer davantage. Puisque l'écrasante majorité de ses bénéfices allait aux super-riches, cette réduction d'impôts a été particulièrement inefficace et elle a aussi fortement accru l'inégalité.

Pour raffermir la demande et réduire l'inégalité, les outils les plus performants sont les politiques budgétaires : les mesures fiscales et les dépenses publiques décidées par le Congrès et par l'exécutif. Quand on mène une politique budgétaire inadéquate, on fait peser un injuste fardeau sur la politique monétaire, qui relève de la Federal Reserve. Celle-ci peut (parfois) stimuler l'économie en baissant les taux d'intérêt et en assouplissant les réglementations. Mais ces politiques monétaires sont dangereuses. Leurs prescriptions devraient être assorties d'un avertissement en gros caractères : «À n'utiliser qu'avec prudence, et sous l'étroite surveillance d'adultes qui comprennent tous les risques.» Malheureusement, les responsables de la politique monétaire n'avaient lu aucune mise en garde de ce genre. Et c'étaient des naïfs, des fondamentalistes du marché – persuadés que les marchés sont toujours efficaces et stables. Tout en sous-estimant les risques que leurs politiques faisaient courir à l'économie – et même au budget de l'État –, ils ne se souciaient absolument pas, semble-t-il, de l'inégalité qui grandissait chaque jour. Aujourd'hui, le résultat est bien connu : ils ont déchaîné une bulle et provoqué une ascension sans précédent de l'inégalité.

La Federal Reserve a maintenu le dynamisme de l'économie par des taux d'intérêt faibles et une conception laxiste de la réglementation. Mais cette politique n'a fonctionné qu'en créant une bulle de l'immobilier. Il aurait dû être clair pour tout le monde que cette bulle immobilière – et le boom de la consommation qu'elle a provoqué – ne pouvait être qu'un palliatif temporaire. Les bulles éclatent toujours. Dans cette période de consommation débridée, les 80 % les moins riches des Américains dépensaient *en moyenne* 110 % de leur revenu. En 2005, le pays lui-même empruntait à l'étranger plus de deux milliards de dollars par jour. C'était une situation intenable et, citant la célèbre formule d'un de mes prédécesseurs à la présidence du Comité des conseillers économiques[1], je ne cessais de dire et d'écrire : ce qui n'est pas tenable ne tiendra pas.

Lorsque la Federal Reserve a commencé à relever les taux d'intérêt en 2004 et 2005, j'ai prévu que la bulle de l'immobilier allait éclater. Elle ne l'a pas fait, en partie parce que nous avons eu une sorte de sursis : les taux d'intérêt à long terme ne sont pas montés en tandem. Le 1er janvier 2006, j'ai prédit que cela ne pourrait pas durer[2]. Et la bulle n'a pas tardé à éclater, mais on allait mettre un an et demi à deux ans à prendre conscience de toutes les retombées. «L'éclatement de la bulle immobilière était prévisible», ai-je écrit aussitôt après. «Ses conséquences le sont aussi[3]…» J'ai rappelé que, «selon certains calculs, plus des deux tiers de la croissance de la production et de l'emploi dans les six années [précédentes] […] [avaient été] liés à l'immobilier, soit au titre de la construction d'immeubles neufs, soit par le biais de l'emprunt des ménages, qui [avaient] hypothéqué leur maison pour financer une consommation effrénée». La récession qui allait suivre serait, par conséquent, longue et profonde[4].

Les articles repris dans cette première section analysent les politiques qui ont posé les bases de la Grande Récession. Quelles erreurs avons-nous commises ? Qui est coupable ? Sur les marchés financiers, à la Federal Reserve et au département du Trésor, on

1. Milton Friedman (*NdT*).

2. Dans «Global Malaise in 2006», *Project Syndicate*, 1er janvier 2006.

3. Dans «America's Day of Reckoning», *Project Syndicate*, 6 août 2007.

4. J'ai développé ce thème dans «America's Houses of Cards», *Project Syndicate*, 9 octobre 2007.

aimerait bien faire comme si la crise était simplement «arrivée» : une grande crue inévitable, comme il s'en produit une fois par siècle. Mais elle a été créée par l'homme. J'en étais convaincu à l'époque et je le suis plus encore aujourd'hui. C'est quelque chose que le 1 % (en réalité une fine lamelle du 1 %) nous a fait à nous, les autres. La possibilité même d'un tel événement a été une manifestation de la grande fracture.

FABRICATION D'UNE CRISE

Que la Grande Récession ait fait des victimes, c'est clair. Mais qui a commis le «crime»? Selon le département de la Justice, qui n'a porté plainte contre aucun dirigeant des grandes banques dont le rôle a été décisif, c'est un crime sans *aucun* coupable. Je n'y crois pas et la plupart des Américains non plus. Dans trois des articles repris ici, j'essaie de trouver qui a tué l'économie américaine, de retracer le parcours qui nous a mis dans cette situation critique[1]. Je voulais alors creuser plus profond, remonter plus loin. L'histoire ne se limitait pas à la réponse ordinaire : «Les banquiers ont trop prêté et les ménages propriétaires trop emprunté.»

Qu'est-ce qui nous a plongés dans cette triste situation? Il y a eu de l'incompétence et des erreurs de jugement. L'exemple le plus flagrant en a été la guerre d'Irak, mal conçue et piètrement menée, dont les coûts finaux se comptent en milliers de milliards de dollars[2]. Mais le grand coupable, à mon sens, est une conjonction

1. L'article «Anatomie d'un meurtre : qui a tué l'économie américaine?» a été réimprimé dans Royce Flippin (éd.), *Best American Political Writing, 2009*, New York, PublicAffairs, 2009.

2. Voir Joseph E. Stiglitz et Linda J. Bilmes, *Une guerre à 3000 milliards de dollars*, Paris, Fayard, 2008, trad. fr. de Paul Chemla. Bien que certains aient contesté nos chiffres à l'époque, nous avions été délibérément prudents dans nos estimations, et l'histoire nous a donné raison. Les chiffres réels se sont révélés pires encore. De fait, le seul coût des pensions d'invalidité et des soins médicaux aux invalides jusqu'au milieu du siècle est à présent évalué à hauteur de 1000 milliards de dollars, en partie parce que près de 50 % des soldats rentrés déposent une demande de pension d'invalidité, souvent avec des handicaps multiples. (Voir le site Internet de Costs of War à l'adresse <http://www.costsofwar.org/article/caring-us-veterans>.)

d'idéologie et d'intérêts particuliers, celle-là même qui a provoqué la montée de l'inégalité aux États-Unis. J'accuse notamment une croyance : les marchés sans entraves sont nécessairement efficaces et stables. Nous devrions savoir qu'il n'en est rien : depuis sa naissance, le capitalisme se caractérise par des fluctuations économiques massives. Selon certains, *tout* ce que l'État devait faire était d'assurer la macrostabilité – comme si les échecs du marché ne se produisaient que par macrodoses. Ce n'est pas mon avis. Les macrocrises ne sont que la pointe émergée de l'iceberg. Le reste, moins visible, est un nombre incroyable d'inefficacités. La crise elle-même en offre de multiples témoignages : l'écroulement du marché a été le résultat d'une nuée d'échecs dans la gestion du risque et dans l'allocation du capital, de toutes les erreurs commises par les promoteurs des prêts hypothécaires, par les banques d'affaires, par les agences de notation – en fait, par des millions de personnes, dans tout le secteur financier et ailleurs dans l'économie [1].

Mais je dirais aussi qu'il y avait une sacrée dose d'hypocrisie chez tous ces champions des marchés libres. À preuve, là encore, ce qui s'est passé dans la Grande Récession. Ces défenseurs *apparents* de l'économie libérale ont accepté avec le plus vif enthousiasme que l'État les aide, et même les renfloue massivement. Les mesures de ce genre créent des distorsions dans l'économie, bien sûr, et la rendent moins efficace. Pour en revenir au thème de ce livre, elles ont aussi des conséquences sur la répartition : quand, au sommet, on reçoit beaucoup plus d'argent, tous les autres paient l'addition.

Qui a tué l'économie ? Quand je me suis posé la question, le suspect numéro un était le président de l'époque. Mon article «Les conséquences économiques de M. Bush» énumère *certains* des effets *économiques* de son action. Bien que les conservateurs ne cessent de fustiger les déficits, ils semblent avoir un don particulier pour les créer. C'est sous le président Reagan que les déficits

---

1. J'avais développé ce point de vue, avec mon coauteur Bruce Greenwald, près de trois décennies plus tôt, dans «Keynesian, New Keynesian and New Classical Economics», *Oxford Economic Papers*, vol. 39, mars 1987, p. 119-133.

massifs sont devenus un trait typique de l'économie américaine et il a fallu attendre le président Clinton pour qu'ils se muent en excédents. Mais Bush a très vite renversé la vapeur : il a opéré le plus grand retournement budgétaire (dans le mauvais sens) de l'histoire des États-Unis. Comment ? En finançant deux guerres avec la carte de crédit ; en réduisant les impôts des riches ; en faisant bénéficier de ses largesses les compagnies pharmaceutiques ; en développant les autres formes d'aide sociale aux entreprises, autrement dit en augmentant les « prestations » versées à de grandes compagnies prospères dans toute une série de secteurs, certaines camouflées dans le système fiscal ou sous forme de garanties, d'autres affichées sans vergogne. Tout cela dans une période où nous réduisions la protection sociale des pauvres sous prétexte que nous n'en avions plus les moyens.

Comme je l'ai souvent écrit [1], les déficits ne posent pas nécessairement de problème : ils ne sont pas dangereux quand l'argent est dépensé pour faire des investissements, surtout si cette dépense a lieu lorsque l'économie est en difficulté. Mais les déficits de Bush ont eu des conséquences particulièrement graves. Ils se sont produits à une époque d'apparente prospérité, même si cette prospérité ne profitait qu'à peu de gens. L'argent a été dépensé, non pour fortifier l'économie, mais pour remplir les coffres-forts de quelques grandes entreprises et les poches du 1 %. Et il y avait plus inquiétant : je voyais venir des tempêtes. Financièrement, aurions-nous de quoi y faire face ? Les conservateurs n'allaient-ils pas, à ce moment-là, se remettre à exiger la prudence budgétaire ? À imposer l'austérité, au moment où l'économie aurait désespérément besoin du traitement opposé ?

Le plus important pour ce livre, c'est que les années Bush ont été marquées par la hausse de l'inégalité. Le président n'a pas reconnu le problème et n'a absolument rien fait à son sujet – sauf l'aggraver. C'était un article court, je ne pouvais réciter la litanie complète de ce qui avait déraillé. Je n'ai pas précisé que, si l'inégalité s'était

1. Voir, par exemple, mes articles « Why I Didn't Sign Deficit Letter », *Politico*, 28 mars 2011 ; « The Dangers of Deficit Reduction », *Project Syndicate*, 5 mars 2010 ; et « Obama Must Resist 'Deficit Fetish' », *Politico*, 10 février 2010.

légèrement atténuée dans les années Clinton, le revenu réel de l'Américain *type* (le revenu médian) avait en fait baissé sous Bush – cela avant même que la récession n'aggravât considérablement les choses. Les Américains sans assurance-maladie étaient devenus plus nombreux. Et l'insécurité de l'emploi s'était accrue : on risquait davantage de perdre son travail [1].

Mais ce que le président Bush a peut-être fait de plus grave, c'est de créer les conditions de la Grande Récession. J'examine ce point de plus près dans les deux articles suivants. Ses réductions d'impôts pour les riches, que j'ai évoquées plus haut, jouent un rôle déterminant dans le drame : si elles n'ont guère stimulé l'économie, elles ont exacerbé une inégalité déjà massive. Elles illustrent un second thème auquel je reviendrais plus loin dans ce livre, idée aujourd'hui reprise avec éclat par le Fonds monétaire international (FMI), organisation peu connue pour ses positions «révolutionnaires» : il y a un lien entre inégalité et instabilité [2]. La fabrication de la crise de 2008 illustre le mécanisme : les banques centrales créent des bulles pour réagir à une langueur économique due à la montée de l'inégalité ; ces bulles finissent par éclater et sèment le chaos dans l'économie. (Évidemment, la Federal Reserve aurait dû avoir conscience de ce risque. Mais ses dirigeants professaient une foi presque aveugle dans les marchés. Et, comme Bush, qui avait reconduit à la tête de la banque centrale Alan Greenspan, puis lui avait donné pour successeur Ben Bernanke – son ancien conseiller économique en chef –, cette institution ne prêtait aucune attention, semble-t-il, à l'inégalité qui s'aggravait de jour en jour dans le pays.)

1. Ces échecs, déjà clairs à la fin de son premier mandat, le sont devenus plus encore au terme du second. Dans «Bush's Four Years of Failure», *Project Syndicate*, 4 octobre 2004, par exemple, j'écrivais : «Le revenu médian a chuté de plus de 1 500 dollars en termes réels.» La croissance qui s'est produite «n'a bénéficié qu'aux plus haut placés sur l'échelle des revenus, la même catégorie qui s'était énormément enrichie dans les trente années précédentes et qui avait le plus profité des réductions d'impôts Bush».

2. Andrew G. Berg et Jonathan D. Ostry, «Inequality and Unsustainable Growth : Two Sides of the Same Coin ?», Note de synthèse du personnel du FMI 11/08, 8 avril 2011.

Tout cela illustre simultanément un troisième thème : le rôle de la politique. C'est ce qui compte : les politiques et la politique. Les autorités auraient pu réagir à l'affaiblissement de l'économie en investissant en Amérique, ou en lançant des programmes susceptibles de réduire l'inégalité. Dans les deux cas, elles auraient rendu l'économie plus forte et la société plus juste. Mais l'inégalité économique mène inévitablement à l'inégalité politique. Ce qui s'est passé en Amérique est ce qu'on peut attendre des institutions politiques dans une société divisée. En lieu et place d'investissements supplémentaires, nous avons eu les réductions d'impôts et l'aide sociale pour les riches. En lieu et place de réglementations pour stabiliser l'économie et protéger les simples citoyens, nous avons eu la déréglementation, qui a conduit à l'instabilité et livré les Américains aux banquiers.

La déréglementation

Pour comprendre la gestation de la Grande Récession, il faut remonter le temps jusqu'au mouvement de la déréglementation, auquel le président Reagan a donné un tel élan. Dans «Les imbéciles du capitalisme», j'identifie cinq «erreurs» cruciales, qui ont reflété des tendances plus générales dans notre société et se sont renforcées entre elles – jusqu'à provoquer la pire récession économique en trois quarts de siècle. Plusieurs illustrent la puissance nouvelle de la finance : la nomination de Greenspan parce qu'il soutenait la déréglementation ; la déréglementation elle-même, commencée sous Reagan mais qui a continué sous Clinton ; et, en particulier, la destruction des murs réglementaires qui séparaient banques d'affaires et banques de dépôt [1].

Les régulateurs n'ont pas fait ce qu'ils auraient dû faire, mais c'est le secteur financier qui a commis les crimes proprement dits. À la date où j'ai rédigé ces articles, nous n'avions qu'une vision partielle : nous ne savions pas à quel point les choses s'étaient dégradées. Nous savions que les banques avaient mal géré le

---

1. Pour une analyse du rôle de l'administration Clinton, qui montre comment les décisions prises à l'époque ont contribué à «semer les graines» des problèmes qui apparaîtraient plus tard, voir Joseph E. Stiglitz, *Quand le capitalisme perd la tête, op. cit.*

risque et alloué le capital en dépit du bon sens – sans cesser un seul instant d'offrir à leurs dirigeants d'énormes primes pour le merveilleux travail qu'ils faisaient. Nous savions que ce système des «bonus» avait lui-même créé des incitations à l'excès de risque et au comportement à courte vue. Nous savions que les agences de notation avaient lamentablement échoué dans leur mission d'évaluation du risque. Nous savions que la titrisation [1], longtemps vantée comme un bon moyen de gérer le risque, avait incité les promoteurs de prêts hypothécaires à assouplir leurs normes (c'est le problème dit de l'aléa moral). Nous savions que les banques avaient pratiqué le crédit prédateur.

Mais nous ne mesurions pas dans toute son ampleur la dépravation morale des banques, ni leur ardeur à jouer les exploiteuses, ni leur folle imprudence. Nous ne savions pas à quel point elles pratiquaient le crédit discriminatoire. Nous ne savions pas qu'elles manipulaient les marchés des changes et d'autres marchés. Nous ne savions pas avec quelle négligence elles tenaient à jour leurs dossiers, dans leur course pour accorder toujours plus de prêts douteux. Et nous ne connaissions pas l'envergure complète de la fraude – des banques mais aussi des agences de notation et d'autres acteurs du marché. La concurrence entre les agences de notation pour donner de très bonnes notes (elles n'étaient payées que si leurs notes étaient «utilisées» par les banques d'affaires, qui ne se servaient que des plus favorables) les avait conduites à ignorer délibérément des informations pertinentes qui auraient pu les obliger à noter plus sévèrement.

Néanmoins, les textes publiés ici offrent un bon panorama des égarements du secteur financier.

Les marchés financiers et la montée de l'inégalité

Dans ces articles, et dans ce livre en général, je parle beaucoup du secteur financier. Pour d'excellentes raisons. Comme Jamie Galbraith, de l'université du Texas, en a fait une démonstration si

---

1. Transformation d'un ensemble de créances, notamment des prêts hypothécaires, en titre financier pouvant être vendu à des investisseurs (*NdT*).

convaincante[1], il existe un lien clair entre la financiarisation croissante des économies dans le monde et l'ascension de l'inégalité.
Le secteur financier est le meilleur symbole de ce qui a déraillé
dans notre pays : il a joué un rôle majeur dans l'aggravation de
l'inégalité ; il constitue la principale source d'instabilité dans notre
économie ; et il a éminemment contribué à sa mauvaise tenue
depuis trois décennies.

Ce n'est pas ainsi, bien sûr, que les choses étaient censées se
passer. On *supposait* que la libéralisation des marchés financiers
(la «déréglementation») allait permettre à leurs professionnels
chevronnés de mieux allouer un capital rare et de mieux gérer le
risque ; on *supposait* qu'il en résulterait une croissance plus rapide
et plus stable. Ceux qui voulaient un secteur financier fort avaient
raison sur un point : il est difficile d'avoir une économie qui fonctionne bien si ce secteur ne le fait pas. Mais nous en avons vu
de multiples preuves : laissé à lui-même, il fonctionne mal ; il lui
faut des réglementations fortes, imposées efficacement, à la fois
pour l'empêcher de nuire au reste de la société et pour vérifier
qu'il s'acquitte réellement des tâches qu'il est *censé* accomplir.
Malheureusement, les récents débats sur la réforme du secteur
financier se sont concentrés exclusivement sur le premier objectif :
comment empêcher les banques et les autres sociétés financières
de *nuire* au reste de la société, en l'exposant à un excès de risque
ou à d'autres formes d'exploitation. Ils ne se sont guère intéressés
au second.

La crise à laquelle les États-Unis et le monde ont dû faire face
en 2008 était, je l'ai dit, un désastre créé par l'homme. J'avais déjà
vu ce film : des idées fortes (mais fausses) et des intérêts puissants s'associent pour produire un scénario catastrophe. Quand
j'étais économiste en chef de la Banque mondiale, j'avais constaté
qu'après la fin du colonialisme, l'Occident avait fait en sorte d'imposer au monde en développement les idées du fondamentalisme
du marché libre – dont beaucoup reflétaient les perspectives et les
intérêts de Wall Street. Évidemment, les pays en développement

---

1. James Galbraith, *Inequality and Instability : A Study of the World Economy Just before the Great Crisis*, New York, Oxford University Press, 2012.

n'avaient guère le choix : les puissances coloniales les avaient ravagés, elles les avaient exploités sans pitié, elles avaient extrait leurs ressources, mais elles n'avaient pas fait grand-chose pour développer leur économie. Ils avaient besoin de l'aide des pays avancés et, pour la recevoir, ils devaient accepter les conditions imposées par les hauts responsables du FMI et d'autres institutions : libéraliser leurs marchés financiers et ouvrir leurs marchés intérieurs à une marée de produits venus des pays avancés, alors que ces derniers refusaient d'ouvrir les leurs aux denrées agricoles du Sud.

Ces politiques ont été désastreuses. En Afrique, le revenu par habitant a chuté. En Amérique latine, la stagnation s'est installée, tandis que les bénéfices de la faible croissance allaient à une infime élite de la fortune. Pendant ce temps, l'Asie orientale suivait un autre chemin ; avec un effort de développement dirigé par l'État (on parlait d'«État développementaliste»), ses revenus par habitant ont rapidement été multipliés par deux, par trois – finalement par huit. Dans les trente années où les Américains ont vu leur revenu stagner, la Chine est passée du statut de pays pauvre (avec un revenu par habitant inférieur à 1 % de celui des États-Unis et un PIB de moins de 5 % du PIB américain) à celui de plus grande économie du monde (mesurée «en parité de pouvoir d'achat», comme disent les économistes). On prévoit qu'à la fin du prochain quart de siècle, elle pèsera deux fois plus lourd que l'économie américaine.

Mais les idéologies sont souvent plus influentes que les faits. Les économistes attachés au marché libre étudiaient peu la réussite des économies du «marché géré» en Asie orientale. Ils préféraient parler des échecs de l'Union soviétique, qui avait totalement rejeté l'usage du marché. Avec la chute du mur de Berlin et l'effondrement du communisme, il *semblait* que les marchés libres avaient triomphé. Ce n'était certes pas la bonne leçon à tirer, mais les États-Unis n'en ont pas moins utilisé leur pouvoir de seule superpuissance restante pour promouvoir leurs intérêts économiques – ou, pour être précis, les intérêts de leurs grandes entreprises. Parmi elles, les plus influentes, peut-être, étaient les sociétés financières. Les États-Unis ont poussé tous les pays à libéraliser leurs marchés financiers. En conséquence de quoi, les uns après les autres, ils ont subi des crises – même certains de ceux qui avaient si brillamment réussi *avant* de libéraliser leur marché.

En un sens, cependant, nous n'avons pas été plus durs pour ces pays que pour nous-mêmes. Sous Clinton et sous Bush, nous avons appliqué chez nous comme à l'étranger les politiques exigées par le secteur financier. Dans «Anatomie d'un meurtre», je montre à grands traits comment elles ont conduit à une crise. (J'analyse ces questions de façon bien plus détaillée dans mon livre *Le Triomphe de la cupidité*[1].)

Ce qui m'intéresse ici, c'est la façon dont le secteur financier contribue à l'aggravation de l'inégalité. La financiarisation a eu cet effet par plusieurs canaux. Le secteur excelle à rechercher des rentes, à s'approprier de la richesse. Il y a deux façons de s'enrichir : agrandir la taille du gâteau national ou tenter d'obtenir une plus large part de celui qui existe déjà – dans ce cas, il arrive qu'au cours de la manœuvre la taille du gâteau diminue. Au sommet du secteur financier, les revenus s'acquièrent par la seconde méthode plus que par la première. Et si ses membres obtiennent une part de leur richesse aux dépens d'autres riches – par exemple, le gros de ce que leur rapporte la manipulation des marchés –, ils l'amassent en grande partie en pompant l'argent à la base de la pyramide économique. Pensons aux milliards engendrés par leurs pratiques abusives contre les détenteurs de cartes de crédit ou par leurs prêts discriminatoires et prédateurs. Pensons aussi à l'abus de leur pouvoir de monopole sur les cartes de paiement : les commissions excessives qu'ils imposent aux commerçants fonctionnent comme une taxe sur chaque transaction – à ceci près que cet impôt remplit les coffres des banquiers au lieu d'accroître le bien-être de la société. Sur des marchés concurrentiels, ces commissions sont inévitablement intégrées aux prix de vente et, finalement, c'est la masse de la population qui les paie.

Avant la crise au moins, les professionnels du secteur financier se vantaient d'être les moteurs de la croissance. Par l'«inventivité»

---

1. Joseph E. Stiglitz, *Le Triomphe de la cupidité*, Paris, Les Liens qui libèrent, 2010, trad. fr. de Paul Chemla (*NdT*).

de leurs innovations, ils avaient, à les en croire, stimulé un dynamisme économique exceptionnel.

La véritable mesure du dynamisme d'une économie est la prospérité de la famille ordinaire ; or, sur ce plan-là, il y a croissance zéro depuis un quart de siècle. Même quand on utilise le PIB comme étalon, on constate que la performance a été poussive – bien inférieure à celle des décennies qui ont précédé la libéralisation financière et la financiarisation de l'économie –, et on aurait du mal à attribuer au secteur financier le peu de croissance qu'il y a eu. Mais, s'il est difficile de repérer le moindre effet positif de ses activités sur la croissance, le lien entre ses manigances et l'instabilité de l'économie se démontre aisément, la meilleure preuve étant la crise de 2008.

Les statistiques du PIB et des profits nous en disent long sur la contribution du secteur financier au déraillement de l'activité économique. Dans les années qui ont précédé la crise, ce secteur a absorbé une part croissante de l'économie – 8 % du PIB, 40 % des profits des entreprises – sans lui apporter grand-chose en échange. Certes, il y a eu une bulle du crédit, mais au lieu d'accroître l'investissement *réel*, ce qui nous aurait orientés vers la remontée des salaires et la croissance prolongée, elle a nourri la spéculation et l'ascension des prix immobiliers. La hausse des prix des villas sur la Riviera française ou des appartements pour milliardaires à Manhattan ne rend pas l'économie plus productive. Dans ces conditions, on comprend mieux pourquoi, malgré l'énorme accroissement du rapport « richesse sur revenu », les salaires moyens ont stagné et les rendements réels du capital n'ont pas baissé. (En vertu de la loi normale de l'économie – la loi des rendements décroissants –, les rendements du capital auraient dû diminuer et les salaires augmenter. Les progrès techniques auraient dû renforcer encore cette tendance : même s'ils font baisser les salaires de certains types de main-d'œuvre, ils sont censés faire monter les salaires *moyens*.)

L'excès de risque dans le secteur financier, associé à sa virtuosité à faire disparaître les réglementations, a conduit, par un enchaînement prévisible et prédit, à la crise la plus grave en trois quarts de siècle. Comme toujours, ce sont les pauvres qui souffrent le plus de ces crises, parce qu'ils perdent leur emploi et se retrouvent confrontés au chômage de longue durée. En l'occurrence, les effets sur les simples citoyens américains ont été particulièrement graves. Plus de 14 millions de maisons ont été saisies de 2007 à 2013. Pensons aussi à l'ampleur des coupes dans les dépenses publiques, notamment de l'éducation. Une politique monétaire agressive (baptisée «assouplissement quantitatif[1]») a cherché à redresser les cours de la bourse plus qu'à rétablir le flux du crédit vers les PME. Elle a donc été beaucoup plus efficace pour rendre leur fortune aux riches que pour aider la majorité des Américains ou créer des emplois à leur intention. C'est pour cela que, dans les trois premières années de la prétendue reprise, environ 95 % des gains de revenu sont allés au 1 % et que, six ans après le début de la crise, la fortune médiane était inférieure de 40 % à son niveau antérieur.

Enfin, le secteur financier a joué un dernier rôle dans la hausse de l'inégalité (et la mauvaise tenue de l'économie) en Amérique et dans le monde. J'ai déjà observé que notre inégalité démesurée est l'effet des politiques que nous avons suivies. Le secteur financier a promu des mesures de nature à aggraver l'inégalité, et il a élaboré une idéologie pour les soutenir. Certains de ses acteurs, bien sûr, ont été de grandes voix dissidentes; plusieurs défendent «l'intérêt personnel éclairé». Mais, globalement, le secteur financier a dit et répété que les marchés aboutissent par eux-mêmes à des résultats efficaces et stables et, selon ce postulat, que les États doivent libéraliser et privatiser. Il faut limiter la progressivité de l'impôt à cause de ses effets négatifs sur les incitations, a-t-il expliqué. La politique monétaire doit se concentrer sur l'inflation et non sur la création d'emplois, a-t-il soutenu. Quand toutes ses stratégies ont abouti à la Grande Récession, il a encore, par son obsession des déficits budgétaires, provoqué des coupes dans les dépenses publiques qui ont frappé les simples citoyens. Et ces décisions ont prolongé la crise.

---

1. Avec cette politique, la Banque centrale achète des titres financiers aux banques, donc injecte directement de l'argent frais dans le système bancaire (*NdT*).

La transparence

Il est largement admis que les économies de marché fonctionnent mieux dans la transparence : seule une bonne information permet d'allouer les ressources convenablement. Mais si les marchés – notamment financiers – prêchent volontiers la transparence *aux autres*, ils font tout pour la limiter chez eux. Après tout, sur des marchés transparents et concurrentiels, les profits vont tendre vers zéro. Tout chef d'entreprise vous le dira : opérer sur de tels marchés n'est pas drôle. Il faut se battre pour survivre. Les gains potentiels sont maigres. C'est pourquoi le secret des affaires et la confidentialité sont si prisés dans ces milieux. Tout cela est naturel et bien compris. Et l'État est censé peser dans l'autre sens, contrebalancer ces tendances, rendre les marchés plus concurrentiels et plus transparents. Mais il ne le fera pas s'il tombe sous la coupe des grandes entreprises, en particulier des sociétés financières. Sur ce point, ce qui s'est passé sous l'administration Clinton m'a vraiment déçu. Avec les gouvernements de droite, on s'attend plus ou moins à ce type de comportement, mais pas avec une équipe qui proclamait : «L'humain d'abord !» Dans «Les imbéciles du capitalisme», j'explique que les administrations Clinton et Bush ont mis en place des incitations à «truquer les chiffres». Malheureusement, l'administration Obama n'a pas mis à profit les événements de 2008 pour imposer davantage de transparence : elle a laissé se poursuivre – avec quelques restrictions, certes – les transactions sur les dérivés de gré à gré [1], ces produits financiers opaques qui ont semé un tel chaos pendant la crise.

Le rôle de l'économiste

Dans sa liste de coupables, l'article sur l'anatomie d'un meurtre ajoute une catégorie supplémentaire : les économistes. Il s'agit de ceux, nombreux, qui ont soutenu que les marchés s'autorégulaient, qui ont apporté au mouvement de la déréglementation ses

---

1. Les produits dérivés «sur mesure» et non réglementés qui ne se négocient pas sur les places boursières. On les appelle aussi les OTC (*over-the-counter*) (*NdT*).

prétendues «bases intellectuelles». Ils l'ont fait malgré la longue histoire des défaillances des marchés financiers non réglementés et sous-réglementés et ils l'ont fait au mépris d'importants progrès de la théorie économique, qui avaient expliqué pour quelles raisons pratiques et éthiques il fallait réglementer ces marchés. Ces avancées théoriques s'étaient concentrées sur l'importance des imperfections de l'information et de celles de la concurrence, très présentes dans tous les secteurs de l'économie mais particulièrement dans le système financier. De plus, quand une entreprise ordinaire fait faillite, sa chute a des conséquences pour ses propriétaires et leurs familles, mais pas, en général, pour toute l'économie. En revanche, comme l'ont dit nos dirigeants politiques et les banques elles-mêmes, nous ne pouvons laisser aucune grande banque faire faillite. Mais s'il en est ainsi, il faut *absolument* les réglementer. Car, si elles sont trop grosses pour faire faillite et qu'elles le savent, l'excès de risque devient un «pari unilatéral» : si elles gagnent, elles gardent les profits ; si elles perdent, les contribuables paient l'addition.

La loi Dodd-Frank, sur la réforme du secteur financier, n'a rien fait pour régler le problème du «trop gros pour faire faillite». En fait, notre réaction à la crise l'a aggravé : nous avons encouragé, et parfois obligé, des banques à fusionner, si bien qu'aujourd'hui la concentration du pouvoir de marché est encore plus forte qu'avant l'effondrement. Cette concentration a une conséquence : elle concentre aussi du pouvoir politique. C'est flagrant dans la lutte en cours pour faire voter une réglementation efficace du secteur bancaire. Sur un point, la loi Dodd-Frank avait amélioré les choses : elle avait limité la possibilité, pour les établissements financiers couverts par la garantie fédérale des dépôts, de créer des dérivés, ces produits à risque qui avaient provoqué la chute d'AIG et le plus grand renflouement de l'histoire de la planète. On peut discuter de la nature de ces produits, se demander s'ils sont des instruments de pari ou des polices d'assurance. Mais rien ne saurait justifier qu'ils soient fournis par des sociétés *de crédit*, notamment celles qui sont garanties par l'État. Néanmoins, le Congrès a abrogé cette disposition en 2014, en votant un texte directement rédigé par la Citibank, sans même organiser d'auditions !

L'influent documentaire *Inside Job*[1] a éclairé ce qui a pu se passer chez les professionnels des sciences économiques. Les économistes ont coutume de dire que les incitations comptent – il semble d'ailleurs que ce soit leur seul point d'accord. Le secteur financier rétribue amplement ceux qui partagent ses points de vue : missions lucratives de conseil, crédits de recherche, etc. D'où la question posée par le documentaire : se pourrait-il que tout cela ait influencé le jugement de certains économistes ?

LES RIPOSTES À LA CRISE

La «fabrication de la crise» illustre plusieurs thèmes de ce livre. On peut en dire autant des articles que j'ai écrits en 2008 et 2009 sur les ripostes qu'on lui a opposées. L'un d'eux figure ici : «Comment sortir de la crise financière». Je l'ai publié dans *Time* un mois après la chute de Lehman Brothers. La discordance entre ce qu'il fallait faire et ce qu'on a fait est révélatrice de la grande fracture.

La crise couvait depuis longtemps. Les signaux d'alerte avaient été nombreux. Pourtant, les responsables aux commandes, à la Federal Reserve comme dans l'administration, ont *paru* surpris, et je crois qu'ils l'étaient vraiment – remarquable témoignage de l'aptitude de l'être humain à barricader son esprit contre l'information désagréable et contraire à ses préjugés. Après tout, la bulle de l'immobilier avait éclaté en 2006. L'économie avait plongé dans la récession en 2007. La Federal Reserve avait fourni aux banques des fonds sans précédent en 2007 et 2008. Et il y avait eu un renflouement très coûteux, celui de Bear Stearns, en mars 2008. Pratiquement tout économiste qui ne croyait pas les yeux fermés aux vertus des marchés libres et sans entraves, à leur efficacité et à leur stabilité, avait compris que le désastre était inéluctable. Mais le président de la Federal Reserve, Ben Bernanke, affirmait gaiement que les risques étaient «endigués[2]».

1. Documentaire de Charles Ferguson sur la crise financière, sorti en 2010 et couronné par de nombreux prix (*NdT*).
2. En mars 2007, Bernanke a déclaré : «Il paraît probable que l'impact des problèmes du marché du *subprime* sur l'économie en général et sur les

L'événement catalyseur, celui qui a fait passer le pays de la récession apparue en décembre 2007 (que la riposte de Bush – une autre réduction d'impôts pour les riches en février 2008 – ne risquait guère d'arrêter) à une récession *profonde*, la pire depuis la Grande Dépression, a été la chute de Lehman Brothers le 15 septembre 2008. La Federal Reserve et le département du Trésor ont affirmé avec aplomb qu'on pouvait laisser Lehman s'effondrer : sa faillite n'aurait qu'un effet limité sur l'économie – et elle servirait de leçon aux banques. Aussitôt après, ils ont pris un virage à 180° et renfloué AIG. Ce fut le sauvetage le plus coûteux de l'histoire de l'humanité, une «aide sociale à une seule entreprise», dont le montant a dépassé tout ce que l'État avait versé en prestations à des millions d'Américains pauvres pendant de très nombreuses années. Plus tard, nous allions apprendre pourquoi – et pourquoi ces hauts responsables avaient tout fait pour dissimuler au peuple américain le sens de leur action : cet argent était aussitôt passé d'AIG à Goldman Sachs et à d'autres banques. C'est lorsque ces banques-là ont été en danger que la Federal Reserve et le Trésor sont venus à la rescousse.

Dans mon article de *Time*, j'ai proposé un programme simple. Malheureusement, l'action de l'État a été plus inspirée par les intérêts et les points de vue des banques et du 1 % que par mes conseils, comme je le craignais à l'époque. Par conséquent, la reprise a été anémique. L'administration Obama se vante d'avoir empêché la chute de l'économie dans une nouvelle Grande Dépression. Qu'elle ait raison ou non, il est clair qu'elle ne l'a pas relancée vigoureusement. À l'heure où ce livre va sous presse, sept ans plus tard, les revenus de la plupart des Américains restent inférieurs à ce qu'ils étaient avant la crise. La fortune de la classe moyenne est pratiquement redescendue à son niveau de 1992, il y a près de deux décennies [1]. La reprise a été conçue par le 1 % pour

---

marchés financiers sera endigué» (Déclaration de Ben S. Bernanke, président du Conseil des gouverneurs de la Federal Reserve, devant la Commission économique conjointe du Congrès des États-Unis, Washington, DC, 28 mars 2007).

1. La fortune du ménage médian a été de 81 400 dollars en 2013 ; c'est presque un retour au chiffre de 1992 : 80 800. Pour les Américains pauvres

le 1 %. Dans son discours sur l'état de l'Union du 20 janvier 2015, le président Obama a déclaré que la crise était terminée. Mais même lui n'a pas osé dire : tout va bien. Le PIB est inférieur d'environ 15 % au niveau qu'il aurait atteint sans la crise et l'écart entre notre position actuelle et celle où nous aurions été ne se réduit pas. Des milliers de milliards ont été perdus, sans nécessité, parce que nous avons suivi le programme du 1 %.

Le mien comprenait cinq points. Le premier était une recapitalisation des banques – d'une façon qui garantissait qu'elles se remettraient à prêter et qui assurait aux contribuables américains une juste compensation pour les risques qu'ils prenaient. Nous avons effectivement recapitalisé les banques. Mais renflouer les banques ne voulait pas dire renflouer leurs actionnaires, les détenteurs de leurs obligations et les banquiers. Or, c'est ce que nous avons fait.

Quand le FMI, la Banque mondiale ou le gouvernement des États-Unis prêtent à d'autres pays, ils imposent des conditions – ils veulent être sûrs que les fonds seront bien dépensés de la façon prévue. Ironie de l'histoire, le département du Trésor est l'un des plus acharnés à exiger cette conditionnalité. Mais quand il s'est agi d'imposer des conditions aux banques américaines, le Trésor a refusé.

Ici, l'intention était claire : sauver les banques pour qu'elles puissent continuer à fournir les fonds nécessaires au fonctionnement de notre économie. Mais comme nous n'avons imposé aucune condition, l'argent a servi à payer aux banquiers des mégabonus – manifestement immérités. Des années après la crise, le crédit aux PME était encore inférieur, de très loin, à son niveau d'avant la crise.

L'administration affirme que l'État a été remboursé. Mais c'est surtout par un tour de passe-passe : remboursé d'une poche avec

---

(définis par un revenu, ajusté en fonction de la taille du ménage, inférieur à 67 % de celui du ménage médian), c'est bien pire : leur fortune médiane est passée de 11 400 dollars en 1983 à 9 300 dollars en 2013. Voir « America's Wealth Gap between Middle-Income and Upper-Income Families Is Widest on Record », Pew Research Center, en ligne à l'adresse <http://www.pewresearch.org/fact-tank/2014/12/17/wealth-gap-upper-middle-income>.

l'argent qu'il mettait lui-même dans l'autre. La Federal Reserve prêtait aux banques, à taux zéro, de l'argent qu'elles reprêtaient aussitôt à l'État et aux grandes entreprises, à des taux bien plus élevés. (Avec ce système, même un enfant de douze ans pourrait faire fortune ; nul besoin d'avoir le génie de la finance – les banquiers n'en recevaient pas moins d'énormes primes comme s'ils l'avaient.) L'État a fait passer subrepticement les prêts douteux de la comptabilité des banques aux comptes publics. Malgré cet éminent service, il n'a obtenu en échange qu'une petite fraction de ce qu'ont reçu des investisseurs privés, comme Warren Buffett, qui avaient injecté de l'argent dans les banques pendant la crise.

Disons-le crûment : les citoyens américains ont été plumés. On a fait un énorme cadeau aux banques en leur fournissant des fonds à des conditions bien plus favorables qu'aux autres – à des taux bien inférieurs à ceux que d'autres étaient prêts à leur consentir. En agissant ainsi, on a redistribué de l'argent : on l'a fait passer des simples citoyens aux riches banquiers. Si l'on avait présenté aux banques la facture normale, notre dette nationale serait moins élevée et nous aurions plus de fonds à investir dans l'éducation, la technologie, les infrastructures – investissements qui créent une économie plus forte à la prospérité mieux partagée.

Comme tant de politiques économiques conçues par le 1 % pour le 1 %, celle-ci comptait sur l'économie du «ruissellement vers le bas» : faisons pleuvoir suffisamment d'argent sur les banques et tout le monde en profitera. Ça n'a pas marché, et c'était prévisible[1]. J'avais proposé, au contraire, d'essayer un peu l'économie du «ruissellement vers le haut» – aidons ceux qui sont au milieu et en bas de l'échelle, toute l'économie en bénéficiera.

La crise avait commencé dans l'immobilier et il était donc bien naturel de suggérer que, pour avoir une reprise robuste, il fallait endiguer la marée des saisies. Avant même qu'il ne soit devenu président, j'avais prévenu Obama : renflouer les banques ne suffirait pas, il devait aider les propriétaires américains. Mais son secrétaire au Trésor, Tim Geithner, qui dirigeait la Federal Reserve

---

1. Je l'avais expliqué dans un court article, «Bail-out Blues», *Guardian*, 30 septembre 2008.

de New York quand les banques s'étaient livrées à leurs jeux irresponsables, pensait essentiellement à elles. En conséquence, des millions d'Américains ont perdu leur maison. Des millions, littéralement. Alors que des centaines de milliards allaient aux banques, une petite fraction de cette somme a été allouée à l'aide aux propriétaires en difficulté. Et sur ce faible montant, l'État n'a réellement dépensé, dans une succession de programmes mal conçus, que 10 milliards de dollars environ – le rapport du département du Trésor au Congrès n'a même pas pris la peine de donner le chiffre exact. L'administration se disait que prodiguer de l'argent aux banques était peut-être nécessaire pour sauver l'économie, et toute modulation fine des plans de renflouement lui paraissait un luxe qu'elle ne pouvait s'offrir. Mais face aux propriétaires et aux simples citoyens, elle adoptait l'attitude diamétralement opposée : procédons avec prudence, pour ne faire aucune erreur. On évoquait sans trop réfléchir l'«aléa moral» – si l'on aidait les propriétaires, ne risquait-on pas d'encourager l'endettement irresponsable? –, alors que le vrai problème d'aléa moral était celui des banques que l'on avait si souvent renflouées.

La science économique admise – enseignée dans la quasi-totalité des manuels – préconise une stimulation budgétaire quand l'économie est affaiblie. Nous avions appris de la réduction d'impôts pour les riches décidée par Bush en 2008 qu'une stimulation mal conçue serait assez inefficace. Mais l'administration Obama – dont plusieurs membres portaient une responsabilité considérable dans la fabrication de la crise, tant par leur soutien actif à la déréglementation que par leur manque de sérieux dans la supervision des banques – était persuadée que de modestes mesures suffiraient. Les banques étaient malades, raisonnait-elle; il leur fallait une transfusion (de fonds), certes massive; mais, après un bref séjour à l'infirmerie, elles allaient se rétablir et l'économie aussi. Nous n'avions donc besoin que d'un stimulant temporaire, pour la période où les banques étaient souffrantes; et puisque la reprise allait vite arriver, la dimension, la conception et la durée du plan de stimulation importaient peu.

Je soutenais, au contraire, que l'économie, exclusivement alimentée par une bulle artificielle, était déjà malade avant la crise et que la crise serait probablement longue et profonde, notamment si l'on ne prenait pas les bonnes mesures (ce qui était le cas). De plus, sur le plan politique, la situation était effroyable : on ne pourrait croquer la pomme qu'une seule fois. Si l'économie ne se redressait pas, les conservateurs allaient clamer que stimuler, ça ne marchait pas, et on aurait du mal à obtenir un second plan de relance. J'estimais donc qu'il nous fallait un gros stimulant [1] – bien plus important que celui qu'avait demandé l'administration et que le Congrès avait voté ; il devait être bien conçu, pas dans le style des réductions d'impôts pour les riches qui avaient caractérisé la prétendue stimulation de Bush. Finalement, environ un tiers du plan de relance d'Obama est passé par des réductions d'impôts. Et, pour aggraver les choses, son administration, qui ne comprenait pas la gravité de la récession, a annoncé qu'avec ce plan le chômage allait plafonner à 7 ou 8 % ; quand il a plafonné à 10 %, cette prédiction a offert à ses adversaires des munitions faciles. Ce qu'elle aurait dû dire, c'était que le plan de stimulation allait réduire le chômage de 2 à 3 % par rapport au niveau qu'il aurait atteint sans stimulant – et cela, il a bel et bien réussi à le faire.

Les derniers points du programme que j'ai publié dans *Time* étaient la réforme de la réglementation intérieure et la création d'une agence multilatérale pour coordonner les règles des diverses législations nationales. À la date où j'ai écrit cet article, on voyait déjà clairement que la crise serait planétaire, et que les mauvaises pratiques des banques (aux États-Unis mais aussi dans plusieurs pays d'Europe) avaient de grosses répercussions partout. Nos prêts hypothécaires toxiques (qui ont fini par exploser en déclenchant la crise mondiale) avaient pollué les marchés financiers internationaux.

C'est sur ces deux derniers points que la déception a été la plus vive. Même quand elle a été votée en 2010, deux ans après la crise, on voyait bien que la loi de réforme de la réglementation (la loi

1. Peu après mon article dans *Time*, j'ai développé longuement la nécessité d'une stimulation importante et bien pensée dans une tribune libre : «A Trillion Dollar Answer», *New York Times*, 30 novembre 2008. J'ai poussé plus loin ma réflexion sur l'insuffisance de la stimulation d'Obama dans une autre tribune libre : «Stimulate or Die», *Project Syndicate*, 6 août 2009.

Dodd-Frank) était, au mieux, un verre à moitié plein. Mais, dès son adoption, les banques ont lancé une offensive pour l'édulcorer. Elles ont résisté aux tentatives de mettre en œuvre ses règles. Elles ont mené campagne au Congrès pour faire abroger certaines de ses dispositions cruciales. Finalement, en décembre 2014, elles ont réussi à faire annuler un article essentiel qui réglementait les dérivés : il interdisait aux banques bénéficiant de la garantie de l'État sur leurs dépôts de créer ces produits financiers à risque.

Au niveau mondial, aucune agence internationale n'est apparue. On a établi un Conseil de stabilité financière (il remplaçait le Forum de stabilité financière que l'on avait créé à la fin des années 1990, au lendemain de la crise asiatique, et qui s'était révélé inefficace). Comme pour la loi Dodd-Frank, il en est sorti des demi-mesures : la situation est à certains égards meilleure qu'avant la crise, mais, hors du secteur financier, rares sont ceux qui croient que nous avons vraiment éliminé tout risque important de nouvelle catastrophe.

Il est frappant que toutes les discussions se soient concentrées sur un seul point : comment empêcher les banques de nuire au reste de la société. On n'a accordé pratiquement aucune attention à un autre problème : comment les amener à s'acquitter réellement des fonctions vitales qu'elles doivent exercer pour que notre économie fonctionne bien. Dans l'optique de ce livre, cette seconde question est importante, pour deux raisons au moins. Quand il y a une crise, ce sont toujours les simples citoyens qui en paient le prix : les salariés qui perdent leur travail, les propriétaires qui perdent leur maison, tous ceux qui voient s'évanouir leur compte-retraite, qui sont incapables d'inscrire leurs enfants à l'université, qui ne peuvent pas vivre leurs rêves. Les petites entreprises font faillite par dizaines.

En revanche, les grandes entreprises non seulement survivent, mais même, dans certains cas, s'enrichissent, si la crise fait baisser les salaires et qu'elles maintiennent leurs ventes à l'étranger. Les banquiers qui ont provoqué la crise s'en tirent aussi très bien, merci. Peut-être ne sont-ils pas tout à fait aussi riches qu'ils le seraient si les bulles insoutenables auxquelles ils ont contribué enflaient encore. Peut-être ont-ils dû réduire leur train de vie, troquer un chalet dans les Alpes suisses contre un autre dans le Colorado, une maison sur la Riviera contre une autre dans les Hamptons[1].

La nécessité de réglementer aurait dû être d'autant plus évidente que les banques et d'autres sociétés financières sont depuis longtemps enclines à exploiter – à profiter des autres par divers biais : manipulation du marché, délits d'initiés, pratiques abusives des cartes de crédit, pratiques monopolistes anticoncurrentielles, crédit discriminatoire et prédateur... la liste est sans fin. Il leur paraît plus facile de gagner de l'argent par ces moyens-là que par des activités honnêtes – prêter aux petites entreprises, par exemple, ce qui créerait des emplois. Quand les banques ne pensent qu'à exploiter, elles aggravent l'inégalité; quand elles aident à créer des emplois, elles font progresser l'égalité, parce qu'elles réduisent le chômage et favorisent une augmentation des salaires, conséquence naturelle du reflux du chômage.

Donc, les réglementations qui limitent la mauvaise conduite des banques ont une double utilité : elles inhibent leurs talents d'exploiteuses et les encouragent à faire leur devoir – simplement en réduisant les profits qu'elles peuvent faire par d'autres moyens.

L'échec des ripostes de Bush et d'Obama

Bref, la crise a été la conséquence prévisible et prédite de nos politiques économiques des décennies précédentes. Et ce qui s'est passé après la crise a été la conséquence prévisible et prédite des mesures prises pour y faire face.

Que pouvons-nous en dire, près de huit ans après le début de la récession, neuf ans après l'éclatement de la bulle? À qui les faits ont-ils donné raison? L'administration et la Federal Reserve

1. J'ai évoqué la question à propos de la crise asiatique dans mon livre *La Grande Désillusion*, Paris, Fayard, 2002, trad. fr. de Paul Chemla; Jason Furman (qui deviendrait plus tard l'un de mes successeurs à la présidence du Conseil des conseillers économiques) et moi, nous avons montré qu'il s'agissait d'une structure régulière, dans notre article de 1998 «Economic Consequences of Income Inequality», in *Income Inequality : Issues and Policy Options* [actes d'un symposium tenu à Jackson Hole, Wyoming], Kansas City (MO), Federal Reserve Bank de Kansas City, 1998, p. 221-263.

se plaisent à proclamer qu'elles nous ont sauvés d'une nouvelle Grande Dépression. C'est possible, mais elles ont totalement échoué à rétablir une économie prospère.

Pour l'essentiel, le système bancaire est guéri. Officiellement, la récession a pris fin, et assez vite. Mais il est clair que l'économie n'a pas recouvré la santé. Même si la croissance est revenue, il faudra bien des années, à supposer qu'on y arrive, pour réparer les dégâts de la Grande Récession. Bien des années, à supposer qu'on y arrive, pour ramener les revenus de la plupart des Américains au niveau qu'ils auraient eu sans la crise. On voit bien que les ravages seront durables.

Les conséquences économiques
de M. Bush [1]

Quand nous repenserons un jour à la catastrophe qu'a été l'administration Bush, bien des sujets nous viendront à l'esprit : la tragédie de la guerre d'Irak, la honte de Guantánamo et d'Abou Ghraib, l'érosion des libertés civiles. Les ravages infligés à l'économie américaine ne font pas les gros titres de la presse tous les jours. Mais leurs répercussions seront plus longues que le temps qui reste à vivre à tout lecteur de cette page.

J'entends d'ici les protestations indignées. Le président n'a pas conduit les États-Unis à la récession en près de sept ans de mandat. Le chômage est resté au taux respectable de 4,6 %. Oui, très bien. Mais le passif est terriblement angoissant : un code des impôts devenu affreusement biaisé en faveur des riches ; une dette nationale qui aura probablement augmenté de 70 % quand ce président quittera Washington ; un torrent en crue de défauts de paiement sur les prêts hypothécaires ; un déficit commercial record, proche des 850 milliards de dollars ; des cours du brut plus hauts qu'ils ne l'ont jamais été ; et un dollar si faible que se payer une tasse de café à Londres ou à Paris – ou même sur le Yukon – a pour un Américain un petit goût de haute finance.

1. *Vanity Fair*, décembre 2007. Anya Schiffrin et Izzet Yildiz m'ont aidé pour les recherches nécessaires à cet article.

Et tout s'aggrave. Avec ce président au pouvoir depuis près de sept ans, les États-Unis sont moins préparés que jamais à affronter l'avenir. Nous n'avons pas formé assez d'ingénieurs et de scientifiques, de spécialistes dotés des compétences qu'il nous faudra pour rester compétitifs face à la Chine et à l'Inde. Nous n'avons pas investi dans le type de recherche fondamentale qui nous a permis d'être le moteur technologique de la fin du XXᵉ siècle. Et, bien que le président comprenne maintenant – du moins le dit-il – qu'il est impératif de commencer à nous sevrer du pétrole et du charbon, nous sommes devenus, sous sa houlette, encore plus dépendants des deux.

Jusqu'à présent, il est admis que Herbert Hoover, dont les politiques ont aggravé la Grande Dépression, remporte haut la main la palme de «pire président» pour la gestion de l'économie américaine. Quand Franklin Roosevelt a pris le pouvoir et inversé les politiques de Hoover, le pays a commencé à se relever. Les effets économiques de la présidence de Bush sont plus insidieux que ceux de Hoover, plus difficiles à inverser, et ils seront probablement plus durables. Il n'y a aucun risque que l'Amérique perde sa position d'économie la plus riche du monde. Mais nos petits-enfants devront encore vivre, et se débattre, avec les conséquences économiques de M. Bush.

L'EXCÉDENT, VOUS VOUS SOUVENEZ ?

Quand George W. Bush a pris ses fonctions, en janvier 2001, le monde, économiquement parlant, était tout à fait différent. Dans les folles années 1990, beaucoup avaient cru qu'Internet allait tout changer. Les gains de productivité, demeurés proches, en moyenne, de 1,5 % par an du début des années 1970 au début des années 1990, avoisinaient désormais 3 %. Dans l'industrie, pendant le second mandat de Bill Clinton, ils avaient même parfois dépassé 6 %. Le président de la Federal Reserve, Alan Greenspan, parlait d'une Nouvelle Économie, caractérisée par les progrès continus de la productivité au fur et à mesure qu'Internet enterrait les anciennes méthodes. D'autres allaient jusqu'à prédire la fin du cycle des affaires. Greenspan disait tout haut son inquiétude :

comment allait-il pouvoir conduire la politique monétaire quand la dette du pays aurait été entièrement remboursée?

Cette confiance extraordinaire faisait monter l'indice Dow Jones toujours plus haut. Les riches prospéraient, les moins riches et même les franchement pauvres, aussi. Les années Clinton n'ont pas été un nirvana économique; ayant moi-même dirigé le comité des conseillers économiques du président pendant une partie de cette période, je ne suis que trop conscient des erreurs commises et des occasions perdues. Les accords sur le commerce mondial que nous avons promus ont été souvent injustes pour les pays en développement. Nous aurions dû investir davantage dans les infrastructures, réglementer plus strictement les marchés des titres, prendre des mesures supplémentaires pour promouvoir les économies d'énergie. Si nous n'avons pas fait assez dans ces domaines, c'est à cause des contraintes de la politique et du manque d'argent – et aussi, soyons francs, parce que des intérêts particuliers ont parfois déterminé notre programme plus qu'ils ne l'auraient dû. Mais ces années d'expansion ont été les premières, depuis Jimmy Carter, où le déficit a été maîtrisé et les premières depuis les années 1970 où les revenus ont augmenté plus vite en bas de l'échelle qu'en haut – critère de succès éminemment digne d'être célébré.

Au moment où George W. Bush a prêté serment, des éléments de ce brillant tableau avaient commencé à pâlir. Le boom technologique avait pris fin. Le Nasdaq[1] avait chuté de 15 % dans le seul mois d'avril 2000, et nul n'était très sûr de l'effet qu'allait avoir sur l'économie réelle l'effondrement de la bulle Internet. La situation était mûre pour l'économie keynésienne: l'heure était venue d'amorcer la pompe en dépensant plus pour l'éducation, la technologie et les infrastructures – investissements dont l'Amérique avait désespérément besoin, et a toujours besoin, mais que l'administration Clinton avait remis à plus tard dans sa lutte inflexible pour éliminer le déficit. Bill Clinton laissait le président Bush en position idéale pour suivre ces politiques. Vous souvenez-vous

1. La place boursière américaine particulièrement tournée vers les entreprises des technologies de l'information et des communications (*NdT*).

des débats de la campagne présidentielle de 2000 entre Al Gore et George Bush, où les deux hommes discutaient de la meilleure façon de dépenser l'excédent budgétaire des États-Unis, prévu à 2 200 milliards de dollars ? Le pays aurait très bien pu se permettre d'augmenter considérablement l'investissement intérieur dans des domaines cruciaux. Et s'il l'avait fait, cette politique aurait fait barrage à la récession à court terme et stimulé la croissance à long terme.

Mais l'administration Bush avait ses propres idées. La première initiative économique majeure du nouveau président a été une réduction d'impôts massive en faveur des riches, mise en œuvre en juin 2001. Pour quiconque avait un revenu supérieur à un million, l'allégement était de 18 000 dollars – plus de 30 fois supérieur à celui dont bénéficiait l'Américain moyen. En 2003, une seconde réduction d'impôts a aggravé ces injustices : elle était biaisée encore davantage en faveur des riches. L'effet conjoint des deux réductions, quand elles seraient entièrement mises en œuvre et si on les rendait permanentes, était très clair : en 2012, un Américain appartenant aux 20 % les plus pauvres aurait un maigre allégement de 45 dollars, mais ceux dont les revenus dépassaient le million de dollars verraient leur facture fiscale baisser, en moyenne, de 162 000 dollars.

L'administration claironne qu'il y a eu expansion de l'économie pendant ses six premières années : une croissance d'environ 16 % au total. Mais cette croissance a essentiellement aidé ceux qui n'avaient nul besoin de l'être et n'a rien fait pour ceux qu'il était le plus urgent de secourir. La marée montante a soulevé tous les yachts. À présent, les inégalités se creusent en Amérique, et à un rythme qu'on n'avait pas vu en trois quarts de siècle. Un jeune homme d'une trentaine d'années a aujourd'hui un revenu réel (compte tenu de l'inflation) inférieur de 12 % à ce que gagnait son père il y a trente ans. Sous le seuil de pauvreté, il y a actuellement 5,3 millions d'Américains de plus qu'à la date où Bush est devenu président. Notre structure de classes n'a peut-être pas encore rejoint celles du Brésil et du Mexique, mais nous nous en rapprochons.

Le boom des faillites

Dans un mépris ahurissant des règles les plus élémentaires de la saine gestion du budget, l'administration a continué à réduire les impôts même après avoir lancé de nouveaux programmes coûteux de dépenses publiques et s'être embarquée dans une «guerre choisie» et ruineuse en Irak. L'excédent budgétaire de 2,4 % du PIB qu'avait trouvé Bush à son arrivée s'est mué en déficit de 3,6 % en l'espace de quatre ans. Les États-Unis n'avaient pas connu de retournement de cette envergure depuis l'embrasement de la Seconde Guerre mondiale.

Les subventions agricoles ont doublé entre 2002 et 2005. Les dépenses fiscales – l'immense système de subventions et privilèges dissimulé dans le code des impôts – ont augmenté de plus d'un quart. Les allégements d'impôts pour les amis du président dans le secteur pétrolier et gazier se sont accrus à coups de milliards de dollars. Certes, les dépenses militaires ont augmenté (d'environ 70 %) dans les cinq ans qui ont suivi le 11 septembre, mais une large part de ces crédits supplémentaires n'ont pas du tout contribué à la guerre contre le terrorisme : ils ont été perdus ou externalisés dans des missions vouées à l'échec en Irak. Simultanément, on a continué à engloutir des fonds dans l'habituelle camelote ultra-technologique – des armes qui ne fonctionnent pas, contre des ennemis que nous n'avons pas. Bref, on a dépensé l'argent partout, sauf là où l'on en avait besoin. Dans les sept dernières années, le pourcentage du PIB consacré à la recherche-développement hors secteurs de la défense et de la santé a chuté. On n'a pas fait grand-chose pour nos infrastructures délabrées – des digues de La Nouvelle-Orléans aux ponts de Minneapolis[1]. C'est le prochain occupant de la Maison-Blanche qui devra réparer les dégâts.

Malgré ses récriminations contre les prestations sociales aux indigents, l'administration Bush a mis en œuvre la plus grande adjonction aux droits sociaux en quatre décennies – mesure mal conçue, mi-largesse préélectorale, mi-cadeau à l'industrie

1. Les digues qui protégeaient La Nouvelle-Orléans ont cédé en 2005 face à l'ouragan Katrina. Le pont autoroutier de Minneapolis sur le Mississippi s'est effondré le 1er août 2007 (NdT).

pharmaceutique : le remboursement par Medicare[1] des médicaments prescrits sur ordonnance. Comme l'ont révélé plus tard des
documents internes, son véritable coût a été dissimulé au Congrès.
À cette occasion, les compagnies pharmaceutiques ont reçu des
faveurs spéciales. Pour bénéficier de la nouvelle prestation, les
patients âgés devaient s'abstenir d'acheter leurs médicaments à
meilleur prix au Canada ou ailleurs. La loi interdisait aussi à l'État
américain, devenu le plus gros acheteur de produits pharmaceutiques, de négocier leurs prix avec les fabricants. Par conséquent,
les consommateurs paient beaucoup plus cher les médicaments
aux États-Unis que partout ailleurs dans le monde développé.

Certains prétendent encore – le président lui-même dit haut
et fort – que, par ses réductions d'impôts, l'administration visait
à stimuler l'économie. Mais cela n'a jamais été son intention.
Le « *bang* par dollar » – l'ampleur de la stimulation par dollar de
déficit – était étonnamment faible. Autant dire que le soin de stimuler l'économie a été laissé au conseil de la Federal Reserve.
Celui-ci a appuyé sur l'accélérateur avec une force sans précédent
dans l'histoire : il a baissé les taux d'intérêt à 1 %. En termes réels
– compte tenu de l'inflation –, ils sont devenus négatifs : moins
2 %. Le résultat, prévisible, a été une consommation débridée.
D'un certain point de vue, l'irresponsabilité budgétaire de Bush
a encouragé celle de tous. Le crédit, il y en avait à la pelle, et les
prêts hypothécaires *subprimes* étaient accessibles à tous ceux qui
n'étaient pas sous assistance respiratoire. À l'été 2007, la dette liée
aux cartes de crédit avait bondi à un chiffre exorbitant : 900 milliards de dollars. « Qualifié de naissance[2] » est devenu l'enivrante
devise de l'ère Bush. Les ménages américains ont profité des
faibles taux d'intérêt, ils ont contracté de nouveaux emprunts
hypothécaires avec « taux d'appel » initial[3] et ils sont descendus en
ville avec l'argent.

---

1. L'organisme public qui prend en charge les dépenses de santé des plus
de soixante-cinq ans, sans distinction de revenus (*NdT*).

2. « *Qualified at birth* » était le slogan d'une banque américaine désireuse
de faire savoir qu'elle prêtait à tous sans conditions de revenus (*NdT*).

3. Un taux d'intérêt temporaire, très bas, pour les premières années du
prêt (*NdT*).

Toutes ces dépenses ont donné à l'économie meilleure allure, pour un temps ; le président pouvait s'enorgueillir des statistiques économiques (et ne s'en privait pas). Mais les conséquences pour de nombreuses familles allaient apparaître quelques années plus tard : les taux d'intérêt sont montés et le remboursement des prêts hypothécaires s'est avéré impossible. Le président espérait, sans nul doute, que l'heure du jugement sonnerait après 2008. Elle l'a fait dix-huit mois trop tôt. Jusqu'à 1,7 million d'Américains devraient perdre leur maison dans les mois qui viennent. Pour nombre d'entre eux, ce sera le début d'une chute dans la pauvreté.

De mars 2006 à mars 2007, les taux de faillite personnelle ont grimpé de plus de 60 %. Des familles toujours plus nombreuses ont alors compris qui étaient les gagnants et les perdants de la loi de 2005 sur la faillite, promulguée par le président : avec cette législation, il était désormais plus difficile aux particuliers de se décharger de leurs dettes à des conditions raisonnables. Les établissements de crédit qui avaient fait pression pour cette « réforme » en sont sortis clairement vainqueurs : ils ont obtenu davantage de moyens de pression et de protections ; et les personnes en difficulté financière ont été sacrifiées.

ET IL Y A L'IRAK

La guerre d'Irak (et, dans une moindre mesure, celle d'Afghanistan) a coûté cher aux États-Unis. En sang versé : les pertes humaines sont toujours inestimables. Et financièrement. Souvenons-nous que l'administration Bush, quand elle se préparait à envahir l'Irak, ne voulait pas avancer d'estimation sur les coûts (et qu'elle a rabroué publiquement un collaborateur de la Maison-Blanche qui les avait évalués, au plus, à 200 milliards de dollars). Pressée de donner un chiffre, elle suggérait 50 milliards – ce que les États-Unis dépensent en fait en quelques mois. Aujourd'hui, l'État reconnaît dans ses statistiques officielles qu'il a dépensé au total plus de 500 milliards de dollars « sur le théâtre ». Mais le coût global du conflit pourrait être quatre fois plus élevé, comme l'a démontré une étude que j'ai effectuée avec Linda Bilmes, de Harvard. Le Congressional Budget Office admet que les dépenses totales représentent probablement plus du double du coût des opérations militaires. Les chiffres officiels ne comprennent pas, par exemple, d'autres dépenses importantes camouflées dans le budget de la défense, comme les coûts croissants du recrutement, avec des primes au réengagement qui peuvent monter jusqu'à 100 000 dollars. Ils ne comprennent pas non plus les prestations à vie pour handicap, ni les soins médicaux qui seront nécessaires aux dizaines de milliers d'anciens combattants blessés, dont 20 % ont subi des lésions cervicales et rachidiennes dévastatrices. Curieusement, ils n'incluent pas une large part du coût des équipements qui ont été utilisés pendant la guerre et qu'il va falloir remplacer. Intégrons au calcul les coûts économiques de la hausse des prix du pétrole et des retombées du conflit : par exemple, l'effet domino déprimant de l'incertitude créée par la guerre sur l'investissement ou les difficultés auxquelles se heurtent les entreprises américaines à l'étranger parce que l'Amérique est le pays le plus détesté du monde. Les coûts totaux de la guerre d'Irak atteindront alors, même dans une estimation prudente, 2 000 milliards de dollars au moins, chiffre auquel il convient d'ajouter : à cette date.

Qu'aurions-nous pu faire avec cet argent si nous l'avions dépensé à d'autres fins ? Il est naturel de se poser la question. L'aide américaine à l'Afrique oscille autour de 5 milliards de dollars par an, l'équivalent de moins de deux semaines des dépenses directes de la guerre d'Irak. Le président a fait grand cas des futurs problèmes financiers qui menacent la Social Security [1], mais on aurait pu la stabiliser pour un siècle avec ce que nous avons déversé dans les sables irakiens. Même si l'on n'avait consacré qu'un petit pourcentage de ces 2 000 milliards de dollars à investir dans l'éducation et la technologie ou à améliorer nos infrastructures, le pays serait économiquement en bien meilleure posture pour affronter les défis auxquels il devra faire face à l'avenir, menaces extérieures comprises. Pour une fine lamelle de ces 2 000 milliards, nous aurions pu garantir à tous les Américains qui ont les qualifications requises l'accès à l'enseignement supérieur.

---

1. L'Oasdhi (*Old Age, Survivors, Disability and Health Insurance*), la caisse publique qui verse les pensions de retraite et d'invalidité (*NdT*).

La très forte hausse des cours du pétrole est clairement liée à la guerre d'Irak. La question n'est pas de savoir si ce conflit y est pour quelque chose, mais seulement quelle est sa part de culpabilité. Cela paraît incroyable aujourd'hui : avant l'invasion, les hauts responsables de l'administration Bush avaient non seulement suggéré que les revenus pétroliers de l'Irak allaient payer intégralement les opérations militaires (n'avions-nous pas, effectivement, retiré un joli profit de la guerre du Golfe de 1991 ?), mais aussi que la guerre était le meilleur moyen de garantir le maintien des cours du brut à bas niveau. Avec le recul, on sait que les grands gagnants ont été les compagnies pétrolières, les sous-traitants de la défense et Al-Qaïda. Avant le conflit, les marchés pétroliers prévoyaient que les cours resteraient encore environ trois ans dans leur fourchette d'alors : 20 à 25 dollars le baril. Les professionnels s'attendaient bien à une augmentation de la demande de la Chine et de l'Inde, mais ils pensaient aussi qu'elle serait satisfaite, pour l'essentiel, par une hausse de la production au Moyen-Orient. La guerre a déjoué ce calcul, moins en réduisant la production pétrolière en Irak – ce qu'elle a fait – qu'en intensifiant le sentiment d'insécurité dans toute la région, ce qui a dissuadé l'investissement.

La persistance de la dépendance au pétrole, quel que soit le cours du brut, met en lumière un autre héritage de l'administration Bush : elle n'a pas diversifié les ressources énergétiques des États-Unis. Ne parlons pas des raisons environnementales de sevrer le monde des hydrocarbures : le président ne les a jamais défendues sincèrement, de toute manière. Les arguments d'ordre économique et sécuritaire auraient dû suffire. Mais non : l'administration a suivi la politique dite « Drainons d'abord l'Amérique ». Autrement dit, pompons aux États-Unis le plus de pétrole possible, le plus vite possible, avec aussi peu d'égards pour l'environnement que possible sans s'attirer de problèmes, en laissant le pays encore plus dépendant du pétrole étranger et en espérant, envers et contre tout, que la fusion nucléaire ou quelque autre miracle viendra le sauver ! La loi énergétique du président Bush en 2003 contenait tant de cadeaux à l'industrie pétrolière que

John McCain l'a surnommée «la loi "Ne laissons tomber aucun lobbyiste"».

LE MÉPRIS POUR LE MONDE

Les deux déficits des États-Unis, budgétaire et commercial, ont battu tous les records sous le président Bush. Certes, un déficit n'est pas forcément paralysant en soi. Si une entreprise emprunte pour acheter une machine, c'est très bien. Mais, au cours des six dernières années, l'Amérique (l'État, les familles, tout le pays) a emprunté pour financer sa consommation. Simultanément, elle a réduit son investissement dans le capital fixe – les usines et les biens d'équipement qui contribuent à accroître notre richesse.

Quelles seront les conséquences? Notre niveau de vie va sûrement progresser moins vite, peut-être même baisser. L'économie américaine peut encaisser de nombreux coups, mais aucune économie n'est invincible et nos points faibles sont clairs pour tout le monde. Quand la confiance dans notre santé économique s'est effondrée, le dollar a chuté – de 40 % contre l'euro depuis 2001.

Notre politique économique est aussi confuse à l'extérieur qu'à l'intérieur. Le président Bush a accusé les Chinois d'être responsables de notre gigantesque déficit commercial, mais quel serait l'effet réel de la réévaluation du yuan, qu'il a réclamée avec force? Nous achèterions davantage de textiles et de vêtements au Bangladesh et au Cambodge, moins à la Chine, et notre déficit resterait inchangé. Le président a proclamé son attachement au libre-échange, mais pris des mesures pour protéger la sidérurgie américaine. Les États-Unis ont promu énergiquement une série d'accords de commerce bilatéraux et rudoyé de petits pays pour les contraindre à accepter toutes sortes de conditions terribles – comme le respect des brevets sur des médicaments dont ils ont désespérément besoin pour lutter contre le Sida. Nous avons réclamé l'ouverture des marchés dans le monde entier, mais empêché la Chine d'acheter Unocal, petite compagnie pétrolière américaine dont la plupart des actifs se trouvent hors des États-Unis.

Des manifestations bien compréhensibles contre les pratiques commerciales américaines ont éclaté dans des pays comme la Thaïlande et le Maroc. Mais l'Amérique a refusé tout compromis. Elle a refusé, par exemple, de prendre la moindre mesure forte pour en finir avec ses énormes subventions agricoles qui créent des distorsions sur le marché mondial et nuisent aux paysans pauvres des pays en développement. Cette intransigeance a coulé les négociations pour l'ouverture des marchés internationaux. Comme dans tant d'autres domaines, le président Bush a mené un travail de sape contre le multilatéralisme, qui pose la nécessité d'une coopération entre les pays du monde. Il voulait lui substituer un ordre dominé par l'Amérique. Au bout du compte, il n'est pas parvenu à imposer l'hégémonie américaine mais il a réussi à fragiliser la coopération.

Le mépris fondamental de l'administration Bush pour les institutions mondiales s'est exprimé avec éclat en 2005, quand elle a nommé à la présidence de la Banque mondiale Paul Wolfowitz, ancien secrétaire adjoint à la Défense et l'un des grands architectes de la guerre d'Irak. D'emblée, il a inspiré une grande méfiance, et il s'est vite empêtré dans une controverse d'ordre privé. Devenu gênant sur la scène internationale, il a dû démissionner moins de deux ans après son entrée en fonction.

Avec la mondialisation, l'économie américaine et le reste du monde se sont de plus en plus enchevêtrés. Prenons ces mauvais prêts hypothécaires américains. Leurs détenteurs se sont retrouvés avec des bouts de papier sans valeur quand les familles ont cessé de rembourser. Mais à ce moment-là, les promoteurs de ces prêts problématiques les avaient vendus depuis longtemps ; leurs acquéreurs les avaient empaquetés en toute opacité avec d'autres actifs, puis transmis à des acteurs non identifiés. Lorsque les problèmes sont apparus au grand jour, les marchés financiers mondiaux ont vraiment tremblé : on a découvert des milliards de dollars de ces prêts toxiques cachés dans des portefeuilles en Europe, en Chine, en Australie, même dans des banques d'affaires américaines de premier plan comme Goldman Sachs et Bear Stearns. Quand les primes de risque mondiales ont grimpé et que les investisseurs, en quête de refuges sûrs, ont retiré leurs fonds des marchés émergents, l'Indonésie et d'autres pays en développement ont souffert. Des passants innocents, vraiment. Il faudra des années pour mettre de l'ordre dans ce chaos.

Simultanément, nous sommes devenus dépendants d'autres pays pour le financement de notre propre dette. Aujourd'hui, la Chine détient, à elle seule, plus de 1 000 milliards de dollars de reconnaissances de dette américaines, publiques et privées. L'emprunt extérieur cumulé pendant les six années de l'administration Bush se monte à près de 5 000 milliards de dollars. Il est très probable que ces créanciers n'exigeront pas le remboursement de leurs prêts – s'ils le faisaient un jour, il y aurait une crise financière mondiale. Mais il y a quelque chose d'étrange et d'inquiétant à constater que le pays le plus riche de la planète est incapable de vivre, même approximativement, dans les limites de ses moyens. Comme Guantánamo et Abou Ghraib ont érodé l'autorité morale de l'Amérique, la gestion budgétaire de l'administration Bush a érodé son autorité économique.

CE QUI NOUS ATTEND

Quelle que soit la personnalité qui entrera à la Maison-Blanche en janvier 2009, elle fera face à une conjoncture économique peu enviable. Le retrait d'Irak sera sa mission la plus sanglante, mais la remise en ordre de l'économie américaine sera épuisante et prendra des années.

Le défi le plus immédiat sera simplement de ramener le métabolisme de l'économie à la normale. Autrement dit de passer du taux d'épargne zéro (ou moins encore) à un taux plus classique, disons 4 %. Cette remontée sera bonne pour la santé économique à long terme de l'Amérique, mais ses conséquences immédiates seront douloureuses. L'argent épargné n'est pas dépensé. Si la population ne dépense pas, le moteur de l'économie cale. Si les ménages réduisent leurs dépenses rapidement – ce qu'ils seront peut-être obligés de faire, après l'effondrement du marché des prêts hypothécaires –, cela risque de provoquer une récession ; s'ils le font avec plus de mesure, il en résultera tout de même un ralentissement prolongé. Les saisies et les faillites qu'entraîne le surendettement des ménages vont probablement s'exacerber avant de s'atténuer. Et l'État fédéral est piégé : tout retour rapide à une position budgétaire saine ne fera qu'aggraver les deux problèmes.

Et de toute manière il faut faire beaucoup plus. Quoi ? En un sens, c'est facile à résumer : cesser de nous comporter comme aujourd'hui et faire exactement le contraire. Ne plus dépenser l'argent que nous n'avons pas. Augmenter les impôts des riches. Réduire l'aide sociale aux entreprises. Renforcer la protection sociale des plus fragiles. Et investir davantage dans l'éducation, la technologie et les infrastructures.

Pour la fiscalité, nous devons nous efforcer de déplacer le fardeau, de le faire passer de ce qui nous paraît bon, comme le travail et l'épargne, à ce que nous jugeons mauvais, comme la pollution. Pour la protection sociale, souvenons-nous que, plus l'État aide activement les salariés à améliorer leurs qualifications et à bénéficier de soins médicaux abordables, plus nous libérons de ces tâches les entreprises américaines et plus nous leur permettons d'être compétitives sur le marché mondial. Enfin, notre situation s'améliorera considérablement si nous travaillons avec les autres pays pour mettre en place un système commercial et un système financier justes et efficaces à l'échelon du monde. Nous aurons plus de chances d'amener les autres à ouvrir leurs marchés si nous agissons nous-mêmes avec moins d'hypocrisie – en ouvrant les nôtres à leurs produits et en cessant de subventionner notre agriculture.

Certains des dégâts provoqués par l'administration Bush pourraient être vite réparés. Mais beaucoup ne pourront s'effacer qu'en plusieurs décennies – cela, en supposant que la volonté politique d'y remédier existe simultanément à la Maison-Blanche et au Congrès. Pensons aux intérêts que nous payons, année après année, sur les près de 4 000 milliards de dollars ajoutés par Bush au fardeau de la dette : même à 5 %, c'est une ponction annuelle de 200 milliards de dollars ! Pensons aux impôts que devront collecter les futures administrations pour rembourser ne serait-ce qu'une partie de cette dette que nous avons accumulée ! Et pensons à l'élargissement de la fracture entre les riches et les pauvres en

Amérique, phénomène qui dépasse le champ de l'économie et touche à l'avenir du rêve américain!

Bref, il y a ici une dynamique qu'il faudra une génération pour inverser. Dans plusieurs décennies, nous ferons le point, et nous réexaminerons les idées reçues. Herbert Hoover méritera-t-il encore sa palme douteuse? Je crois bien que George W. Bush aura gagné un plus triste superlatif.

Les imbéciles du capitalisme [1]

Le temps viendra où les menaces immédiates créées par la crise du crédit se seront apaisées et où notre tâche essentielle sera de fixer le cap de la politique économique à suivre. Cet instant sera dangereux. Derrière les controverses sur la stratégie future, il y a un débat sur l'histoire – sur les causes de la situation que nous vivons. La bataille pour le passé décidera l'issue de l'affrontement pour le présent. Il est donc vital de rectifier l'histoire.

Quelles ont été les décisions capitales qui ont conduit à la crise? Des erreurs ont été commises à tous les carrefours. Nous avons eu ce que les ingénieurs appellent une «défaillance du système», où ce n'est pas une décision unique mais une cascade de décisions qui produisent un résultat tragique. Examinons cinq moments clés.

1. ILS ONT RENVOYÉ LE PRÉSIDENT

En 1987, l'administration Reagan a décidé de retirer à Paul Volcker la présidence du conseil de la Federal Reserve et de nommer à sa place Alan Greenspan. Volcker avait fait ce que les

1. *Vanity Fair,* janvier 2009.

banquiers centraux sont censés faire. Sous sa garde, l'inflation était tombée de plus de 11 % à moins de 4 %. Dans le monde des banques centrales, ce résultat aurait dû lui valoir un A+++ et assurer sa reconduction. Mais Volcker comprenait aussi la nécessité de réglementer les marchés financiers. Reagan voulait quelqu'un qui n'y croyait pas, il l'a trouvé dans un disciple dévoué de la philosophie objectiviste Ayn Rand, fanatique du marché libre.

Greenspan a joué un double rôle. La Federal Reserve contrôle le robinet de la monnaie et, dans les premières années de la décennie 2000, il l'a ouvert à fond. Mais elle est aussi une autorité de réglementation. Quand on nomme régulateur un antirégulateur, on sait avec quelle fermeté il fera respecter les règles. La conjonction d'une marée de liquidité et de digues défectueuses s'est révélée catastrophique.

Greenspan a présidé non à une mais à deux bulles financières. Après l'éclatement de celle des technologies de pointe en 2000-2001, il a contribué à gonfler celle de l'immobilier. La première mission d'une banque centrale devrait être de maintenir la stabilité du système financier. Si les banques prêtent sur la base d'actifs aux prix artificiellement hauts, le résultat peut être un krach – comme nous le constatons aujourd'hui, et comme Greenspan aurait dû le savoir. Il disposait de nombre des outils nécessaires pour faire face à la situation. Pour agir sur la bulle technologique, il aurait pu relever les exigences de marges (le montant des liquidités qu'il faut laisser en dépôt quand on achète des actions). Pour dégonfler celle de l'immobilier, il aurait pu réprimer le crédit prédateur aux ménages à faible revenu et interdire d'autres pratiques trompeuses (les prêts sans documentation – dits «menteurs» –, les prêts «capitalisés à l'échéance» où la mensualité se limite aux intérêts, etc.). Ces initiatives auraient fait beaucoup pour nous protéger. Et s'il n'avait pas certains instruments, il aurait pu les demander au Congrès.

Certes, les problèmes actuels de notre système financier ne sont pas exclusivement dus aux prêts douteux. Les banques ont fait entre elles des paris géants à l'aide d'instruments complexes comme les dérivés, notamment ceux «sur événement de crédit» (les *credit default swaps*), etc. Avec ces produits, une partie paie une autre si certains événements se produisent, par exemple si Bear Stearns fait faillite ou si le dollar monte. Ces instruments ont été créés à l'origine pour aider à gérer le risque, mais on peut s'en servir aussi pour parier. Quand quelqu'un est persuadé que le dollar va baisser, il peut miser gros sur cette éventualité et, si effectivement le dollar baisse, ses profits seront considérables. Le problème avec cet enchevêtrement complexe d'énormes paris, c'est qu'aucun acteur ne pouvait être sûr de la situation financière des autres – ni même de la sienne. Bien évidemment, les marchés du crédit se sont gelés.

Là aussi, Greenspan a joué un rôle. Quand j'étais président du Comité des conseillers économiques, sous l'administration Clinton, j'ai participé à une commission réunissant tous les grands régulateurs financiers fédéraux. Greenspan et le secrétaire au Trésor Robert Rubin en faisaient partie. Dès cette époque, il était clair que les dérivés faisaient planer un danger. Néanmoins, malgré tous les risques, les dérégulateurs qui étaient aux commandes du système financier – à la Federal Reserve, à la Securities and Exchange Commission (SEC)[1] et ailleurs – ont décidé de ne rien faire : ils craignaient qu'une intervention n'interfère avec l'«innovation» dans le système financier. Mais l'innovation, comme le «changement», n'a aucune valeur en soi. Elle n'est pas forcément bonne. Elle peut tout aussi bien être mauvaise (les prêts «menteurs» en sont un excellent exemple).

2. ILS ONT ABATTU LES MURS

La philosophie de la déréglementation allait rapporter de tristes dividendes au cours des années suivantes. En novembre 1999, le Congrès a abrogé la loi Glass-Steagall – aboutissement d'un vaste effort de 300 millions de dollars des lobbyistes du secteur bancaire et des services financiers, dont le fer de lance au Congrès était le sénateur Phil Gramm. La loi Glass-Steagall maintenait depuis longtemps séparées les banques de dépôt (qui prêtent de l'argent) et les banques d'affaires (qui organisent la vente des obligations

---

1. La Commission des opérations de Bourse (*NdT*).

et des actions). Elle était entrée en vigueur au lendemain de la
Grande Dépression, et avait pour objectif d'empêcher les excès
constatés à cette époque, notamment de graves conflits d'intérêts.
Supposons, par exemple, qu'une compagnie dont les actions ont
été émises par une banque d'affaires, avec son ferme soutien, ait
soudain des problèmes. Sans la séparation, la branche «banque
de dépôt» de cette banque d'affaires, si elle en a une, ne va-t-elle
pas subir quelques pressions pour consentir à la compagnie en
question un prêt, peut-être peu judicieux? On n'a guère de mal à
prévoir une spirale d'«erreurs de jugement». J'étais contre l'abrogation de la loi Glass-Steagall. Ceux qui la proposaient disaient:
faites-nous confiance; nous allons élever dans les banques des
murailles de Chine pour garantir que les problèmes du passé ne se
reproduiront pas. En tant qu'économiste, je possédais sûrement
un salutaire degré de confiance… dans le pouvoir des incitations
à dévier le comportement des gens vers l'intérêt personnel – l'intérêt personnel à court terme, en tout cas, sinon «l'intérêt bien
entendu» de Tocqueville[1].

La conséquence la plus importante de l'abrogation de la loi
Glass-Steagall a été indirecte. Elle a changé toute une culture.
Normalement, les banques de dépôt ne doivent pas être des entreprises à haut risque. Elles sont censées gérer l'argent des autres
avec la plus grande prudence. C'est ce que supposait l'État quand
il a accepté de payer l'addition si elles faisaient faillite. Les banques
d'affaires, en revanche, gèrent traditionnellement l'argent des
riches – et ceux-ci peuvent prendre des risques plus importants
pour obtenir de plus gros profits. Quand l'abrogation de la loi
Glass-Steagall a réuni banques d'affaires et banques de dépôt, la
culture des banques d'affaires l'a emporté. On a exigé de hauts
rendements, comme seuls peuvent en apporter un levier élevé et
une grosse prise de risque.

Il y a eu d'autres grands jalons sur le chemin de la déréglementation, notamment une décision prise en avril 2004 par la SEC,
dans une réunion à laquelle pratiquement personne n'assistait
et qui est passée largement inaperçue à l'époque: autoriser

1. Voir plus loin, p. 123-124 (*NdT*).

les grandes banques d'affaires à relever leur rapport «dette sur capital» (de 12 sur 1 à 30 sur 1 ou plus encore) pour qu'elles puissent acheter davantage de titres fondés sur des prêts hypothécaires – ce qui a gonflé la bulle de l'immobilier. En approuvant cette mesure, la SEC a fait valoir les vertus de l'autoréglementation, thèse très spéciale qui prétend que les banques peuvent bel et bien se surveiller toutes seules. C'est une idée grotesque : aujourd'hui, même Alan Greenspan le reconnaît. Et en pratique elle ne permet pas, de toute manière, de repérer les risques systémiques – le type de risque qui apparaît quand, par exemple, les modèles qu'utilisent toutes les banques pour gérer leurs portefeuilles leur disent, à toutes à la fois, de vendre un certain titre au même moment.

Tout en détruisant les anciennes réglementations, nous n'avons rien fait pour répondre aux nouveaux défis des marchés du XXIe siècle. Le plus important était celui des dérivés. En 1998, la présidente de la Commodity Futures Trading Commission [1], Brooksley Born, avait préconisé de les réglementer. L'urgence de prendre cette décision s'est accrue après le renflouement par la Federal Reserve, la même année, de Long-Term Capital Management : en laissant un trou de plus de mille milliards de dollars, la faillite de ce fonds spéculatif avait menacé l'ensemble des marchés financiers mondiaux. Mais le secrétaire au Trésor Robert Rubin, son adjoint Larry Summers et Alan Greenspan se sont opposés avec acharnement à toute réglementation des dérivés et ils ont gagné. On n'a rien fait.

3. ILS ONT PRATIQUÉ LA SAIGNÉE

Puis sont venues les réductions d'impôts de Bush, inaugurées le 7 juin 2001, avec un second épisode deux ans plus tard. Le président et ses conseillers semblaient croire que réduire les impôts, notamment ceux des Américains à revenu élevé et des grandes entreprises, était la panacée des maux économiques – l'équivalent

1. La commission qui réglemente les marchés à terme sur les matières premières (*NdT*).

moderne de la saignée. Les réductions d'impôts ont éminemment contribué à poser les bases de la crise actuelle. Puisqu'elles étaient très peu efficaces pour stimuler l'économie, c'est la Federal Reserve qui a dû s'en charger et elle l'a fait en réduisant les taux d'intérêt et en augmentant les liquidités dans des proportions sans précédent. La guerre d'Irak a aggravé les choses en provoquant une très forte hausse des cours du brut. Puisque l'Amérique est très dépendante des importations de pétrole, nous avons dû leur consacrer plusieurs centaines de milliards de plus – des fonds qui, sans la hausse des cours, auraient servi à acheter des produits américains. Normalement, cela aurait dû provoquer un ralentissement de l'économie, comme dans les années 1970. Mais, face à ce défi, la Federal Reserve a eu la réaction la plus court-termiste qu'on puisse imaginer. Une marée de liquidités a envahi les marchés des prêts hypothécaires : tant d'argent était disponible qu'il y en avait même pour ceux qui, normalement, n'auraient pas été en position d'emprunter. Et cette politique a réussi, c'est vrai, à empêcher une récession économique ; le taux d'épargne des ménages américains a chuté à zéro. Mais il aurait dû être clair pour tout le monde que nous vivions sur de l'argent emprunté et sur du temps emprunté.

La baisse du taux d'imposition des plus-values a contribué à la crise d'une autre façon. C'était une décision qui inversait les valeurs morales : ceux qui spéculaient (pariaient) gagnant étaient moins imposés que les salariés qui travaillaient dur. Mais surtout, elle encourageait le levier, car les intérêts étaient déductibles des impôts. Si, par exemple, on empruntait un million pour acquérir un bien immobilier ou que l'on souscrivait un prêt hypothécaire de 100 000 dollars sur sa maison pour acheter des actions, les intérêts de ces emprunts seraient pleinement déductibles chaque année. Toutes les plus-values que l'on ferait seraient taxées légèrement – et plus tard, peut-être très loin dans l'avenir. L'administration Bush invitait donc ouvertement à l'excès d'emprunt et de crédit – et les consommateurs américains n'avaient nul besoin d'encouragements supplémentaires.

4. ILS ONT TRUQUÉ LES CHIFFRES

Dans la même période, le 30 juillet 2002, le Congrès a voté la loi Sarbanes-Oxley. C'était au lendemain d'une série de scandales majeurs – notamment l'effondrement de WorldCom et d'Enron. Ils avaient compromis tous nos grands cabinets comptables, la plupart de nos banques et certaines de nos compagnies les plus prestigieuses, et révélé de graves problèmes dans notre système de comptabilité. On tient souvent la comptabilité pour un sujet soporifique, mais, si l'on ne peut se fier aux chiffres d'une entreprise, on ne peut pas du tout lui faire confiance. Malheureusement, dans les négociations sur le projet de loi qui allait devenir la loi Sarbanes-Oxley, on a décidé de laisser de côté un problème que beaucoup jugeaient fondamental, notamment le très respecté Arthur Levitt, ancien président de la SEC : les options sur titre ou *stock-options*. On avait dit pour leur défense qu'elles apportaient de salutaires incitations à la bonne gestion. En fait, elles n'ont d'une «rémunération incitative» que le nom. Lorsque l'entreprise réussit, le PDG est amplement récompensé en *stock-options*. Lorsqu'elle ne réussit pas, sa rémunération est presque aussi substantielle – simplement, on la lui accorde d'une autre façon. C'est déjà un gros problème. Mais les options sur titre font aussi une victime collatérale : elles incitent à la comptabilité douteuse. Les hauts dirigeants ont toutes les raisons de donner de fausses informations comptables pour faire grimper le cours de l'action.

Dans les agences de notation aussi, la structure des incitations s'est révélée perverse. Des sociétés comme Moody's et Standard & Poor's sont payées par ceux qu'elles sont censées noter. Elles ont donc d'excellentes raisons de leur donner de bonnes notes – c'est la version financière de l'«inflation des notes» bien connue des professeurs d'université. Comme les banques d'affaires qui les payaient, les agences de notation croyaient à l'alchimie financière : il leur paraissait possible de convertir des prêts hypothécaires toxiques notés F en produits assez sûrs pour être détenus par les banques de dépôt et les fonds de pension. Nous les avions déjà vues jouer le même rôle désastreux dans la crise asiatique des années 1990 : leurs notes élevées avaient facilité un afflux massif de capitaux dans la région, puis une soudaine inversion de ces notes avait eu des conséquences dévastatrices. Mais les superviseurs financiers n'ont prêté aucune attention à tout cela.

5. ILS ONT LAISSÉ SE POURSUIVRE L'HÉMORRAGIE

Le dernier tournant a été l'adoption d'un plan de renflouement le 3 octobre 2008 – autrement dit, la réaction de l'administration Bush à la crise elle-même. Nous en ressentirons les conséquences pendant des années. L'administration et la Federal Reserve avaient longtemps perçu la situation comme elles souhaitaient la voir : les mauvaises nouvelles n'étaient qu'une petite averse passagère, espéraient-elles, et le retour à la croissance n'allait pas tarder. Quand les banques américaines se sont retrouvées au bord de l'effondrement, l'exécutif a zigzagué d'un cap à un autre. Certaines sociétés (Bear Stearns, AIG, Fannie Mae, Freddie Mac) ont été renflouées. Pas Lehman Brothers. Certains actionnaires ont reçu quelque chose. D'autres non.

Le plan initial du secrétaire au Trésor Henry Paulson a été un acte d'une arrogance inouïe : un document de trois pages qui lui aurait octroyé 700 milliards de dollars à dépenser à sa seule discrétion, sans supervision ni possibilité d'intervention du pouvoir judiciaire. Il a vendu ce projet en le disant nécessaire pour rétablir la confiance. Mais son plan ne s'attaquait pas aux raisons profondes qui l'avaient détruite. Les banques avaient consenti trop de mauvais prêts. Il y avait d'énormes trous dans leurs bilans. Nul ne savait plus ce qui était vrai et ce qui était fictif. Ce plan de renflouement était une sorte de transfusion sanguine massive à un patient souffrant d'hémorragie interne – et il ne faisait absolument rien sur l'origine du problème, c'est-à-dire toutes ces saisies. On a perdu un temps précieux pendant que Paulson défendait son plan « *cash for trash* » – qui consistait à racheter les mauvais actifs et à faire peser les risques sur le contribuable. Quand il y a enfin renoncé, et a fourni aux banques l'argent dont elles avaient besoin, il l'a fait d'une façon qui escroquait les contribuables américains et ne garantissait nullement que ces fonds seraient utilisés pour relancer le crédit. Il a même permis aux banques de faire pleuvoir de l'argent sur leurs actionnaires pendant que les contribuables en faisaient pleuvoir sur elles.

Un autre problème n'a pas été traité : les faiblesses qui menaçaient l'économie. Elle avait été soutenue par l'excès d'emprunt. C'était fini. Quand la consommation s'était contractée, c'étaient les exportations qui avaient maintenu l'économie à flot. Mais, avec la montée du dollar et la baisse de l'activité en Europe et dans le reste du monde, on voyait mal comment cela pouvait continuer. Simultanément, les États américains étaient confrontés à des chutes massives de leurs recettes : ils allaient devoir réduire leurs dépenses. Sauf réaction rapide de l'État fédéral, l'économie américaine allait entrer en récession. Et même si les banques avaient prêté avec prudence – ce qui n'était pas le cas –, la récession allait sûrement s'accompagner d'une multiplication des défauts de paiement, qui affaiblirait encore plus le secteur financier en difficulté.

L'administration parlait beaucoup de reconstruire la confiance, mais son action était un abus de confiance. Si elle avait vraiment voulu rendre confiance dans le système financier, elle aurait commencé par traiter les problèmes de fond : les structures d'incitations perverses et le système de réglementation inadéquat.

Y a-t-il eu une décision unique qui, si elle avait été prise en sens inverse, eût changé le cours de l'histoire ? Toute décision – y compris celle de ne rien faire, car nombre de nos mauvais choix économiques ont été de ce type – est une conséquence de celles qui l'ont précédée, dans un réseau de relations qui s'étend d'un lointain passé à l'avenir. Certains à droite pointeront un doigt accusateur sur des initiatives de l'État lui-même – comme le Community Reinvestment Act (CRA), la loi qui impose aux banques de consentir des prêts hypothécaires dans les quartiers à faible revenu. (Les défauts de paiement ont été, en réalité, bien moins nombreux sur les prêts accordés au titre du CRA que sur les autres.) On a souvent mis en cause Fannie Mae et Freddie Mac, les deux grandes sociétés de crédit hypothécaire qui, à l'origine, appartenaient à l'État. Mais en fait elles sont entrées tardivement dans le jeu des *subprimes*, et leur problème était semblable à celui du secteur privé : leurs PDG avaient la même incitation perverse à faire des paris.

La vérité est que la plupart des erreurs individuelles se réduisent à une seulement : on a cru que les marchés s'ajustaient tout seuls et que le rôle de l'État devait être minimal. En examinant avec le recul cette croyance, au cours de son audition cet automne au Capitole, Alan Greenspan a dit tout haut : «J'ai trouvé une faille.» Le représentant Henry Waxman l'a poussé dans ses retranchements : «Autrement dit, vous avez trouvé que votre vision du monde, votre idéologie, n'était pas juste; qu'elle ne marchait pas.» «Absolument, c'est tout à fait ça», a dit Greenspan. Avec le ralliement de l'Amérique – et d'une grande partie du monde – à cette philosophie économique défectueuse, nous devions inévitablement en arriver là où nous en sommes aujourd'hui.

Anatomie d'un meurtre : qui a tué l'économie américaine [1] ?

Qui sont les coupables de la crise économique mondiale ? L'enquête est en cours. Pas seulement par soif de vengeance. Il est important de savoir quels acteurs ou quels facteurs ont provoqué la crise pour comprendre comment en empêcher une autre. Ou même, peut-être, comment remédier à celle-ci.

Mais la notion de causalité est complexe. On peut supposer qu'elle signifie, en gros : « Si la partie coupable avait agi autrement, la crise ne se serait pas produite. » Cela dit, lorsqu'une partie se met à agir autrement, les effets de son changement de cap dépendent du comportement des autres ; selon toute probabilité, eux aussi vont alors se conduire différemment.

Prenons un meurtre. Nous pouvons identifier l'homme qui a appuyé sur la gâchette. Mais quelqu'un lui a nécessairement vendu son arme. Un autre l'a peut-être payé pour tirer. Il est possible qu'un troisième lui ait donné des informations confi-dentielles sur l'endroit où allait se trouver sa cible. Tous ces personnages sont mouillés dans le crime. Si celui qui a payé le tireur était absolument déterminé à éliminer la victime, elle aurait été abattue même en cas de refus du contrat par l'individu qui a fini

1. *Critical Review*, juillet 2009.

par appuyer sur la gâchette : le commanditaire aurait alors engagé un autre homme de main.

Dans le crime qui nous intéresse, de nombreux acteurs sont impliqués – tant des personnes que des institutions. Dès qu'on se demande «qui est le coupable», certains noms apparaissent d'emblée. Par exemple Robert Rubin, un des conspirateurs de la déréglementation et haut dirigeant de l'une des deux sociétés financières où l'État américain a déversé le plus d'argent. Ou Alan Greenspan. Il a prêché, lui aussi, la philosophie de la déréglementation. Il n'a pas utilisé l'autorité dont il disposait en tant que régulateur. Il a encouragé les emprunteurs à choisir des prêts hypothécaires à taux variable, donc à haut risque. Et il a soutenu la réduction d'impôts du président Bush en faveur des riches[1] – alors qu'elle rendait nécessaire, pour stimuler l'économie, la baisse des taux d'intérêt, ce qui allait alimenter la bulle. Mais si ces individus précis n'avaient pas été là, d'autres auraient occupé leurs fonctions et, très probablement, auraient agi comme eux. Ils n'étaient pas les seuls à vouloir et pouvoir perpétrer ces crimes. Des problèmes semblables sont d'ailleurs apparus dans d'autres pays, où de tout autres personnages ont joué les premiers rôles. Cela montre que des forces économiques fondamentales étaient à l'œuvre.

Voici la liste des institutions qui portent nécessairement une très lourde responsabilité dans la crise : les banques d'affaires et les investisseurs ; les agences de notation ; les régulateurs, notamment la SEC et la Federal Reserve ; les courtiers en prêts hypothécaires ; et toute une série d'administrations, de Reagan à Bush II, qui ont procédé à la déréglementation du secteur financier. Certaines ont

---

1. Greenspan a accordé son soutien à la réduction d'impôts de 2001. Il aurait pourtant dû savoir qu'elle allait ramener les déficits que, dans la période précédente, il avait fustigés comme la pire abomination. Si nous n'agissions pas tout de suite, a-t-il expliqué, les excédents qui s'accumulaient en raison des politiques budgétaires prudentes de Clinton allaient assécher le flux des bons du Trésor dans l'économie, il serait alors bien difficile de mener une politique monétaire : ce raisonnement est l'un des pires que j'aie jamais entendus de la part d'un dirigeant respecté d'une institution publique. En cas d'imminence de la situation qu'imaginait Greenspan – la disparition de la dette nationale –, le Congrès aurait eu, on présume, les outils et les incitations nécessaires pour la corriger à bref délai.

contribué à plusieurs titres – notamment la Federal Reserve, qui a failli dans son rôle de régulateur et qui a pu aussi favoriser la crise par sa mauvaise gestion des taux d'intérêt et de la disponibilité du crédit. Toutes ces institutions – et quelques autres évoquées plus bas – ont une part de culpabilité.

LES PRINCIPAUX COUPABLES

Mais je vais montrer que les grands coupables sont les banques (avec l'ensemble du secteur financier) et les investisseurs.

Les banques passaient pour les spécialistes de la gestion du risque. Non seulement elles ne l'ont pas géré, mais elles l'ont créé. Elles ont fait un usage excessif du levier. Quand le levier est de 30 pour 1, il suffit d'un changement de 3 % dans la valeur des actifs pour effacer toute la valeur nette. (Pour mettre les choses en perspective, les prix de l'immobilier ont baissé d'environ 20 % et, en mars 2009, on s'attend à une nouvelle chute de 10 à 15 % au moins.) Les banques ont adopté des structures d'incitation conçues pour pousser à la courte vue et à l'excès de risque. De plus, en rémunérant certains de leurs hauts dirigeants en options sur titre, elles ont créé des incitations aux mauvaises pratiques comptables, notamment à l'usage massif de la comptabilité hors bilan.

Il semble que les banquiers n'aient pas compris les risques créés par la titrisation – notamment ceux qu'entraînent les asymétries de l'information. Les promoteurs des prêts hypothécaires ne les détiendraient plus ensuite, donc ne subiraient pas les conséquences de leurs manquements à la «diligence raisonnable». En outre, les banquiers ont mal évalué l'ampleur de la corrélation entre les taux de défaut de paiement dans les diverses régions du pays : ils n'ont pas compris qu'une hausse des taux d'intérêt ou une montée du chômage allait avoir des effets négatifs à peu près partout. Et ils ont sous-estimé le risque d'une baisse des prix de l'immobilier. Les banques n'ont pas évalué non plus avec un minimum d'exactitude les risques associés à certains nouveaux produits financiers, tels les prêts à faible documentation ou sans documentation.

Pour leur défense, les banquiers n'ont avancé qu'un seul argument. Ils reconnaissent qu'il est faible. Ce sont leurs investisseurs, ont-ils dit, qui les ont fait agir ainsi. Leurs investisseurs ne comprenaient pas le risque. En pleine confusion mentale, ils prenaient pour un investissement «intelligent» les rendements élevés qu'apporte l'excès de levier sur un marché orienté à la hausse. Les banques qui ne pratiquaient pas l'excès de levier avaient des rendements inférieurs, donc elles étaient «punies», par matraquage du cours de leur action. Mais la réalité est différente : les banques ont exploité l'ignorance des investisseurs pour faire grimper leur action, grâce à de meilleurs rendements à court terme obtenus au prix de risques plus élevés.

LES COMPLICES DU CRIME

Si les banques ont commis le crime, elles ont eu de nombreux complices.

Les agences de notation ont joué un rôle central. Elles croyaient à l'alchimie financière et transmutaient des prêts hypothécaires *subprimes* notés F en titres notés A, donc assez sûrs pour être détenus par les fonds de pension [1]. C'est important, car cette opération a permis un afflux régulier de liquidités sur le marché immobilier : elle a fourni son carburant à la bulle. Le comportement de ces agences a peut-être été influencé par une incitation perverse : elles sont payées par ceux qu'elles notent. Mais je soupçonne que, même sans ces problèmes d'incitation, leurs modèles auraient été très défectueux. Dans ce cas précis, la concurrence a eu un effet pervers : elle a provoqué une course au laxisme, une course à qui donnerait la meilleure note.

Les courtiers en prêts hypothécaires ont été au cœur du problème. Leur souci était moins de monter de bons contrats de prêt – après tout, ils ne les gardaient pas longtemps – que d'en monter *beaucoup*. Certains étaient si enthousiastes qu'ils avaient inventé

---

1. F est la note la plus basse, A la meilleure. Les fonds de pension, qui gèrent des pensions de retraite, ont l'obligation de ne détenir que des titres bien notés (*NdT*).

de nouvelles formes de crédit. Les prêts à faible documentation ou sans documentation, dont je viens de parler, invitaient à la triche : on a fini par les appeler les «prêts menteurs». C'était bien une «innovation». Mais ce n'était pas pour rien qu'on ne l'avait pas inventée plus tôt.

D'autres nouveaux produits hypothécaires – les prêts à amortissement faible ou nul, les prêts à taux variables – ont pris au piège des emprunteurs sans méfiance. Et les prêts sur valeur nette immobilière, les *home-equity loans*, ont encouragé les Américains à emprunter sur la base de la valeur de leur maison, ce qui a accru le rapport (total[1]) «prêt sur valeur», donc aggravé le risque des prêts hypothécaires.

La préoccupation première des promoteurs des prêts hypothécaires n'était pas le risque. C'étaient les coûts de transaction. Mais ils ne cherchaient pas à les minimiser. Ils s'efforçaient de les maximiser – de trouver des moyens de les augmenter et d'accroître par là même leurs revenus. Les prêts à court terme, qui devaient être refinancés – et risquaient de ne pas pouvoir l'être –, étaient particulièrement utiles à cet égard.

Les coûts de transaction que créait la signature de nouveaux contrats de prêts hypothécaires incitaient puissamment à profiter, en prédateurs, des emprunteurs innocents et inexpérimentés – par exemple en encourageant davantage de prêts et d'emprunts à court terme : ils entraînaient des restructurations répétées, ce qui contribuait à engendrer de gros coûts de transaction.

Les régulateurs aussi ont été des complices du crime. Ils auraient dû voir les risques inhérents aux nouveaux produits ; ils auraient dû faire leurs propres évaluations du risque, au lieu de se fier à l'autoréglementation et aux agences de notation. Ils auraient dû mesurer les risques liés au levier élevé, aux dérivés de gré à gré, notamment comprendre que, si ces derniers n'étaient pas ramenés à une base nette, les risques s'accumulaient[2].

1. Le prêt sur valeur nette, qui finançait des dépenses de consommation, était souvent un second prêt qui s'ajoutait à un prêt hypothécaire initial (*NdT*).
2. Au lieu d'annuler les dérivés qui ne leur convenaient plus, les banques les compensaient en ajoutant d'autres dérivés en sens inverse. Elles ne

Les régulateurs se sont illusionnés eux-mêmes : ils ont cru que, s'ils laissaient chaque banque gérer son propre risque (ce qu'elle avait, selon toute vraisemblance, toutes les incitations à faire correctement), le système allait fonctionner. C'est à peine croyable, mais ils n'ont prêté aucune attention au *risque systémique*, alors que la crainte d'un risque systémique est l'une des raisons principales de l'existence de la réglementation. Même si chaque banque, «en moyenne», était saine, la corrélation des actes de toutes les banques pouvait mettre en danger l'ensemble de l'économie.

Dans certains cas, les régulateurs ont invoqué un argument pour leur défense : ils n'avaient aucune base juridique pour agir, même s'ils avaient découvert que quelque chose n'allait pas. On ne leur avait pas conféré le pouvoir de réglementer les dérivés. Mais ce raisonnement relève de la pure hypocrisie, puisque certains d'entre eux – notamment Greenspan – avaient travaillé d'arrache-pied pour que les réglementations convenables ne soient pas votées.

L'abrogation de la loi Glass-Steagall a joué un rôle particulier, pas seulement par les conflits d'intérêts qu'elle a créés (si flagrants dans les scandales Enron et WorldCom), mais aussi parce qu'elle a transmis la culture du risque des banques d'affaires aux banques de dépôt, qui auraient dû agir de façon infiniment plus prudente.

La régulation *financière* et ses régulateurs n'étaient pas seuls en cause. Il aurait aussi fallu bien plus de fermeté dans l'application des lois antitrust. On a permis aux banques de grandir jusqu'à devenir trop grosses pour faire faillite – ou trop grosses pour être gérées. Et ces banques-là ont des incitations perverses. Quand c'est «pile je gagne, face tu perds», les banques trop grosses pour faire faillite sont incitées à pratiquer l'excès de risque.

Les lois sur la gouvernance des entreprises sont aussi en partie coupables. Régulateurs et investisseurs auraient dû être conscients des risques qu'avaient engendrés leurs structures d'incitation très particulières. Celles-ci ne servaient même pas les intérêts

---

mettaient pas leurs positions «au net». Cette pratique apparemment inoffensive avait eu des conséquences désastreuses pendant la crise. Voir *Le Triomphe de la cupidité, op. cit.*, p. 287 (*NdT*).

des actionnaires correctement. Au lendemain des scandales Enron et WorldCom, on a beaucoup discuté de la nécessité d'une réforme. La loi Sarbanes-Oxley a été un premier pas, mais elle ne s'est pas attaquée au problème peut-être le plus fondamental : les *stock-options*.

Les réductions de l'impôt sur les plus-values décidées par Clinton et par Bush, ainsi que la déductibilité des intérêts, ont incité encore plus puissamment à user du levier – elles ont poussé les propriétaires, par exemple, à contracter un prêt hypothécaire aussi massif qu'ils le pouvaient.

LES COMPLICES INTELLECTUELS

Il existe une autre catégorie de complices : les économistes qui ont fourni les arguments que les acteurs des marchés financiers ont trouvés si commodes et si propices à leurs intérêts. Ils ont apporté des modèles – fondés sur des postulats irréalistes d'information parfaite, de concurrence parfaite et de marchés parfaits – où la réglementation n'était pas nécessaire.

Les théories économiques modernes, notamment celles qui se concentrent sur l'information imparfaite et asymétrique et sur les irrationalités systématiques, en particulier en matière d'évaluation du risque, avaient expliqué combien ces anciens modèles «néoclassiques» étaient viciés. Elles avaient démontré qu'ils n'étaient pas robustes : même de légers écarts par rapport à leurs postulats extrémistes détruisaient leurs conclusions. Mais ces acquis ont été simplement ignorés.

De plus, certains courants importants de la théorie économique récente encourageaient les banques centrales à se concentrer exclusivement sur la lutte contre l'inflation. Selon eux, semble-t-il, la faiblesse de l'inflation était la condition nécessaire, et presque suffisante, d'une croissance stable et vigoureuse. Par conséquent, les banques centrales (Federal Reserve comprise) ne prêtaient guère d'attention à la structure financière.

Bref, nombre des théories micro et macroéconomiques les plus populaires ont été des complices agissantes des régulateurs, des investisseurs, des banquiers et des décideurs politiques : elles ont fourni la «justification logique» de leurs stratégies et de leurs actes. Elles ont persuadé les banquiers qu'en recherchant leur intérêt personnel, ils contribuaient en fait à promouvoir le bien-être de la société; elles ont convaincu les régulateurs qu'en appliquant leur politique de *benign neglect*, de négligence bienveillante, ils permettaient au secteur privé de prospérer, ce qui était bénéfique pour tout le monde.

RÉFUTATION DES ARGUMENTS DE LA DÉFENSE

Mis en cause pour la faiblesse des taux d'intérêt, Alan Greenspan a tenté de détourner l'accusation sur la Chine : c'était à cause de son taux d'épargne élevé[1]. Manifestement, cette défense est peu convaincante. La Federal Reserve avait un contrôle suffisant de la situation, au moins à court terme, pour relever les taux d'intérêt même si les Chinois étaient disposés à prêter à l'Amérique à des taux relativement bas. C'est d'ailleurs exactement ce qu'elle a fait au milieu de la décennie, et cela a contribué – comme on pouvait le prévoir – à faire éclater la bulle de l'immobilier.

Les taux d'intérêt faibles ont effectivement alimenté la bulle. Mais ce n'est pas une conséquence inéluctable de ce type de taux. De nombreux pays souhaitent de faibles taux d'intérêt pour aider à financer des investissements nécessaires. On aurait pu canaliser l'argent vers des usages plus productifs. Nos marchés financiers ne l'ont pas fait. Nos autorités de réglementation ont permis aux marchés financiers (banques comprises) d'utiliser ces fonds abondants à des fins qui n'étaient pas productives pour la société. Ils ont laissé les taux d'intérêt faibles alimenter une bulle immobilière. Ils avaient des outils pour y mettre le holà. Ils ne les ont pas utilisés.

Si nous reprochons aux taux d'intérêt faibles d'avoir «nourri» la frénésie, nous devons nous demander ce qui a conduit la Federal Reserve à suivre une politique de taux bas. Elle l'a fait, en partie, pour maintenir le dynamisme de l'économie, qui souffrait d'une

1. Alan Greenspan, «The Fed Didn't Cause the Housing Bubble», *Wall Street Journal*, 11 mars 2009.

insuffisance de la demande globale après l'éclatement de la bulle technologique.

À cet égard, la réduction d'impôts pour les riches décidée par Bush a peut-être joué un rôle décisif : elle n'était pas conçue pour stimuler l'économie et ne l'a fait que faiblement. Sa guerre en Irak, elle aussi, a joué un rôle important. Dans son sillage, les cours du brut sont passés de 20 à 140 dollars le baril. (Nous n'avons pas ici à déterminer, dans cette hausse, la part exacte qui est due à la guerre ; mais on ne peut guère douter qu'elle y a contribué[1].) À partir de là, les Américains ont dû consacrer des centaines de milliards de dollars de plus par an au pétrole importé, autant de moins à dépenser sur le territoire national.

Dans les années 1970, quand les cours du brut ont grimpé, la plupart des pays ont subi des récessions, parce qu'il y a eu transfert de pouvoir d'achat à l'étranger pour financer les importations de pétrole. À une exception près : l'Amérique latine, qui a recouru au financement par l'emprunt pour continuer à consommer comme avant. Mais sa dette était insoutenable. Dans la dernière décennie, les États-Unis ont suivi la voie latino-américaine. Pour contrebalancer l'effet négatif d'une facture pétrolière en hausse, la Federal Reserve a maintenu les taux d'intérêt *à plus bas niveau qu'elle ne l'aurait fait sans cet impératif.* Ces taux ont donc gonflé la bulle immobilière plus qu'ils ne l'auraient fait autrement. L'économie américaine, comme celles de l'Amérique latine des années 1970, paraissait en pleine forme : la bulle de l'immobilier alimentait un boom de la consommation tandis que l'épargne des ménages dégringolait jusqu'à zéro.

Avec la guerre et la très forte hausse des prix du pétrole qu'elle a déclenchée, et avec les réductions d'impôts mal conçues de Bush, la Federal Reserve a dû porter tout le poids du maintien du dynamisme de l'économie. Elle aurait pu exercer son autorité de régulatrice afin de faire son possible pour orienter les ressources vers des usages plus productifs. Ici, la Federal Reserve et son président ont une double culpabilité. Non seulement ils ont failli dans leur

1. Joseph E. Stiglitz et Linda Bilmes, *Une guerre à 3 000 milliards de dollars, op. cit.*

rôle de régulateur, mais en plus ils ont applaudi et acclamé la bulle qui a fini par consumer l'Amérique. Quand on l'interrogeait sur l'éventualité d'une bulle, Greenspan laissait entendre qu'il n'y en avait pas – seulement un peu de buée. De toute évidence, c'était faux. On ne peut reconnaître une bulle que quand elle a éclaté, disait aussi la Federal Reserve. Cet argument non plus n'était pas tout à fait exact. On ne peut être *sûr* de l'existence d'une bulle qu'après son éclatement, mais on peut faire des analyses fortes sur sa probabilité.

Toute politique s'effectue dans l'incertitude. Les prix des maisons grimpaient, notamment dans la partie basse du marché, mais les revenus réels de la grande majorité des Américains stagnaient : il y avait clairement un problème. Et il allait manifestement s'aggraver quand les taux d'intérêt monteraient. Greenspan avait incité les emprunteurs à choisir des prêts à taux variable dans une période où les taux d'intérêt étaient historiquement bas. Et il les avait laissés s'endetter jusqu'au cou – et s'imaginer que les taux allaient rester très faibles. Mais, puisqu'ils étaient si bas (les taux d'intérêt réels étaient négatifs), il n'était pas raisonnable de s'attendre à les voir rester longtemps à ce niveau. Il était clair que, quand ils augmenteraient, beaucoup d'Américains auraient des problèmes – ceux qui leur avaient prêté aussi.

Les apologistes de la Federal Reserve tentent parfois de défendre cette politique irresponsable, à courte vue, en affirmant qu'elle n'avait pas le choix : un relèvement des taux d'intérêt aurait crevé la bulle – et aurait tué l'économie. Mais la Federal Reserve a d'autres instruments que le taux d'intérêt. Il y avait, par exemple, plusieurs décisions d'ordre réglementaire qui auraient atténué la bulle. Elle a choisi de ne pas se servir de ces outils. Elle aurait pu abaisser le plafond autorisé des rapports «prêt sur valeur» quand la probabilité d'une bulle s'est accrue ; ou celui des rapports «mensualité immobilière sur revenu». Si elle estimait ne pas avoir les instruments nécessaires, elle aurait pu aller les demander au Congrès.

Tout cela ne constitue pas une analyse *pleinement* satisfaisante de ce qui aurait pu se passer si la Federal Reserve avait agi autrement. Peut-être l'argent aurait-il, effectivement, été déployé par les marchés financiers de façon plus productive, pour financer, par exemple, davantage d'innovations, ou des projets importants dans les pays en développement. Mais peut-être ces marchés auraient-ils trouvé une autre arnaque pour stimuler l'emprunt irresponsable – comme un nouveau boom des cartes de crédit.

EN DÉFENSE DES INNOCENTS

Tous les complices ne sont pas coupables au même degré. De même, certains suspects devraient être acquittés.

Dans la longue liste des coupables possibles, il y en a deux que de nombreux républicains nomment souvent. Ils ont du mal à admettre que les marchés s'égarent ; que leurs acteurs aient pu se montrer aussi irresponsables ; que les génies de la finance n'aient pas compris le risque ; que le capitalisme ait de sérieux défauts. Ils en sont sûrs : le coupable, c'est l'État.

L'État, je l'ai dit, est effectivement à blâmer, mais parce qu'il a fait trop peu. Les critiques conservateurs sont convaincus qu'il est coupable parce qu'il en a trop fait. Ils critiquent les exigences imposées aux banques par le Community Reinvestment Act (CRA), qui leur a fait obligation de consentir une partie de leurs prêts dans les collectivités locales mal desservies où vivent les minorités. Ils s'en prennent aussi à Fannie Mae et à Freddie Mac, deux sociétés un peu particulières, privatisées en 1968 mais parrainées par l'État, qui jouent un très grand rôle sur les marchés des prêts hypothécaires. Fannie et Freddie, à en croire les conservateurs, ont subi «la pression» du Congrès et du président, qui voulaient élargir la propriété immobilière (le président Bush parlait souvent de créer une «société de propriétaires»).

Nous n'avons là, à l'évidence, qu'une tentative de dévier les accusations. Une récente étude de la Federal Reserve a montré qu'en réalité, le taux de défauts de paiement chez les emprunteurs CRA est *inférieur* à la moyenne[1]. Les problèmes des marchés

1. Randall S. Kroszner, «The Community Reinvestment Act and the Recent Mortgage Crisis», discours au forum sur la politique de lutte contre la pauvreté concentrée [Confronting Concentrated Poverty Policy Forum], Conseil des gouverneurs du Système de la Réserve fédérale, Washington, DC, 3 décembre 2008.

hypothécaires américains ont commencé sur le marché du *sub-prime*, alors que Fannie Mae et Freddie Mac finançaient surtout des prêts hypothécaires *primes* – «conformes» aux normes habituelles.

Toutes les mauvaises pratiques qui ont joué un rôle décisif dans cette crise ont été inventées par les marchés financiers américains entièrement privés. Quand l'État encourageait l'accès à la propriété, il voulait parler d'une propriété *permanente*. Son intention n'était pas d'inciter les gens à acheter des maisons au-dessus de leurs moyens. Cela ne leur apporterait que des gains éphémères et contribuerait à leur appauvrissement : les plus modestes y perdraient l'épargne de leur vie en même temps que leur maison.

Il y a toujours une maison adaptée au budget de chacun. L'ironie de l'histoire, c'est qu'à cause de la bulle, beaucoup de défavorisés ont eu finalement une maison pas plus grande que celle qu'ils auraient eue si l'on avait suivi une politique de crédit plus prudente – qui aurait atténué la bulle. Certes, Fannie Mae et Freddie Mac sont entrés dans les «jeux» à haut risque et haut levier qui faisaient fureur dans le secteur privé, mais assez tard et assez maladroitement. Ici aussi, il y a eu défaillance du régulateur. Les entreprises parrainées par l'État ont un régulateur spécial, qui aurait dû les freiner. Mais évidemment, dans le climat de l'administration Bush, avec sa philosophie de la déréglementation, il ne l'a pas fait. Une fois dans la course, Fannie et Freddie avaient un avantage : ils pouvaient emprunter un peu moins cher puisqu'ils jouissaient d'une garantie de l'État (ambiguë à l'époque). Ils ont réussi à profiter de cet atout pour engendrer des bonus comparables à ceux que «gagnaient» sous leurs yeux leurs homologues du secteur totalement privé.

LA POLITIQUE ET L'ÉCONOMIE

Il y a un coupable plus important. De fait, il a joué en coulisse un rôle déterminant dans plusieurs aspects très différents de cette histoire. C'est le système politique américain, et notamment sa dépendance aux contributions de campagne. Voilà ce qui a permis à Wall Street d'exercer l'énorme influence qui a été la sienne, de faire pression pour obtenir la destruction de réglementations et la nomination de régulateurs ne croyant pas à la régulation – avec les conséquences prévisibles et prédites que nous avons vues[1]. Aujourd'hui encore, cette influence pèse sur la conception des moyens concrets de faire face à la crise financière.

Toute économie a besoin de règles et d'arbitres. Nos règles et nos arbitres ont été choisis par des intérêts particuliers. Paradoxalement, il n'est même pas avéré qu'ils aient bien servi ces intérêts privés. Il est clair qu'ils n'ont pas bien servi l'intérêt national.

En dernière analyse, la crise en cours est une crise de notre système économique et politique. Chaque acteur a fait, pour l'essentiel, ce qu'il pensait devoir faire. Les banquiers ont maximisé leurs revenus, dans le cadre des règles du jeu. Les règles du jeu leur disaient : utilisez votre influence politique pour obtenir des réglementations et des régulateurs qui vous permettront, à vous-mêmes et aux grandes entreprises que vous dirigez, de partir avec le plus d'argent possible. Les politiques ont agi en fonction des règles du jeu : ils devaient collecter de l'argent pour être élus, autrement dit plaire à leurs mandants riches et puissants. Il y avait des économistes qui procuraient aux politiques, aux banquiers et aux régulateurs une idéologie commode : elle affirmait que les stratégies qu'ils suivaient et les pratiques qu'ils adoptaient allaient bénéficier à tous.

Aujourd'hui, certains aimeraient reconstruire le système tel qu'il était avant 2008. Ils vont promouvoir une réforme de la réglementation, mais elle sera plus cosmétique que réelle. Les banques qui sont trop grosses pour faire faillite pourront poursuivre leurs activités sans grand changement. Il y aura une « supervision », sans qu'on sache trop ce que cela veut dire. Mais les banques garderont le droit de parier, et elles resteront trop grosses pour faire faillite. Les normes comptables seront assouplies, pour leur donner plus de marge. On agira très peu sur les structures d'incitation, et même sur les pratiques à risque. Si c'est bien ce qui se passe, soyons sûrs qu'une autre crise suivra.

1. Joseph E. Stiglitz, *Quand le capitalisme perd la tête, op. cit.*

Comment sortir
de la crise financière [1]

L'accumulation des mauvaises nouvelles, ces dernières semaines, a frappé de stupeur le monde entier. Les bourses ont plongé. Les banques ont cessé de se prêter entre elles. Gouverneurs de banque centrale et ministres des Finances sont tous les jours sur le petit écran et semblent inquiets. De nombreux économistes nous mettent en garde : nous sommes confrontés à la pire crise économique que le monde ait connue depuis 1929. Seule bonne nouvelle : les cours du pétrole se sont enfin orientés à la baisse.

Si cette période est effrayante et étrange pour beaucoup d'Américains, certains, dans d'autres pays, ont un sentiment de déjà-vu. L'Asie a traversé une crise semblable à la fin des années 1990 et plusieurs pays (notamment l'Argentine, la Turquie, le Mexique, la Norvège, la Suède, l'Indonésie et la Corée du Sud) ont subi des crises bancaires, des krachs boursiers et des resserrements du crédit.

Le capitalisme est peut-être le meilleur système économique que l'homme ait trouvé, mais personne n'a jamais dit qu'il créait la stabilité. De fait, au fil des trente dernières années, les économies de marché ont subi plus de cent crises. C'est pourquoi, comme

---

1. *Time*, 17 octobre 2008.

beaucoup d'autres économistes, je suis persuadé que la réglementation et la supervision de l'État sont essentielles pour qu'une économie de marché fonctionne. Sans elles, des crises graves et fréquentes continueront à se produire dans diverses régions du monde. À lui seul, le marché ne suffit pas. L'État doit jouer un rôle.

Il est nécessaire que l'État américain contribue à recapitaliser nos banques, et il devrait recevoir une participation au capital des banques qu'il renfloue. Il est heureux que le secrétaire au Trésor Henry Paulson semble enfin s'être rallié à cette idée. Mais il faudra faire plus pour empêcher la crise de s'étendre au monde entier. Voici les mesures qui s'imposent.

COMMENT NOUS EN SOMMES ARRIVÉS LÀ

La cause principale des problèmes auxquels nous sommes aujourd'hui confrontés, c'est la conjonction de la déréglementation et des taux d'intérêt faibles. Après l'effondrement de la bulle technologique, l'économie avait besoin d'un stimulant. Mais les réductions d'impôts Bush ne l'ont pas beaucoup stimulée. C'est donc à la Federal Reserve qu'a incombé toute la tâche de la maintenir en fonctionnement, et elle s'en est acquittée en l'inondant de liquidités. En temps normal, c'est très bien d'avoir de l'argent qui irrigue ainsi le système : cela facilite la croissance. Mais en l'occurrence, l'économie avait déjà surinvesti, donc ces fonds supplémentaires n'ont pas été utilisés à des fins productives. Les taux bas et l'argent facile ont encouragé un crédit casse-cou, les tristement célèbres prêts *subprimes* : mensualités réduites aux intérêts, pas d'apport personnel, pas de justificatifs (prêts «menteurs»). Il était clair que, si la bulle se dégonflait, même un peu, de nombreux prêts hypothécaires finiraient *underwater*, «sous l'eau», c'est-à-dire que le prix de la maison descendrait au-dessous de la valeur du prêt. C'est ce qui s'est passé – pour douze millions de prêts jusqu'à présent, davantage à chaque heure qui passe. Les pauvres perdent non seulement leur maison, mais aussi l'épargne de toute leur vie.

Le climat de déréglementation qui a dominé les années Bush-Greenspan a facilité la diffusion d'un nouveau modèle bancaire.

Son noyau dur était la titrisation : les courtiers en prêts hypothécaires concevaient des contrats de prêt qu'ils vendaient à d'autres.
On disait aux emprunteurs de ne pas s'inquiéter du remboursement de leur dette toujours plus lourde : le prix de leur maison
allait continuer à augmenter, ils pourraient donc refinancer leur
prêt, tout en utilisant une partie de cette plus-value immobilière
pour s'acheter une voiture ou partir en vacances. Tout cela violait,
bien sûr, la première loi de l'économie : il n'y a pas de repas gratuit.
Postuler que les prix immobiliers pouvaient continuer à grimper à
vive allure était particulièrement absurde dans une économie où
la plupart des Américains voyaient baisser leurs revenus réels.

Les courtiers en prêts hypothécaires adoraient ces nouveaux
produits, qui leur assuraient un flux inépuisable de commissions.
Ils maximisaient leurs profits en créant le plus de prêts possible,
avec des refinancements fréquents. Leurs alliés des banques d'affaires les achetaient, découpaient leurs risques en fines tranches
et en petits cubes, puis les refilaient à d'autres – sinon tous, du
moins le plus possible. Nos banquiers avaient oublié que leur
mission est de gérer le risque et d'allouer le capital avec prudence.
Leurs banques étaient devenues des casinos – où l'on pariait avec
l'argent des autres, en sachant parfaitement que le contribuable
interviendrait si les pertes étaient trop grandes. Elles ont alloué
le capital en dépit du bon sens : des sommes massives ont servi à
financer des maisons qui, finalement, se sont révélées au-dessus
des moyens de leurs acquéreurs. Argent facile et réglementation
légère. Le mélange était toxique. Il a explosé.

UNE CRISE MONDIALE

Ce qui a rendu la folle imprudence de l'Amérique vraiment dangereuse, c'est que nous l'avons exportée. Il y a quelques mois, certains parlaient de découplage – ils disaient que l'Europe allait tenir
bon, même si les États-Unis entraient en récession. J'ai toujours
pensé que le découplage était un mythe, et les événements m'ont
donné raison. Par la grâce de la mondialisation, Wall Street a pu
vendre ses prêts toxiques sur toute la planète. Il s'avère qu'environ
la moitié a été exportée. S'ils étaient toujours là, la situation des

États-Unis serait encore pire. De plus, si notre économie ralentissait, les exportations nous maintenaient à flot. Mais l'anémie de l'économie américaine faisant baisser le dollar, l'Europe avait plus de mal à vendre ses produits à l'étranger. Puisqu'elle exportait moins, l'économie européenne s'est affaiblie. Autant dire que les États-Unis ont exporté leur récession, comme ils avaient précédemment exporté leurs prêts toxiques.

Mais aujourd'hui, les problèmes nous reviennent comme un boomerang. Les prêts hypothécaires empoisonnés ont contribué à acculer de nombreuses banques européennes à la faillite. (Nous n'avions pas exporté uniquement nos prêts toxiques, mais aussi nos mauvaises pratiques en matière de crédit et de réglementation ; beaucoup de mauvais prêts en Europe concernent des emprunteurs européens.) Dès que les acteurs du marché ont compris que l'incendie était passé d'Amérique en Europe, ce fut la panique. Cette angoisse est en partie psychologique, mais en partie due au fait que nos systèmes financiers et économiques sont intimement mêlés. Les banques du monde entier se prêtent et s'empruntent les unes aux autres ; elles s'achètent et se vendent des instruments financiers complexes – et c'est pour cela que les mauvaises pratiques réglementaires dans un pays, qui conduisent à de mauvais prêts, peuvent infecter le système mondial.

COMMENT REDRESSER LA SITUATION

Nous sommes aujourd'hui confrontés à un problème de liquidité, à un problème de solvabilité et à un problème macro-économique. Nous nous trouvons dans la première phase d'une spirale descendante. Elle s'inscrit, bien sûr, dans l'inévitable processus d'ajustement : le retour des prix immobiliers à des niveaux d'équilibre et l'élimination de l'excès de levier – du surendettement – qui faisait tourner notre économie fantôme.

Même avec les nouveaux capitaux fournis par l'État, les banques ne voudront pas, ou ne pourront pas, prêter autant qu'elles l'ont fait imprudemment dans le passé. Les propriétaires ne voudront pas emprunter autant. L'épargne, tombée pratiquement à zéro, va remonter – bonne nouvelle pour l'économie à long terme, mais

mauvaise nouvelle pour une économie qui entre en récession.
Si certaines grandes entreprises disposent de jolies liquidités,
les PME dépendent du crédit non seulement pour leurs investissements mais même pour les fonds de roulement qui leur permettent de fonctionner. Il va leur être plus difficile d'en trouver. Et
l'investissement dans l'immobilier, qui a joué un rôle si important
dans notre modeste croissance des six dernières années, a chuté à
des niveaux inconnus depuis vingt ans.

L'administration a navigué d'une solution boiteuse à une autre.
Wall Street a paniqué, la Maison-Blanche aussi, et dans la panique
on a du mal à comprendre ce qu'il faut faire. Les semaines que
Paulson et Bush ont passées à promouvoir le premier plan Paulson
de renflouement – face à une opposition massive – auraient pu être
consacrées à régler vraiment le problème. À ce stade, nous avons
besoin d'une approche globale. Un nouvel essai frileux et manqué
pourrait être catastrophique. Voici un programme exhaustif, en
cinq points :

1. *Recapitaliser les banques.* Avec toutes leurs pertes, les banques
n'ont pas assez de fonds propres. Elles auront du mal à lever
des capitaux dans les conditions actuelles. L'État doit fournir
ces fonds propres. En échange, il doit avoir une part du capital
avec droit de vote dans les banques qu'il aide. Mais les injections de fonds propres renflouent aussi les détenteurs d'obligations. Actuellement, le marché dévalue ces obligations, en disant
que la probabilité de défaut de paiement est forte. Il doit y avoir
conversion forcée de ces créances en actions. Si l'on prend cette
mesure, le montant de l'aide que devra fournir l'État sera substantiellement réduit.

Il est heureux que le secrétaire au Trésor Paulson semble enfin
comprendre que son projet initial – l'achat de ce qu'il appelait,
par euphémisme, les «actifs en difficulté» – était défectueux. Qu'il
ait mis si longtemps à s'en rendre compte est préoccupant. Il
était si attaché à l'idée d'une solution de marché qu'il ne pouvait
admettre ce que lui disaient les économistes de tous bords : il lui
fallait recapitaliser les banques et leur fournir de l'argent frais pour
compenser les pertes qu'elles subissaient sur leurs mauvais prêts.

À présent, l'administration Bush le fait, mais trois questions se posent. L'affaire est-elle honnête pour le contribuable ? La réponse semble tout à fait claire : elle est mauvaise. C'est évident lorsqu'on compare les conditions auxquelles Warren Buffet a injecté 5 milliards de dollars dans Goldman Sachs et celles qu'a obtenues l'administration Bush. Deuxièmement, y a-t-il assez de supervision et de restrictions pour garantir que les mauvaises pratiques du passé ne reviendront pas et que les banques se remettront à prêter ? Là encore, si l'on compare les conditions exigées par la Grande-Bretagne et celles du Trésor américain, nous sommes vraiment désavantagés. Par exemple, pendant que l'État verse de l'argent aux banques, celles-ci peuvent continuer à en distribuer à leurs actionnaires. Troisièmement, le montant est-il suffisant ? Les banques sont si peu transparentes que nul ne peut vraiment répondre à la question, mais ce que nous savons, c'est que les déficits dans leurs bilans vont probablement augmenter. Parce qu'on fait trop peu sur le problème de fond.

2. *Endiguer la marée des saisies.* Le plan Paulson initial était une transfusion sanguine massive administrée à un patient souffrant d'une grave hémorragie interne. Nous ne sauverons pas le malade si nous ne faisons rien en ce qui concerne les saisies. Même après les révisions du Congrès, nous faisons trop peu. Nous devons aider les gens à rester dans leurs maisons. Convertissons les déductions d'impôts – celles des intérêts des prêts immobiliers et celle de l'impôt foncier – en crédits d'impôts payés au contribuable ! Réformons la législation des faillites personnelles pour permettre une restructuration rapide, qui réduirait la valeur du prêt immobilier quand le prix de la maison lui est inférieur ! Recourons même à des prêts de l'État : puisque le coût de l'argent est plus faible pour l'État, faisons profiter de ces économies les propriétaires à revenu faible et moyen.

3. *Adopter un plan de stimulation qui fonctionne.* L'aide à Wall Street et l'arrêt des saisies ne constituent qu'une partie de la solution. L'économie des États-Unis s'oriente vers une grave récession et a besoin d'un gros stimulant. Nous devons augmenter

les indemnités de chômage ; s'il n'y a pas d'aide aux États et aux municipalités, il leur faudra réduire leurs dépenses parce que leurs recettes fiscales chutent, et la baisse de leurs dépenses provoquera une contraction de l'activité. Mais pour relancer l'économie, Washington doit faire des investissements d'avenir. L'ouragan Katrina et l'effondrement du pont de Minneapolis ont été de sinistres rappels du triste état de nos infrastructures. Investir dans ce domaine et dans la technologie stimulera l'économie à court terme et renforcera la croissance à long terme.

4. *Rétablir la confiance par des réformes de la réglementation.* À la base des problèmes, il y a les mauvaises décisions des banques et les défaillances de la réglementation. Nous devons nous attaquer à ces questions si nous voulons rétablir la confiance dans notre système financier. Il faut changer les structures de gouvernance des entreprises qui ont conduit à des structures d'incitations perverses, conçues pour rémunérer généreusement les PDG, et changer aussi nombre de ces systèmes d'incitation eux-mêmes. Ce n'est pas seulement le niveau de la rémunération qui est en cause ; c'est aussi sa forme : des *stock-options* non transparentes qui incitent à la comptabilité douteuse pour gonfler les profits annoncés.

5. *Créer une autorité multilatérale efficace.* Dans une économie mondiale toujours plus interconnectée, il nous faut une meilleure supervision mondiale. Il serait impensable que le marché financier des États-Unis puisse fonctionner efficacement si nous devions le confier à cinquante régulateurs différents, un par État. Or, c'est exactement ce que nous essayons de faire au niveau mondial.

La crise récente illustre les dangers de la situation : comme certains États étrangers garantissaient totalement leurs dépôts, l'argent a commencé à partir vers ces refuges apparemment sûrs. Les autres pays devaient réagir. Quelques gouvernements européens ont compris bien mieux que les États-Unis ce qu'il fallait faire. Avant même que la crise ne devienne mondiale, le président de la République française Nicolas Sarkozy, dans son discours à l'ONU le mois dernier, a préconisé un sommet planétaire pour poser les bases d'une réglementation publique renforcée qui remplacerait le laisser-faire actuel. Peut-être sommes-nous arrivés à un nouveau «moment Bretton Woods». Quand le monde a émergé de la Grande Dépression et de la Seconde Guerre mondiale, il a compris qu'il était nécessaire d'instaurer un ordre économique mondial inédit. Cet ordre a duré plus de soixante ans. Son inadaptation au nouvel univers de la mondialisation était claire depuis longtemps. Aujourd'hui, au sortir de la guerre froide et de la grande crise financière, nous devons construire un autre ordre économique mondial pour le XXIᵉ siècle. Et il comprendra une nouvelle autorité de réglementation planétaire.

Cette crise nous a peut-être appris que les marchés sans entraves sont risqués. Elle devrait nous apprendre aussi que l'unilatéralisme, dans un monde d'interdépendance économique, ça ne marche pas.

L'AVENIR

Le prochain président des États-Unis va faire face à une situation très difficile. Même les plans les mieux pensés risquent de ne pas fonctionner comme prévu. Mais je suis sûr qu'un programme exhaustif sur les bases que je viens de suggérer rétablira la confiance et permettra à l'Amérique, avec le temps, de vivre à la hauteur de son potentiel. Endiguer les saisies, recapitaliser les banques, stimuler l'économie, protéger les chômeurs, soutenir les finances des États; fournir des garanties quand c'est nécessaire et justifié; réformer les réglementations et les structures qui les appliquent; remplacer les régulateurs et les hauts fonctionnaires chargés de protéger la vie économique du pays par des responsables qui penseront davantage à sauver l'économie qu'à sauver Wall Street : voilà ce qu'il faut faire. En revanche, les demi-mesures, parce qu'elles ne cessent de décevoir, sont vouées à l'échec.

Dans un pays où l'on respecte l'argent, les dirigeants de Wall Street jouissaient de notre respect. Nous leur faisions confiance. Nous les pensions de bon conseil, du moins en matière économique. Les temps ont changé. Fini, le respect, la confiance. C'est dommage, car les marchés financiers sont nécessaires pour que l'économie fonctionne bien. Mais la plupart des Américains en sont persuadés : selon toute vraisemblance, les financiers de Wall Street feront passer leurs intérêts avant ceux du reste du pays, en les drapant de grands mots aussi obscurs qu'il le faudra. Si l'on voit que la politique du prochain président est indûment modelée par Wall Street et qu'elle n'est pas efficace, son état de grâce sera bref. Ce sera une mauvaise nouvelle pour lui, pour le pays et pour le monde.

PREMIÈRE PARTIE

Vue d'ensemble

J'ouvre cette partie du livre par mon article de *Vanity Fair* «Du 1 %, par le 1 %, pour le 1 %». C'est une allusion à une formule du président Lincoln dans son célèbre discours de Gettysburg. Le véritable enjeu de la guerre de Sécession, avait-il dit, était de garantir «que le gouvernement du peuple, par le peuple, pour le peuple, ne disparaîtrait pas de la surface de la terre». Nous savons aujourd'hui que la démocratie ne se résume pas à des élections périodiques. Dans certains pays, on a utilisé ces votes pour légitimer des régimes intrinsèquement autoritaires et priver de leurs droits fondamentaux de larges composantes du corps civique.

L'inégalité la plus importante est peut-être celle des droits politiques. Quand la Déclaration d'indépendance américaine affirme : «Tous les hommes sont créés égaux», elle ne veut pas dire que tous ont les mêmes capacités; elle pose surtout que tous les hommes doivent être égaux dans leurs droits politiques [1]. Cela dit, le sens même de l'expression «droits politiques» n'est pas clair. Les débats de ces dernières années aux États-Unis l'ont bien

1. Danielle Allen, *Our Declaration : A Reading of the Declaration of Independence in Defense of Equality*, New York, Liveright, 2014.

montré. Certes, tout citoyen a le droit de vote[1]. Mais les règles du jeu influent sur sa capacité de l'exercer et sur la probabilité de sa participation réelle aux élections. En compliquant pour certains groupes sociaux l'inscription sur les listes électorales ou même le vote (par exemple pour ceux qui n'ont pas de permis de conduire, la pièce d'identité habituelle aux États-Unis où il n'y a pas de carte d'identité nationale), on les dissuade de prendre part au scrutin. La capitation fondée sur les listes électorales (l'impôt personnel levé sur tous les électeurs inscrits) influence l'«économie» du vote. Elle prive de fait les pauvres de leur droit de suffrage. C'était l'une des méthodes éprouvées dans le Sud des États-Unis. Certains pays s'efforcent de faciliter le vote des travailleurs pauvres en organisant les élections le dimanche. D'autres (comme l'Australie) prennent des mesures pour garantir que tous les citoyens feront bien entendre leur voix. Une amende étant infligée à qui ne se rend pas aux urnes, la règle australienne du vote obligatoire a sur l'économie du vote un effet diamétralement opposé à la capitation.

Pouvoir donner de la voix est encore plus important : c'est la capacité d'influer sur le processus politique, en pesant soit sur les choix de l'électorat, soit directement sur les actes des principaux décideurs. Si les riches peuvent, grâce à leur argent, manipuler la presse ou influencer les élus (pour user d'un terme plus aimable qu'«acheter», mais peut-être moins exact), leur voix portera beaucoup plus. En ce sens, ils auront plus d'influence que les autres. C'est pratiquement inévitable. Mais à quel point ? Tout dépend des règles du jeu. C'est pourquoi les lois et réglementations américaines qui régissent le lobbyisme, les contributions de campagne et les portes tournantes[2] sont si injustes. D'autres démocraties occidentales prennent plus au sérieux l'idée d'égalité politique : elles ont réprimé ces abus. Certaines sont allées jusqu'à renforcer l'égalité d'expression (par exemple en finançant des

1. Ce n'est pas tout à fait exact. Dans certains États américains, les repris de justice perdent ce droit – disposition inhabituelle dans les démocraties.

2. Le passage sans transition de hautes fonctions publiques à des postes bien rémunérés dans des entreprises privées, comme s'il y avait une porte à tambour entre les deux. On dit aussi le «tourniquet». En France, l'image est différente : on parle plutôt de «pantouflage» (*NdT*).

médias sur fonds publics, ou en assurant l'égalité d'accès des candidats à tous les médias). Et c'est pourquoi tant d'Américains estiment que *Citizens United*, la décision de la Cour suprême qui a ouvert les vannes aux dépenses sans limites des grandes entreprises dans la vie politique, a porté un coup très dur à l'égalité d'expression – et aggravé la maladie endémique du pays, la «corruption à l'américaine». Dans ce type de corruption, on ne remet pas des enveloppes bourrées de billets aux politiciens. Mais la méthode est tout aussi perverse : on verse des contributions aux campagnes électorales en vue d'acheter des politiques qui seront très lucratives pour quelques-uns.

Ces thèmes sont développés dans nombre des articles qui suivent. L'inégalité économique (notamment de l'envergure constatée aux États-Unis) conduit à l'inégalité politique (en particulier quand elle y est aidée par les règles du *jeu politique* – comme aux États-Unis). L'inégalité économique n'est pas *seulement* due aux lois inexorables de l'économie : celles-ci jouent même *moins*, en l'affaire, que nos politiques et notre politique. En ce sens, c'est une question de *choix*. Mais là, nous nous heurtons à un cercle vicieux : l'inégalité économique alimente et renforce l'inégalité politique, qui elle-même renforce l'inégalité économique.

Je soutiens aussi que l'inégalité – du moins sous la forme extrême qu'elle revêt aux États-Unis – n'est même pas dans les intérêts du 1 %. L'article «Le problème du 1 %» précise certaines des raisons pour lesquelles elle nuit à l'économie. Si les membres du 1 % œuvraient dans leur intérêt personnel *éclairé*, ils s'inquiéteraient de son ascension et tenteraient de faire quelque chose pour l'enrayer. Dans l'article «L'inégalité n'est pas inévitable», je suggère que cela commence à se produire, au moins dans certaines régions du monde.

La réaction conservatrice

Dans les années écoulées depuis la publication de ces articles, certains ont fait valoir qu'en réalité la montée de l'inégalité n'avait pas été aussi prononcée que le suggéraient les statistiques. Le droit fiscal avait changé, les incitations à esquiver l'impôt étaient désormais moins fortes. S'ils ont raison, leur raisonnement prouve

seulement, bien sûr, que l'inégalité démesurée d'aujourd'hui
– le 1 % supérieur reçoit entre le quart et le cinquième du revenu
national – existe en Amérique depuis bien plus longtemps que
nous ne le pensions. Il signifie aussi que l'économie américaine est
encore plus languissante que nous ne l'imaginions. Nous avions
l'impression que seuls les super-riches gagnaient de l'argent en
Amérique. Et voici que ces conservateurs soutiennent, semble-t-il,
que même cette élite de nantis n'a pas connu de véritable hausse
du revenu, seul son *revenu déclaré* a augmenté. Mais, en réalité, les
travaux minutieux d'Emmanuel Saez et de ses coauteurs ont pris en
compte les effets des réformes de la législation fiscale[1]. D'ailleurs,
même avec les changements du droit fiscal en sens contraire qui
ont suivi – et qui auraient dû rétablir l'incitation à l'évitement –, la
part des super-riches a continué à grandir.

D'autres ont soutenu que l'important n'était pas l'inégalité
des revenus : c'était l'inégalité des chances. Or, on verra plus loin
dans un article de la troisième partie (« L'égalité des chances, notre
mythe national ») que l'Amérique n'est plus, comme elle aime à
le croire (et d'autres aussi), le pays des occasions en or. Pour l'essentiel, le rêve américain est un mythe. Certes, quelques immigrés
très doués parviennent jusqu'aux plus hautes fonctions. Mais
lorsque les sociologues parlent d'égalité des chances, ils pensent
à celles qu'a un individu qui se trouve au bas de l'échelle sociale
de grimper jusqu'en haut. Quelles sont les probabilités ? Pour un
jeune Américain d'aujourd'hui, elles sont bien moindres que pour
les jeunes d'autres pays avancés.

L'intérêt personnel éclairé

En un sens, l'article « Le problème du 1 % » (lui aussi publié initialement dans *Vanity Fair*) s'adressait aux membres du 1 %. Il leur

---

1. Voir « Income Inequality in the United States, 1913-1998 », avec Thomas Piketty, *Quarterly Journal of Economics*, vol. 118, n° 1, 2003, p. 1-39. Une
version plus longue, mise à jour, est publiée *in* A. B. Atkinson et T. Piketty
(éd.), *Top Incomes over the Twentieth Century*, Oxford, Oxford University
Press, 2007. Les tableaux et figures actualisés jusqu'en 2012 en format Excel,
septembre 2013, et les données qui s'y rapportent sont disponibles en ligne
à l'adresse <http://eml.berkeley.edu/~saez>.

expliquait pourquoi le niveau d'inégalité constaté aux États-Unis *n'était pas* dans leur intérêt personnel éclairé.

En quelques pages, je résume les raisons pour lesquelles l'inégalité est si néfaste au bon fonctionnement de l'économie. C'est peut-être le bouleversement le plus profond intervenu ces dernières décennies dans la réflexion sur le sujet. Autrefois, même si l'on était contre l'inégalité, on pensait en général que la combattre coûterait trop cher – pour le dynamisme global de l'économie. La plupart des analyses se concentraient sur la *redistribution*, ou du moins demandaient aux plus aisés de contribuer davantage au financement des biens publics, comme la défense nationale, pas seulement en chiffres absolus mais aussi en pourcentage de leur revenu. On voyait la redistribution comme un seau percé : à cause de ses fuites, un billet de 100 dollars pris en haut de la pyramide n'en vaudrait plus que la moitié quand on le donnerait au milieu ou en bas. Mais dans cet article, je soutiens qu'il n'y a ici aucun arbitrage à faire. Nous pouvons avoir à la fois davantage d'égalité et un PIB plus élevé. Il existe des politiques capables de réduire l'écart des revenus avant impôts et transferts. Il existe des politiques qui redistribuent de telle façon qu'elles améliorent les résultats économiques globaux. En fait, certaines mesures fiscales – taxer les riches sur leurs plus-values foncières – pourraient même provoquer des investissements *productifs* (au lieu de la spéculation immobilière) et davantage de créations d'emplois. En réduisant les revenus démesurés du secteur financier, on orienterait peut-être davantage de talents vers des activités susceptibles d'accroître la productivité de l'économie. Et si le dynamisme économique s'améliorait globalement, non seulement la société dans son ensemble serait gagnante, mais de nombreux membres du 1 % aussi. Ils auraient l'avantage d'appartenir à une société plus soudée et ils en retireraient même des bénéfices économiques.

L'inégalité, choix politique

L'article suivant reprend le raisonnement là où celui-ci l'a laissé. Constatant que la montée de notre inégalité a été en partie responsable de la lenteur de notre croissance, je montre que la croissance lente et l'inégalité sont des choix politiques et que nous pouvons en faire d'autres. Lorsque j'ai écrit «Pseudo-capitalisme», le débat sur l'inégalité que mon premier article dans *Vanity Fair* avait contribué à ouvrir était dans sa troisième année. Le *Washington Monthly* a alors publié un numéro spécial pour montrer comment l'inégalité américaine joue à chaque étape de la vie. Il insistait sur l'éducation – un des principaux moyens qu'ont les nantis de transmettre leur position privilégiée à leurs enfants. J'analyse brièvement les inégalités dans l'accès à la santé aux États-Unis et les écarts importants qui en résultent, même dans l'espérance de vie. Ils ne sont guère surprenants, au vu de l'ampleur de l'inégalité des revenus dans le pays et de son coûteux système de médecine et d'assurance-maladie privées. Les États-Unis sont le seul pays avancé à ne pas voir dans l'accès aux soins un droit humain fondamental.

Je réfute le refrain conservateur bien connu : nous n'avons pas les moyens de faire plus, de mieux promouvoir l'égalité et la mobilité sociale. C'est le contraire : notre économie paie au prix fort notre inertie sur ces problèmes. Nous faisons des choix *politiques* sur l'usage de notre argent : ira-t-il à des réductions d'impôts pour les riches ou à l'éducation des Américains ordinaires ? À des armes qui ne fonctionnent pas contre des ennemis qui n'existent pas ou à des soins médicaux pour les pauvres ? À des subventions pour les riches cultivateurs de coton ou à des bons d'alimentation pour que les défavorisés aient moins faim ? Nous pourrions même augmenter les recettes fiscales en obligeant simplement des compagnies comme General Electric et Apple à s'acquitter des impôts qu'elles devraient déjà payer. En taxant la pollution, nous pourrions avoir un environnement plus propre et plus d'argent à dépenser, pour atténuer les injustices de notre société et stimuler du même coup la croissance de notre économie.

Perspectives mondiales

Si l'Amérique est peut-être plus inégalitaire que tout autre pays avancé, l'inégalité s'est accrue dans la plupart des pays (mais pas dans tous). Elle a parfois joué un rôle déterminant dans l'évolution des événements politiques.

J'étais en Égypte le 14 janvier 2011, jour fatidique où le dictateur Ben Ali a été renversé en Tunisie. La nouvelle s'est répandue instantanément dans toute l'Afrique du Nord et, dans un dîner à l'Université américaine du Caire, je me souviens que quelqu'un m'a dit : « Et maintenant, l'Égypte ! » Prédiction qui allait se réaliser en moins de deux semaines.

Pendant ma visite en Égypte, j'ai pu voir pourquoi : il y avait une certaine croissance dans le pays, mais elle n'avait pas bénéficié à la plupart des Égyptiens. Sous Gamal Abdel Nasser, le socialisme les avait déçus. Sous Hosni Moubarak, le néolibéralisme les avait déçus aussi. Leur besoin désespéré d'essayer autre chose était palpable. Mustapha Nabli, qui allait devenir gouverneur de la Banque centrale de Tunisie, m'a expliqué le ressort profond de l'agitation. Ce n'était pas seulement le chômage massif. C'était l'injustice du système, son iniquité. Pour réussir, il fallait avoir des relations politiques ou être prêt à se laisser corrompre par le régime. Ceux qui travaillaient dur, avaient de bons résultats scolaires et respectaient les règles *supposées* n'y arrivaient pas.

Je suis retourné plusieurs fois en Égypte et en Tunisie dans les années suivantes et je suis devenu très proche de certains jeunes révolutionnaires, ainsi que de certaines personnes plus âgées, plus établies, qui avaient soutenu la révolution. J'admirais l'enthousiasme des premiers, leur idéalisme, mais leur naïveté m'inquiétait. Ils en étaient persuadés : puisqu'ils avaient le droit pour eux, ils allaient forcément l'emporter. Les choses n'ont pas bien tourné en Égypte. Mais, à l'heure où ce livre va sous presse, il apparaît que dans un pays au moins, la Tunisie, les graines semées au cours du Printemps arabe ont peut-être vraiment pris racine.

Lorsqu'on a mesuré le rôle qu'elle avait joué dans le Printemps arabe, et son aggravation dans le monde entier, l'inégalité est devenue une préoccupation première. J'ai écrit l'article « L'inégalité devient mondiale[1] » au retour de la réunion 2013 du Forum économique mondial à Davos, en Suisse. C'est le rassemblement annuel de l'élite internationale – divertie et instruite par quelques universitaires et complétée par quelques personnalités de la société civile et entrepreneurs sociaux. C'est un bon endroit pour prendre le

1. Initialement publié sous le titre « Complacency in a Leaderless World », *Project Syndicate*, 6 février 2013.

pouls de la planète, ou du moins celui de ce groupe restreint. Avant
la crise, la mondialisation et la technologie lui inspiraient une
euphorie sans bornes. Cet optimisme a coulé à pic avec l'économie.
Mais avec la reprise hésitante, et inégale, l'attention des participants s'est tournée vers certains problèmes connus de longue date.
La réunion de 2013 a eu une particularité remarquable : l'inégalité
était parvenue au tout premier rang de leurs préoccupations.

L'article «L'inégalité est un choix» a été écrit pour le numéro
inaugural de l'édition internationale du *New York Times* (simple
changement de nom, en fait, de l'ancien *International Herald
Tribune*). J'ai choisi de me concentrer sur un aspect frappant de
l'inégalité mondiale : si elle était en ascension dans la plupart des
pays du monde, il y en avait où elle n'augmentait pas ; dans certains, elle était vraiment beaucoup plus faible qu'aux États-Unis.
Ce ne sont pas de simples lois économiques qui déterminent le
degré d'inégalité dans un pays, mais – je ne cesse de le dire et de le
répéter – la politique et les politiques.

Les effets de la mondialisation sur l'*inégalité mondiale* ont
été complexes. L'Inde et la Chine, deux pays qui représentent
environ 45 % de la population de la planète et dont la part dans
le PIB mondial était descendue à moins de 10 %, sont en résur-
gence. Leurs taux de croissance étant très supérieurs à ceux des
pays avancés, ils réduisent l'écart avec ces derniers – même s'ils
ont encore beaucoup de chemin à faire. La Chine est devenue
la plus grande économie du monde. Avec sa population cinq
fois supérieure à celle des États-Unis, cela signifie simplement
que son revenu par habitant représente le cinquième du chiffre
américain (selon les statistiques courantes, dites «en parité de
pouvoir d'achat», conçues pour convertir le revenu dans un pays
en revenu équivalent dans un autre). Néanmoins, c'est beaucoup
mieux qu'il y a vingt-cinq ans encore : son revenu par habitant en
parité de pouvoir d'achat pesait alors moins de 5 % de celui des
États-Unis. Mais, simultanément, il y a eu une énorme ascension
de l'inégalité en Chine : davantage de millionnaires, davantage
de milliardaires. Bien qu'en Inde la poussée de croissance n'ait
pas été aussi longue ni aussi rapide qu'en Chine, elle a tout de
même, à son sommet, atteint 9 % par an. Et si moins d'Indiens

sont sortis de la pauvreté, tant en chiffres absolus qu'en pourcentage de la population, l'augmentation du nombre de millionnaires et même de milliardaires a été aussi impressionnante qu'en Chine. En même temps, l'Afrique a enfin commencé à entrer en croissance, ce qui grossit les effectifs de ses familles de classe moyenne, mais le nombre de personnes pauvres y reste très élevé : environ 415 millions d'Africains vivent avec moins de 1,25 dollar par jour. Si l'on réunit tous ces éléments, on aboutit à un résultat décevant : l'*inégalité globale*, mesurée par la méthode traditionnelle (le coefficient de Gini, nombre situé entre 0, qui note l'égalité parfaite, et 1, qui représente l'*in*égalité absolue), n'a pratiquement pas bougé.

Le phénomène Piketty

Les deux derniers articles de cette section sont en partie une réaction à l'immense succès du livre de l'économiste Thomas Piketty *Le Capital au XXI*ᵉ *siècle*. L'engouement pour cet ouvrage reflétait l'inquiétude croissante face à l'inégalité, que l'élite mondiale avait exprimée à Davos. Cette réaction était en cohérence avec la viralité de mon article « Du 1 %, par le 1 %, pour le 1 % ». Le président Obama avait déclaré en 2013 que l'inégalité allait retenir toute son attention durant les trois dernières années de son mandat. Il y a, a-t-il dit, « une dangereuse montée de l'inégalité et une paralysie de l'ascension sociale qui ont remis en cause le compromis fondamental de l'Amérique de classe moyenne : en travaillant dur, on a une chance d'y arriver ».

Piketty a réuni un trésor de données qui confortaient ce que, avec d'autres, j'avais souligné : la hausse de l'inégalité depuis 1980 environ, notamment au sommet. Sa grande contribution a été de resituer tout cela dans l'histoire, en montrant que la période dans laquelle j'avais grandi, celle de l'après-guerre, était une anomalie. C'était la seule où les revenus s'étaient accrus pour tous les groupes sociaux aux États-Unis, mais davantage pour les plus défavorisés. Le pays avait avancé ensemble, et plus rapidement qu'à toute autre époque. Piketty a démontré que c'était vrai aussi, en gros, dans d'autres pays. Surtout il a établi qu'historiquement, c'était inhabituel.

Nous nous étions mis à parler d'un nouveau *capitalisme de classe moyenne*, mais en fait la division de la société en «classes» (à la mode au moins depuis Marx) – ouvriers et capitalistes – paraissait surannée, dépassée. Nous étions *tous* dans la classe moyenne.

Mon article sur «le 1 %» avait suggéré une nouvelle classification : pratiquement tout le monde était sur le *même* bateau, mais il était très différent de celui qui transportait le 1 %. Le navire des 99 % faisait naufrage, ou du moins avait de grosses difficultés. Pendant ce temps, l'autre voguait superbement. Piketty a montré que les États-Unis n'étaient pas les seuls : on pouvait repérer ailleurs des structures semblables. Les économistes avaient mal interprété ce qui s'était passé au lendemain de la Seconde Guerre mondiale. Simon Kuznets, l'un des fondateurs de notre système de comptabilité nationale (qui nous permet de mesurer l'envergure de l'économie) et prix Nobel en 1971, avait suggéré qu'après une période initiale de croissance, où l'inégalité augmentait, les économies se faisaient plus égalitaires en devenant plus riches. Les expériences intervenues depuis 1980 ont montré qu'il n'en était rien. La conclusion de Piketty était donc peut-être naturelle : le capitalisme se caractérise par une forte inégalité. Son raisonnement était plus perturbant : puisque les capitalistes réinvestissent la majeure partie de leur fortune, disait-il, celle-ci augmente à un taux égal au taux d'intérêt ; donc, si le taux d'intérêt est supérieur au taux de croissance de l'économie, le poids de leur capital par rapport au revenu national va s'accroître indéfiniment.

J'ai été ravi de l'ouvrage de Piketty et de l'attention qu'il a suscitée : nous étions des camarades de combat, en lutte pour changer le discours mondial et faire admettre la gravité du problème que posait l'inégalité. Son travail était d'autant plus troublant que sa principale recommandation politique, un impôt mondial sur le capital, semblait bien au-delà de tout objectif réalisable dans un avenir proche (ou même lointain). Fallait-il en conclure que nous allions devoir accepter une ascension de l'inégalité à l'infini ? J'ai écrit deux articles pour répondre énergiquement non à cette question. L'inégalité – du moins au niveau extrême que connaissaient les États-Unis et quelques autres pays – n'est pas fatale.

En fait, dans ma thèse de doctorat soutenue au MIT en 1966, que j'ai évoquée dans l'introduction, je m'étais demandé s'il existait, dans les économies capitalistes, une tendance à la hausse continue de l'inégalité. J'avais soutenu que, selon toute probabilité, l'économie se déplaçait toujours vers un niveau d'*équilibre* de l'inégalité des fortunes et des revenus, où il n'y aurait plus ni hausse ni baisse de l'inégalité. Des changements dans les réalités économiques, dans les structures sociales, dans les politiques suivies, pouvaient, bien sûr, faire passer l'économie d'un équilibre à un autre – ils pouvaient avoir pour effet, par exemple, de la rendre *plus* inégalitaire.

Dans ce travail, et dans d'autres qui ont suivi, j'avais identifié plusieurs forces *centrifuges* et *centripètes* – les premières faisant monter l'inégalité, les secondes l'orientant à la baisse. Je soutenais qu'à long terme un *équilibre* s'établissait en général entre ces forces. Par exemple, les enfants ou petits-enfants des super-riches réussissent souvent moins bien qu'eux et dilapident la fortune familiale, ce qui limite le rythme d'ascension des inégalités (comme dit l'expression consacrée, «des haillons aux millions et retour aux haillons en trois générations»).

Les riches des banlieues aisées dépensent plus pour l'éducation de leurs enfants qu'on ne dépense pour l'éducation des pauvres : c'est un exemple de force centrifuge – ils transmettent ainsi leur avantage économique à leurs enfants. L'Amérique connaît une ségrégation économique croissante. Autant dire que l'intensité de cette force centrifuge augmente, et qu'à l'avenir la répartition de la fortune et du revenu sera probablement plus inégalitaire qu'aujourd'hui (sauf si un autre facteur intervient).

Du point de vue de la théorie économique admise, le livre de Piketty posait une énigme. La fortune (ou le «capital») augmentait plus vite que les revenus ou l'offre de main-d'œuvre. Normalement, à quoi pouvait-on s'attendre? Un tel accroissement de la fortune devait réduire la rentabilité du capital – un des plus vieux principes de la science économique, qu'apprend tout étudiant de la discipline, est la loi des rendements décroissants. Piketty semblait avoir, discrètement, *abrogé* cette loi. Si la loi des rendements décroissants était valide (comme je l'avais supposé dans mon travail), quand le capital augmentait (par rapport à l'offre de main-d'œuvre), le taux d'intérêt baissait. Il devait diminuer jusqu'au point où le capital n'augmenterait qu'au rythme du revenu. Dans ces conditions, il n'y aurait pas cette ascension à l'infini de l'inégalité des fortunes. Piketty est un empiriste. Il a simplement observé que le taux de rentabilité du capital ne diminuait pas, et il en a conclu qu'il n'y avait aucune raison de croire qu'il le ferait à l'avenir.

En réfléchissant à cette énigme, il m'est apparu clairement que nous avions tous deux omis de mettre suffisamment l'accent sur un aspect crucial de la hausse de l'inégalité, et du comportement, apparemment anormal, du rapport «fortune sur revenu» et du rendement du capital. Traditionnellement, la fortune augmentait quand les familles et les entreprises mettaient de l'argent de côté, année après année. Mais la croissance de la fortune mesurée était de loin supérieure à ce qu'on pouvait expliquer par ce type d'économies. Un examen attentif des données révélait qu'une large part de l'accroissement des fortunes venait de plus-values.

Les économistes appellent «rentes» les revenus dérivés de la terre : ils ne sont pas fondés sur le travail mais sur la simple propriété d'un actif fixe. Si la rente augmente, le prix de cet actif montera, mais son offre ne va pas s'accroître pour autant. Aujourd'hui, les économistes utilisent le mot «rente» dans un sens plus général : ils ne l'appliquent pas seulement aux rentes foncières, mais aussi, par exemple, aux profits d'un monopoliste (les «rentes de monopole»). Si les rentes augmentent – pas seulement les rentes foncières, mais aussi celles que rapportent le pouvoir de monopole et d'autres formes d'exploitation du marché –, il y aura des plus-values correspondantes. Une grande part de la hausse de l'inégalité des revenus et des fortunes dépend de la hausse des rentes et des plus-values : elle reflète l'ascension de la valeur des biens immobiliers et l'aggravation du pouvoir de marché (de l'exploitation) dans de nombreux secteurs de l'économie. Mais cela signifie que «fortune» et «capital» (dans son sens traditionnel) sont des concepts distincts. De fait, il est même possible que la *fortune* puisse augmenter quand le *capital* diminue. Dans le pays natal de Piketty, la France, la valeur du foncier sur la Riviera s'est accrue. Mais cela ne signifie pas qu'il y en a *davantage*. Le foncier sur la Riviera est le même aujourd'hui qu'il y a cinquante ans. Seul le prix du mètre carré a augmenté.

La politique monétaire était laxiste (pensons par exemple à l'assouplissement quantitatif, l'achat par la Federal Reserve américaine de grosses quantités de créances à moyen et à long terme, qui l'a amenée à tripler son bilan, en l'augmentant, en peu de temps, d'environ 2 000 milliards de dollars). Elle avait conduit à une marée de crédits. L'économie des manuels suggérait qu'on allait donc prêter plus et moins cher, deux évolutions de nature à aider l'économie américaine. Mais avec la mondialisation, la monnaie émise par la Federal Reserve n'est pas tenue de rester aux États-Unis. Elle peut aller où elle veut dans le monde. Et, naturellement, elle est allée dans les économies alors en pleine expansion – ce qui n'était pas le cas ici, aux États-Unis. L'argent est parti là où il n'était ni nécessaire ni souhaité. Il n'est pas allé là où il était censé aller. Mais même quand il est resté en Amérique, il n'a pas beaucoup stimulé l'économie.

Avec de l'argent, on peut acheter deux types de biens : ceux qui sont *produits* et ceux qui sont *fixes* (comme la terre). Quand l'argent se dirige vers les premiers, la demande de ces biens augmente et leur production va probablement s'accroître (sauf si elle est contrainte par un goulot d'étranglement temporaire). Mais quand il s'oriente vers les biens fixes, le seul effet porte sur le prix : la *valeur* de l'actif s'accroît, pas sa quantité. Ces dernières années, les autorités monétaires ont fait du mauvais travail : elles ont mal orienté l'argent. Il est allé gonfler les valeurs boursières aux États-Unis et les prix des actifs au niveau mondial, tandis que les petites entreprises, qui avaient désespérément besoin de liquidités, sont restées sur leur faim. Par conséquent, des politiques monétaires censées stimuler l'économie ont surtout alimenté des bulles de prix d'actifs, par exemple une hausse des prix du foncier. L'expansion du crédit s'est alors traduite par l'augmentation de la fortune, mais ne nous y trompons pas : le pays n'est pas pour autant devenu *plus riche*. La quantité d'actifs est exactement la même.

Dans l'exubérance irrationnelle qui entoure la hausse des prix des actifs fixes (la bulle immobilière), il y a un réel danger : les investissements en capital réel – les usines et les machines

qui maintiennent l'économie en fonctionnement et en croissance – peuvent même diminuer. Cette concentration sur le
foncier apporte une solution aux énigmes évoquées plus haut :
si le capital *réel* a baissé, ou ne s'est pas accru sensiblement (par
rapport à l'offre de main-d'œuvre), il n'est pas étonnant que son
taux de rentabilité n'ait pas diminué et que les salaires moyens
n'aient pas augmenté. Les bulles des prix des actifs peuvent se perpétuer *très* longtemps. Certes, elles finissent par éclater, et les prix
baissent. Mais même quand ils baissent, ils peuvent encore rester
trop hauts – et une nouvelle bulle des prix des actifs peut aisément
prendre forme. De fait, pendant des années, le monde est passé
d'une bulle des prix des actifs à une autre, de la bulle technologique à celle de l'immobilier.

Il est vrai que même une bulle peut avoir *certains* effets positifs,
pour un temps : ceux qui se sentent riches dépenseront peut-être
plus qu'ils ne l'auraient fait autrement, ce qui donnera un coup de
fouet à l'économie. Mais toute bulle ayant une fin, il est stupide
pour des décideurs publics d'essayer, après une récession, de
fonder la reprise sur la création d'une nouvelle bulle – politique
que la Federal Reserve semble avoir régulièrement suivie depuis
qu'Alan Greenspan a pris sa direction en 1987[1].

Voici comment je tente de réaliser la quadrature du cercle tracé
par le raisonnement de Piketty : *si* nous pouvons éviter une bulle,
les rendements du capital *finiront* par diminuer suffisamment
pour qu'il n'y ait pas hausse permanente de l'inégalité, mais l'inégalité d'équilibre à laquelle parviendra l'économie pourra fort bien
être supérieure au niveau déjà élevé et inacceptable d'aujourd'hui.
Il existe un certain nombre de politiques – des mesures réalisables,
qu'un pays peut mettre en œuvre individuellement, même sans
coopération internationale – qui peuvent conduire à une inégalité
d'équilibre moins élevée. Beaucoup, en fait, auront pour effet non
seulement de réduire l'inégalité mais aussi d'accélérer la croissance, parce qu'elles entraîneront davantage d'investissements
réels.

---

1. Pour une analyse sur ce point, voir George Soros, *La Vérité sur la crise
financière*, Paris, Denoël, 2008, trad. fr. de Nicolas Wronski.

De plus, les rentes foncières ne sont pas la seule source de «rentes» dans notre économie. Une large part de la fortune concentrée au sommet, nous l'avons vu, résulte d'une appropriation de richesses ou d'autres formes de recherche de rente.

Quand la recherche de rente s'intensifie, elle peut *donner l'impression* qu'il y a enrichissement – même si elle a pour effet réel de réduire la productivité de l'économie. C'est que les rentes, comme les rentes de monopole, peuvent s'acheter et se vendre. Elles sont «capitalisées». Elles se traduisent par une hausse des cours de la bourse. Mais ces augmentations de la fortune ne signifient pas que l'économie est plus riche. Bien au contraire. Le pouvoir de monopole est le reflet d'une inefficacité cachée. Il y a une redistribution qui va des consommateurs à ceux qui exercent un pouvoir de marché. De fait, en raison de la distorsion liée au pouvoir de marché, la productivité de l'économie s'en trouve en réalité diminuée, même si la richesse *mesurée* a augmenté.

Donc, une large part de l'expansion de la richesse dans notre économie est un accroissement de la *valeur* (mais pas de la quantité) d'actifs fixes, comme la terre ; et une partie représente la capitalisation d'extensions du pouvoir de monopole. De nombreux changements intervenus dans l'économie ont créé de nouvelles occasions d'exercer ce type de pouvoir. À la fin du XIXe siècle, il y avait toute une série de possibilités en la matière, car les économies d'échelle créaient des situations où un petit nombre d'entreprises dominaient des secteurs cruciaux, comme la sidérurgie. Mais dans de nombreux cas – comme le secteur du pétrole ou celui du tabac –, cette domination du marché n'avait pas grand-chose à voir avec les économies d'échelle ou de gamme : c'était une simple question de pouvoir économique brut. Teddy Roosevelt a mené la charge pour briser ces monopoles, et il s'inquiétait autant de la concentration du pouvoir politique que de celle du pouvoir économique. C'est une leçon que nous devrions garder davantage à l'esprit aujourd'hui.

Dans les années qui ont suivi, nous n'avons pas instauré, pour de nombreux produits industriels, un marché *parfaitement* concurrentiel. Mais il était tout de même très éloigné du capitalisme monopoliste vers lequel certains craignaient fort que nous

nous dirigions[1]. Dans la dernière phase du XXᵉ siècle, de nouvelles sources de pouvoir de marché sont apparues, liées aux externalités des réseaux. Si tout le monde utilisait le système d'exploitation de Microsoft, cela facilitait la vie ; c'est ainsi qu'il est devenu la plateforme dominante des ordinateurs personnels. Microsoft s'est appuyé sur la maîtrise de ce marché pour repousser la concurrence sur d'autres et s'assurer l'hégémonie dans des produits comme les traitements de texte et les feuilles de calcul, même si cette compagnie n'était la véritable innovatrice dans aucun de ces domaines.

En 1982, les États-Unis ont brisé le monopole du téléphone, AT&T, en sept «Baby Bells». Mais l'incitation à devenir un monopole – ou du moins à peser assez lourd pour exercer un pouvoir de marché – est irrésistible en l'absence de politiques de l'État pour la freiner ; et celles-ci n'étaient pas très bien appliquées à une époque où tant de gens croyaient aux marchés libres et sans entraves. Le résultat est clair : aujourd'hui deux compagnies téléphoniques contrôlent environ les deux tiers du marché. Si la fusion de Comcast avec Time Warner aboutit, une seule et unique compagnie dominera l'«autoroute de l'information».

En tant qu'économiste, je comprends la dynamique qui pousse à acquérir un pouvoir de marché. Les marchés concurrentiels sont sans pitié ; il est difficile d'y survivre. Et malgré les efforts nécessaires, la théorie standard soutient qu'ils ont tendance à faire baisser les profits vers zéro – ce qui n'est pas drôle pour un entrepreneur –, tandis que sur des marchés moins concurrentiels on peut faire des profits durables.

Il existe bien d'autres cas où la richesse mesurée peut s'accroître alors que l'économie sous-jacente se détériore. Prenons les banques. Si l'autorité publique affaiblit la réglementation (comme après l'accession de Reagan à la présidence), on peut s'attendre à une augmentation de la valeur de leurs profits, si l'on tient compte de l'argent des renflouements dont elles vont probablement

---

1. Voir Joan Robinson, *L'Économie de la concurrence imparfaite*, Paris, Dunod, 1975, trad. fr. d'Ananda Covindassamy ; Paul Sweezy, *The Theory of Capitalist Development*, Londres, D. Dobson, 1946.

bénéficier. Mais ces gains s'effectuent, bien sûr, aux dépens des contribuables. Là encore, c'est un jeu à somme négative : les distorsions dans le secteur financier vont laisser notre économie dans une situation plus difficile qu'avant. Néanmoins, le « marché » indique une hausse de la valeur des banques et ne signale absolument pas les pertes des contribuables – les coûts qu'ils auront à supporter plus tard si les banques ont à nouveau besoin d'être renflouées. En apparence, la fortune a augmenté grâce à la déréglementation ; en réalité, l'économie est en plus mauvaise posture.

Nous ne pouvons pas assimiler la fortune au capital. Ce sont des concepts distincts. Ils peuvent changer dans des sens nettement différents. Si nous estimons, comme je l'ai suggéré plus haut, qu'une large gamme de forces centrifuges et centripètes sont à l'œuvre pour diviser notre économie et notre société – et élargir la grande fracture – ou au contraire les rendre plus cohérentes, pour accroître l'inégalité ou la réduire, nous pouvons tenter d'identifier celles que nous sommes capables de modifier. Nous pourrons alors intensifier les centripètes et atténuer les centrifuges.

L'une des raisons pour lesquelles les riches le deviennent encore plus est l'extrême faiblesse des taux d'imposition des plus-values. Ils peuvent ouvrir des comptes d'entreprise dans un centre offshore et laisser l'argent s'y accumuler comme dans un compte-retraite illimité, sans payer aucun impôt, tant qu'ils ne rapatrient pas les fonds aux États-Unis. Il est facile de prendre des mesures pour changer cette situation – et il est pratiquement certain que ces dispositions réduiraient à long terme l'ampleur de l'inégalité des fortunes. De même, puisqu'une si grande part de la croissance des patrimoines – et de leur inégalité – est liée à une hausse de la valeur de la terre, le relèvement de l'imposition du foncier pourrait contribuer à amoindrir l'inégalité. Et, puisque l'offre de terre est (relativement) fixe, cette décision n'aurait aucune retombée significative sur la superficie du foncier dans le pays.

Comme le soulignent ces articles, une partie significative de l'inégalité que nous constatons aujourd'hui provient, non des vrais mécanismes du marché, mais d'un « ersatz de capitalisme » – du « pseudo-capitalisme », comme je l'appelle aussi dans ces textes. Si l'on faisait fonctionner les marchés comme de *vrais* marchés, l'efficacité et la performance économique seraient meilleures. J'explique aussi que de nombreuses mesures fiscales peuvent rendre l'économie plus efficace et plus équitable. Beaucoup d'autres politiques sociales et économiques en font autant. Nous savons ce qu'il faut faire pour rendre la société plus égalitaire.

L'inégalité pose moins la question du *capitalisme* au XXIe siècle que celle de la *démocratie* au XXIe siècle. La grande crainte est que notre ersatz de capitalisme, qui socialise les pertes et privatise les profits, et notre démocratie imparfaite, plus proche d'un système «un dollar, une voix» que du principe «une personne, une voix», ne conjuguent leurs effets pour répandre la désillusion, dans l'économie comme dans la politique.

Du 1 %, par le 1 %, pour le 1 % [1]

Rien ne sert de nier l'évidence, de faire semblant que ce qui est arrivé n'est pas arrivé. 1 % des Américains, les plus riches, captent désormais près du quart du revenu national chaque année. Si l'on préfère parler fortune, ils en détiennent 40 %. Leur sort s'est considérablement amélioré. Il y a vingt-cinq ans, ces deux chiffres étaient 12 % et 33 %. Comment réagir ? On pourrait célébrer l'ingéniosité et le dynamisme qui ont valu aux intéressés cet heureux succès, et affirmer que la marée montante soulève tous les bateaux. On aurait tort. Si en haut de l'échelle sociale les revenus du 1 % ont augmenté de 18 % en dix ans, au milieu ils ont en fait diminué, et rudement pour les simples diplômés du secondaire de sexe masculin : 12 % de moins en un quart de siècle. Toute la croissance des dernières décennies – et plus encore – est allée aux plus riches. En matière d'égalité des revenus, l'Amérique est distancée par tous les pays de cette «vieille Europe sclérosée» tant raillée par le président George W. Bush. Nos homologues les plus proches seraient plutôt la Russie des oligarques et l'Iran. Si nombre des anciens foyers de l'inégalité en Amérique latine, comme le Brésil, ont fait ces dernières années des efforts assez

1. *Vanity Fair*, mai 2011.

réussis pour améliorer la dure condition des pauvres et réduire les écarts de revenus, les États-Unis ont laissé grimper l'inégalité.

Il y a bien longtemps, les économistes ont tenté de justifier les grandes inégalités qui troublaient tant les esprits au milieu du XIXᵉ siècle – et qui font pâle figure au regard de celles de l'Amérique d'aujourd'hui. On a appelé la justification qu'ils ont trouvée «théorie de la productivité marginale». Pour résumer, elle associait les revenus plus élevés à une productivité supérieure et à une plus forte contribution à la société. C'est une théorie que les riches ont toujours adorée. Mais les preuves de sa validité restent minces. Les grands patrons qui ont participé au déclenchement de la récession des trois dernières années – et dont la contribution à notre société, et à leurs propres entreprises, a donc été massivement négative – ont continué à recevoir de gros bonus. Dans certains cas, leurs compagnies ont été si gênées d'appeler ces rémunérations «primes de rendement» qu'elles se sont senties tenues de les rebaptiser «primes de conservation[1]» (même si elles ne «conservaient» rien d'autre que des résultats déplorables). Les grands innovateurs qui ont fait d'éminentes contributions à notre société, des pionniers de la génétique à ceux de l'ère de l'information, n'ont reçu que des miettes, en comparaison des innovateurs financiers qui ont conduit notre économie mondiale au bord de la ruine.

Certains regardent l'inégalité des revenus et haussent les épaules. L'un gagne, l'autre perd, et alors? L'important, disent-ils, n'est pas la répartition du gâteau, c'est sa taille. Cet argument est fondamentalement faux. Une économie où la situation de la *majorité* des citoyens se dégrade d'année en année – comme celle des États-Unis – n'a aucune chance de réussir à long terme. Pour plusieurs raisons.

Premièrement, l'augmentation de l'inégalité reflète un autre phénomène : la diminution des chances d'ascension sociale. Quand nous réduisons ces chances, que faisons-nous? Nous n'utilisons

---

1. Officiellement, ces *retention bonus* visent à «retenir» les PDG, à les dissuader de quitter l'entreprise pour une autre qui les paierait mieux (*NdT*).

pas une partie de notre actif le plus précieux, notre population, de la façon la plus productive possible. Deuxièmement, nombre des distorsions qui créent l'inégalité minent l'efficacité de l'économie – celles qui sont liées au pouvoir de monopole et aux privilèges fiscaux des intérêts particuliers, par exemple. Et la nouvelle inégalité qu'elles instaurent crée ensuite de nouvelles distorsions, qui minent encore davantage l'efficacité. Pour ne donner qu'un seul exemple : parmi nos jeunes les plus talentueux, beaucoup trop sont entrés dans la finance au vu de ses rémunérations astronomiques, au lieu de s'orienter vers des activités qui nous mèneraient à une économie plus saine et plus productive.

Troisièmement, et c'est peut-être le plus important, une économie moderne a besoin d'« action collective » – d'investissements de l'État dans les infrastructures, l'éducation et la technologie. Les États-Unis et le monde ont considérablement bénéficié de la recherche parrainée par l'État qui a créé Internet, des progrès de la santé publique, etc. Mais l'Amérique souffre depuis longtemps de sous-investissement dans ses infrastructures (voyez l'état de nos autoroutes et de nos ponts, de nos voies ferrées et de nos aéroports), dans la recherche fondamentale, dans l'éducation à tous les niveaux. Pourtant, de nouvelles réductions de dépenses dans ces domaines sont à prévoir.

Ce n'est pas une surprise. C'est simplement ce qui arrive lorsque la répartition de la fortune devient déséquilibrée. Plus une société se divise par des écarts de richesse, plus les riches répugnent à dépenser l'argent pour les besoins communs. C'est qu'ils n'ont pas besoin de compter sur l'État pour avoir des parcs, une bonne éducation, des soins médicaux, ni pour assurer leur sécurité personnelle. Ils peuvent s'acheter tout cela eux-mêmes. Ce faisant, ils s'éloignent de la masse de la population et perdent l'empathie qu'ils ont pu ressentir pour elle en d'autres temps. De plus, la puissance publique les inquiète : un État fort ne pourrait-il pas utiliser ses pouvoirs pour rééquilibrer la balance, leur prendre une part de leur fortune et l'investir à des fins d'intérêt général ? Le 1 % supérieur se plaint peut-être du type d'État que nous avons en Amérique, mais en fait il l'aime tel qu'il est : trop paralysé pour redistribuer, trop divisé pour faire autre chose que réduire les impôts.

Les économistes ne sont pas certains de pouvoir expliquer pleinement la montée de l'inégalité en Amérique. La dynamique ordinaire de l'offre et de la demande a sûrement joué un rôle : des techniques économes en main-d'œuvre ont réduit la demande d'ouvriers dans de nombreux «bons» emplois en col-bleu de classe moyenne. La mondialisation a créé un marché mondial, où les coûteux travailleurs non qualifiés des États-Unis ont été mis en concurrence avec leurs homologues bon marché d'autres pays. Des changements sociaux ont également joué – comme le déclin des syndicats, qui représentaient autrefois un tiers des travailleurs américains et n'en rassemblent aujourd'hui que 12 %.

Mais l'une des grandes raisons pour lesquelles nous avons une telle inégalité, c'est que le 1 % le veut. L'exemple le plus frappant est la politique fiscale. La baisse des taux d'imposition des plus-values, qui constituent une part substantielle des revenus des riches, a donné aux Américains les plus fortunés, pratiquement, un «ticket gratuit». Les monopoles et quasi-monopoles ont toujours été une source de pouvoir économique – de John D. Rockefeller au début du siècle dernier à Bill Gates à la fin. L'application laxiste des lois antitrust, notamment sous les administrations républicaines, a été un don du ciel pour le 1 %. L'inégalité actuelle est amplement due aux manipulations du système financier, rendues possibles par des changements de règles du jeu achetés et payés par ce secteur lui-même – qui a fait là un de ses meilleurs investissements de tous les temps. L'État a prêté de l'argent aux sociétés financières à un taux d'intérêt proche de 0 % et les a généreusement renflouées à des conditions favorables quand toute autre solution a disparu. Les régulateurs ont fermé les yeux sur le manque de transparence et sur les conflits d'intérêts.

Lorsqu'on pense au montant astronomique de la fortune détenue par le 1 % dans ce pays, on est tenté de voir dans la hausse de l'inégalité le type même de l'exploit américain : nous sommes partis loin derrière le peloton mais aujourd'hui nous comptons parmi les champions du monde! Et tout indique que nous allons poursuivre sur notre lancée pendant les années qui viennent, car la dynamique qui a rendu possible cet exploit s'autoalimente. La richesse donne du pouvoir qui donne plus de richesse. Au cours du scandale des caisses d'épargne des années 1980 – dont les dimensions, à l'aune de ce qui se fait aujourd'hui, paraîtraient presque d'un charme désuet –, une commission du Congrès a demandé au banquier Charles Keating s'il pensait que le million et demi de dollars qu'il avait distribué à une poignée d'élus cruciaux avait vraiment pu acheter de l'influence. «J'espère bien», a-t-il répondu. Dans la récente affaire *Citizens United*, la Cour suprême a consacré le droit des grandes entreprises à acheter l'État, en supprimant toute limite à leurs dépenses pour les campagnes électorales. L'intérêt personnel et la vie politique sont aujourd'hui parfaitement alignés. La quasi-totalité des sénateurs et la grande majorité des représentants arrivent au Congrès en faisant déjà eux-mêmes partie du 1 %, y restent grâce à l'argent du 1 % et savent que, s'ils servent bien le 1 %, celui-ci les récompensera quand ils partiront. En général, les principaux décideurs de l'exécutif en matière commerciale et économique sont également issus du 1 %. Si les compagnies pharmaceutiques reçoivent un cadeau de mille milliards de dollars – par une législation qui interdit au plus gros acheteur de médicaments, l'État, de négocier leurs prix –, n'en soyons pas surpris! Si aucune loi fiscale ne peut émerger du Congrès sans mettre en place de d'appréciables réductions d'impôts pour les riches, n'ouvrons pas de grands yeux! Au vu du pouvoir du 1 %, c'est bien ainsi qu'il faut *s'attendre* à voir le système fonctionner.

L'inégalité américaine crée dans notre société toutes les distorsions concevables. Il y a, d'abord, un effet «mode de vie» bien établi – ceux qui n'appartiennent pas au 1 % vivent de plus en plus au-dessus de leurs moyens. Le ruissellement vers le bas est peut-être chimérique en économie, mais il est bien réel pour les comportements. L'inégalité introduit des distorsions massives dans notre politique étrangère. Le 1 % sert rarement dans l'armée. Entièrement composée «d'engagés volontaires», elle ne paie pas assez pour attirer ses fils et filles – c'est un fait, et son patriotisme ne va pas plus loin. Ajoutons que la classe la plus fortunée ne sent pas la brûlure d'une hausse des impôts quand le pays entre en guerre : l'emprunt paiera. La politique étrangère consiste, par définition, à trouver le juste équilibre entre les intérêts nationaux et les ressources nationales. Puisque le 1 % est aux commandes et n'a strictement aucun prix à payer, la notion d'équilibre et de retenue passe par-dessus bord. Il n'y a aucune limite aux aventures que nous pouvons lancer; les grandes entreprises et les firmes qui vivent des marchés publics n'ont qu'à y gagner. Dans la même veine, les règles de la mondialisation économique sont conçues pour profiter aux riches : elles encouragent la concurrence entre les pays pour attirer *les entreprises*, donc tous réduisent l'imposition des sociétés, affaiblissent les règles qui protègent la santé et l'environnement et fragilisent des droits des salariés autrefois jugés «fondamentaux», notamment le droit de négociation collective. Imaginons à quoi ressemblerait le monde si les règles étaient conçues en sens inverse – si elles encourageaient la concurrence entre les pays pour attirer les *travailleurs*. Ce serait à qui fournirait la meilleure sécurité de l'emploi, les impôts les plus légers pour les salariés ordinaires, une éducation de qualité, un environnement propre – toutes choses qui intéressent les travailleurs. Mais le 1 % n'a nul besoin de se soucier de tout cela.

Ou, plus exactement, il pense n'en avoir nul besoin. De tous les coûts imposés par le 1 % à notre société, voici peut-être le plus lourd : l'érosion de notre sentiment d'identité, où l'équité, l'égalité des chances et l'esprit collectif ont tant d'importance. L'Amérique s'est longtemps enorgueillie d'être une société équitable, dans laquelle tout le monde a des chances égales de progresser, mais ce n'est pas ce qui ressort des statistiques : les chances d'un citoyen pauvre, ou même d'un citoyen de classe moyenne, d'arriver tout en haut sont plus faibles aux États-Unis que dans de nombreux pays d'Europe. Le jeu est pipé contre eux. C'est ce sentiment de vivre dans un système injuste, où l'on n'a aucune chance, qui a mis le feu aux poudres au Moyen-Orient : la hausse des prix alimentaires et la montée du chômage de longue durée chez les jeunes n'ont été que l'étincelle. En Amérique, le chômage des jeunes oscille autour de 20 % (dans certains endroits, et pour certains groupes sociodémographiques, c'est le double); parmi les Américains cherchant un emploi à temps plein, un sur six n'en trouve pas; un Américain sur sept reçoit les bons d'alimentation (à peu près autant souffrent d'«insécurité alimentaire»). Dans ces conditions, tout indique que quelque chose a bloqué ce «ruissellement vers le bas» tant vanté qui devait faire couler l'argent, du 1 % à tous les autres. Tout cela a l'effet qu'on pouvait prévoir : le mécontentement. La participation électorale des vingtenaires aux dernières élections a été de 21 %, comme le taux de chômage.

Ces dernières semaines, nous avons vu des gens descendre dans la rue par millions pour protester contre la situation politique, économique et sociale dans les sociétés d'oppression où ils vivent. Des régimes ont été renversés en Égypte et en Tunisie. Des manifestations ont éclaté en Libye, au Yémen et à Bahreïn. De leurs luxueuses résidences à air conditionné, les grandes familles au pouvoir dans le reste de la région observent nerveusement ce qui se passe : leur tour va-t-il venir bientôt? Elles ont raison d'avoir peur. Ce sont des sociétés où une fraction minuscule de la population – moins de 1 % – a la part du lion de la fortune; où la fortune est une source essentielle du pouvoir; où la corruption invétérée, sous diverses formes, est un mode de vie; et où les plus riches s'opposent souvent activement aux politiques qui amélioreraient l'existence de la masse de la population.

En regardant l'ardeur populaire dans les rues, posons-nous une question. Quand cela arrivera-t-il en Amérique? C'est que nous avons, désormais, d'importants points communs avec ces lointains pays en tumulte.

Alexis de Tocqueville a évoqué autrefois un aspect de la société américaine qui constituait, selon lui, un élément essentiel de son génie particulier – il l'a nommé «l'intérêt bien entendu». L'important, c'étaient les deux derniers mots. Tout le monde a un intérêt, au sens étroit. Je veux ce qui est bon pour moi, tout de suite! L'intérêt «bien entendu», c'est différent. C'est considérer que se soucier de l'intérêt personnel de tous les autres – autrement dit, de l'intérêt général – est, finalement, une condition préalable de son propre bien-être. Tocqueville ne suggérait nullement que ce point de vue était inspiré par un noble idéalisme. Il laissait plutôt entendre le contraire. C'était une manifestation du pragmatisme américain. Ces malins d'Américains avaient compris une réalité de base : veiller au bien-être du gars d'en face n'est pas seulement bon pour l'âme. C'est bon pour les affaires.

Le 1 % a les meilleures maisons, la meilleure éducation, les meilleurs médecins, les meilleurs styles de vie, mais il y a une chose que son argent ne semble pas lui avoir acheté : l'intelligence de comprendre que son sort est lié à la façon dont vivent les 99 %. Au fil de l'histoire, c'est une vérité que les 1 % ont toujours fini par apprendre. Trop tard.

Le problème du 1 %[1]

Posons la prémisse : l'inégalité en Amérique s'aggrave depuis des décennies. Nous en sommes tous conscients. Oui, certains à droite nient cette réalité. Mais pour les analystes sérieux, d'un bout à l'autre de l'éventail politique, c'est un fait acquis. Je ne vais pas ici rappeler toutes les données. Je me limiterai à dire que l'écart entre le 1 % et les 99 % est gigantesque en ce qui concerne le revenu annuel, et plus gigantesque encore en ce qui concerne la fortune – c'est-à-dire l'accumulation de capital et d'autres actifs. Prenons la famille Walton : les six héritiers de l'empire Walmart possèdent à eux tous une fortune d'environ 90 milliards de dollars, l'équivalent de celle des 30 % les moins riches des Américains. (Beaucoup, en bas de l'échelle, ont une richesse nette nulle ou négative, notamment après la débâcle de l'immobilier.) Warren Buffett a bien analysé la situation : « Une guerre des classes a eu lieu dans les vingt dernières années, a-t-il dit, et c'est ma classe qui a gagné. »

Donc, sur cette réalité de base, la montée de l'inégalité, il n'y a aucune discussion. Aucune. Le débat porte sur sa signification. À droite, on soutient parfois que l'inégalité est fondamentalement bonne : quand les riches accroissent leurs profits, tout le monde en fait autant. C'est faux : les riches sont devenus encore plus riches, mais la grande majorité des Américains (pas seulement les plus démunis) n'ont pas pu maintenir leur niveau de vie, sans parler de l'améliorer au même rythme. Le travailleur type à temps plein de sexe masculin a aujourd'hui le même revenu qu'il y a trente ans.

À gauche, l'aggravation de l'inégalité suscite souvent des appels à la simple justice : pourquoi si peu de gens devraient-ils tant posséder, et tant d'autres si peu ? On comprend aisément qu'à l'ère du marché roi, où la justice elle-même est une marchandise qui s'achète et se vend, certains rejettent cet argument : ils n'y voient que sentimentalisme et vœu pieux.

Laissons de côté les bons sentiments. C'est pour des raisons bien concrètes que les ploutocrates devraient se soucier de l'inégalité malgré tout – même s'ils ne pensent qu'à eux. Les riches n'existent pas sous vide. Ils ont besoin d'avoir autour d'eux une société qui fonctionne pour maintenir leur position. Les sociétés très inégalitaires ne sont pas efficaces, leurs économies ne sont ni stables ni durables. Les témoignages de l'histoire et de diverses régions du monde moderne sont sans équivoque : lorsqu'elle atteint un certain stade, la spirale de l'inégalité provoque le dysfonctionnement économique de toute la société. Et quand cela arrive, même les riches paient, au prix fort.

Pour quelles raisons ? En voici quelques-unes.

LE PROBLÈME DE LA CONSOMMATION

Quand un groupe de pression est trop puissant, il réussit à obtenir que soient menées des politiques qui le favorisent à court terme au lieu d'aider à long terme l'ensemble de la société. C'est ce qui s'est passé aux États-Unis en matière de politique fiscale, de politique réglementaire et d'investissement public. Les conséquences de la canalisation des gains de revenu et de fortune dans une seule direction se voient aisément dans les dépenses des ménages, un des moteurs de l'économie américaine.

Les périodes où l'éventail social des Américains déclarant une hausse de leurs revenus nets a été le plus étendu – celles où l'inégalité a reculé, en partie grâce à l'impôt progressif – ont été aussi celles où la croissance de l'économie des États-Unis a été le plus rapide. Ce n'est pas par hasard. Ce n'est pas non plus par accident que la récession actuelle, comme la Grande Dépression, a été précédée par une forte ascension de l'inégalité. Quand trop d'argent se concentre tout en haut de la société, l'Américain moyen réduit forcément ses dépenses – du moins il les réduira si elles ne sont pas soutenues artificiellement. Faire passer de l'argent du bas de l'échelle au sommet réduit la consommation, car ceux qui gagnent gros consomment une moindre proportion de leur revenu que les plus modestes.

Ce n'est pas toujours ainsi que nous nous imaginons les choses : les dépenses des riches sont si ostentatoires ! Il suffit de regarder les photographies en couleurs des maisons à vendre dans les dernières pages du *Wall Street Journal* du week-end. Mais quand on fait le calcul, on comprend. Voyons quelqu'un comme Mitt Romney. En 2010, son revenu a été de 21,7 millions de dollars. Même s'il décidait de mener une existence bien plus fastueuse, il ne pourrait dépenser, dans une année normale, qu'une petite fraction de cette somme pour vivre avec son épouse dans leurs nombreuses maisons. Mais prenons le même montant et divisons-le entre cinq cents personnes – disons, sous forme d'emplois rémunérés 43 400 dollars chacun : on verra que presque tout l'argent est dépensé.

Le rapport est direct et irréfutable : plus l'argent se concentre au sommet, plus la demande globale décline. Sauf si un autre facteur survient par intervention extérieure, la demande totale dans l'économie sera inférieure à l'offre que celle-ci peut fournir – ce qui signifie qu'il y aura une montée du chômage, qui va déprimer encore plus la demande. Dans les années 1990, cet « autre facteur » a été la bulle technologique. Dans la première décennie du XXIe siècle, la bulle de l'immobilier. Aujourd'hui, le seul recours, dans notre récession profonde, ce sont les dépenses publiques – et ce sont elles, justement, que les super-riches espèrent à présent freiner.

LE PROBLÈME DE LA « RECHERCHE DE RENTE »

Je dois ici faire appel, un peu, au jargon économique. Le terme « rente » a été utilisé à l'origine, et l'est encore, pour désigner ce que reçoit le propriétaire d'un lopin de terre lorsqu'un autre l'utilise – c'est le rendement qu'on obtient en vertu d'un titre de propriété, et non de ce qu'on fait ou produit réellement. La rente s'oppose au « salaire », par exemple, qui rémunère le travail fourni par la main-d'œuvre. Le sens du mot s'est ensuite étendu pour inclure les profits de monopole – le revenu qui ne s'explique que parce qu'on contrôle un monopole. Avec le temps, on a compris le terme encore plus largement, en l'appliquant aux rendements d'autres formes de titres de propriété. Si l'État octroie à une compagnie le droit exclusif d'importer une certaine quantité d'un produit, comme le sucre, le rendement supplémentaire s'appelle une « rente de quota ». L'acquisition de droits d'extraction ou de forage procure une forme de rente. Les privilèges fiscaux accordés à des intérêts particuliers également. Au sens large, l'expression « recherche de rente » définit de nombreux biais par lesquels notre processus politique actuel aide les riches aux dépens de tous les autres : les transferts et subventions versés par l'État, les lois qui rendent le marché moins concurrentiel, celles qui autorisent les PDG à s'emparer d'une part démesurée des revenus de leur entreprise (bien que la loi Dodd-Frank ait amélioré la situation en exigeant un vote non contraignant des actionnaires sur les rémunérations au moins une fois tous les trois ans) et celles qui permettent aux grandes compagnies de faire des profits en polluant l'environnement.

L'ampleur de la recherche de rente dans notre économie est difficile à quantifier, mais il est clair qu'elle est excessive. Les personnes et entreprises qui y excellent sont joliment récompensées. Le secteur financier, qui aujourd'hui opère essentiellement comme un marché de la spéculation et non comme un outil au service de la vraie productivité économique, est son haut lieu par excellence. La recherche de rente ne se limite pas à la spéculation. Le secteur financier extrait aussi des rentes de sa domination des moyens de paiement – les commissions exorbitantes des cartes de paiement et de crédit, plus celles, moins connues, qu'il facture aux commerçants et que ceux-ci répercutent, en fin de compte, sur les consommateurs. L'argent qu'il pompe aux Américains pauvres et de la classe moyenne par ses pratiques de crédit prédateur peut aussi être considéré comme une rente. Ces dernières années, le secteur financier a gagné environ 40 % du profit total des entreprises. Cela ne signifie pas que sa contribution sociale soit entrée discrètement dans la colonne «crédit», ni même qu'elle soit à peu près neutre. La crise a montré quel chaos il pouvait semer dans l'économie. Dans une économie de recherche de rente comme l'est devenue la nôtre, les rendements privés et les rendements sociaux sont terriblement disjoints.

Sous sa forme la plus simple, la rente n'est rien d'autre qu'une redistribution : l'argent passe d'une composante de la société au «chercheur de rente». La recherche de rente est l'une des grandes sources de l'inégalité dans notre économie, parce que, dans une large mesure, elle redistribue de l'argent des plus pauvres vers les plus riches.

Il en découle une conséquence économique plus générale : la lutte pour acquérir des rentes est, au mieux, une activité à somme nulle. La recherche de rente n'entraîne aucune croissance. Tous ses efforts visent à élargir sa part du gâteau et non le gâteau lui-même. Mais la réalité est encore pire : la recherche de rente introduit des distorsions dans l'allocation des ressources et affaiblit l'économie. C'est une force centripète : elle finit par rapporter des sommes si démesurées qu'elle aspire vers elle toujours plus d'énergie aux dépens de tout le reste. Les pays riches en ressources naturelles sont tristement célèbres pour les activités de recherche de rente. Il est infiniment plus facile de s'y enrichir en obtenant un accès aux ressources à des conditions favorables qu'en produisant des biens ou des services qui servent à la population et améliorent la productivité. C'est pourquoi ces économies ont de si mauvais résultats, malgré leur richesse apparente. On peut toujours ricaner : nous ne sommes pas le Nigeria, nous ne sommes pas le Congo ! La dynamique de la recherche de rente est la même.

LE PROBLÈME DE L'ÉQUITÉ

Les gens ne sont pas des machines. Il faut les motiver pour qu'ils travaillent. S'ils se sentent injustement traités, il peut être difficile de le faire. C'est l'un des principes centraux de l'économie du travail moderne, résumé dans la théorie dite du «salaire d'efficacité», ou d'«efficience», qui soutient que la façon dont les entreprises traitent leur personnel – rémunération comprise – influe sur la productivité. En fait, cette théorie avait déjà été élaborée, il y a près d'un siècle, par Alfred Marshall. «Le travail hautement rétribué est généralement très efficace et par conséquent n'est pas cher», avait-il observé [1]. À vrai dire, il est faux de considérer cette assertion comme une simple théorie : elle a été prouvée par d'innombrables expériences économiques.

Il y aura toujours des désaccords sur le sens précis du mot «équitable», mais il existe un consensus croissant en Amérique pour estimer que l'actuelle inégalité des revenus – et la façon dont sont allouées les richesses en général – est profondément inéquitable. On ne conteste pas la fortune qu'ont pu accumuler ceux qui ont transformé notre économie – les inventeurs de l'ordinateur, les pionniers de la biotechnologie. Mais ils ne se trouvent pas, pour la plupart, au sommet de notre pyramide économique. Dans une trop grande mesure, ceux qui s'y trouvent sont des champions de la recherche de rente, sous une forme ou sous une autre. Et, de l'avis de la plupart des Américains, c'est injuste.

Les gens ont été surpris par la faillite soudaine, l'année dernière, de la société financière MF Global, présidée par Jon Corzine : il y a eu des milliers de victimes, à la suite d'agissements qui se révéleront peut-être criminels. Mais, au vu de l'histoire récente de Wall Street, je ne suis pas sûr qu'ils aient été tellement surpris d'apprendre que plusieurs dirigeants de MF Global allaient malgré tout recevoir leurs bonus. Quand des PDG de grande entreprise expliquent qu'il faut réduire les salaires ou procéder à des

---

1. Alfred Marshall, *Principes d'économie politique* [1895], Paris, V. Giard et E. Brière, 1906-1909, 2 vol., trad. fr. de F. Sauvaire-Jourdan et F. Savinien-Bouyssy ; réimp., Gordon & Breach, 1971, t. II, p. 248 (*NdT*).

licenciements pour que la compagnie reste compétitive et, simultanément, augmentent leur propre rémunération, les travailleurs considèrent à bon droit que ce qui se passe est injuste. Ce sentiment influe alors sur leurs efforts au travail, sur leur loyauté à l'égard de l'entreprise et sur leur envie d'investir dans son avenir. Le sentiment largement répandu chez les ouvriers soviétiques d'être traités exactement de cette façon-là – exploités par des directeurs qui menaient grande vie – a joué un rôle majeur dans la perte de substance de l'économie de l'URSS et, finalement, dans son effondrement. Comme disait la vieille plaisanterie soviétique, «ils font semblant de nous payer, et nous faisons semblant de travailler».

Dans une société où l'inégalité s'accroît, l'équité n'est pas seulement une question de salaire et de revenu, ou de fortune. C'est une perception beaucoup plus générale. Ai-je ou non un intérêt dans l'orientation que prend la société? Ai-je ou non une part des bénéfices de l'action collective? Si la réponse est un «non» retentissant, attendons-nous à une démotivation dont les répercussions se feront sentir dans l'économie et dans la vie civique sous toutes ses formes.

Pour les Américains, un aspect déterminant de l'équité est l'égalité des chances : tout le monde doit avoir sa juste chance de tenter de vivre le rêve américain. Les histoires d'Horatio Alger restent l'idéal mythique, mais les statistiques peignent un tableau très différent : en Amérique, les chances qu'une personne venue d'en bas arrive au sommet ou même au milieu sont plus faibles que dans les pays de la vieille Europe ou dans tout autre pays industriel avancé. Les plus haut placés seront heureux d'apprendre que leurs risques de descendre l'échelle sociale sont plus faibles aux États-Unis qu'ailleurs.

Ce blocage de l'ascension sociale a de nombreux coûts. Beaucoup d'Américains ne vivent pas à la hauteur de leur potentiel; nous gâchons notre actif le plus précieux, nos talents. Quand nous prendrons lentement conscience de ce qui se passe, il y aura érosion de notre sentiment d'identité, car il repose sur l'image de l'Amérique comme pays équitable. Cette évolution aura des effets économiques directs – et indirects, en effilochant les liens qui nous unissent.

LE PROBLÈME DE LA MÉFIANCE

Pourquoi les gens prennent-ils la peine de voter? C'est l'une des énigmes de l'économie politique moderne. Très peu d'élections dépendent vraiment du suffrage d'un seul électeur. Voter a un coût : aux États-Unis, aucun État n'inflige une amende à ceux qui restent chez eux, mais se rendre aux urnes demande du temps et des efforts. Et, apparemment, cela ne rapporte jamais rien. La théorie politique et économique moderne postule l'existence d'acteurs rationnels motivés par l'intérêt personnel. Dans ces conditions, on se demande bien pourquoi il se trouve un seul électeur pour aller voter. C'est un mystère.

La réponse est qu'on nous a inculqué la notion de «vertu civique». Voter est un devoir. Mais la vertu civique est fragile. Si l'on se persuade que les systèmes politique et économique sont pipés, chacun se sentira libéré de ses obligations civiques. Quand le contrat social est abrogé, quand la confiance entre un État et ses citoyens disparaît, on peut être sûr de ce qui va suivre : la désillusion, le désengagement, ou pire encore. Aujourd'hui aux États-Unis, et dans bien d'autres démocraties du monde, la méfiance monte.

Elle est même inhérente au système. Le PDG de Goldman Sachs, Lloyd Blankfein, l'a dit on ne peut plus clairement : les investisseurs raffinés ne font pas, du moins ne devraient pas faire, confiance. Les acheteurs des produits vendus par sa banque étaient des adultes consentants qui auraient dû se montrer moins naïfs. Ils auraient dû savoir que Goldman Sachs avait les moyens, et l'incitation, de concevoir des produits qui se retrouveraient en défaut de paiement; que cette banque avait les moyens, et l'incitation, de créer des asymétries d'information, d'en savoir plus long sur ses produits que leurs acheteurs; et qu'elle avait les moyens, et l'incitation, de profiter de ces asymétries. La plupart des victimes des banques d'affaires ont été des investisseurs aisés. Mais le crédit prédateur et les pratiques trompeuses des cartes de crédit ont convaincu l'écrasante majorité des Américains qu'il ne faut pas faire confiance aux banques.

Les économistes sous-estiment souvent le rôle de la confiance dans le fonctionnement de notre économie. S'il fallait, pour faire respecter chaque contrat, qu'une partie attaque l'autre en justice, notre économie serait paralysée. Au fil de l'histoire, les économies qui se sont épanouies sont celles où une poignée de main suffisait à sceller un accord. Sans confiance, les transactions où l'on convient de régler plus tard les détails épineux deviennent irréalisables. Sans confiance, chacun ouvre l'œil pour voir comment et quand ses partenaires en affaires vont le trahir.

L'aggravation de l'inégalité est corrosive pour la confiance. Dans ses effets économiques, pensons-la comme le solvant universel. Elle crée un monde où même les gagnants se méfient. Alors, les perdants! Dans chaque transaction – chaque confrontation avec un patron, une entreprise, un fonctionnaire –, ils voient quelqu'un à la manœuvre pour les duper.

Nulle part la confiance n'est plus importante qu'en politique et dans la vie publique. C'est un domaine où il nous faut agir ensemble. Il est plus facile de mener une action commune quand la plupart des acteurs sont dans des situations semblables – quand nous nous trouvons presque tous, sinon sur le même bateau, du moins dans des embarcations de taille assez proche. Mais, avec la montée de l'inégalité, on voit bien que notre flotte a un tout autre profil : quelques yachts géants entourés d'une masse de gens en canoës, ou agrippés à des débris à la dérive. Cela explique peut-être l'ampleur de nos divergences d'opinion sur ce que doit faire l'État.

L'ascension actuelle de l'inégalité touche pratiquement tout : la protection policière, l'état des routes locales et des services publics de proximité, l'accès à des soins médicaux décents, l'accès à des écoles publiques de bon niveau. À une époque où l'importance de la formation supérieure s'accroît – pas seulement pour les personnes, mais aussi pour l'avenir de toute l'économie américaine –, les plus riches exigent, d'une part, des coupes dans les budgets des universités et un relèvement des frais d'inscription, et, d'autre part, la réduction des prêts aux étudiants garantis par l'État. Ils sont favorables aux prêts d'études qui leur donnent une occasion supplémentaire d'extorquer des rentes : des prêts aux écoles à but lucratif, sans aucune norme ; des prêts sur lesquels le défaut de paiement est impossible même en cas de faillite personnelle ; des prêts conçus comme un nouvel instrument du sommet pour exploiter ceux qui aspirent à ne pas rester à la base.

LA SOLUTION : « SOYEZ ÉGOÏSTE ! »

Beaucoup d'Américains, la grande majorité peut-être, ont une compréhension limitée de la nature de l'inégalité dans notre société. Ils savent qu'elle pose des problèmes, mais ils sous-estiment les ravages qu'elle provoque et surestiment le coût des mesures correctrices. Ces idées fausses, qui ont été confortées par une rhétorique idéologique, ont aujourd'hui un effet désastreux sur la vie politique et sur la stratégie économique.

Mais on ne voit pas pourquoi le 1 %, avec son éducation poussée, ses innombrables conseillers et son sens aigu des affaires, serait aussi mal informé. Dans les générations passées, il s'est souvent montré plus avisé. Il savait que le sommet de la pyramide n'existerait pas sans une base solide – que sa propre position serait précaire si la société était malade. Henry Ford, qui n'était pas un tendre – à en juger par le souvenir qu'il a laissé dans l'histoire –, comprenait que le mieux qu'il pouvait faire pour lui et pour son entreprise était de verser à ses ouvriers un salaire décent. Il voulait qu'ils travaillent dur et qu'ils puissent acheter ses voitures. Franklin D. Roosevelt, patricien de pure souche, comprenait que le seul moyen de sauver une Amérique capitaliste par essence consistait à répartir plus largement la fortune, par la fiscalité et les programmes sociaux. Mais aussi à poser des bornes au capitalisme lui-même, par la réglementation. S'ils ont été vilipendés par les capitalistes, Roosevelt et l'économiste John Maynard Keynes ont réussi à sauver le capitalisme des capitalistes. Richard Nixon, encore célèbre aujourd'hui pour son cynisme manipulateur, avait conclu que la meilleure façon d'assurer la paix sociale et la stabilité économique était d'investir. Et il l'a fait, massivement, dans Medicare, Head Start[1], la Social Security et des campagnes de dépollution de l'environnement. Il a même lancé l'idée d'un revenu annuel garanti.

Donc, si j'avais aujourd'hui un conseil à donner au 1 %, ce serait : pas de sentiment ! Soyez durs ! Quand on vous soumet des propositions pour réduire l'inégalité – des augmentations d'impôts, des investissements dans l'éducation, les travaux publics, la santé, la science –, mettez de côté tout élan d'altruisme latent ! Ne pensez qu'à votre intérêt personnel et à lui seul ! Ne soutenez pas ces projets parce qu'ils aident les autres ! Faites-le pour vous !

---

1. Programme public visant à assurer un «bon départ» dans la vie aux enfants des milieux défavorisés (*NdT*).

La croissance lente et l'inégalité sont des choix politiques. Nous pouvons en faire d'autres [1]

Un pays riche avec des millions de pauvres. Un pays qui s'enorgueillit d'être la patrie de l'égalité des chances, mais où, plus que dans les autres pays avancés, les perspectives d'avenir d'un enfant dépendent du revenu et de l'éducation de ses parents. Un pays qui croit à l'équité, mais où les plus riches paient souvent au fisc un moindre pourcentage de leurs revenus que les moins prospères. Un pays où les enfants prêtent quotidiennement un serment au drapeau affirmant qu'il y a «la justice pour tous», mais où, de plus en plus, la justice est seulement pour qui peut se l'offrir. Telles sont les contradictions que les Américains, graduellement, douloureusement, s'efforcent de regarder en face, en ces temps où ils commencent à comprendre l'énormité des inégalités qui marquent leur société : des écarts supérieurs à ceux de tout autre pays avancé.

Certains font tout pour ne pas avoir à réfléchir au problème. Ils rétorquent : c'est la «politique de l'envie». Ils accusent ceux qui en parlent de fomenter la lutte des classes. Mais, quand nous cernons mieux les causes et les conséquences de ces inégalités, nous voyons bien que ce n'est pas une question d'envie. Les sommets

1. *Washington Monthly*, décembre 2014.

auxquels l'inégalité a grimpé aux États-Unis, et la façon dont se creusent les écarts, fragilisent notre économie. Tout en haut, une trop large part de la fortune vient de l'exploitation, par exemple de l'exercice d'un pouvoir de monopole ; ou du détournement, à la faveur des faiblesses des lois sur la gouvernance d'entreprise, d'une part massive des revenus d'une compagnie pour payer à son PDG des bonus démesurés, sans rapport avec ses résultats réels ; ou encore des agissements d'un secteur financier spécialisé dans la manipulation du marché, le crédit prédateur et discriminatoire et les pratiques abusives des cartes de crédit. Et au bas de l'échelle des revenus, trop souvent, la pauvreté est due à la discrimination économique et à notre incapacité d'assurer une éducation et des soins médicaux adéquats aux enfants – un sur cinq, ou presque – qui grandissent dans la pauvreté.

Le débat qui grandit aujourd'hui en Amérique sur l'inégalité porte avant tout sur la nature de notre société, sur l'idée que nous nous faisons de nous-mêmes et sur l'image que les autres ont de nous. Nous nous pensions comme une société de classe moyenne, dans laquelle chaque génération vivait mieux que la précédente. C'était cela, la base de notre démocratie : la classe moyenne, version modernisée du petit paysan propriétaire américain qui, pour Thomas Jefferson, constituait la colonne vertébrale du pays. Il était admis que le meilleur moyen de se développer était de construire au milieu – pas de faire ruisseler d'en haut. Cette idée de bon sens a été vérifiée par des études du Fonds monétaire international, qui démontrent que les pays plus égalitaires ont de meilleurs résultats : ils ont une croissance plus forte et sont plus stables. C'était l'un des grands messages de mon livre *Le Prix de l'inégalité*. Nous tolérons tant l'inégalité que même le rêve américain par excellence est devenu un mythe : il y a moins d'égalité des chances aux États-Unis que dans la plupart des pays de la « vieille Europe ».

Les articles de ce numéro spécial du *Washington Monthly* montrent que l'inégalité américaine joue à toutes les phases de la vie. Plusieurs articles se concentrent en particulier sur l'éducation. Nous savons aujourd'hui qu'il y a déjà des écarts gigantesques au moment où les enfants entrent à l'école maternelle.

Ils s'accentuent au fil du temps, puisque les enfants des riches, qui vivent dans des enclaves riches, reçoivent une meilleure éducation que ceux qui vont à l'école dans les quartiers pauvres. La ségrégation économique fait fureur, à tel point que même les universités bien financées et bien intentionnées qui ont institué des programmes de «discrimination économique positive» – qui se sont explicitement proposé d'augmenter leur pourcentage d'étudiants issus des milieux socio-économiques défavorisés – ont eu du mal à parvenir à leurs fins. Les enfants des pauvres ne peuvent s'offrir ni les diplômes de haut niveau de plus en plus exigés à l'embauche, ni les stages non rémunérés qui constituent l'autre voie d'accès possible aux bons emplois.

On pourrait illustrer ainsi chaque aspect de notre inégalité démesurée. Prenons la santé. Seule parmi les pays avancés, l'Amérique ne reconnaît pas l'accès aux soins comme un droit humain fondamental. Donc, si l'on est un Américain pauvre, on a moins de chances que dans d'autres pays avancés de bénéficier d'un traitement adéquat – sans parler de soins de qualité. Même après l'adoption de l'Affordable Care Act [ACA], la «loi sur les soins abordables», plus de vingt États ont refusé l'une de ses mesures les plus nécessaires, l'extension de Medicaid [1], et, début 2014, plus de quarante millions d'Américains étaient toujours privés d'assurance-maladie. Les chiffres désespérants du système de santé américain sont bien connus : nous dépensons plus – beaucoup plus – que les autres pays pour la santé (tant par habitant qu'en pourcentage du produit intérieur brut), mais nos résultats sont inférieurs. En Australie, par exemple, les dépenses de santé par habitant ne représentent que les deux tiers de celles des États-Unis et les statistiques, en fin de compte, sont meilleures – avec, notamment, un écart remarquable dans l'espérance de vie : trois ans de plus.

Deux raisons de nos mauvais résultats dans la santé sont liées aux inégalités, en haut et en bas de l'échelle sociale. Les compagnies

---

1. L'«Obamacare» prévoyait de relever le niveau de revenu permettant de bénéficier de Medicaid, l'assurance-maladie publique réservée aux plus défavorisés, en partie financée par les États. Mais cette «extension» a été déclarée facultative par la Cour suprême, et de nombreux États ont décidé de ne pas la mettre en œuvre (NdT).

pharmaceutiques, les fabricants d'appareils médicaux, les compagnies d'assurances-maladie et des réseaux de fournisseurs de soins très concentrés engrangent des profits de monopole qui font monter les prix et aggravent l'inégalité. Simultanément, puisque les pauvres n'ont pas accès aux soins en temps opportun, notamment à la médecine préventive, la mauvaise santé de la population nécessite des traitements plus coûteux. L'ACA améliore la situation sur les deux plans. Les «marchés de l'assurance-maladie[1]» sont conçus pour stimuler la concurrence. Et l'ensemble de la loi vise à élargir l'accès. Les chiffres suggèrent que le mécanisme fonctionne. Quant aux coûts, on avait très largement prédit que l'Obamacare allait provoquer une inflation massive des soins médicaux, mais il n'en a rien été : le taux de croissance des prix des soins est resté relativement modéré ces dernières années, ce qui montre, une fois de plus, qu'il n'y a pas nécessairement de choix à faire entre justice et efficacité. La première année de l'ACA a vu d'importants progrès de la couverture santé – beaucoup plus importants dans les États qui ont mis en œuvre l'extension de Medicaid que dans ceux qui l'ont refusée. Mais l'ACA est une loi de compromis : elle laisse de côté l'assurance des soins dentaires et des soins de longue durée.

Les inégalités dans la santé sont donc toujours là. Elles commencent même avant la naissance. Chez les pauvres, l'exposition à des risques environnementaux est plus fréquente et les mères ont moins accès à de bons soins prénataux. Il en résulte des taux de mortalité infantile comparables à ceux de certains pays en développement, et une plus forte incidence de l'insuffisance pondérale à la naissance (systématiquement corrélée à une santé fragile tout au long de la vie) que dans les autres pays avancés. 20 % des enfants américains, élevés dans la pauvreté, n'ont accès ni à des soins médicaux exhaustifs ni à une alimentation adéquate, ce qui rend leur succès scolaire encore moins probable. Puisque les aliments les moins chers sont souvent des glucides malsains, les pauvres risquent davantage d'avoir des problèmes de diabète et

---

1. Les sites en ligne créés par l'État où chacun peut choisir entre les offres des compagnies d'assurances privées (*NdT*).

d'obésité pendant leur enfance. Les inégalités continuent tout au long de l'existence, jusqu'à leur point d'aboutissement : un écart spectaculaire dans les statistiques de l'espérance de vie.

Tout cela, c'est bien joli, dira-t-on. Ce serait sympathique si nous pouvions assurer la santé gratuite à tous, l'enseignement supérieur gratuit à tous. Mais ce sont des rêves, qui doivent plier devant la dure réalité : ce que nous pouvons nous offrir. Le pays a déjà un gros déficit. Les mesures proposées pour construire une société plus égalitaire le gonfleraient encore. L'Amérique a une marge de manœuvre particulièrement limitée parce qu'elle assume la mission coûteuse d'assurer la paix et la sécurité du monde.

Ce raisonnement est absurde, à plusieurs titres.

La puissance réelle des États-Unis vient de leur *soft power*, pas de leur force militaire. Mais la montée de l'inégalité mine de l'intérieur notre position dans le monde. Le revenu réel du ménage médian (celui qui a une moitié des ménages au-dessus de lui et l'autre au-dessous) est plus bas aujourd'hui qu'il y a un quart de siècle. Un système économique qui offre si peu de chances de progresser peut-il être un modèle que les autres chercheront à imiter, même si une poignée de personnes, tout en haut, réussissent brillamment ?

De plus, «ce que nous pouvons nous offrir» est surtout une question de priorités. D'autres pays, en Scandinavie par exemple, sont parvenus à assurer des soins médicaux appropriés à tous, un enseignement supérieur pratiquement gratuit à tous, de bons transports publics, *et* ils ont réussi aussi bien, ou même mieux, selon les critères économiques habituels : les revenus par habitant et les taux de croissance sont au moins comparables. Même certains pays beaucoup plus pauvres que les États-Unis (comme l'île Maurice, dans l'océan Indien, à l'est de l'Afrique) sont parvenus à offrir un enseignement supérieur gratuit et un meilleur accès aux soins médicaux. Un pays doit faire des choix, et ceux-là en ont fait d'autres. Peut-être dépensent-ils moins pour leur armée. Peut-être dépensent-ils moins pour les prisons. Peut-être ont-ils des impôts plus élevés.

Dans de nombreux problèmes de répartition, d'ailleurs, l'important n'est pas combien nous dépensons mais où va l'argent.

Si nous tenons compte des «dépenses fiscales» camouflées dans notre système d'imposition, nous consacrons en réalité beaucoup plus d'argent public au logement des riches qu'on ne le croit souvent. La déductibilité des intérêts sur une très grande demeure peut facilement être de l'ordre de 25 000 dollars par an. Et les États-Unis sont les seuls, parmi les économies avancées, à investir plus dans les écoles dont les élèves sont plutôt riches que dans celles où ils sont majoritairement pauvres – parce que le financement des districts scolaires américains dépend des bases fiscales locales. Notons avec intérêt que, selon certains calculs, notre système de santé injuste et inefficace peut expliquer la totalité du déficit. On pourrait donc soutenir que, si nous avions un meilleur système de santé – capable d'assurer plus d'égalité à meilleur coût, comme ceux de tant de pays européens –, nous n'aurions aujourd'hui aucun déficit budgétaire.

Autre élément de réflexion : si nous donnions aux pauvres plus de chances de progresser, notamment une meilleure formation et un système économique garantissant l'accès à l'emploi à un salaire décent, nous n'aurions peut-être pas à dépenser autant pour les prisons – parfois plus, dans certains États, que pour les universités. Les pauvres seraient mieux armés pour saisir les nouvelles possibilités d'emplois, ce qui rendrait notre économie plus productive. Et si nous avions de meilleurs systèmes de transports publics, grâce auxquels il serait plus simple et moins coûteux pour les populations laborieuses de se rendre là où se trouvent les emplois, le pourcentage de ceux qui travaillent et paient des impôts serait plus important. Si, comme les pays scandinaves, nous avions un meilleur système de garderies et des politiques du travail plus actives pour aider les salariés à passer d'un emploi à un autre, le taux de participation à la population active serait plus élevé – et une croissance plus forte rapporterait davantage de recettes fiscales. Il est payant d'investir dans l'humain.

Ce qui m'amène au dernier point : nous pourrions instaurer un système fiscal juste, qui rapporterait davantage, renforcerait l'équité et stimulerait la croissance économique, tout en réduisant les distorsions dans notre économie et notre société. (C'était la conclusion centrale de mon livre blanc du Roosevelt Institute en 2014, «Reforming Taxation to Promote Growth and Equity» [Réformer la fiscalité pour promouvoir la croissance et l'équité].) Par exemple, taxons simplement les revenus du capital au taux que nous appliquons à ceux qui gagnent leur vie en travaillant : nous lèverons dans les 2 000 milliards de dollars sur dix ans. Le mot «failles» n'est pas adéquat pour décrire les défauts de notre système fiscal. «Gouffres» serait plus exact. En les obstruant, on en finirait avec le spectre des richissimes contribuables qui révèlent, presque avec fierté, qu'ils sont imposés sur leurs revenus déclarés à un taux moitié moindre que leurs concitoyens moins fortunés et que leurs fonds sont dans des paradis fiscaux comme les îles Caïman. Nul ne saurait prétendre que les habitants de ces petites îles savent mieux gérer l'argent que les magiciens de Wall Street. Mais il faut croire qu'il pousse mieux au soleil de ces stations balnéaires !

Un des rares avantages de la concentration massive de l'argent à la pointe de la pyramide – près du quart du revenu total va au 1 % –, c'est que de légères augmentations d'impôts sur les super-riches peuvent aujourd'hui rapporter gros. Et puisqu'une si copieuse part de leur fortune vient de l'exploitation (de la «recherche de rentes», préfèrent dire les économistes – autrement dit, ils se sont emparés d'une plus grosse part du gâteau national, ils ne l'ont pas agrandi), des impôts plus lourds au sommet ne devraient guère avoir d'effet négatif sur le dynamisme de l'économie.

Il y a ensuite notre taux d'imposition des sociétés. Si nous faisions vraiment payer aux entreprises ce qu'elles sont censées payer et si nous éliminions les failles, nous collecterions des centaines de milliards de dollars. En restructurant bien cet impôt, nous pourrions même obtenir davantage d'emplois et d'investissements aux États-Unis. Certes, les compagnies américaines sont soumises à l'un des taux *officiels* d'imposition sur les sociétés les plus élevés des pays avancés. Mais la réalité est différente : si l'on regarde ce qui est réellement payé en pourcentage du revenu de l'entreprise, nos impôts fédéraux sur les sociétés ne prélèvent que 13 % des revenus mondiaux déclarés. Selon la plupart des études, le montant des impôts vraiment réglés (en pourcentage des profits) n'est pas supérieur à la moyenne des autres pays avancés.

Les compagnies Apple Inc., Google Inc. et General Electric Co. sont devenues les têtes d'affiche de l'ingéniosité américaine : leurs produits font l'envie du reste du monde. Mais elles font trop souvent jouer cette ingéniosité pour trouver comment ne pas payer leur juste part de l'impôt. Pourtant, elles utilisent pleinement – comme tant d'autres entreprises américaines – des idées et innovations produites avec le soutien financier du gouvernement des États-Unis, à commencer par Internet. Simultanément, elles comptent sur les talents produits par les excellentes universités du pays, qui jouissent toutes de généreux financements de l'État fédéral. Elles demandent même à l'État d'exiger que nos partenaires commerciaux leur réservent un meilleur traitement.

Les entreprises font valoir qu'elles ne se livreraient pas si ardemment à cet indigne évitement fiscal si les taux d'imposition étaient plus bas. Mais il y a une solution bien meilleure, et les États américains, individuellement, l'ont trouvée. Taxons les compagnies sur la base de l'activité économique qu'elles ont aux États-Unis, à l'aide d'une formule simple qui intégrerait les ventes, les activités de production et les recherches qu'elles effectuent sur le territoire américain! Et taxons celles qui investissent aux États-Unis à moindre taux que celles qui ne le font pas! Par ce moyen, nous pourrons accroître l'investissement et l'emploi ici, chez nous – au plus loin du système actuel, lequel, de fait, incite les sociétés américaines à produire ailleurs. (Bien que les impôts aux États-Unis ne soient pas plus élevés que la moyenne, il existe certains paradis fiscaux – comme l'Irlande – qui se sont engagés dans une course au moins-disant fiscal, pour tenter de persuader des entreprises de se domicilier dans leur pays.) Cette réforme mettrait fin à l'engouement massif des compagnies pour les «inversions fiscales», les changements de domiciliation afin d'éviter les impôts. Elles pourraient toujours prétendre que leur siège social est ailleurs : cela ne changerait pas grand-chose. Ce qui compterait, c'est le lieu de leurs activités réelles.

D'autres sources de revenu seraient bénéfiques à notre économie et à notre société. Selon deux principes fondamentaux de la fiscalité, mieux vaut taxer ce qui est mauvais que ce qui est bon, et mieux vaut taxer les facteurs à «offre inélastique», comme disent les économistes – c'est-à-dire ceux dont les volumes produits et vendus ne changent pas lorsqu'on les soumet à un prélèvement fiscal. Par exemple, si nous taxons la pollution sous toutes ses formes – émissions de carbone comprises –, nous pouvons faire rentrer des centaines de milliards de dollars chaque année et avoir un meilleur environnement. De même, des taxes bien conçues sur le secteur financier rapporteraient des sommes considérables tout en dissuadant les banques d'imposer des coûts aux autres – comme lorsqu'elles ont pollué l'économie mondiale par leurs prêts hypothécaires toxiques.

Les 700 milliards de dollars du renflouement des banques pâlissent en comparaison de ce que l'irresponsabilité des banquiers a coûté à notre économie et à notre société : des milliers de milliards de dollars de PIB perdu, des millions d'Américains chassés de leur maison et de leur emploi. Pourtant, peu de financiers ont eu à rendre des comptes.

Si nous exigions que les banques paient ne serait-ce qu'une partie des coûts qu'elles ont imposés aux autres, nous aurions des fonds supplémentaires pour réparer certains des dégâts qu'elles ont provoqués par leurs pratiques de crédit discriminatoires et prédatrices, qui ont fait passer l'argent de la base de la pyramide économique à son sommet. Et en prélevant un impôt, même léger, sur les activités spéculatives de Wall Street, au moyen d'une taxe sur les transactions financières, nous pourrions collecter un revenu bien nécessaire, réduire la spéculation (donc accroître la stabilité économique) et encourager un usage plus productif de nos ressources rares, notamment la plus précieuse : nos jeunes talents.

De même, supposons que nous taxions davantage la terre, le pétrole et les minerais. Supposions ensuite que nous forcions les compagnies qui extraient, sur le domaine public, des ressources appartenant de droit à *toute* la population à les payer à leur valeur totale. Nous pourrions alors consacrer les recettes à des investissements publics, par exemple dans l'éducation, la technologie et les infrastructures, et nous n'aurions pas pour autant moins de terre, moins de pétrole ou moins de minerais. (Même si on les taxe davantage, ces ressources ne feront pas grève, elles ne quitteront pas le pays!) Résultat : ces investissements accrus, à long terme, dans notre économie rapporteront plus tard d'importants dividendes en gain de productivité et de croissance – et, si l'argent a été dépensé correctement, nous aurons peut-être une prospérité mieux partagée. La vraie question n'est pas : pouvons-nous nous permettre de faire plus contre l'inégalité? C'est : pouvons-nous nous permettre de *ne pas* faire plus? Le débat actuel en Amérique ne porte pas sur l'élimination totale de l'inégalité. Il s'agit seulement de l'atténuer et de restaurer le rêve américain.

L'inégalité devient mondiale[1]

À Davos, l'assemblée annuelle du Forum économique mondial a perdu un peu de son panache. Avant le krach boursier de 2008, les capitaines d'industrie et les magiciens de la finance pouvaient claironner les vertus de la mondialisation, de la technologie et de la libéralisation financière, qui étaient censées nous ouvrir une ère nouvelle de croissance permanente. Ses bienfaits seraient partagés par tous si chacun faisait «le bon choix».

Cette époque est finie. Mais Davos reste un bon endroit pour se faire une idée du *Zeitgeist* – de l'humeur – du monde.

Il va sans dire que les pays en développement et les pays émergents ne regardent plus les pays avancés du même œil qu'avant. Une petite phrase résume l'esprit de ce changement. Un expert du développement s'est écrié, avec un désespoir sincère : les injustes traités de commerce et les promesses d'aide non tenues ont fait perdre aux pays développés leur autorité morale. L'Occident n'a jamais eu d'autorité morale, a aussitôt répliqué le PDG d'une compagnie minière d'un pays du Sud. Le colonialisme, l'esclavage, la fragmentation de l'Afrique en petits pays, une longue histoire d'extorsion des ressources. Tout cela relève

1. *Project Syndicate*, 6 février 2013.

peut-être d'un lointain passé pour les coupables. Pas pour ceux qui en ont souffert.

Si un problème inquiète plus que tout autre les dirigeants rassemblés, c'est l'inégalité économique. Lorsqu'on pense à ce qui se disait l'année précédente encore, quel retournement spectaculaire ! La notion d'économie du ruissellement n'est plus mentionnée par personne, même en passant, et rares sont ceux qui ont envie de soutenir qu'il y a une convergence étroite entre contributions sociales et rémunérations privées.

On a bien compris que l'Amérique n'est pas le pays de l'égalité des chances qu'elle a longtemps prétendu être, et c'est aussi déroutant pour les autres que pour les Américains. Mais l'inégalité des chances à l'échelon mondial est plus grande encore. On ne peut pas soutenir sérieusement que le monde est «plat» quand l'Africain ordinaire reçoit comme investissement dans son capital humain quelques centaines de dollars et l'Américain riche plus d'un demi-million de dollars, payés par ses parents et par la société.

Le discours de Christine Lagarde, directrice générale du Fonds monétaire international, a été un grand moment du forum. Elle a mis l'accent sur le changement très net d'inspiration dans son institution, du moins au sommet : préoccupation profonde pour les droits des femmes ; vigoureuse réaffirmation du lien entre inégalité et instabilité ; reconnaissance du rôle important que peuvent jouer, dans la réduction de l'inégalité, la négociation collective et le salaire minimum. Si seulement les programmes du FMI, en Grèce et ailleurs, reflétaient pleinement ces sentiments !

L'Associated Press a organisé une discussion sérieuse et préoccupante sur le thème «technologie et chômage». Les pays (notamment dans le monde développé) peuvent-ils créer de nouveaux emplois – en particulier des bons – face à une technologie moderne qui remplace les travailleurs par des robots et autres machines dans toute tâche routinisable ?

Globalement, le secteur privé, en Europe et en Amérique, a été incapable de créer beaucoup de bons emplois depuis le début du siècle. Même en Chine et dans d'autres régions du monde où l'industrie se développe, les gains de productivité – souvent liés à des processus automatisés tueurs d'emplois – expliquent l'essentiel de la croissance du produit. Ceux qui souffrent le plus de cette situation sont les jeunes, dont l'avenir est terriblement compromis par les longues périodes de chômage qui sont leur lot aujourd'hui.

Mais la plupart des dirigeants présents à Davos ont mis ces problèmes de côté pour célébrer la survie de l'euro. L'humeur était à l'autosatisfaction – voire à l'optimisme. La Banque centrale européenne, avec ses énormes moyens financiers, voulait et pouvait faire tout le nécessaire pour sauver l'euro et chacun des pays en crise : cette idée, le «Draghi put», semblait avoir atteint son but, du moins pour un temps. Ce calme momentané confortait ceux qui soutenaient qu'on avait surtout besoin de rétablir la confiance. On espérait que les promesses de Draghi allaient créer cette confiance *gratuitement*, parce qu'on n'aurait jamais à les tenir.

Ceux qui contestaient cette analyse ont dit et répété que les contradictions de fond n'étaient toujours pas réglées : l'euro ne pourrait survivre à long terme qu'avec l'union budgétaire et l'union bancaire, ce qui exigerait davantage d'unification politique que la plupart des Européens n'étaient prêts à en accepter. Mais ce qui se disait dans les réunions et en dehors d'elles révélait souvent une absence totale de solidarité. Un dirigeant gouvernemental de très haut niveau d'un pays d'Europe du Nord n'a même pas posé sa fourchette quand un convive lui a dit d'un ton grave : aujourd'hui, beaucoup d'Espagnols font les poubelles pour manger. Ils n'avaient qu'à réformer plus tôt, a-t-il répondu sans cesser de déguster son steak.

Les prévisions de croissance rendues publiques par le FMI pendant la réunion de Davos soulignent l'ampleur du découplage intervenu dans le monde : la croissance du PIB dans les pays industriels avancés devrait être cette année de 1,4 %, tandis que les pays en développement continuent à croître au taux annuel vigoureux de 5,5 %.

Les dirigeants occidentaux ont parlé de remettre l'accent sur la croissance et sur l'emploi. Ils n'ont proposé aucune mesure concrète à l'appui de ces aspirations. En Europe, on privilégie toujours l'austérité, on se congratule des progrès accomplis à ce jour dans cette voie et on réaffirme sa détermination à poursuivre une politique qui, à l'heure qu'il est, a plongé le continent tout entier dans la récession – et la Grande-Bretagne dans une récession à triple creux.

Peut-être la meilleure nouvelle est-elle venue des émergents. La mondialisation comportait un risque : elle supposait une interdépendance inédite, et l'on aurait pu se dire que, dans ces conditions, de mauvaises politiques économiques aux États-Unis et en Europe allaient torpiller les économies des pays en développement. Or les marchés émergents les plus efficaces ont assez bien géré la mondialisation pour maintenir leur croissance malgré les défaillances de l'Occident.

À l'heure où les États-Unis sont paralysés politiquement par les grosses colères infantiles des républicains et où l'Europe ne pense qu'à assurer la survie de ce projet mal conçu qu'est l'euro, on a beaucoup déploré à Davos l'absence de leader*ship* dans les affaires de la planète. En vingt-cinq ans, nous sommes passés d'un monde dominé par deux superpuissances à un autre sous la coupe d'une seule et, désormais à un monde sans leader, multipolaire. Nous avons beau parler du G7, ou du G8, ou du G20, l'expression exacte est G0. Il nous faudra apprendre à vivre, et à prospérer, dans ce monde nouveau.

L'inégalité est un choix[1]

Il est à présent bien connu que, dans la plupart des pays riches et notamment aux États-Unis, l'inégalité des revenus et des fortunes est montée en flèche ces dernières décennies et, tragiquement, s'est encore aggravée depuis la Grande Récession. Mais que se passe-t-il dans le reste du monde ? L'écart entre les pays se réduit-il, puisque des puissances économiques ascendantes comme la Chine et l'Inde ont fait sortir de la pauvreté des centaines de millions de personnes ? Au sein des pays à revenu faible et moyen, l'inégalité est-elle en train de grandir ou de s'atténuer ? Allons-nous vers un monde plus juste ou plus injuste ?

Ce sont des questions complexes, et de nouvelles recherches menées par un économiste de la Banque mondiale, Branko Milanovic, avec d'autres chercheurs, nous orientent vers certaines réponses.

Née au XVIIIe siècle, la révolution industrielle a apporté une richesse colossale à l'Europe et à l'Amérique du Nord. Certes, l'inégalité au sein des pays concernés était atterrante : pensons aux manufactures textiles de Liverpool et de Manchester, en Angleterre, dans les années 1820, ou aux immeubles ouvriers du

1. *New York Times*, 13 octobre 2013.

Lower East Side de Manhattan et du South Side de Chicago dans les années 1890. Mais l'écart entre les pays riches et les autres, au niveau mondial, n'a cessé de se creuser, jusqu'à la fin de la Seconde Guerre mondiale ou à peu près. Aujourd'hui encore, l'inégalité entre les pays est bien supérieure à l'inégalité dans chaque pays.

À la fin des années 1980, à peu près au moment de la chute du communisme, la mondialisation économique s'est accélérée et l'écart entre les pays a commencé à se réduire. La période 1988-2008 «a peut-être vu la première baisse de l'inégalité planétaire, entre les citoyens du monde, depuis la révolution industrielle», écrit, dans un article publié en novembre dernier, M. Milanovic, né en ex-Yougoslavie et auteur du livre *The Haves and the Have-Nots : A Brief and Idiosyncratic History of Global Inequality* [Nantis et démunis : brève histoire individualisée de l'inégalité mondiale]. Si la distance qui séparait certaines régions – l'Asie et les économies occidentales avancées – a nettement diminué, les différences restent énormes. Les revenus moyens des pays se sont rapprochés dans les dernières décennies, notamment grâce à la force de la croissance en Chine et en Inde. Mais le degré d'égalité dans l'ensemble de l'humanité, entre les individus, a très peu progressé. (Le coefficient de Gini, mesure de l'inégalité, ne s'est amélioré que de 1,4 point de 2002 à 2008.)

Donc, si certains pays d'Asie, du Moyen-Orient et d'Amérique latine, en bloc, sont peut-être en voie de rattraper l'Occident, les pauvres sont laissés en arrière partout, même dans des pays comme la Chine où ils ont un peu bénéficié de la hausse des niveaux de vie.

Qu'a découvert M. Milanovic? De 1988 à 2008, les revenus du 1 % supérieur mondial se sont accrus de 60 %, tandis que ceux des 5 % inférieurs n'ont pas changé. Et si les revenus médians se sont considérablement améliorés ces dernières décennies, d'énormes déséquilibres demeurent : 8 % de l'humanité reçoit 50 % du revenu mondial, le 1 % supérieur, à lui seul, 15 %. Les revenus qui ont le plus progressé ont été ceux de l'élite mondiale – les financiers et les dirigeants de grandes entreprises des pays riches – et des grandes «classes moyennes émergentes» en Chine, en Inde, en Indonésie et au Brésil. Qui a perdu ? Les Africains, certains Latino-Américains et les populations de l'Europe de l'Est postcommuniste et de l'ex-Union soviétique.

Les États-Unis donnent au monde un exemple particulièrement déplorable. Or, à bien des égards, l'Amérique montre souvent la voie, et si les autres pays suivent ici le modèle américain, cela n'augure pas bien de l'avenir.

D'un côté, l'accroissement de l'inégalité des revenus et des fortunes en Amérique s'inscrit dans une grande tendance constatée dans tout le monde occidental. Une étude de 2011, effectuée par l'Organisation pour la coopération et le développement économiques, a découvert qu'à l'origine, l'inégalité des revenus s'est mise à augmenter à la fin des années 1970 et au début des années 1980 en Amérique et en Grande-Bretagne (et aussi en Israël). La tendance a commencé à s'étendre à d'autres pays à partir de la fin des années 1980. Dans la dernière décennie, l'inégalité des revenus s'est accrue même dans des pays traditionnellement égalitaires comme l'Allemagne, la Suède et le Danemark. À quelques rares exceptions près – la France, le Japon, l'Espagne –, dans la plupart des économies avancées, les 10 % supérieurs de la répartition des revenus ont pris encore plus d'avance et les 10 % inférieurs ont accentué leur retard.

Mais la tendance n'a pas été universelle, ni inévitable. Pendant ces mêmes années, des pays comme le Chili, le Mexique, la Grèce, la Turquie et la Hongrie ont réussi à réduire de façon significative l'inégalité des revenus (dans certains cas très élevée), ce qui suggère qu'elle résulte de forces politiques et non purement macroéconomiques. Non, l'inégalité n'est pas un sous-produit inéluctable de la mondialisation, de la libre circulation de la main-d'œuvre, des capitaux, des biens et des services ; ni du changement technique qui favorise les salariés les plus qualifiés et les plus instruits.

Parmi les économies avancées, l'Amérique a certains des pires résultats en matière d'écarts de revenus et d'inégalité des chances, avec des conséquences macroéconomiques dévastatrices. Son produit intérieur brut a plus que quadruplé depuis quarante ans et presque doublé dans les vingt-cinq dernières années, mais, comme chacun le sait à présent, les bénéfices sont allés au sommet – et, de plus en plus, à la pointe du sommet.

L'an dernier, le 1 % supérieur des Américains a reçu 22 % du revenu national ; le 0,1 % supérieur, 11 %. Sur les gains de revenu réalisés depuis 2009, 95 % sont allés au 1 %. Des chiffres issus des recensements, qui viennent d'être publiés, montrent qu'aux États-Unis le revenu médian n'a pas bougé en près d'un quart de siècle. L'Américain type gagne moins qu'il y a quarante-cinq ans (en termes réels). Les hommes qui ont un diplôme du secondaire mais pas de diplôme universitaire obtenu après quatre ans d'études supérieures gagnent environ 40 % de moins qu'il y a quarante ans.

L'inégalité américaine a pris son envol il y a trente ans, en même temps que les réductions d'impôts pour les riches et l'assouplissement des réglementations dans le secteur financier. Ce n'est sûrement pas une coïncidence. Elle s'est aggravée parce que nous avons sous-investi dans nos infrastructures, dans nos systèmes d'éducation et de santé et dans notre dispositif de protection sociale. La hausse de l'inégalité s'alimente elle-même en érodant notre système politique et notre mode de gouvernement démocratique.

L'Europe ne paraît que trop impatiente de suivre le mauvais exemple des États-Unis. Le ralliement à l'austérité, de la Grande-Bretagne à l'Allemagne, fait monter le chômage, baisser les salaires et grimper l'inégalité. Des dirigeants comme Angela Merkel, la chancelière qui vient d'être réélue en Allemagne, et Mario Draghi, président de la Banque centrale européenne, soutiennent que les problèmes de l'Europe viennent d'un excès de dépenses sociales. Cette façon de penser n'a fait que plonger l'Europe dans la récession (et même la dépression). Si les remous se sont peut-être calmés – si la récession est peut-être « officiellement » terminée –, c'est un maigre réconfort pour les 27 millions de sans-emploi de l'Union européenne. Sur les deux rives de l'Atlantique, les fanatiques de l'austérité disent : « Continuons ! Ce sont les pilules amères que nous devons avaler pour avoir la prospérité. » Mais la prospérité pour qui ?

La financiarisation excessive contribue aussi à expliquer la hausse considérable de l'inégalité – c'est pourquoi la Grande-Bretagne a l'honneur douteux d'être, parmi les économies avancées, le second pays le plus inégalitaire après les États-Unis. Dans de nombreux pays, la mauvaise qualité de la gouvernance d'entreprise et l'érosion de la cohésion sociale ont creusé l'écart entre la rémunération des hauts dirigeants et celle des simples travailleurs : s'il ne s'approche pas encore des 500 contre 1 pratiqués dans les plus grandes compagnies américaines (selon les estimations de l'Organisation internationale du travail), il est plus large qu'avant la récession. (Le Japon, qui a plafonné la rémunération des PDG, est une remarquable exception.) L'Amérique a innové dans la recherche de rentes – qui consiste à s'enrichir, non en agrandissant le gâteau économique, mais en manipulant le système pour en prendre une part plus grande –, et ses innovations se sont répandues dans le monde entier.

La mondialisation asymétrique a également fait des ravages sur toute la planète. Le capital mobile a exigé que les travailleurs lui fassent des concessions salariales et les États des concessions fiscales. Il en résulte une course à qui fera pire. Les salaires et les conditions de travail sont menacés. Des firmes pionnières comme Apple, qui s'appuient sur d'énormes progrès scientifiques et techniques dont beaucoup ont été financés par l'État, ont aussi montré une grande dextérité pour éviter le fisc. Elles veulent prendre mais sans rien donner en retour.

Et il y a l'inégalité et la pauvreté chez les enfants. C'est une indignité morale particulière. Elle anéantit la thèse de droite qui explique la pauvreté par la paresse et les mauvais choix : les enfants ne peuvent pas choisir leurs parents. En Amérique, près d'un enfant sur quatre vit dans la pauvreté ; en Espagne et en Grèce, environ un sur six ; en Australie, en Grande-Bretagne et au Canada, plus d'un sur dix. Rien de tout cela n'est fatal. Certains pays ont fait le choix de créer des économies plus équitables : la Corée du Sud où, il n'y a qu'un demi-siècle, une personne sur dix seulement obtenait un diplôme universitaire, a aujourd'hui l'un des taux d'études supérieures réussies les plus élevés du monde.

Pour toutes ces raisons, je crois que nous allons entrer dans un monde doublement fracturé : entre les nantis et les autres, mais aussi entre les pays qui ne font rien contre cette fracture et ceux qui agissent. Certains pays réussiront à créer une prospérité partagée – la seule que je tienne pour vraiment durable. D'autres laisseront l'inégalité se déchaîner furieusement. Dans ces sociétés fracturées, les riches se retrancheront dans des quartiers fortifiés, presque entièrement séparés des pauvres, dont la vie sera presque inimaginable pour eux, et vice-versa. J'ai visité des sociétés qui semblent avoir pris ce chemin. Ce ne sont pas des pays où, pour la plupart, nous aimerions vivre : ni dans l'enfermement de leurs enclaves, ni dans la détresse de leurs bidonvilles.

La démocratie au XXIᵉ siècle [1]

L'accueil qu'a reçu aux États-Unis et dans d'autres pays avancés le récent ouvrage de Thomas Piketty *Le Capital au XXIᵉ siècle* montre assez l'inquiétude croissante que suscite l'ascension de l'inégalité. La part du revenu et de la fortune accaparée par les plus riches monte en flèche : ce livre ajoute des données de poids au corpus déjà écrasant qui le prouve.

Il ouvre également une perspective originale sur la trentaine d'années qui ont suivi la Grande Dépression et la Seconde Guerre mondiale. Piketty perçoit cette période comme une anomalie historique, peut-être due à la cohésion sociale inhabituelle que peuvent stimuler les grands cataclysmes. En cette ère de croissance économique rapide, la prospérité était largement partagée et toutes les catégories voyaient leur sort s'améliorer, mais au bas de l'échelle sociale les gains, en pourcentage, étaient plus importants.

Piketty éclaire aussi d'un jour nouveau les «réformes» que Ronald Reagan et Margaret Thatcher, dans les années 1980, ont vendues comme des moteurs de croissance dont tout le monde allait bénéficier. Elles ont été suivies d'un ralentissement de

1. *Project Syndicate*, 1ᵉʳ septembre 2014.

l'économie, d'une montée de l'instabilité dans le monde, et la faible croissance qui s'est produite a surtout bénéficié aux plus riches.

Mais le livre de Piketty pose des problèmes fondamentaux qui touchent à la fois à la théorie économique et à l'avenir du capitalisme. Il donne des chiffres démontrant que le rapport «fortune sur produit» a beaucoup augmenté. Dans la théorie admise, des hausses de ce calibre devraient s'accompagner d'une chute du rendement du capital et d'une hausse des salaires. Or la rentabilité du capital ne paraît pas avoir diminué et les salaires n'ont pas augmenté comme on aurait pu s'y attendre. (Aux États-Unis, par exemple, les salaires moyens stagnent depuis quarante ans.)

L'augmentation de la fortune mesurée ne correspond peut-être pas à une hausse du capital productif : ce serait l'explication la plus évidente. Effectivement, les chiffres semblent la confirmer. Une part considérable de cette expansion de la fortune est venue de l'immobilier : la valeur des biens a augmenté. Avant la crise financière de 2008, il y a eu, manifestement, une bulle immobilière dans de nombreux pays ; aujourd'hui encore, les prix n'ont peut-être pas été entièrement «corrigés». Leur hausse peut aussi s'expliquer par la concurrence entre les riches pour certains biens «positionnels» – une maison sur la plage, ou un appartement sur la 5e Avenue à New York.

Parfois, lorsque la fortune financière mesurée augmente, c'est uniquement parce que de l'argent est passé d'une richesse qu'on ne mesure pas à une autre que l'on mesure. Ce type de transfert peut traduire, en réalité, une dégradation du dynamisme global de l'économie. Supposons qu'un pouvoir de monopole se renforce ou que certaines entreprises (comme les banques) imaginent de meilleures méthodes pour exploiter les consommateurs. Il y aura d'abord un gonflement de leurs profits, puis, quand ces sommes seront capitalisées, un accroissement de la fortune financière.

Mais quand de tels phénomènes se produisent, il est évident que le bien-être social et l'efficacité économique diminuent, même s'il y a augmentation de la richesse telle qu'on la mesure officiellement aujourd'hui. Elle augmente uniquement parce que nous ne comptabilisons pas la dévalorisation correspondante du capital humain – la perte de richesse des travailleurs.

Si les banques réussissent à user de leur influence politique pour socialiser les pertes et conserver une part toujours plus large de leurs gains mal acquis, la fortune *mesurée* dans le secteur financier s'accroît. Nous ne mesurons pas la réduction correspondante de la fortune des contribuables. De même, si de grandes entreprises parviennent à persuader l'État de surpayer leurs produits (comme les compagnies pharmaceutiques) ou de leur donner accès à des ressources publiques à des prix inférieurs à ceux du marché (comme les compagnies minières), la fortune financière enregistrée augmente. Pas celle des citoyens.

Ce que nous observons – la stagnation des salaires et la hausse de l'inégalité alors que la richesse s'accroît – ne reflète pas les mécanismes d'une économie de marché normale, mais ceux de ce que j'appelle un «ersatz de capitalisme». Le problème, ce n'est peut-être pas le fonctionnement des marchés tel qu'il *devrait* être. C'est notre système politique, qui n'a pas fait le nécessaire pour qu'ils soient concurrentiels et qui a conçu des règles perpétuant des marchés distordus, où les grandes entreprises et les riches peuvent exploiter tous les autres (et, malheureusement, ne s'en privent pas).

Les marchés n'existent évidemment pas sous vide. Il *faut* des règles du jeu. Elles s'établissent dans le cadre de processus politiques. La forte inégalité économique dans des pays comme les États-Unis, et, de plus en plus, dans ceux qui ont suivi leur exemple, mène à l'inégalité politique. Dans ces conditions, les chances d'améliorer sa situation matérielle deviennent inégales aussi et les possibilités d'ascension sociale, déjà faibles, rétrécissent encore.

Donc, quand Piketty prévoit que la montée de l'inégalité va se poursuivre, cette prédiction n'est nullement le reflet de lois inexorables de l'économie. Des mesures simples réduiraient l'inégalité et renforceraient nettement l'égalité des chances : la hausse de l'imposition des plus-values; la hausse des droits de succession; l'augmentation des dépenses publiques pour élargir l'accès à l'éducation; l'application stricte des lois antitrust; des réformes de

la gouvernance d'entreprise limitant les rémunérations des dirigeants; et des réglementations financières privant les banques de
la capacité d'exploiter le reste de la société.

En fixant correctement les règles du jeu, nous pourrions même
parvenir à rétablir la croissance économique rapide et *partagée*
qui caractérisait les sociétés de classe moyenne du milieu du
XXe siècle. La grande question à laquelle nous sommes confrontés
aujourd'hui n'est pas vraiment celle du capitalisme au XXIe siècle.
C'est celle de la démocratie au XXIe siècle.

Pseudo-capitalisme [1]

Les Américains commencent enfin à mesurer l'ampleur des inégalités de revenu et de fortune qui caractérisent notre société. Récemment, ils ont été aidés dans leur prise de conscience par un renfort venu d'une source inattendue : l'économiste français Thomas Piketty, dont le livre *Le Capital au XXIᵉ siècle* est le *best-seller* surprise de l'année. Il a réuni les plus vastes données disponibles sur les progrès, dans les quarante dernières années, de l'inégalité économique et du patrimoine transmis par héritage, qui sont en passe de créer une nouvelle ploutocratie. Piketty voit juste sur la gravité du problème. Mais il n'a pas entièrement raison sur sa cause – et sur sa solution. Si les Américains tirent de son travail les mauvaises leçons, nous risquons de ne pas procéder aux changements qui pourraient vraiment résoudre notre problème d'inégalité.

Pour le dire carrément : Piketty soutient que l'inégalité est le résultat naturel du capitalisme. À ses yeux, la longue période de prospérité partagée du milieu du XXᵉ siècle a été une anomalie historique, les écarts considérables de l'Âge doré et de notre époque sont la norme. Mais la meilleure façon de définir le système en

1. *Harper's Magazine*, septembre 2014.

vigueur aujourd'hui aux États-Unis est peut-être d'y voir un ersatz de capitalisme conçu pour créer des inégalités. On l'a vu avec une parfaite clarté pendant la crise financière : nous avons socialisé les pertes mais permis aux banques de privatiser les profits ; nous avons prodigué nos largesses aux agresseurs mais fait très peu pour aider les victimes qui perdaient maison et emploi.

Certes, il n'existe pas de système «purement» capitaliste. Nous avons toujours eu une économie mixte, qui compte sur l'État pour investir dans l'éducation, la technologie et les infrastructures. Les secteurs les plus innovants et prospères de l'économie américaine (la technologie de pointe et la biotechnologie) reposent sur des bases créées par la recherche publique. Une économie qui fonctionne bien nécessite un juste équilibre entre les secteurs public et privé, il lui faut des investissements publics essentiels et un système de protection sociale suffisamment financé. Tout cela exige des impôts.

Un système fiscal bien conçu fait plus que rapporter de l'argent : il peut servir à rendre l'économie plus efficace et à réduire l'inégalité. Le nôtre fait exactement le contraire. La proposition de Piketty pour s'attaquer à l'inégalité par le truchement de la fiscalité – un impôt mondial sur la fortune – n'a, politiquement, aucune chance d'aboutir, quoi qu'on puisse penser de ses mérites. Mais il existe des mesures que les États-Unis – qui ont la pire inégalité des pays avancés – peuvent prendre tout seuls. Une réforme raisonnable de notre code des impôts nous permettrait à la fois de lever de l'argent, de rendre notre économie plus dynamique et de nous attaquer à certains de nos problèmes sociaux les plus graves – pas seulement l'inégalité, mais aussi le chômage et la catastrophe environnementale qui nous menace.

Lorsqu'on évalue un projet d'impôt, notre premier souci doit être son effet sur la répartition des revenus. Mais trois grands principes doivent aussi guider notre réflexion. Le premier : mieux vaut taxer ce qui est mauvais que ce qui est bon – la pollution et la spéculation, par exemple, plutôt que le travail et l'épargne. Le deuxième : mieux vaut taxer ce qui ne disparaît pas quand on le taxe (les facteurs à offre inélastique, disent les économistes) – par exemple la terre, le pétrole et les autres ressources naturelles. Ces deux principes découlent du troisième, plus général : les incitations comptent. Les impôts doivent encourager les activités qui engendrent des bénéfices largement répartis et décourager celles qui sont coûteuses pour la société. Il existe un très grand nombre de réformes qui renforceraient l'équité tout en respectant ces principes.

D'abord, l'impôt sur les sociétés devrait inciter les entreprises à investir et à créer des emplois en Amérique, en étant moins lourd pour celles qui le font que pour celles qui ne le font pas. En taxant les multinationales sur leur revenu mondial, on colmaterait la faille «Apple-Google», comme on pourrait l'appeler. La mondialisation a donné à ces compagnies de nouvelles possibilités d'esquiver l'impôt en prétendant que leurs immenses profits ne viennent ni de l'ingéniosité de leurs chercheurs américains, ni de la demande apparemment sans limite des consommateurs américains pour leurs produits, mais d'une poignée d'employés disséminés dans des pays à fiscalité minimale comme l'Irlande. En taxant toutes les entreprises sur la base de la production et des ventes qu'elles effectuent ici, dans notre pays, nous pourrons obtenir d'importants revenus pour créer des emplois et stimuler la croissance.

De plus, il devrait y avoir un ensemble particulier de taxes sur le secteur financier. Au vu du rôle qu'il a joué dans la crise financière, il est naturel qu'il paie une partie des coûts. Des taxes sur le secteur financier bien conçues augmenteraient son dynamisme et son efficacité et l'inciteraient à mieux faire ce qu'il est *censé* faire.

Piketty nous dit que le capitalisme de marché crée naturellement des niveaux d'inégalité indécents, mais je crois que nous avons un problème différent : nos marchés ne fonctionnent pas comme des marchés concurrentiels. Nous l'apprenons dans les cours d'économie les plus élémentaires : les marchés concurrentiels, qui poussent à l'efficacité et à l'innovation, font baisser les profits. Si la fortune finit par s'accumuler entre les mains de quelques multimilliardaires, c'est parce que nous n'avons pas une économie vraiment concurrentielle. Les «entrepreneurs» qui s'enrichissent le plus ont trouvé moyen d'instaurer des barrières à la concurrence, à l'abri desquelles ils peuvent gagner d'immenses profits. Donc, ne soyons pas surpris que l'homme le plus riche du monde, Bill Gates, ait fait fortune grâce à une compagnie qui s'est livrée à des pratiques anticoncurrentielles en Europe, en Amérique et en Asie, ni que le deuxième sur la liste des super-riches, Carlos Slim, se soit enrichi en profitant d'un processus de privatisation mal conçu, qui lui a permis de créer un monopole virtuel dans le secteur des télécommunications au Mexique et de facturer des prix très élevés – des multiples de ce qu'ils auraient été sur des marchés concurrentiels.

Si nous ne réussissons pas à faire respecter une vraie concurrence sur les marchés, nous devons taxer les profits de monopole, qui, dans le vocabulaire des économistes, constituent une forme de rente. Taxer le foncier ne le fait pas rétrécir, et il en va de même quand on taxe les autres formes de rente. Parmi elles, il y a les revenus perçus par les propriétaires de ressources naturelles. Dans bien des cas, les compagnies pétrolières, gazières et minières ne possèdent pas réellement ces ressources ; elles les extraient sur le domaine public, en payant une petite fraction de leur véritable valeur. Pour en finir avec cette injustice, des enchères justes et efficaces seraient la meilleure solution : elles garantiraient à la population le rendement total de ces actifs. Dans les cas où les compagnies ont déjà réussi à obtenir ces ressources en ne payant aux pouvoirs publics qu'une petite fraction de leur valeur, nous devons récupérer le reste en augmentant le taux d'imposition des profits qui en ont résulté.

Passons de l'impôt sur les sociétés à l'impôt personnel. Il faut instaurer un impôt sur le revenu équitable : celui qui travaille pour vivre ne doit pas être obligé de verser au percepteur un pourcentage de son revenu plus élevé que celui qui jouit des fruits d'une fortune héritée ou qui gère un fonds d'investissement privé. Que les riches doivent payer au fisc une part plus élevée de leur revenu, c'est un principe général que la plupart des Américains admettent ; mais en pratique, notre système s'en écarte nettement. Les super-riches paient un plus faible pourcentage de leur revenu déclaré que les riches tout court – et leur revenu déclaré n'est souvent qu'une petite fraction de leur revenu réel.

Parmi les projets de réforme du code de l'impôt personnel généralement évoqués, beaucoup se concentrent sur la suppression de
dispositions conçues pour aider la classe moyenne – notamment
la déduction des intérêts des prêts immobiliers et l'exemption
fiscale de l'assurance-maladie contractée par l'employeur. Ces
dispositions réduisent l'assiette et rendent l'économie moins
efficace : leur élimination a donc du bon, si on la réalise avec soin.
En pratique, la déduction des intérêts des prêts immobiliers aide
les propriétaires fortunés plus que la classe moyenne – de fait,
selon certaines estimations, l'État, en matière de logement, fournit
plus d'aide aux riches par son système fiscal qu'aux pauvres par
ses programmes de HLM. La déduction encourage un excès de
consommation immobilière et un excès d'emprunt (ce qui n'est
pas surprenant, avec la puissance politique de nos banques). Mais
notre secteur immobilier est encore en difficulté après son effondrement, dans lequel des millions d'Américains ont perdu une
part importante de leur fortune. Éliminer toutes les subventions
immédiatement aggraverait la situation. Le retrait de la déduction
doit être graduel et nous devons utiliser une partie des économies
à encourager l'équité dans le logement – par exemple en prévoyant
une aide de longue durée aux primo-accédants.

Dans la dure situation financière où se trouve la classe moyenne
– son revenu réel n'a pratiquement pas bougé en plusieurs
décennies –, il ne faut pas concevoir les réformes de la déduction
comme des moyens de faire rentrer de l'argent. Les économies
qui en résulteraient doivent être restituées, sous forme d'une
baisse des taux marginaux de l'impôt sur le revenu qui touchent
la classe moyenne. Certains répliqueront qu'il n'y a pas moyen de
réduire sensiblement les déficits si l'on augmente uniquement les
impôts des riches : ils n'ont pas *tant* d'argent que cela. C'était vrai
autrefois, mais plus maintenant. C'est une retombée positive de la
hausse de l'inégalité : désormais, en augmentant les prélèvements
fiscaux uniquement à la pointe du sommet de la répartition, nous
pouvons lever des sommes énormes.

Taxer les émissions carboniques est un autre moyen possible
de faire des recettes substantielles tout en améliorant les résultats
globaux de notre économie. Le principe le plus fondamental de la

science économique est que les entreprises doivent payer les coûts encourus dans leur processus de production. C'est ce qui permet au système des prix de guider l'économie vers l'efficacité. Quand la production est subventionnée, elle crée des distorsions sur le marché. Notre environnement est l'une de nos ressources les plus rares – ceux qui l'endommagent par la pollution nous imposent des coûts sérieux. Obliger les entreprises qui émettent beaucoup de carbone à payer ces coûts rendra l'économie plus efficace et, simultanément, augmentera les recettes publiques.

Si elles étaient prises conjointement, ces mesures permettraient vraiment d'avancer dans la réduction de l'inégalité, et elles nous ramèneraient à une économie plus proche de celle des années d'après-guerre. Ce sont les années où l'Amérique est devenue la société de classe moyenne que, depuis longtemps, elle affirmait être, avec des décennies de croissance rapide et de prospérité largement partagée : les plus pauvres voyaient leurs revenus croître plus vite que les plus riches. Ce sont aussi les années que Thomas Piketty perçoit comme une anomalie dans l'histoire du capitalisme. Mais, pour revenir à cette période, nous n'avons pas besoin d'éliminer le capitalisme ; nous devons éliminer les distorsions du marché introduites par l'ersatz de capitalisme aujourd'hui pratiqué dans notre pays. Le problème est moins économique que politique. Nous n'avons pas à choisir entre le capitalisme et l'équité. Nous devons choisir les deux.

DEUXIÈME PARTIE

Réflexions personnelles

Dans les deux articles de cette courte partie, je me retourne sur ma jeunesse en la regardant du point de vue d'aujourd'hui. Le premier a été rédigé à l'occasion du cinquantième anniversaire de la Marche sur Washington pour le travail et la liberté, le 28 août 1963. C'est ce jour-là, sur le Mall de Washington, que le révérend Martin Luther King a prononcé son mémorable discours «Je fais un rêve». J'avais la chance d'être présent. Pas par un heureux hasard, bien sûr : comme tant de mes camarades, j'étais engagé dans la lutte pour l'égalité raciale. La discrimination était un stigmate sur notre corps civique. Pendant mon enfance, je l'avais vue détruire des vies partout autour de moi. Elle était contraire à *tout* ce qu'on m'enseignait des valeurs représentées par l'Amérique. Pourtant, les États-Unis avaient toujours vécu avec ce poison, dès avant leur fondation.

Plus tard, je me demanderais (et d'autres économistes avec moi) si la discrimination pouvait se perpétuer dans une économie de marché. Il était facile de montrer que la réponse était oui – comment aurait-il pu en être autrement, puisque c'était un trait permanent de ces économies dans le monde entier? Certains n'en avaient pas moins tenté de soutenir le contraire. Dans l'article «Comment Martin Luther King a orienté mon travail en économie», je fais une brève allusion à leurs travaux : comme l'analyse macroéconomique qui prouvait l'impossibilité des crises, ils montrent à quel point certains modèles économiques peuvent perdre tout contact avec la réalité[1].

Quant à l'article «Le mythe de l'âge d'or de l'Amérique», je l'ai écrit après avoir lu le livre de Thomas Piketty *Le Capital au XXI*e *siècle*, qui m'a fait repenser à ma jeunesse. Piketty avait présenté mes jeunes années comme l'âge d'or du capitalisme – la seule période où celui-ci ne s'était pas caractérisé par une inégalité extrême. Mes souvenirs étaient différents : quand je grandissais dans une Amérique sale, industrielle, saturée de discrimination, d'inégalité, de conflits du travail et d'explosions périodiques du chômage, je n'avais nullement l'impression de vivre l'âge d'or du capitalisme.

Dans les années 1960, le président Kennedy avait dit : «La marée montante soulève tous les bateaux.» Peut-être la formule contenait-elle un grain de vérité quand il l'avait prononcée[2]. Mais il est clair qu'un demi-siècle plus tard elle est fausse.

Ce qui m'a le plus scandalisé dans la réaction de l'administration Obama à la crise économique, c'est qu'elle aussi épousait manifestement la théorie du «ruissellement vers le bas» : déversons suffisamment d'argent sur les banques et l'économie guérira !

1. Mes propres travaux théoriques dans ce domaine comprennent : «Approaches to the Economics of Discrimination», *American Economic Review*, vol. 62, n° 2, mai 1973, p. 287-295, et «Theories of Discrimination and Economic Policy», *in* G. von Furstenberg *et al.* (éd.), *Patterns of Racial Discrimination*, Lexington (MA), Lexington Books, 1974, p. 5-26. Mon travail avec Andy Weiss a établi les bases théoriques du *red-lining* – la «ligne rouge» –, cette pratique des banques qui consistait à ne jamais prêter aux personnes habitant certaines zones. Voir J. E. Stiglitz et A. Weiss, «Credit Rationing in Markets with Imperfect Information», *American Economic Review*, vol. 71, n° 3, juin 1981, p. 393-410. L'étude fondamentale qui a soutenu le point de vue opposé – les forces du marché militent contre la discrimination – a été celle de l'économiste Gary Becker, prix Nobel, dans son livre *The Economics of Discrimination*, Chicago, University of Chicago Press, 1971, 2e éd. Il a été, bien sûr, très contrarié par mon article, et m'a envoyé un e-mail pour me le dire.

2. Le président Kennedy a employé la formule en plusieurs occasions, notamment en 1960 pour saluer la construction de la Voie maritime du Saint-Laurent.

J'avais plaidé pour une forte dose de «ruissellement vers le haut» : donnez de l'argent aux millions de propriétaires américains qui sont en train de perdre leur maison, cela aidera l'économie! Cela aidera même les banques, puisqu'il y aura du mieux sur le marché immobilier, moins de défauts de paiement sur les prêts hypothécaires et un redressement général de l'activité.

J'ai aussi rédigé l'article «Le mythe de l'âge d'or de l'Amérique» peu après la publication du livre de l'ancien secrétaire au Trésor Timothy Geithner, *Stress Test*, dans lequel il tente vaillamment, mais à mon avis sans succès, de défendre sa politique et celle de l'administration pendant la crise. Ses collègues et lui craignaient que secourir les propriétaires «sous l'eau» ne fût injuste à l'égard des autres, qui, ayant bien géré leur argent, n'avaient pas besoin d'aide. Et ce soutien risquait de dissuader les emprunteurs de se comporter prudemment à l'avenir – c'est le «problème de l'aléa moral», bien connu des économistes.

Je n'ai jamais compris comment Geithner et tant de gens dans les milieux bancaires pouvaient tenir un tel double discours. À ce compte, renflouer les mauvaises banques était injuste pour les bonnes, et injuste pour les millions d'Américains qui souffraient de leurs méfaits. C'était secourir l'agresseur et abandonner les victimes à leur sort. S'il était besoin d'une preuve de la pertinence du concept d'aléa moral, ce sont les banquiers qui l'ont donnée : pensons au renflouement des caisses d'épargne, puis aux sauvetages du Mexique, de la Corée, de la Thaïlande et de l'Indonésie, qui tous, en réalité, étaient des renflouements des banques occidentales. Mais nous en étions là, à les renflouer une fois de plus. En revanche, les propriétaires, pour la plupart, avaient été *trompés* par des professionnels du secteur financier, qui leur avaient conseillé de contracter de gros emprunts hypothécaires, au-delà de leur capacité de remboursement. Ils avaient appris la leçon, ils ne risquaient pas de recommencer. De plus, parmi les plans proposés pour réagir à la marée des saisies, certains prévoyaient une restructuration de la dette qui aurait obligé les propriétaires à renoncer à une part substantielle du capital représenté par leur maison. Ce n'était pas l'aide pratiquement gratuite que l'administration a prodiguée aux banques.

Comment Martin Luther King
a orienté mon travail en économie [1]

Le jour où le révérend Martin Luther King Jr a prononcé son exaltant discours «Je fais un rêve», le 28 août 1963, j'avais la chance d'être là, dans la foule, à Washington. J'avais vingt ans, et je venais de terminer la première phase de mes études supérieures, à Amherst College. La Marche sur Washington pour le travail et la liberté a eu lieu juste deux semaines avant le début de mon troisième cycle en économie au Massachusetts Institute of Technology.

La veille, j'avais passé la nuit chez un camarade d'Amherst College, dont le père, Arthur J. Goldberg, était juge assesseur [2] de la Cour suprême et œuvrait pour la justice économique. Qui aurait pu imaginer que, cinquante ans plus tard, cette même institution, qui autrefois semblait si décidée à faire naître une Amérique plus juste et plus inclusive, deviendrait l'instrument du maintien des inégalités [3]? Qu'elle autoriserait les grandes entreprises à influencer les campagnes électorales par des dépenses pratiquement illimitées?

---

1. *New York Times*, 27 août 2013.

2. Titre officiel des juges de la Cour suprême autres que le président (*NdT*).

3. Les juges de la Cour suprême sont nommés à vie par le président des États-Unis en exercice quand un poste devient vacant. L'orientation

Qu'elle prétendrait que l'héritage de la discrimination en matière de droit de vote n'existe plus ? Et qu'elle restreindrait le droit des travailleurs ou d'autres plaignants à poursuivre en justice des employeurs et des entreprises pour mauvaise conduite ?

En écoutant parler le Dr King, j'ai ressenti bien des émotions. J'étais jeune et à l'abri des épreuves, certes. Je n'en appartenais pas moins à une génération lucide sur les inégalités héritées du passé et bien décidée à les corriger. Né pendant la Seconde Guerre mondiale, je suis entré à l'âge adulte dans une période où des changements discrets mais très nets ébranlaient la société américaine.

En ma qualité de président du conseil des étudiants d'Amherst College, j'étais allé dans le Sud, à la tête d'une délégation de mes camarades, afin d'aider à faire pression pour l'intégration raciale. Nous ne pouvions pas comprendre la violence de ceux qui voulaient maintenir le vieux système ségrégationniste. Lorsque nous nous sommes rendus dans une université réservée aux Noirs, nous avons ressenti intensément la différence, la faiblesse des moyens pédagogiques que l'on mettait à la disposition des étudiants, notamment comparés à ceux que nous avions nous-mêmes dans l'univers protégé de notre université privilégiée. Le terrain de jeu était inégal, et c'était fondamentalement injuste. C'était une parodie de l'idéal du rêve américain, dans lequel nous avions grandi et auquel nous croyions.

J'espérais qu'on pourrait agir sur ces problèmes, et sur tous ceux qui m'avaient tant impressionné pendant mon enfance à Gary, dans l'Indiana : la pauvreté, le chômage épisodique et persistant, l'incessante discrimination contre les Afro-Américains. C'est pour cela que j'ai décidé de devenir économiste, en abandonnant mon projet antérieur de faire de la physique théorique. J'ai vite découvert que j'avais rejoint une étrange tribu. Si une poignée de chercheurs (dont plusieurs de mes enseignants faisaient partie) se souciaient profondément des questions qui m'avaient conduit dans la discipline, la plupart ne s'intéressaient absolument pas à

___

politique de la Cour peut donc varier. Actuellement, cinq juges sur neuf ont été nommés par Ronald Reagan, George H. Bush ou George W. Bush (*NdT*).

l'inégalité. L'école dominante rendait un culte à un Adam Smith mal compris, à l'efficacité miraculeuse de l'économie de marché. Je me disais que si le meilleur des mondes possibles était celui-là, je voulais en construire un autre et aller y vivre.

Dans le monde étrange de la théorie économique, le chômage (s'il existait) était de la faute des travailleurs. Un économiste de l'école de Chicago, le prix Nobel Robert E. Lucas Jr, écrirait plus tard : «Parmi les tendances qui nuisent à une saine pratique de la science économique, la plus séduisante et à mon sens la plus toxique est la concentration sur les questions de répartition.» Un autre prix Nobel de l'école de Chicago, Gary S. Becker, tenterait de démontrer que, sur des marchés du travail réellement concur-rentiels, la discrimination ne pouvait pas exister. J'ai multiplié les articles, et d'autres auteurs on fait de même, pour expliquer le sophisme caché dans sa logique ; mais son raisonnement a été très bien accueilli.

Comme tant de ceux qui se retournent sur les cinquante der-nières années, je ne peux qu'être frappé par l'abîme qui sépare nos aspirations d'alors et ce que nous avons fait.

Certes, un «plafond de verre» a volé en éclats. Nous avons un président afro-américain.

Mais le Dr King avait compris que, dans la lutte pour la justice sociale, il fallait voir large : nous ne nous battions pas seulement pour faire reculer la ségrégation et la discrimination raciales, nous voulions faire avancer l'égalité et la justice économiques pour tous les Américains. Ce n'est pas pour rien que les organisateurs de la marche, Bayard Rustin et A. Philip Randolph, l'avaient appelée la Marche sur Washington pour le travail et la liberté.

À bien des égards, les progrès accomplis dans les relations entre les races ont été érodés, et même inversés, par les fractures écono-miques grandissantes qui touchent le pays tout entier.

La bataille contre la discrimination ouverte est malheureu-sement loin d'être terminée. Cinquante ans après la Marche, et quarante-cinq ans après le vote du Fair Housing Act [1], de grandes

---

1. La loi de 1968 interdisant la discrimination raciale en matière de loge-ment (*NdT*).

banques américaines comme la Wells Fargo pratiquent encore la discrimination raciale, en ciblant dans leurs activités de crédit prédateur les plus vulnérables de nos concitoyens. Sur le marché du travail, la discrimination est omniprésente et bien ancrée. Des travaux de recherche suggèrent que les candidats portant des noms à consonance afro-américaine sont moins souvent convoqués à des entretiens d'embauche. La discrimination prend des formes nouvelles ; le profilage raciste est toujours aussi débridé dans de nombreuses villes américaines, notamment par le biais de la politique de contrôle-et-fouille au faciès, qui est devenue la pratique courante à New York. Notre taux d'incarcé- ration est le plus élevé du monde, même s'il y a enfin quelques signes indiquant que les États, étranglés par leurs difficultés budgétaires, commencent à voir la folie, sinon l'inhumanité, du gaspillage gigantesque de capital humain qu'est la détention massive. Près de 40 % des détenus sont des Noirs. Cette tragédie a été puissamment documentée par Michelle Alexander et d'autres juristes.

Les chiffres bruts en disent long sur ce qui s'est passé : il n'y a eu aucune réduction significative de l'écart de revenu entre les Afro- Américains (ou les Hispaniques) et les Américains blancs dans les trente dernières années. En 2011, le revenu médian des familles noires était de 40 495 dollars, soit 58 % seulement du revenu médian des familles blanches.

Quand on passe du revenu à la fortune, on constate aussi une immense inégalité. En 2009, la fortune médiane des Blancs était vingt fois supérieure à celle des Noirs. La Grande Récession de 2007-2009 a été particulièrement dure pour les Afro-Américains (comme pour tous ceux qui se trouvent au bas de l'échelle socio- économique). Leur fortune médiane a chuté de 53 % de 2005 à 2009 ; c'est plus de trois fois la baisse constatée chez les Blancs : un écart record. Mais la prétendue reprise n'a été qu'une chimère : plus de 100 % des gains sont allés au 1 % – et il va sans dire que les Afro-Américains n'y sont guère nombreux.

Qui sait quelle aurait été la vie de Martin Luther King si elle n'avait pas été fauchée par la balle d'un assassin ? Il n'avait que trente-neuf ans quand il a été tué. Il en aurait quatre-vingt-quatre

aujourd'hui. S'il est probable qu'il aurait soutenu les efforts du président Obama pour réformer notre système de santé et défendre la
protection sociale des personnes âgées, des pauvres et des handi-
capés, on a du mal à imaginer que, face à l'Amérique actuelle, un
homme à l'intelligence morale aussi aiguisée aurait ressenti autre
chose que du désespoir.

Malgré la rhétorique sur l'Amérique de l'égalité des chances,
les perspectives d'avenir d'un jeune aux États-Unis dépendent
davantage des revenus et du niveau d'études de ses parents que
dans tout autre pays avancé. Dans ces conditions, l'héritage de
la discrimination et de l'absence de possibilités d'apprendre et
de travailler se perpétue : il est transmis d'une génération à la
suivante.

Aujourd'hui encore, 65 % des enfants afro-américains vivent
dans des familles à faible revenu. Avec la paralysie de l'ascension
sociale, cela augure mal de leur avenir, et de celui du pays.

Les hommes ne disposant que d'un niveau d'instruction secondaire ont subi une énorme chute de leurs revenus réels dans les
vingt dernières années et les Afro-Américains en ont souffert de
façon disproportionnée.

La ségrégation raciale ouverte dans les écoles a été interdite,
mais la ségrégation réelle en matière d'éducation s'est aggravée
ces dernières décennies, comme l'ont prouvé Gary Orfield et
d'autres chercheurs.

L'une des raisons est que la ségrégation économique a progressé : elle est aujourd'hui plus forte aux États-Unis. Il y a des collectivités où se concentre la pauvreté, et les enfants noirs pauvres
sont plus susceptibles d'y vivre : environ 45 % sont dans cette
situation, contre 12 % des enfants pauvres blancs, a souligné l'Economic Policy Institute.

J'ai eu soixante-dix ans au début de l'année. Mes travaux scientifiques et mon action publique au cours des dernières décennies
– notamment lorsque j'ai servi au Comité des conseillers économiques sous l'administration Clinton, puis à la Banque mondiale
– ont été largement consacrés à la réduction de la pauvreté et
de l'inégalité. J'espère avoir répondu à l'appel qu'a lancé Martin
Luther King il y a un demi-siècle.

Il a eu raison de penser que la persistance de ces fractures est un cancer pour notre société, qu'elle mine notre démocratie et qu'elle affaiblit notre économie. Son message était clair : les injustices du passé ne sont pas inévitables. Mais il savait aussi qu'il ne suffit pas de rêver.

Le mythe de l'âge d'or
de l'Amérique [1]

Quand j'étais enfant et adolescent à Gary, Indiana, ville indus-trielle de la rive Sud du lac Michigan, recrue de discrimination, de pauvreté et de brusques montées du chômage, je n'avais pas conscience de vivre l'âge d'or du capitalisme. C'était une «ville d'entreprise» : elle portait le nom du président du conseil d'admi-nistration d'U.S. Steel. Elle avait l'aciérie intégrée la plus grande du monde, et un système scolaire progressiste, conçu pour faire de Gary un *melting-pot* alimenté par des migrants venus de toute l'Europe. Mais à la date où j'y suis né, en 1943, le creuset com-mençait déjà à craquer. Pour briser les grèves – pour faire en sorte que les ouvriers n'aient pas toute leur part des gains de productivité permis par les techniques modernes –, les grandes compagnies sidérurgiques faisaient venir du Sud des travailleurs afro-américains qui vivaient à part, dans des quartiers misérables.

Les cheminées empoisonnaient l'air continuellement. Avec les licenciements périodiques, bien des familles tiraient le diable par la queue. Même enfant, il me paraissait clair que le marché libre, comme nous le connaissions, n'était pas une bonne recette pour maintenir durablement une société prospère, heureuse et saine.

1. *Politico*, juillet-août 2014.

Donc, quand je suis allé étudier à l'université, j'ai été abasourdi par ce que j'ai lu. Les textes économiques qui faisaient autorité à l'époque semblaient sans le moindre rapport avec la réalité dont j'avais été témoin pendant mon enfance à Gary. Ils affirmaient qu'en principe le chômage n'existait pas et que le marché menait au meilleur des mondes possibles. Mais de toute manière ma décision était prise : je voulais vivre dans un monde différent. Si d'autres économistes ne pensaient qu'à exalter les vertus de l'économie de marché, je me suis demandé, dans de très nombreux travaux, pourquoi les marchés échouaient. Et j'ai consacré une grande partie de ma thèse au MIT à comprendre les causes de l'inégalité.

Près d'un demi-siècle plus tard, le problème de l'inégalité a pris les proportions d'une crise. Dans le climat d'optimisme qui régnait à l'époque où j'étudiais à l'université, John F. Kennedy avait dit un jour : la marée montante soulève tous les bateaux. Il s'avère aujourd'hui que nous sommes presque tous dans le même – celui des 99 %. Et ce bateau, sur lequel la pauvreté augmente et la classe moyenne s'étiole, est tout à fait différent de celui du 1 %.

Le plus perturbant est de prendre conscience de l'inanité du rêve américain. C'est un mythe : la certitude de vivre au pays de l'égalité des chances est sans fondement. Les chances qu'a un enfant de réussir dans la vie en Amérique dépendent aujourd'hui davantage du revenu et du niveau culturel de ses parents que dans bien d'autres pays avancés, dont ceux de la « vieille Europe ».

Arrive alors Thomas Piketty qui, dans son livre justement célébré, *Le Capital au XXIe siècle*, nous prévient que les choses vont probablement aller de mal en pis. Surtout, il affirme qu'à son état naturel le capitalisme semble caractérisé par une forte inégalité. Quand j'étais doctorant, on nous enseignait le contraire. L'économiste Simon Kuznets soutenait une thèse optimisme : l'inégalité s'accentue dans une phase initiale du développement, puis elle s'oriente à la baisse. Même si à l'époque les données étaient minces, peut-être était-ce vrai quand il l'a écrit : les iné-galités du XIXe et du début du XXe siècle semblaient effectivement diminuer. Et sa conclusion a paru confirmée quand, de la Seconde

Guerre mondiale à 1980, la situation des riches et celle de la classe moyenne se sont améliorées ensemble.

Les données des trente dernières années suggèrent toutefois que cette période a été une anomalie. Il y avait un esprit de solidarité, né de la guerre ; l'État maintenait des règles du jeu équilibrées ; le G.I. Bill of Rights[1] et les progrès des droits civils qui l'ont suivi montraient que le rêve américain était du concret. Aujourd'hui, l'inégalité s'est remise à monter de façon spectaculaire, et – les trois dernières décennies en ont apporté la preuve irréfutable – l'une des grandes coupables est l'économie du ruissellement, dont on connaît la thèse : l'État peut se retirer du jeu ; si les riches s'enrichissent et usent de leurs talents et de leurs ressources pour créer des emplois, tout le monde en bénéficiera. Ça ne marche pas. À présent, l'expérience historique le prouve.

Mais nous avons mis beaucoup trop longtemps, en tant que nation, à comprendre ce danger. Les changements dans la répartition du revenu et de la fortune se produisent lentement. C'est pourquoi il faut une perspective historique de longue durée, comme celle qu'apporte Piketty, pour se faire une idée de ce qui se passe.

Paradoxalement, l'expérience qui a discrédité définitivement l'idée très républicaine d'économie du ruissellement a été tentée par une administration démocrate. Pour sauver le pays d'une nouvelle Grande Dépression, le président Barack Obama a recouru à la méthode «Les banques d'abord!» : c'est en donnant de l'argent aux banques (et non à leurs victimes, les propriétaires en difficulté) qu'on redresserait l'économie. L'administration a déversé des milliards dans les banques qui avaient conduit le pays au bord de la ruine, sans rien exiger en échange. Lorsque le Fonds monétaire international et la Banque mondiale montent une opération de renflouement, ils imposent presque toujours des conditions, pour garantir que l'argent sera bien utilisé aux fins prévues. Ici, l'État s'est contenté d'exprimer l'espoir que les banques maintiendraient le flux du crédit – le sang qui irrigue l'économie. Donc,

---

1. Loi de 1944 permettant aux soldats démobilisés de bénéficier d'une formation supérieure ou professionnelle aux frais de l'État (*NdT*).

les banques ont réduit leurs prêts et versé des mégaprimes à leurs dirigeants, même s'ils avaient pratiquement détruit leurs entreprises. À cette date, nous savions déjà qu'elles avaient gagné une part substantielle de leurs profits non en rendant l'économie plus efficace mais en exploitant – par le crédit prédateur, les pratiques abusives des cartes de crédit et la fixation de prix de monopole. Mais nous commencions à peine à mesurer l'envergure complète de leurs méfaits, comme la manipulation illégale de taux d'intérêt et taux de change cruciaux, qui, par ses répercussions sur les dérivés et sur les prêts hypothécaires, leur a rapporté des centaines de milliers de milliards de dollars.

Obama a promis de mettre un terme à ces abus, mais, à ce jour, un seul grand banquier est allé en prison (avec une toute petite poignée de cadres moyens et d'employés). Son ancien secrétaire au Trésor Timothy Geithner, dans son récent ouvrage *Stress Test*, fait de vaillants et vains efforts pour défendre les actes de l'administration, en suggérant qu'il n'y avait pas d'autre solution. Mais il est clair que l'«aléa moral» tourmente trop Geithner pour l'aide aux propriétaires «sous l'eau» – il a peur qu'elle n'incite les emprunteurs au laxisme – et infiniment moins pour l'aide aux banques. Il est clair aussi que la culpabilité de celles-ci ne le tourmente pas non plus, alors qu'elles ont incité au surendettement et commercialisé des prêts hypothécaires qui font peser sur les pauvres et la classe moyenne des risques insupportables.

De fait, les tentatives de Geithner pour justifier l'action de l'administration ne font que me renforcer dans ma conviction : le système est truqué. Si ceux qui sont chargés de prendre les décisions primordiales sont dans un tel état de «capture cognitive» par le 1 % et par les banquiers qu'ils ne voient d'autre solution que de donner des centaines de milliards de dollars aux fauteurs de crise tout en laissant les travailleurs et les propriétaires en difficulté se débrouiller seuls, c'est que le système est injuste.

Cette méthode a aussi exacerbé l'un des problèmes les plus urgents du pays : la montée de l'inégalité. C'est seulement avec une classe moyenne en pleine forme que l'économie peut se redresser pleinement et croître vite. Plus il y a d'inégalité, plus la croissance est lente – conclusion que même le FMI reprend aujourd'hui à son compte. Puisque les moins riches consomment une part plus importante de leurs revenus que les riches, la demande s'accroît quand le revenu des premiers augmente. Lorsque la demande grandit, cela crée des emplois. En ce sens, les vrais créateurs d'emplois, ce sont les Américains ordinaires. L'inégalité a donc un prix très lourd : une économie plus faible avec moins de croissance et plus d'instabilité. Ce n'est pas compliqué.

Rien de tout cela ne résulte de forces économiques inexorables ; c'est l'effet de nos politiques et de la politique – de ce que nous avons fait et n'avons pas fait. Notre vie politique n'a-t-elle pas abouti à des privilèges fiscaux pour ceux qui doivent leurs revenus au capital ? À un système scolaire où les enfants des riches ont accès aux meilleures écoles et ceux des pauvres à des établissements médiocres ? À la possibilité pour les riches d'avoir à leur service exclusif de talentueux avocats fiscalistes et des centres bancaires offshore qui leur évitent de payer leur juste part des impôts ? Dans ces conditions, il n'est pas surprenant que l'inégalité soit forte et l'égalité des chances au plus bas. Et si ces politiques se poursuivent, cette situation va encore s'aggraver.

Il est flagrant aussi, à présent, que la grande inégalité économique s'est traduite en de nouvelles formes, grossières, d'inégalité politique. À tel point qu'il serait plus exact d'expliquer notre système politique par la règle «un dollar, une voix» que par le principe «une personne, une voix». La décision *Citizens United* de la Cour suprême, en janvier 2010, a donné aux grandes entreprises plus de droits qu'aux simples citoyens pour influencer la politique, sans les obliger pour autant, elles ou leurs dirigeants, à rendre réellement des comptes. Dans la foulée, la décision *McCutcheon* a éliminé cette année tout plafond des contributions individuelles aux campagnes des candidats et des partis nationaux. Donc, aujourd'hui, plus on est fortuné, plus on est à même d'influencer le processus politique et les décisions économiques qui en découlent, et de truquer le tout en faveur du 1 %. Faut-il s'étonner que les riches continuent à s'enrichir ?

Prudemment et tardivement, six ans après les faits, l'administration Obama commence à réviser ses idées sur la Grande

Récession. Même Geithner, dans son livre, reconnaît qu'il aurait fallu faire plus. Oui, mais voilà : les moyens étaient limités et il fallait parier sur la façon la plus efficace de les utiliser. C'est bien le problème : puisqu'il écoutait les banquiers, il a, évidemment, misé sur les banquiers. Avant même qu'Obama ait pris ses fonctions, j'avais énergiquement conseillé à son équipe de se préoccuper davantage des propriétaires en difficulté, d'associer au moins un peu d'économie du «ruissellement vers le haut» à la théorie du ruissellement vers le bas. Mais la nouvelle administration n'entendait pas ceux qui pensaient comme moi. Elle cherchait conseil auprès des intérêts financiers établis.

Les obamistes semblent stupéfaits que le pays ne leur témoigne pas plus de reconnaissance pour lui avoir épargné une nouvelle Grande Dépression. N'ont-ils pas sauvé les banques et, ce faisant, sauvé l'économie d'une tempête comme on en voit une fois par siècle ? Ils précisent fièrement que toutes les sommes versées au secteur financier ont été remboursées, et au-delà. Mais en tenant de tels propos, ils ignorent certaines réalités essentielles. La crise n'est pas simplement «arrivée». Elle a été le résultat d'un comportement de casse-cou, la conséquence prévisible et prédite de la déréglementation, de l'application insuffisante des réglementations restantes, de l'alignement des pouvoirs publics sur l'état d'esprit du 1 % et des banquiers – et dans tout cela, Geithner et son mentor, l'ex-conseiller économique de la Maison-Blanche Larry Summers, ont eu une assez lourde responsabilité. C'est comme si, après un accident de la route dû à l'abus d'alcool – le dernier verre ayant été servi par le commissaire de police dans l'exercice de ses fonctions –, on remettait le conducteur ivre au volant et on faisait réparer sa voiture le plus vite possible, sans s'occuper un seul instant de la victime gisant sur la scène de crime.

Quant au remboursement, il résulte, au moins en partie, d'une astuce dont pourrait s'enorgueillir tout arnaqueur. L'État, sous les auspices de la Federal Reserve, prête de l'argent à la banque à un taux d'intérêt quasi nul. La banque prête alors ce même argent à l'État, à un taux de 2 ou 3 %. Après quoi le «profit» qu'elle a gagné dans cette opération est versé à l'État en remboursement de son «investissement». Et les dirigeants de la banque obtiennent un bonus, pour les plantureux profits qu'ils lui ont fait «gagner» – comme aurait pu le faire un enfant de douze ans. Est-ce cela, le capitalisme? Dans un monde véritablement régi par l'état de droit, le chauffeur en état d'ébriété devrait payer non seulement les coûts de la réparation de sa voiture mais aussi les dommages qu'il a infligés – en l'occurrence, la perte cumulée de PIB, qui se monte aujourd'hui à plus de 8 000 milliards de dollars et continue à augmenter au rythme de 2 000 milliards de dollars par an. Les banques se sont redressées, mais le revenu de l'Américain type est tombé à des niveaux qu'on n'avait pas vus depuis vingt ans. On comprend pourquoi les citoyens pourraient être un peu en colère.

Il ne s'agit pas ici, comme voudraient le croire les hauts responsables de l'administration Obama, d'un problème de communication. Le problème est clair : ce qu'ils ont fait n'a pas échappé aux Américains. Il y a eu dans le pays un débat salutaire sur d'autres stratégies – avant, pendant et après les renflouements. Si des contestataires comme Sheila Bair, Elizabeth Warren, Neil Barofsky, Simon Johnson, Paul Krugman[1] et d'autres (de gauche, de droite et du centre) l'ont emporté – du moins dans le débat intellectuel et dans la bataille pour orienter la vision populaire des événements –, ce n'est pas parce qu'ils étaient de meilleurs communicants. C'est parce que leur message était plus convaincant. Il y avait d'autres moyens de sauver l'économie, qui étaient plus justes et qui l'auraient rendue plus forte, tandis qu'à présent notre politique et notre économie sont enfermées dans un cercle vicieux : l'inégalité économique conduit à l'inégalité politique, cette inégalité poli-

1. Sheila Bair, présidente de 2006 à 2011 de la Federal Deposit Insurance Corporation (chargée de la garantie des dépôts par l'État), et Neil Barofsky, inspecteur général du Tarp (le «programme de sauvetage des actifs à problèmes») de 2008 à 2011, se sont opposés de front aux intérêts financiers dans l'exercice de leurs fonctions et ont publié leurs Mémoires. Elizabeth Warren a présidé sans concessions la commission de contrôle du Congrès sur les renflouements, puis, élue au sénat, est devenue l'étoile montante de la gauche démocrate. Simon Johnson, économiste en chef du FMI en 2007-2008, a dénoncé dans des articles et des livres la mainmise du secteur financier sur le gouvernement américain. Paul Krugman, prix Nobel d'économie connu pour ses positions progressistes, tient une tribune régulière, souvent cinglante, dans le *New York Times* (*NdT*).

tique permet de réécrire les règles pour aggraver encore plus l'inégalité économique, et ainsi de suite. Résultat? Notre démocratie
déçoit, de plus en plus.

Les choses pourraient bien s'aggraver. Des recherches récentes
ont révélé toute une série d'autres cercles vicieux. Avec les pièges
de la pauvreté[1], ceux qui sont au bas de l'échelle y restent. Un
bon élève de famille pauvre a des perspectives d'avenir bien plus
sombres qu'un enfant qui a des résultats scolaires très inférieurs
et des parents riches. Dans les universités américaines, parmi les
étudiants de première année issus de la moitié basse de la répartition des revenus, un quart environ terminent leur second cycle à
vingt-quatre ans; pour ceux qui viennent du quartile le plus élevé,
c'est 90 %. Quant aux diplômés du secondaire, puisqu'ils ont un
salaire représentant 62 % des revenus des diplômés du supérieur
et qu'en 1965 c'était 81 %, tout indique qu'ils seront plus pauvres
que leurs parents.

Simultanément, la baisse de l'imposition du capital et des droits
de succession permet l'accumulation d'une fortune transmise
par héritage – la création, *de facto*, d'une nouvelle ploutocratie
américaine. Il est même possible, comme je l'ai noté de longue
date dans ma thèse de doctorat et comme Piketty le souligne, que
la richesse se concentre de plus en plus dans une petite élite. Elle
a disparu depuis longtemps, la prospérité partagée qui caractérisait le pays dans cet âge d'or de ma jeunesse, où le revenu augmentait dans chaque catégorie sociale, mais plus vite chez les plus
défavorisés.

Pourtant, je suis assez naïf, peut-être, pour croire que le capitalisme n'est pas le seul coupable; la paralysie de notre politique
l'est peut-être encore plus, ainsi que l'exclusion de toute pensée
avancée d'un débat qui prétend encore que le grand problème,
c'est l'État. J'ai passé toute ma carrière d'économiste à prévoir
mieux que les marchés, à démontrer leurs imperfections, pourtant
les marchés peuvent être une force puissante pour accroître le
niveau de vie de tous. Mais nous avons besoin d'un équilibre,

---

1. Situations ou réglementations qui enferment dans la pauvreté et
empêchent d'en sortir *(NdT)*.

comme celui que nous avons réalisé au milieu du xxᵉ siècle en conférant à l'État un rôle progressiste. Sans quoi, je le crains, nous resterons marqués en permanence par la honte du système politique et économique truqué qui a déjà tant fait pour provoquer l'inégalité actuelle.

Quand je grandissais à Gary durant son «âge d'or» enfumé, il était impossible de voir où allait la ville. Nous ne savions rien, nous ne disions rien de la désindustrialisation imminente de l'Amérique. Je ne m'en rendais pas compte quand je suis entré à l'université, mais la situation assez sinistre que je laissais derrière moi était en réalité la meilleure que Gary connaîtrait jamais.

J'ai peur qu'il n'en aille de même pour l'Amérique aujourd'hui.

TROISIÈME PARTIE

Les dimensions
de l'inégalité

L'inégalité – en Amérique, comme dans les autres pays – a de nombreuses dimensions. Chacune a sa particularité. Certains pays font pire sur l'une et mieux sur d'autres. Il y a l'inégalité au sommet – la part de revenu accaparée par le 1 % ou le 0,1 % supérieur – et l'inégalité à la base – le nombre de personnes pauvres et la gravité de leur pauvreté. Il y a les inégalités dans la santé et dans l'accès à l'éducation, dans l'expression et le poids politiques, dans la sécurité. Il y a les inégalités entre les sexes et il y a l'enfance défavorisée. Et l'enjeu le plus important est peut-être l'*égalité des chances*.

Évidemment, les inégalités sont liées : les privations dans l'enfance, l'inégalité d'accès à l'éducation et aux soins garantissent, fondamentalement, qu'il n'y aura pas d'égalité des chances. Nous en avons des preuves toujours plus nettes : les pays (ou régions) où les revenus sont les plus inégalitaires sont ceux où il y a le moins d'égalité des chances. Nous comprenons donc mieux pourquoi les États-Unis, qui ont l'inégalité des revenus la plus forte des pays avancés, sont devenus l'un de ces pays où l'égalité des chances est la plus faible. Les perspectives d'un jeune Américain dépendent plus du revenu et de l'éducation de ses parents que celles des jeunes dans d'autres pays avancés.

Les articles réunis dans cette partie du livre procèdent à une exploration sélective de quelques aspects prépondérants de ces inégalités. Elle commence dans «L'égalité des chances, notre mythe national». Nombre des aspects de la question mentionnés dans cet article seront repris par ceux qui suivent. Par exemple, la condition des enfants défavorisés paraît en soi moralement révoltante, parce qu'ils ne peuvent être en aucun cas responsables de leur terrible situation. Mais il est vrai aussi que nous ne pourrons pas résoudre notre problème d'inégalité des chances si nous ne nous attaquons pas à cette question de l'enfance défavorisée. Or, comme je l'observe dans un article écrit pour l'Unicef à l'occasion du 25e anniversaire de la Convention des droits de l'enfant, en Amérique un enfant sur cinq grandit dans la pauvreté.

L'article «Comment la dette étudiante broie le rêve américain» traite d'une des injustices les plus graves en Amérique : l'accès à l'enseignement supérieur. Si les États-Unis ne sont plus le pays de l'égalité des chances, c'est notamment à cause des inégalités d'accès à l'éducation. Autrefois, ils avaient le plus gros pourcentage de diplômés du supérieur dans la population ; aujourd'hui, ils sont à la traîne. Et le degré auquel l'éducation perpétue l'avantage et le désavantage est encore plus dévastateur : parmi les Américains nés vers 1980, environ 9 % seulement de ceux qui appartiennent au quart inférieur de la répartition des revenus ont obtenu un diplôme universitaire.

L'une des raisons de cette situation est le coût de l'enseignement supérieur. D'autres pays assurent sa gratuité ou le subventionnent beaucoup plus. En Amérique, les choses allaient déjà mal avant la crise de 2008, mais celle-ci les a aggravées. Avec la baisse des revenus, les États ont réduit leur aide financière et les universités ont été contraintes d'augmenter leurs droits d'inscription. Hier, les Américains se surendettaient pour acheter une maison, aujourd'hui ils se surendettent pour payer l'éducation : la dette étudiante globale dépasse nettement les mille milliards de dollars et, quand il obtient son diplôme, l'étudiant moyen doit environ 30 000 dollars. Les conséquences macroéconomiques de cette évolution sont détaillées plus loin : elle pèse sur certaines décisions des jeunes – acheter une voiture ou une maison, ou même se marier. Quant aux microconséquences, elles sont omniprésentes. Le stress. Les jeunes se sentent pris entre le marteau et l'enclume. Ils savent que sans formation poussée leurs perspectives d'avenir sont lamentables, mais qu'avec une formation leur diplôme s'accompagnera d'une dette écrasante.

Dans ce bref article, je n'aborde pas une question qui s'impose : peut-on faire autrement, notamment dans un pays soumis à de strictes contraintes budgétaires ? Il y a deux méthodes. Des pays bien plus pauvres que les États-Unis ont décidé que l'éducation pour tous est une priorité et ils assurent un enseignement supérieur gratuit (ou beaucoup plus subventionné). L'initiative du président Obama, en 2015, d'instaurer la gratuité des *community colleges*[1] pour les étudiants qui remplissent les conditions d'admission s'inscrit dans cette approche. Cette question a été un enjeu majeur dans le référendum de 2014 sur l'indépendance de l'Écosse : si l'Angleterre a suivi le modèle américain en relevant fortement les droits d'inscription pendant les quinze dernières années, l'Écosse assure à ses jeunes l'éducation gratuite. L'autre méthode est celle de l'Australie. Dans ce pays, l'État prête aux étudiants à faible taux d'intérêt et se fait rembourser plus tard en fonction de leurs revenus. Ceux qui gagnent plus remboursent davantage. Non seulement ce dispositif évite aux jeunes la tension considérable causée par le système américain – et par l'exploitation des sociétés de crédit privées –, mais il leur permet de choisir une profession en harmonie avec leurs centres d'intérêt et leurs aptitudes. Ils peuvent devenir pasteur ou enseignant sans s'inquiéter pour leurs emprunts. Les étudiants en droit peuvent décider de faire du droit public et pas du droit des affaires. Les bénéfices pour la société sont évidents.

L'article «La justice pour certains» aborde un aspect particulièrement odieux de l'inégalité américaine : il n'y a pas égalité d'accès à la justice. Les jeunes Américains commencent leur journée en prêtant serment au drapeau. L'une des expressions fondamentales

---

1. Établissements dispensant une formation supérieure courte : les études sont de deux ans et les programmes adaptés aux besoins de l'économie locale ou régionale (*NdT*).

de ce serment est : «avec la justice pour tous». Néanmoins – et de plus en plus –, il serait plus exact de dire que l'Amérique est un pays où la justice est «pour ceux qui peuvent se la payer». C'est particulièrement flagrant dans notre justice pénale. L'Amérique jette en prison un pourcentage plus élevé de ses citoyens que tout autre pays, Chine comprise. Avec moins de 5 % de la population mondiale, elle a 25 % des détenus de la planète. Mais ce sont les pauvres, et les Afro-Américains, qui risquent le plus de passer leurs 15-25 ans en prison et non à l'école [1].

L'article aborde le problème dans le cadre de la crise des saisies aux États-Unis, notamment sous l'un de ses aspects : le scandale de la «signature robotisée». Dans leur précipitation à octroyer massivement des prêts hypothécaires douteux, les banques avaient négligé de tenir à jour les dossiers en notant les remboursements effectués. Puis la crise inéluctable est arrivée, l'heure a sonné d'expulser les gens de ces maisons pour lesquelles elles avaient prêté si allégrement quelques années plus tôt. Mais qui avait remboursé quoi ? Leurs archives étaient totalement chaotiques. Dans de nombreux États, il existe un système automatisé : les banques peuvent simplement signer un certificat en ligne attestant qu'elles ont examiné les dossiers et que la personne déclarée en situation de saisie doit bien l'argent qu'on lui réclame. Le pauvre qu'on accuse peut, à grands frais, tenter de se défendre – mais c'est tout le problème des pauvres en Amérique : faire reconnaître ses droits par la justice revient très cher. Au fond, les banques ont menti aux tribunaux. Pas une fois seulement. De façon répétée. On a expulsé des gens qui ne devaient rien.

Cet article pose une question perturbante. Les Américains sont persuadés que l'un des points forts de leur pays est l'état de droit. Mais est-ce bien vrai ? L'état de droit, en principe, protège le faible contre le fort. Et il suppose l'application impartiale de la loi. Nous avons des lois contre le faux témoignage sous serment. Nous avons des lois pour assurer que nul ne puisse s'emparer injustement des

1. Certains ont suggéré qu'il ne s'agit pas d'un hasard mais de la poursuite de la discrimination, ce vieux fléau des États-Unis. Voir, en particulier, Michelle Alexander, *The New Jim Crow : Mass Incarceration in the Age of Colorblindness*, New York, New Press, 2012 (éd. revue).

biens d'autrui. Mais nous ne les avons pas appliquées contre les banquiers : pas un seul ne s'est retrouvé derrière les barreaux pour ce scandaleux déni de justice. Nous aurions pu empêcher la crise des prêts hypothécaires si nous avions fait respecter plus efficacement les lois en vigueur sur le crédit prédateur et discriminatoire – et si la Federal Reserve avait été à la hauteur pour imposer, comme elle en avait la responsabilité, le respect des normes sur le marché du crédit immobilier.

Après l'éclatement de la crise immobilière, il y avait d'autres moyens de la gérer : tel est le sens de l'article « Il ne reste qu'une solution pour l'immobilier », que j'ai rédigé avec Mark Zandi, économiste en chef chez Moody's. Nous y empruntons une idée qui a fonctionné pendant la Grande Dépression et qui n'aurait rien coûté à l'État. Jeff Merkley, sénateur de l'Oregon, a déposé un projet de loi, « Reconstruire la propriété immobilière américaine », qui l'aurait concrétisée. Et il y avait même une stratégie pour mettre en œuvre ce projet dans le cadre des contraintes politiques de l'époque. Mais nous n'avons pu obtenir le soutien de l'administration Obama.

Celle-ci a reconnu plus tard qu'une de ses erreurs majeures, économiquement et politiquement, était de n'avoir pas agi davantage sur la crise des saisies. Elle a gavé d'argent les banques et n'a presque rien donné aux simples citoyens qui perdaient leur maison. Il y a eu quelques plans mineurs, de l'ordre de quelques milliards de dollars : annoncés en fanfare, ils se sont tous révélés décevants. Peu de propriétaires ont été sauvés. L'administration Obama n'a jamais vraiment expliqué pourquoi elle n'avait pas soutenu la proposition peu coûteuse exposée dans cet article, ou des solutions différentes qu'avec d'autres j'avais préconisées[1]. Parce que ses hauts responsables n'ont jamais mesuré la gravité de la crise émergente ? Parce qu'ils étaient si obsédés par le renflouement des banques qu'il leur paraissait erroné d'accorder la moindre attention – et le moindre budget – à autre chose ? Parce qu'ils écoutaient beaucoup trop les banquiers, plus enclins à blâmer les emprunteurs que leurs propres pratiques de crédit ?

---

1. Voir, par exemple, Joseph E. Stiglitz, *Le Triomphe de la cupidité, op. cit.*

Parce que nombre de ces propositions (mais pas celle-là) obligeaient les banques à reconnaître leurs pertes ? Parce que les banquiers comptaient bien continuer à exploiter les propriétaires et que cette proposition aurait limité leurs possibilités de le faire, en permettant aux intéressés d'opter pour un refinancement ? Autant d'explications possibles.

Les deux derniers articles de cette partie abordent deux des aspects les plus inquiétants de l'inégalité en Amérique : la pauvreté des enfants et les inégalités dans la santé. La pauvreté qui sévit chez les enfants aux États-Unis, une des pires des pays avancés, les marque à vie. Elle a aussi d'importantes retombées sur le dynamisme global de l'économie, puisqu'un gros pourcentage des Américains ne vivent pas à la hauteur de leurs potentialités. L'inégalité croissante entre adultes a porté aux enfants un coup particulièrement dur. Le démantèlement des programmes publics aussi, car ils assuraient, outre un filet de sécurité, des prestations financières sur lesquelles les simples citoyens pouvaient compter. En fait, la situation s'est tant dégradée qu'il suffit de regarder les statistiques pour comprendre. Imaginons qu'on puisse s'adresser à un enfant qui n'est pas encore né et ne sait pas où il va naître, tout en haut ou tout en bas, dans la famille d'un millionnaire, d'un plombier ou d'un maître d'école, et qu'on lui demande dans quel pays il aurait les meilleures chances de réussir : il ne choisirait pas les États-Unis. Il le ferait, bien sûr, s'il était certain de naître dans une famille riche et cultivée, s'il pouvait être sûr d'entrer dans la mêlée par le haut. Mais pas autrement.

L'article final de cette partie a été écrit quand l'épidémie d'Ebola faisait rage en Afrique occidentale, et que l'on craignait qu'elle ne se répandît aux États-Unis. Il y avait deux points cruciaux : la maladie s'était enracinée dans des zones où la pauvreté était grande et les services de santé limités. Et c'est vers l'État – pas vers le secteur privé – que nous nous tournions pour gérer cette crise ; mais le sous-financement des administrations publiques de la santé, au niveau national comme au niveau mondial, avait fragilisé leurs capacités de réaction. L'article conclut que nous payons au prix fort – par «nous», j'entends les États-Unis et le monde – notre attachement idéologique à la fourniture privée et au financement privé des soins médicaux, et notre incapacité d'en faire assez pour réduire l'inégalité, notamment en matière de santé.

Dernière remarque sur cette section : je n'ai abordé ici, je tiens à le souligner, que certaines des multiples dimensions de la grande fracture américaine. Je n'ai pas parlé, en particulier, de la fracture entre les sexes, ni entre les races ; bien que les inégalités de genre aient été réduites, elles restent notables, et les progrès contre les inégalités à base raciale ont été décevants. Certes, il y a des succès symboliques – quelques PDG et le président Obama lui-même –, mais les écarts de revenu entre Blancs et Afro-Américains se sont en fait accrus, de même que les écarts de fortune, notamment au lendemain de la Grande Récession.

Je n'ai pas non plus montré comment la classe moyenne américaine a été vidée de sa substance.

Les articles de cette partie ouvrent la voie à ceux de la suivante, où nous chercherons les *causes* de cette montée de l'inégalité.

L'égalité des chances,
notre mythe national [1]

Le second discours d'inauguration du président Obama a puis-samment réaffirmé l'attachement de l'Amérique au rêve de l'égalité des chances : «Nous sommes fidèles à notre credo quand une petite fille qui naît dans la pire pauvreté sait qu'elle a les mêmes chances de réussir que tous les autres, parce qu'elle est Américaine; elle est libre, et elle est égale, pas seulement aux yeux de Dieu mais aussi aux nôtres.»

Le gouffre entre aspirations et réalité ne pourrait guère être plus large. Aujourd'hui, l'égalité des chances est plus faible aux États-Unis que dans tout autre pays industriel avancé. D'innombrables études ont détruit le mythe de l'Amérique patrie de l'égalité des chances. Et c'est vraiment tragique, car, si les Américains ont des divergences sur la désirabilité de l'égalité des résultats [2], ils sont pratiquement tous d'accord pour juger l'inégalité des chances indéfendable. Selon les enquêtes du Pew Research Center, près de 90 % des Américains estiment que l'État doit faire tout ce qui est en son pouvoir pour assurer l'égalité des chances.

1. *New York Times*, 16 février 2013.
2. C'est-à-dire l'égalité des revenus et des possibilités concrètes en matière de santé, d'éducation, etc. (*NdT*).

Il y a une centaine d'années, l'Amérique aurait peut-être pu se dire à bon droit le pays de l'égalité des chances, ou du moins un pays où elle était plus avancée qu'ailleurs. Mais ce n'est plus vrai depuis au moins un quart de siècle. Les histoires à la Horatio Alger où l'on passe allègrement des haillons aux millions n'étaient pas une manipulation délibérée, mais, quand on voit à quel point elles nous ont endormis dans nos certitudes et notre autosatisfaction, elles auraient pu en être une.

Non que l'ascension sociale soit impossible. Mais l'Américain qui s'élève dans la société devient une curiosité statistique. Selon une étude de la Brookings Institution, 58 % seulement des Américains nés dans le quintile inférieur des revenus en sortent, 6 % seulement montent jusqu'au plus élevé. La mobilité économique est plus faible aux États-Unis que presque partout en Europe – et partout en Scandinavie.

On peut aussi appréhender l'égalité des chances sous un autre angle : le degré auquel les perspectives d'un enfant dépendent du niveau d'instruction et du revenu de ses parents. Les probabilités de faire de bonnes études et d'appartenir à la classe moyenne sont-elles les mêmes lorsqu'on a des parents pauvres ou peu instruits et des parents de classe moyenne qui sont allés à l'université ? Même dans une société plus égalitaire, la réponse serait non. Mais aux États-Unis, l'avenir d'un enfant dépend plus des revenus et de l'éducation de ses parents que dans pratiquement tout autre pays avancé pour lequel nous disposons de statistiques.

Comment l'expliquons-nous ? En partie par la persistance de la discrimination. Les Latinos et les Afro-Américains restent moins payés que les Blancs. Et les femmes restent moins payées que les hommes, même si elles les ont récemment dépassés pour le nombre de diplômes supérieurs obtenus. Les inégalités de genre sur le lieu de travail sont moins prononcées qu'autrefois, mais le plafond de verre existe encore : dans les entreprises, les femmes sont scandaleusement sous-représentées aux postes les plus élevés et ne représentent qu'un minuscule pourcentage des PDG.

Néanmoins, la discrimination ne rend compte que d'une faible part du tableau. La principale raison de l'inégalité des chances est probablement l'éducation : à la fois sa quantité et sa qualité. Après la Seconde Guerre mondiale, l'Europe a fait de gros efforts pour démocratiser ses systèmes scolaires. Nous en avons fait, nous aussi, avec le G.I. Bill, qui a élargi la formation supérieure à des Américains venus de tout l'éventail économique.

Mais ensuite nous avons changé, à plusieurs titres. Si la ségrégation raciale s'est atténuée, la ségrégation économique s'est accrue. Après 1980, les pauvres se sont appauvris de plus en plus, la classe moyenne a stagné et les riches n'ont cessé de s'enrichir. Les disparités se sont accrues entre les habitants des quartiers pauvres et ceux des banlieues riches – ou ceux qui sont assez riches pour inscrire leurs enfants dans des écoles privées. Cette situation a creusé l'écart des résultats scolaires entre élèves riches et pauvres : il est plus grand de 30 à 40 % chez les enfants nés en 2001 que chez leurs prédécesseurs nés vingt-cinq ans plus tôt, a découvert le sociologue de Stanford Sean F. Reardon.

D'autres forces jouent aussi, bien sûr, dont certaines commencent avant même la naissance. Les enfants des milieux aisées sont plus exposés à la lecture et moins aux risques environnementaux. Leurs familles peuvent leur offrir des expériences enrichissantes comme des cours de musique et des camps de vacances d'été. Ils sont mieux nourris et mieux soignés, ce qui renforce, directement et indirectement, leur aptitude à l'acquisition de connaissances.

Si nous n'inversons pas les tendances actuelles dans l'éducation, la situation va probablement s'aggraver. On a parfois l'impression que l'État, par sa politique, a cherché délibérément à réduire l'égalité des chances. Dans de nombreuses écoles publiques, il a régulièrement réduit ses financements au fil des dernières décennies – notamment ces dernières années. Simultanément, les étudiants sont écrasés par les dettes géantes de leurs prêts d'études, dont il leur est à peu près impossible de se dégager, même en cas de faillite personnelle. Et cela à une époque où une formation universitaire est plus importante que jamais pour obtenir un bon emploi.

Les jeunes des familles modestes sont dans une situation sans issue. Sans études supérieures, ils sont condamnés à vivre dans la pauvreté. Avec des études supérieures, ils risquent d'être condamnés à vivre perpétuellement à la limite. Et, de plus en plus souvent, même un diplôme universitaire obtenu en quatre ans ne suffit pas. Il faut un doctorat ou une série de stages (souvent non rémunérés). En haut de l'échelle sociale, on a les relations et le capital social nécessaires pour obtenir ces possibilités d'avancer. Au milieu et en bas, on ne les a pas. Le fait est que nul ne réussit tout seul. Or, les enfants des riches obtiennent plus d'aide de leur famille que ceux qui se trouvent moins haut sur l'échelle sociale. L'État devrait contribuer à niveler le terrain.

Les Américains commencent à comprendre que le grand récit d'ascension sociale et économique qui leur est cher est un mythe. Il est difficile de maintenir longtemps de glorieuses chimères de cette envergure – et cela fait bien vingt ans, déjà, que le pays s'illusionne.

Sans changements substantiels de politique, l'image que nous avons de nous-mêmes et celle que nous projetons dans le monde vont s'amoindrir. La position de force et la stabilité de notre économie aussi. L'inégalité des revenus et l'inégalité des chances s'alimentent mutuellement et contribuent à la faiblesse de l'activité, comme l'a souligné Alan B. Krueger, de Princeton, président du Comité des conseillers économiques de la Maison-Blanche. Nous avons intérêt pour des raisons économiques, pas seulement morales, à sauver le rêve américain.

Les politiques en faveur de l'égalité des chances doivent cibler les Américains les plus jeunes. Nous devons d'abord nous assurer que les mères ne sont pas exposées à des risques environnementaux et reçoivent des soins prénataux suffisants. Puis, il nous faut inverser les désastreuses réductions de crédits à l'enseignement préscolaire, comme M. Obama l'a si bien dit mardi. Il nous faut assurer à tous les enfants une alimentation et des soins médicaux adéquats – nous devons en fournir les moyens et, si nécessaire, donner des incitations aux parents, en les coachant ou en les formant, ou même en les rémunérant pour bien s'occuper des enfants. La droite dit que l'argent n'est pas la solution. Elle a essayé des réformes comme les *charter schools* et les chèques éducation[1] pour inscrire les enfants dans des écoles privées, mais, dans la plupart des cas, les résultats de ces efforts ont été au mieux ambigus. Mieux financer les écoles pauvres serait d'un grand secours. Des programmes d'été et hors temps scolaire pour enrichir les compétences des élèves d'origine sociale modeste aideraient aussi.

Enfin, rien ne saurait justifier qu'un pays riche comme les États-Unis ait rendu l'accès à l'université si difficile pour les jeunes de milieu défavorisé et de classe moyenne. Il y a bien des façons d'assurer l'accès universel à l'enseignement supérieur, du système australien des prêts à remboursement indexé sur le revenu à la quasi-gratuité des universités européennes. Quand la population est mieux formée, il y a plus d'innovation, une économie plus robuste, des revenus plus élevés, donc une assiette fiscale plus importante. C'est pour jouir de tous ces avantages, bien sûr, que nous avons depuis longtemps un enseignement public gratuit jusqu'en terminale. Mais si le niveau terminale était peut-être suffisant il y a un siècle, ce n'est plus le cas aujourd'hui. Et nous n'avons pas ajusté notre système aux réalités contemporaines.

Les mesures que je viens d'esquisser ne sont pas seulement financièrement possibles. Elles sont impératives. Et nous avons un devoir encore plus important : ne pas laisser notre pays partir à la dérive, s'éloigner encore plus des idéaux que partage l'immense majorité des Américains. Nous ne réussirons jamais à réaliser pleinement la vision de M. Obama, la petite fille pauvre qui a exactement les mêmes chances que la petite fille riche. Mais nous pouvons faire mieux, beaucoup mieux, et nous ne devons pas relâcher nos efforts tant que nous ne l'aurons pas fait.

1. Deux réformes de la droite américaine en faveur de l'enseignement privé. Les *charter schools* sont des écoles privées qui définissent librement leurs programmes pédagogiques mais reçoivent de l'argent public. Les «chèques éducation» sont une aide de l'État permettant d'inscrire ses enfants dans un établissement privé (*NdT*).

Comment la dette étudiante
broie le rêve américain [1]

C'est un enchaînement devenu familier aux États-Unis (et dans certains autres pays industriels avancés). Les banquiers encouragent les gens à emprunter au-dessus de leurs moyens, en ciblant particulièrement ceux qui ne connaissent rien à la finance. Ils usent de leur influence politique pour obtenir un traitement privilégié, sous une forme ou sous une autre. La dette grimpe. Les journalistes révèlent les dégâts humains. C'est alors la stupéfaction générale : comment avons-nous pu laisser ce scénario se reproduire, encore une fois ? Les autorités promettent d'y mettre bon ordre. On prend quelques mesures contre les abus les plus scandaleux. Et l'opinion passe à autre chose, rassurée de voir la crise s'atténuer, tout en soupçonnant qu'elle reviendra vite.

La crise sur le point d'éclater porte sur la dette étudiante et notre mode de financement de l'enseignement supérieur. Comme celle de l'immobilier qui l'a précédée, elle est intimement liée à l'aggravation considérable de l'inégalité aux États-Unis : quand les Américains de milieux défavorisés tentent de s'élever sur l'échelle sociale, ils sont inévitablement renvoyés en bas – plus bas encore, parfois, que leur point de départ.

1. *New York Times*, 12 mai 2013.

Cette nouvelle crise émerge avant même que la dernière ait été résolue et les deux s'enchevêtrent. Dans les décennies qui ont suivi la Seconde Guerre mondiale, posséder sa maison et avoir une formation universitaire sont devenus les signes du succès aux États-Unis.

Avant l'éclatement de la bulle de l'immobilier en 2007, les banques avaient persuadé les propriétaires à revenu faible ou moyen qu'ils pouvaient transformer leur domicile en tirelire. Elles les ont poussés par de belles paroles à contracter des emprunts en hypothéquant leur maison – et, pour finir, des millions de personnes ont perdu leur toit. Dans d'autres cas, les banques, les courtiers en prêts hypothécaires et les agents immobiliers ont incité des aspirants à la propriété à emprunter au-delà de leurs capacités de remboursement. Les magiciens de la finance, qui se vantaient de tout savoir de la gestion du risque, ont vendu des prêts hypothécaires toxiques conçus pour exploser. Ils ont aggloméré des prêts douteux en instruments financiers complexes et ont vendu ces produits à des investisseurs ne se doutant de rien.

Tout le monde admet que l'éducation est l'unique ascenseur social, mais, à l'heure où un diplôme universitaire devient indispensable pour s'intégrer à l'économie du XXIe siècle, elle est de plus en plus inabordable pour ceux qui ne sont pas nés comme il faut. Les étudiants de niveau licence qui ont contracté des prêts d'études doivent aujourd'hui un peu plus de 26 000 dollars : en sept ans, il y a eu hausse nominale (sans prendre en compte l'inflation) d'environ 40 %. Mais ce type de «moyenne» dissimule de gigantesques variations.

Selon la Federal Reserve Bank de New York, environ 13 % des emprunteurs qui ont contracté un prêt d'études, tous âges confondus, doivent plus de 50 000 dollars, et près de 4 % plus de 100 000 dollars. Ces dettes dépassent les capacités de remboursement des étudiants (notamment dans notre reprise presque sans emploi) ; la hausse considérable des taux de retard ou de défaut de paiement le montre assez. Pour les prêts d'études, environ 17 % des emprunteurs avaient 90 jours de retard de paiement ou davantage à la fin de l'année 2012. Et ce pourcentage monte à plus de 30 % lorsqu'on ne compte que ceux qui remboursent encore

– autrement dit, lorsqu'on exclut les emprunteurs en situation de report temporaire ou de suspension tolérée des paiements[1]. Pour les prêts fédéraux souscrits pendant l'année budgétaire 2009, les taux de défaut dans les trois ans ont dépassé 13 %.

L'Amérique se distingue, parmi les pays industriels avancés, par son choix de faire peser sur les étudiants et sur leurs parents la charge du financement de l'enseignement supérieur. Elle fait aussi exception, parmi les pays comparables, par le coût élevé d'un diplôme du supérieur, même dans les universités publiques. Les droits d'inscription moyens, et les frais de pension, dans les universités au cursus de quatre ans sont légèrement inférieurs à 22 000 dollars par an – en 1980-1981, ils étaient, en termes réels, d'un peu moins de 9 000 dollars.

Si les droits d'inscription ont plus que doublé, le revenu de la famille médiane a stagné : il est aujourd'hui d'environ 50 000 dollars, contre 46 000 dollars (en termes réels) en 1980.

Comme pratiquement tout le reste, le problème de la dette étudiante s'est aggravé pendant la Grande Récession. Les droits d'inscription dans les universités publiques se sont accrus de 27 % dans les cinq dernières années – en partie à cause de la baisse des aides publiques – et le revenu médian a diminué. En Californie, les droits d'inscription, en termes réels, ont plus que doublé dans les *community colleges* publics au cursus de deux ans (déterminants pour l'ascension sociale des Américains les plus pauvres) et augmenté de plus de 70 % dans les universités publiques au cursus de quatre ans entre les années scolaires 2007-2008 et 2012-2013.

Des coûts en pleine ascension, des revenus stagnants et peu d'aide de l'État : comment s'étonner que la dette étudiante totale, proche de mille milliards de dollars, ait dépassé l'an dernier l'endettement total par carte de crédit ? Les Américains responsables avaient appris à limiter leur dette liée à ces cartes – beaucoup les avaient abandonnées pour utiliser de simples cartes de paiement

---

1. Le report temporaire (*deferment*) est le droit de différer le paiement du principal et des intérêts du prêt pendant une certaine période. Mais il faut remplir certaines conditions. Si on ne les remplit pas, on peut toutefois bénéficier de la *forbearance* (suspension ou réduction tolérée de ses paiements pour une période pouvant aller jusqu'à douze mois) *(NdT)*.

ou avaient bien compris les taux d'intérêt usuraires, commissions et pénalités qu'imposaient leurs émetteurs. Mais parvenir à maîtriser la dette étudiante est un problème encore plus épineux.

Limiter l'endettement pour études, c'est limiter la possibilité d'ascension sociale et économique. Les diplômés des universités qui ont fait quatre ans d'études gagnent 12 000 dollars de plus par an que ceux qui n'ont pas de diplôme d'études supérieures ; l'écart a presque triplé depuis 1980. Notre économie compte de plus en plus sur les secteurs du savoir. Quoi qu'il puisse se passer dans les guerres des monnaies et dans les balances commerciales, les États-Unis ne reviendront pas à l'industrie textile. Les taux de chômage chez les diplômés d'université sont très inférieurs à ceux des diplômés du secondaire.

L'Amérique – le pays des dons de terres publiques pour créer des établissements d'enseignement supérieur [1], du G.I. Bill et des universités de premier ordre, de la Californie au Michigan et au Texas – n'est plus au pinacle en matière de formation universitaire. Avec l'étranglement par la dette étudiante, nous allons probablement tomber encore plus bas. Le « capital humain », comme disent les économistes – l'investissement dans les personnes –, est crucial pour la croissance à long terme. Être concurrentiel au XXIe siècle, c'est avoir une main-d'œuvre extrêmement instruite, qui a des diplômes de niveau master et plus élevés encore. Et qu'organisons-nous ? La saisie judiciaire de notre avenir national.

La dette étudiante freine aussi la lente reprise entamée en 2009. En restreignant la consommation, elle entrave la croissance de l'économie. Elle retarde également la reprise de l'immobilier, le secteur où a commencé la Grande Récession.

Il est vrai que les prix immobiliers semblent remonter, mais la construction de maisons neuves est très loin des niveaux atteints dans les années qui ont précédé l'éclatement de la bulle de 2007.

Ceux qui ont d'énormes dettes y regarderont probablement à deux fois avant d'assumer le fardeau supplémentaire d'une

---

1. Dans les années 1860, les États-Unis ont décidé de donner des terres fédérales aux États pour établir ou financer des établissements supérieurs à vocation agricole et technique, les *land grant colleges* (*NdT*).

famille. Mais même s'ils le font, ils auront plus de mal à obtenir un prêt hypothécaire. Et s'ils y parviennent, il sera moins important, la reprise de l'immobilier sera donc plus faible. (Une étude sur les récents diplômés de l'université Rutgers a montré que 40 % avaient remis à plus tard l'achat d'une maison ; et que, dans un cas sur quatre, l'endettement élevé avait contrarié la formation d'un ménage ou la poursuite des études. Selon une autre étude récente, chez les trentenaires qui avaient contracté un emprunt pour études, la propriété immobilière a chuté de plus de 10 % pendant la Grande Récession et après.)

C'est un cercle vicieux : l'anémie de la demande de logements contribue à l'anémie de l'emploi, qui contribue à la faiblesse de la formation de nouveaux ménages, qui contribue à l'anémie de la demande de logements.

Si mauvaise que soit la situation, elle peut encore s'aggraver. Les pressions budgétaires montent – et, avec elles, les voix qui exigent des coupes dans les «programmes intérieurs discrétionnaires» (lisons : dans les subventions à l'enseignement primaire et secondaire ; dans les bourses Pell qui permettent à des élèves de milieu modeste de faire des études supérieures[1] ; dans les crédits de recherche). On va laisser les étudiants et leurs familles se débrouiller seuls. Les coûts de l'enseignement supérieur vont continuer à augmenter bien plus vite que les revenus. Comme on ne cesse de le souligner, *tous* les gains économiques effectués depuis la Grande Récession sont allés au 1 %.

Autre distinction douteuse : se libérer d'un prêt d'études dans une procédure de faillite personnelle est pratiquement impossible.

Nous sommes loin des prisons pour dettes décrites par Dickens. Nous n'envoyons pas les débiteurs dans des colonies pénitentiaires, nous ne les condamnons pas au travail forcé. Même si la législation sur la faillite personnelle a été durcie, le principe est bien établi : il faut permettre un nouveau départ aux personnes en faillite, leur donner la possibilité de se libérer d'une dette qui les

---

1. Ces bourses, qui portent le nom d'un sénateur de Rhode Island, ont été instaurées dans les années 1960 et 1970. Elles sont depuis quelques années dans le collimateur des républicains du Congrès (*NdT*).

écrase. Avec ce système, les marchés du crédit fonctionnent mieux et les créanciers sont incités à évaluer avec soin la solvabilité des emprunteurs.

Mais faire annuler un prêt d'études au tribunal des faillites est presque impossible. Même quand une école privée à but lucratif, manquant à sa parole, n'a pas dispensé à l'emprunteur une formation qui lui aurait permis de trouver un emploi assez rémunérateur pour rembourser le prêt.

Nous devons cesser toute aide financière fédérale à ces écoles à but lucratif quand elles n'assurent pas à leurs élèves le niveau nécessaire pour passer le diplôme. Ils ne trouvent pas de travail et cessent donc de rembourser leur prêt.

L'administration Obama a eu le mérite d'essayer de rendre plus difficile aux prédateurs d'attirer des élèves par de fausses promesses. De nouvelles règles ont prévu que, pour être éligible à l'aide fédérale aux étudiants[1], toute école doit satisfaire un de ces trois critères : 35 % au moins des diplômés remboursent effectivement leurs prêts ; les remboursements annuels estimés, pour un diplômé moyen, ne dépassent pas 12 % des revenus ; ou ils ne dépassent pas 30 % du revenu discrétionnaire. Mais en 2012 un juge fédéral a annulé ces règles en les déclarant arbitraires ; elles restent dans les limbes judiciaires.

L'alliance entre les écoles payantes prédatrices et le crédit prédateur est une sangsue pour les Américains pauvres. Ces écoles ont même ciblé les jeunes soldats rentrés d'Irak et d'Afghanistan. Il y a d'autres cas poignants. Des parents s'étaient portés caution d'un prêt d'études, après quoi leur enfant est mort dans un accident, ou du cancer, ou d'une autre maladie : comme les étudiants, ils n'ont aucun moyen simple de se libérer de ces dettes.

Les taux d'intérêt des prêts fédéraux Stafford[2] devaient doubler en juillet, pour atteindre 6,8 %. Une bonne nouvelle est tombée vendredi : il semble que cette hausse soit momentanément différée,

---

1. Le Federal Student Aid est le service du département de l'Éducation qui octroie les bourses et les prêts d'études fédéraux (*NdT*).
2. Les prêts Stafford sont des prêts pleinement garantis par l'État (qui remboursera si l'emprunteur est défaillant) ; ils donnent donc droit à des taux d'intérêt plus faibles que les prêts normaux (*NdT*).

car les républicains se sont ravisés. Mais ce répit sera temporaire et il ne permettra pas de poser cette question de fond : la Federal Reserve accepte de prêter à 0,75 % seulement aux banques, qui ont provoqué la crise ; ne doit-elle pas accepter de prêter à faible taux aux étudiants, qui joueront un rôle déterminant dans la reprise économique à long terme ? L'État ne doit pas profiter des pauvres et subventionner les riches. La sénatrice démocrate du Massachusetts Elizabeth Warren a proposé d'abaisser les taux d'intérêt des prêts d'études : ce serait un pas dans la bonne direction.

Durcir la réglementation des écoles à but lucratif et des banques complices ; humaniser les lois sur la faillite personnelle ; et aussi accroître le soutien financier public aux familles de classe moyenne qui ont du mal à envoyer leurs enfants à l'université : voilà ce qu'il faut faire pour garantir à ces derniers un niveau de vie au moins égal à celui de leurs parents.

Mais, pour résoudre réellement et durablement le problème, il faut repenser notre système de financement de l'enseignement supérieur. L'Australie a conçu un système de prêts sur fonds publics, obligatoires pour tous les étudiants et remboursables en proportion de leur revenu. La somme à rembourser varie selon le revenu de chacun après son diplôme. Cette règle aligne les incitations de ceux qui dispensent l'éducation et de ceux qui la reçoivent. Les uns et les autres ont intérêt au succès des étudiants. Et si un malheur survient, une maladie, un accident, l'obligation de rembourser est automatiquement réduite. Le fardeau de la dette est donc toujours proportionné à la capacité de paiement de l'intéressé. Les remboursements sont collectés par le biais du système fiscal, ce qui réduit les coûts administratifs au minimum.

Certains se demandent comment l'idéal américain d'égalité des chances a pu s'éroder à ce point. Notre mode de financement de l'enseignement supérieur donne un élément de réponse. La dette étudiante est devenue l'une des explications de l'inégalité aux États-Unis. Un enseignement supérieur robuste, bien financé par l'argent public, était autrefois la colonne vertébrale du système qui promettait l'égalité des chances aux étudiants sérieux, indépendamment de leurs moyens. Aujourd'hui, le jeu a changé : il faut payer pour jouer et le gagnant emporte tout. Les riches ont une

place assurée et tous les autres doivent miser en s'endettant énormément, sans aucune garantie de gagner leur pari.

Même si la compassion ne joue pas – si nous n'avons d'autres
soucis que la reprise dans l'immédiat, la croissance et l'innovation
plus tard –, nous devons agir sur la dette étudiante. Ce doit être
une priorité pour tous ceux qui s'inquiètent du tort causé à nos
idéaux et à notre personnalité morale par la fracture qui ne cesse
de grandir en Amérique.

La justice pour certains [1]

La débâcle des prêts hypothécaires aux États-Unis a posé des questions de fond sur l'«état de droit», signe distinctif universellement admis d'une société avancée, civilisée. Cette primauté de la loi est censée protéger le faible contre le fort et garantir à chacun qu'il sera traité équitablement. En Amérique, au lendemain de la crise des prêts *subprimes*, elle n'a fait ni l'un ni l'autre.

L'une des composantes de l'état de droit est la sécurité des droits de propriété. Si l'on doit de l'argent au titre d'un prêt hypothécaire, par exemple, la banque ne peut pas simplement s'emparer de la maison. Elle doit suivre la procédure judiciaire prévue. Mais ces derniers mois, et encore ces toutes dernières semaines, les Américains ont constaté que, dans plusieurs cas, des particuliers ont été dépossédés de leur maison *même quand ils ne devaient rien*.

Pour certaines banques, ce n'est qu'un dommage collatéral : il reste encore des millions d'Américains à chasser de chez eux – en plus des quatre millions qu'on a déjà expulsés en 2008 et 2009. En fait, le rythme des saisies devrait encore s'accélérer – sauf intervention de l'État. Toutefois, dans leur précipitation à accorder des

1. *Project Syndicate*, 4 novembre 2010.

millions de prêts douteux pendant la bulle de l'immobilier, les banques avaient pris des raccourcis dans les procédures, laissé les dossiers incomplets, fraudé à tout va, et tout cela compliquait le nettoyage du chaos final.

Aux yeux de nombreux banquiers, ce ne sont que des détails sans importance. La plupart des expulsés ne payaient pas leurs mensualités et, dans la plupart des cas, ceux qui les ont mis à la rue étaient en droit de le faire. Mais qui a dit que les Américains croyaient à la justice *en moyenne*? Nous ne disons pas : la plupart des détenus à perpétuité ont commis un crime méritant cette peine. Le système judiciaire américain demande plus, et nous avons mis en place des garanties procédurales pour répondre à ses exigences.

Les banques veulent court-circuiter ces procédures qui nous protègent. Ne les laissons pas faire!

Tout cela rappelle à certains d'entre nous ce qui s'est passé en Russie : la «primauté du droit» – la législation des faillites, en particulier – a été utilisée pour remplacer, sous couvert d'un mécanisme judiciaire, un groupe de propriétaires par un autre. On a acheté les tribunaux, fabriqué des faux, et tout s'est passé comme sur des roulettes.

En Amérique, la vénalité se situe à un niveau supérieur. On n'achète pas tel ou tel juge mais les lois elles-mêmes, par les contributions de campagne et le lobbyisme. La «corruption à l'américaine», comme on dit.

Chacun savait que les banques et les sociétés de crédit hypothécaire jouaient les prédatrices; qu'elles profitaient de l'ignorance des moins instruits, des moins informés des questions financières, pour leur faire signer des contrats de prêt maximisant les commissions et imposant d'énormes risques aux emprunteurs. (Soyons justes : les banques essayaient aussi d'exploiter les fins connaisseurs de la finance, par exemple avec les titres conçus pour exploser qu'a créés Goldman Sachs.) Mais les banquiers ont usé de toute leur puissance politique pour empêcher les États de voter des lois interdisant le crédit prédateur.

Quand il est devenu clair pour tout le monde que les gens ne pourraient pas rembourser leurs dettes, on a changé les règles du jeu. On a amendé les lois sur la faillite pour y introduire un système d'«esclavage partiel pour dette». Supposons qu'un particulier ait une dette égale à 100 % de son revenu annuel. On pourra l'obliger à verser à la banque, tous les ans, 25 % de son revenu brut avant impôts pour le reste de ses jours, car les banques peuvent ajouter chaque année 30 % d'intérêt, disons, à ce qu'il doit. À la fin de sa vie, cet emprunteur devra à la banque beaucoup plus que tout ce qu'elle aura déjà reçu, même s'il a, de fait, travaillé pour elle un quart de son temps.

Lorsque cette nouvelle loi sur la faillite a été votée, nul ne s'est plaint qu'elle interférait avec l'inviolabilité des contrats : au moment où les emprunteurs s'étaient endettés, une législation des faillites plus humaine – et plus rationnelle économiquement – leur donnait une chance de prendre un nouveau départ si le remboursement de leur dette devenait pour eux un fardeau trop pesant.

Les sociétés de crédit le savaient et cela aurait dû les inciter à réserver leurs prêts aux emprunteurs capables de les rembourser. Mais elles savaient peut-être aussi qu'avec les républicains au pouvoir, elles pourraient multiplier les prêts douteux, puis changer la loi pour pouvoir écraser les pauvres.

Un prêt hypothécaire sur quatre aux États-Unis est «sous l'eau» : l'emprunteur doit plus que la valeur de la maison. Dans ces conditions, selon un consensus toujours plus large, il n'y a qu'un seul moyen de sortir du chaos : réduire la valeur du principal (le montant dû). L'Amérique a une procédure spéciale pour les faillites d'entreprise : on l'appelle le «Chapitre 11». Elle permet une restructuration rapide parce qu'elle réduit la dette et en convertit une partie en actions.

Il est important de maintenir les entreprises en vie, de ne pas interrompre leur fonctionnement, pour préserver les emplois et la croissance. Mais il est important aussi de garder intactes les familles et les collectivités locales. L'Amérique a donc besoin d'un «Chapitre 11 des propriétaires».

Les sociétés de crédit protestent : cette législation violerait leurs droits de propriété. Mais chaque fois que l'on modifie des lois et réglementations, certains sont avantagés et d'autres désavantagés. Quand la loi de 2005 sur la faillite a été votée, ses bénéficiaires ont été les créanciers ; et son effet sur les droits des débiteurs ne les a nullement tourmentés.

Avec la montée de l'inégalité, associée à la perversité du mode de financement des campagnes électorales, le système judiciaire américain risque de virer à la parodie de justice. Certains parlent peut-être encore d'«état de droit», mais ce n'est pas un état de droit qui protège le faible contre le fort. Il donne au fort les moyens d'exploiter le faible.

Aujourd'hui en Amérique, le fier principe «la justice pour tous» est en voie de céder la place à un autre, plus modeste : «la justice pour ceux qui peuvent se la payer». Et le nombre de ceux qui peuvent payer diminue vite.

Il ne reste qu'une solution pour l'immobilier : un refinancement massif des prêts hypothécaires [1]

Avec Mark Zandi

Plus de quatre millions d'Américains ont perdu leur maison depuis que la bulle immobilière a éclaté il y a six ans. Pour 3,5 millions d'autres, la procédure de saisie est lancée, ou ils ont de tels retards de paiements qu'elle le sera bientôt. Et, avec 13,5 millions de propriétaires «sous l'eau» – ils doivent plus que la valeur de leur maison –, tout indique qu'il y aura encore plusieurs millions d'expulsions.

L'immobilier reste l'obstacle principal à la reprise économique, mais Washington semble paralysé. Si les mesures de l'administration Obama en la matière ont été insuffisantes, Mitt Romney n'a proposé aucun nouveau projet sérieux pour aider les propriétaires en difficulté ou «sous l'eau».

À la fin du mois dernier, le principal régulateur qui supervise Fannie Mae et Freddie Mac a mis son veto à un plan, soutenu par l'administration Obama, qui aurait laissé ces sociétés effacer une partie des dettes immobilières d'emprunteurs en difficulté. Cette réduction du principal aurait pu aider un demi-million de

1. *New York Times*, 12 août 2012.

propriétaires, mais le régulateur, Edward J. DeMarco, a soutenu (à tort, selon nous) qu'en venant en aide à certains, on risquait d'en amener d'autres, qui remboursent, à cesser de le faire, afin de pouvoir obtenir, eux aussi, une réduction de leur prêt.

Puisque la réduction du principal n'est plus une option, l'État doit trouver un nouveau moyen de faciliter de très nombreux refinancements de prêts hypothécaires. Comme les taux n'ont jamais été aussi bas, refinancer permettrait aux propriétaires de réduire très sensiblement leurs mensualités, ce qui libérerait de l'argent pour d'autres dépenses. Un plan de refinancement massif aurait l'effet d'une forte réduction d'impôts.

Il réduirait aussi considérablement les risques de défaut de paiement des propriétaires «sous l'eau». Avec l'allégement des pertes liées aux prêts anciens qui pèsent sur leur bilan, les sociétés de crédit pourraient accorder davantage de nouveaux prêts. Et les municipalités, en proie au fléau des saisies massives, verraient peut-être s'arrêter le délabrement de leurs quartiers.

Plus de la moitié des propriétaires américains qui ont contracté des emprunts hypothécaires remboursent à des taux qui font d'eux, manifestement, d'excellents candidats au refinancement. Ceux qui ont des emplois stables, de bonnes notes de solvabilité et même un peu de capital immobilier ont souvent déjà fait ce choix : ils ont obtenu des prêts sur trente ans à des taux proches de 3,5 %, parmi les plus bas depuis les années 1950. Mais beaucoup d'autres ne peuvent pas demander un refinancement, car, avec l'effondrement des prix, ils n'ont plus aucun capital immobilier.

Jeff Merkley, sénateur démocrate de l'Oregon, a proposé une solution. Dans le cadre de son plan, baptisé «Rebuilding American Homeownership» [Reconstruire la propriété immobilière américaine], les propriétaires «sous l'eau» qui sont à jour de leurs paiements et satisfont d'autres conditions auraient la possibilité de refinancer, soit pour réduire leur mensualité, soit pour rembourser leur prêt et reconstituer leur capital.

On utiliserait un fonds financé par l'État pour acheter les prêts hypothécaires des propriétaires qui auraient refinancé, à un taux d'intérêt supérieur d'environ deux points au taux extrêmement bas des bons du Trésor, celui auquel emprunte l'État. L'opération créerait un flux d'intérêts suffisant pour couvrir tous les coûts : défauts de paiement éventuels, gestion du fonds et autres frais. Les familles auraient trois ans pour refinancer. Après quoi le fonds cesserait d'acheter des prêts, puis réduirait progressivement ses opérations et disparaîtrait quand les emprunteurs auraient remboursé.

Les propriétaires paieraient des mensualités moins élevées et reconstitueraient plus rapidement leur capital. Les contribuables récupéreraient leur argent, avec intérêts, et y gagneraient davantage encore, puisqu'une économie plus forte augmenterait les recettes fiscales. Les banques et autres investisseurs en crédit hypothécaire pourraient sortir de leurs livres de compte des prêts potentiellement dangereux. Certaines banques n'aiment pas l'idée de perdre les gros flux d'intérêts que leur rapportent leurs prêts actuels, mais si le marché du refinancement fonctionnait correctement, ils auraient dû être refinancés depuis longtemps.

En cas de vif succès du programme, nous estimons qu'un fonds «Reconstruire la propriété immobilière américaine» pourrait accueillir, au summum de son développement, deux millions de prêts hypothécaires en cours. Si le solde moyen de ces prêts est de 150 000 dollars, cela représenterait, à l'apogée de ses opérations, un montant de 300 milliards de dollars restant à rembourser.

L'État fédéral pourrait financer ce plan directement, *via* la Federal Housing Administration, ou indirectement, *via* des sociétés de crédit qu'il parraine, les Federal Home Loan Banks. Ou c'est la Federal Reserve qui pourrait s'en charger. Son président, Ben S. Bernanke, a récemment déclaré qu'elle pourrait prendre une initiative comparable au nouveau programme de la Banque d'Angleterre, Funding for Lending [Des fonds pour des prêts], qui offre des incitations aux banques pour qu'elles prêtent davantage aux ménages et aux entreprises non financières.

Ceux qui ne veulent pas entendre parler d'emprunts supplémentaires ou de prêts consentis par la Federal Reserve verront dans un programme comme celui-ci un risque inacceptable, mais le plus grand risque est de ne rien faire et de laisser le marché immobilier continuer à plomber l'économie.

Le plan de M. Merkley ressemble au Home Affordable Refinance Program (HARP) de l'administration Obama, qui se proposait d'aider les propriétaires «sous l'eau» à refinancer les prêts souscrits auprès de Fannie et Freddie. Ce plan a permis 1,4 million de refinancements, beaucoup moins que l'objectif de 3 à 4 millions fixé en 2009. L'administration a apporté quelques améliorations au HARP et en a proposé d'autres. Mais le plan Merkley est potentiellement capable d'aller plus loin, de toucher les 20 millions de ménages dont le prêt hypothécaire n'est pas lié à Fannie ou à Freddie.

Le plan Merkley a un brillant précédent : la Home Owners' Loan Corporation, créée en 1933. Elle a sauvé de la saisie plus d'un million d'Américains en leur assurant ces prêts stables, à long terme, qui allaient devenir le signe distinctif de la classe moyenne dans les années 1950 et 1960. Il est temps de ressusciter l'idée.

Depuis le début de la Grande Récession, il y a près de cinq ans, le logement a été au cœur de nos épreuves économiques. Si nous ne faisons rien, le problème finira par se résoudre de lui-même, mais ce sera long et très douloureux. Le plan de M. Merkley accélérerait la guérison.

L'inégalité et l'enfant américain [1]

On l'a compris depuis longtemps : les enfants constituent un groupe particulier. Ils ne choisissent pas leurs parents, encore moins la situation dans laquelle ils naissent. Ils ne sont pas aussi capables que les adultes de se protéger, de subvenir à leurs besoins. C'est pour cela que la Société des Nations a approuvé la Déclaration des droits de l'enfant, dite déclaration de Genève, en 1924, et que la communauté internationale a adopté la Convention des droits de l'enfant en 1989.

Malheureusement, les États-Unis ne respectent pas leurs obligations. Ils n'ont même pas ratifié la Convention des droits de l'enfant. Puisqu'ils aiment tant s'imaginer en « pays de l'égalité des chances », ils devraient inspirer les autres, donner l'exemple d'un traitement juste et éclairé de l'enfance. Ils sont, au contraire, un modèle de ce qu'il ne faut pas faire – qui contribue puissamment à la négligence générale des droits de l'enfant sur la scène internationale.

L'enfance américaine moyenne n'est peut-être pas la pire dans le monde. Mais la disparité entre la richesse du pays et la situation de ses enfants est sans équivalent. 14,5 % de la population

1. *Project Syndicate*, 11 décembre 2014.

américaine est pauvre, mais 19,9 % des enfants – 15 millions –
vivent sous le seuil de pauvreté. Parmi les pays développés, seule
la Roumanie a un taux de pauvreté chez les enfants plus élevé.
Le taux des États-Unis dépasse des deux tiers celui de la Grande-
Bretagne, il est le quadruple de celui des pays nordiques. Pour certains groupes sociaux, la situation est bien pire : plus de 38 % des
enfants noirs et 30 % des enfants hispaniques sont pauvres.

Ce n'est pas parce que les Américains n'aiment pas leurs enfants.
C'est parce que l'Amérique, ces dernières décennies, a embrassé
un programme politique qui a rendu son économie terriblement
inégalitaire. Les milieux les plus vulnérables de la société ont été
de plus en plus distancés. Avec la concentration croissante de la
fortune – et la baisse sensible de son imposition –, il y a moins
d'argent à dépenser en investissements d'intérêt général, comme
l'éducation et la protection de l'enfance.

La condition des enfants américains s'est donc aggravée. Leur
sort est une douloureuse illustration des méfaits de l'inégalité : elle
ne se contente pas de miner la croissance et la stabilité de l'économie – ce que les économistes et des organisations comme le
Fonds monétaire international reconnaissent enfin –, elle viole
aussi nos idées les plus chères sur ce que doit être une société
juste.

L'inégalité des revenus est corrélée avec les inégalités dans la
santé, dans l'accès à l'éducation et dans l'exposition aux risques
environnementaux, qui toutes accablent les enfants plus que
d'autres composantes de la population. Parmi les enfants américains pauvres, près d'un sur cinq est asthmatique : c'est 60 % de
plus que chez les autres enfants. Les troubles de l'apprentissage
chez les enfants sont presque deux fois plus fréquents dans les
ménages qui gagnent moins de 35 000 dollars par an que dans
ceux qui en gagnent plus de 100 000. Et certains élus du Congrès
veulent réduire les bons d'alimentation, dont dépendent près de
23 millions de ménages américains : cela fait planer sur les enfants
les plus pauvres l'ombre menaçante de la faim.

Le lien est étroit entre ces inégalités des résultats concrets et
l'inégalité des chances. Dans les pays où les enfants pauvres ont
une alimentation inadéquate, un accès insuffisant aux soins et à

l'éducation et une exposition plus forte aux risques environne-mentaux, ils auront inévitablement un avenir très différent de celui des enfants riches. En Amérique, les perspectives d'un enfant dans la vie dépendent davantage du revenu et de l'éducation de ses parents que dans les autres pays avancés. C'est en partie pour cela que, de tous ces pays, ce sont les États-Unis qui ont le moins d'égalité des chances. Dans les universités américaines les plus éli-tistes, par exemple, seuls 9 % environ des étudiants viennent de la moitié inférieure de la population, et 74 % du quart supérieur.

La plupart des sociétés reconnaissent qu'elles ont l'obligation morale de faire en sorte que les jeunes puissent vivre à la hauteur de leur potentiel. Dans certains pays, l'égalité des possibilités d'éducation est même imposée par la Constitution.

Mais en Amérique, on dépense davantage pour l'éducation des élèves riches que pour celle des pauvres. Les États-Unis gaspillent donc une part de leur capital le plus précieux, et certains jeunes – privés de qualification – se tournent vers des activités dysfonction-nelles. Des États américains comme la Californie dépensent à peu près autant pour les prisons que pour les universités – parfois plus.

Sans mesures compensatoires – notamment une éducation préscolaire qui, dans l'idéal, commence très jeune –, l'inégalité des chances se traduit par l'inégalité des résultats la vie durant. Cela devrait aiguillonner l'action publique.

De fait, si les effets nocifs de l'inégalité sont très étendus et imposent à nos économies et à nos sociétés des coûts énormes, ils sont, pour la plupart, évitables. Les inégalités extrêmes qu'on observe dans certains pays ne sont pas le résultat inexorable de forces et de lois économiques. Si l'on prend les bonnes mesures – protection sociale forte, progressivité de l'impôt, meilleure régle-mentation (notamment du secteur financier), pour n'en citer que quelques-unes –, on peut inverser ces évolutions désastreuses.

Pour susciter la volonté politique nécessaire à ces réformes, nous devons combattre l'inertie et l'inaction des décideurs poli-tiques en les mettant face aux sinistres réalités de l'inégalité et à ses effets dévastateurs sur nos enfants. Nous *pouvons* réduire la souf-france de l'enfance défavorisée, renforcer l'égalité des chances, et poser ainsi les bases d'un avenir plus juste et plus prospère, conforme aux valeurs que nous proclamons. Donc, pourquoi ne pas le faire ?

Parmi les maux que l'inégalité inflige à nos économies, à nos institutions politiques et à nos sociétés, le tort causé aux enfants doit nous préoccuper tout spécialement. Quelles que puissent être les responsabilités des adultes pauvres dans leur propre sort – peut-être n'ont-ils pas assez travaillé, suffisamment épargné, ou n'ont-ils pas pris les bonnes décisions –, les enfants n'ont pas le choix : leur condition sociale leur tombe dessus. Plus que tous les autres, peut-être, ils ont besoin d'être protégés par des droits. Et les États-Unis devraient le rappeler au monde par l'exemple, et avec éclat.

Ebola et l'inégalité [1]

La crise d'Ebola nous rappelle, une fois de plus, le revers de la médaille de la mondialisation. Les bons principes, comme la justice sociale et l'égalité des sexes, ne sont pas seuls à franchir les frontières plus facilement que jamais ; des influences malfaisantes, comme les problèmes environnementaux et la maladie, en font autant.

Cette crise sanitaire nous remet aussi en mémoire l'importance de l'État et de la société civile. Ce n'est pas vers le secteur privé que nous nous tournons pour endiguer l'expansion d'une épidémie comme Ebola. Nous faisons appel à des institutions publiques ou associatives – les Centers for Disease Control and Prevention (CDC) [Centres pour le contrôle et la prévention des maladies] aux États-Unis, l'Organisation mondiale de la santé (OMS), ou encore Médecins sans frontières, l'admirable association de médecins et d'infirmières qui risquent leur vie pour sauver celle des autres dans des pays pauvres du monde entier.

Même les fanatiques de droite qui veulent démanteler les institutions publiques les sollicitent quand ils se retrouvent face à une crise comme celle d'Ebola. Les États ne font peut-être pas un

1. *Project Syndicate*, 10 novembre 2014.

travail parfait dans ces situations, mais, s'ils n'ont pas aussi bien réussi que nous l'espérions, l'une des raisons de ces insuffisances est claire : nous avons sous-financé les organismes pertinents, à l'échelon national et à l'échelon mondial.

Il y a d'autres leçons à tirer de l'épisode Ebola. Si la maladie s'est répandue si rapidement au Liberia et en Sierra Leone, c'est en partie parce que ces deux pays ont été ravagés par la guerre : une part importante de la population souffre de malnutrition et le système de santé a été détruit.

De plus, dans le domaine où le secteur privé joue un rôle primordial – le développement des vaccins –, il a peu d'incitations à consacrer des ressources à des maladies qui touchent les pauvres ou les pays pauvres. C'est seulement quand les pays avancés sont menacés qu'il y a un élan suffisant pour investir dans des vaccins contre des maladies comme Ebola.

Ce constat n'est pas vraiment une critique du secteur privé. Après tout, les compagnies pharmaceutiques ne sont pas dans les affaires par bonté d'âme, et prévenir ou guérir les maladies des pauvres ne rapporte rien. La vraie question que nous pose la crise d'Ebola est différente : pourquoi comptons-nous sur le secteur privé pour faire des choses que l'État ferait mieux que lui ? De fait, il est clair qu'avec plus d'argent public on aurait pu mettre au point un vaccin anti-Ebola depuis des années.

Les défaillances de l'Amérique à cet égard ont particulièrement retenu l'attention – à tel point que certains pays africains traitent les visiteurs en provenance des États-Unis avec des précautions sanitaires spéciales. Mais ce n'est qu'une expression parmi d'autres d'un problème de fond : le système de santé américain, majoritairement privé, est en situation d'échec.

Il est vrai qu'au sommet de leur système de soins, les États-Unis ont certains des hôpitaux, centres de recherche universitaire et centres médicaux de pointe les meilleurs du monde. Mais, bien qu'ils dépensent plus pour la santé par habitant, et en pourcentage de leur PIB, que tout autre pays, leurs résultats sont vraiment décevants.

Pour l'espérance de vie des hommes à la naissance, l'Amérique se classe dernière de dix-sept pays à revenus élevés : près de quatre ans de moins qu'en Suisse, en Australie et au Japon. Et pour celle des femmes, elle est avant-dernière : plus de cinq ans au-dessous de leur espérance de vie au Japon.

D'autres métriques donnent des résultats tout aussi décevants : elles indiquent que les Américains sont en moins bonne santé tout au long de leur vie. Et cela fait au moins trente ans que la situation s'aggrave.

Plusieurs facteurs contribuent au retard sanitaire de l'Amérique, et ils sont riches d'enseignements pertinents pour les autres pays aussi. D'abord, l'accès à la médecine est important. Puisque les États-Unis font partie des rares pays avancés qui ne le reconnaissent pas comme un droit humain fondamental, et qu'ils se fient plus que d'autres au secteur privé, comment s'étonner que beaucoup d'Américains n'obtiennent pas les médicaments dont ils ont besoin ? Même si le Patient Protection and Affordable Care Act (l'Obamacare) a amélioré les choses, la couverture de l'assurance-maladie reste faible, puisque près de la moitié des cinquante États américains refusent d'étendre Medicaid, le programme de financement public des soins destiné aux plus pauvres.

De plus, pour la pauvreté chez les enfants, les États-Unis ont un des taux les plus élevés des pays avancés (c'était encore plus vrai avant la montée spectaculaire de la pauvreté qu'ont entraînée les politiques d'austérité dans plusieurs pays européens). Or, l'absence d'alimentation correcte et de soins médicaux pendant l'enfance a des effets tout au long de la vie. Simultanément, les États-Unis doivent à leurs lois sur le port d'armes le taux de morts violentes le plus haut des pays avancés, et à leur dépendance envers l'automobile un taux élevé d'accidents mortels sur les autoroutes.

Leur inégalité démesurée joue aussi un rôle crucial dans leur retard en matière de santé, notamment parce qu'elle s'associe aux facteurs déjà mentionnés. L'Amérique a plus de pauvreté, plus de pauvreté chez les enfants, plus d'enfants privés d'accès aux soins médicaux, à un logement décent et à l'éducation et plus d'habitants en situation d'« insécurité alimentaire » (qui consomment souvent des aliments bon marché favorisant l'obésité). Comment s'étonner de ses mauvais résultats dans le domaine de la santé ?

Mais pour ceux qui gagnent davantage et ont une assurance-maladie, les résultats sont pires aussi aux États-Unis qu'ailleurs. Ce qui s'explique peut-être, là encore, par l'inégalité, plus forte que dans les autres pays avancés. Chacun sait que la santé est liée au stress. Ceux qui font de gros efforts pour grimper l'échelle du succès savent ce qui leur arriverait s'ils échouaient. Aux États-Unis, la distance entre les barreaux est plus grande. Entre le haut et le bas de l'échelle aussi. L'angoisse est donc plus forte, ce qui a des effets nocifs sur la santé.

Être en bonne santé est une bénédiction. Mais la façon dont les pays structurent leur système de soins – et leur société – entraîne des résultats concrets extrêmement différents. L'Amérique et le monde font trop confiance aux forces du marché et sont trop peu attentifs aux valeurs, notamment à l'égalité et à la justice sociale. Et ils le paient très cher.

QUATRIÈME PARTIE

Les causes de la montée de l'inégalité en Amérique

L'inégalité a toujours existé. Elle existera toujours. Mais pourquoi augmente-t-elle à ce point depuis trente-cinq ans, pratiquement dans toutes ses dimensions ? Telle est la question posée par ces articles. La Grande Récession, bien sûr, y a beaucoup contribué (bien qu'elle ait été aussi, en partie, une conséquence de l'inégalité, comme nous le verrons dans la partie suivante). Néanmoins, les tendances de fond étaient visibles bien avant.

L'augmentation de la part des très riches, la montée de la pauvreté, l'affaiblissement de la classe moyenne : chacun de ces aspects de l'inégalité a ses propres explications. Tout en haut, les éléments déterminants sont clairs : la part du capital est plus importante et les plus-values sont très élevées. Les riches possèdent un pourcentage disproportionné des capitaux et reçoivent l'essentiel des revenus du capital. Mais cela ne fait que repousser la question d'un cran : pourquoi ont-ils acquis cette position de force ? Au début du livre, nous avons expliqué le concept de recherche de rente. Il existe deux façons de s'enrichir : en agrandissant le gâteau économique national ou en augmentant sa part relativement à celles des autres (auquel cas, dans l'affrontement pour obtenir une plus grosse tranche, le gâteau peut même diminuer). L'expansion de la fortune au sommet est principalement due à l'accroissement de la recherche de rente. Les dirigeants des grandes compagnies s'attribuent une plus grosse part du gâteau de leurs entreprises, mais pas parce qu'elles sont soudain devenues plus productives. La financiarisation – le poids croissant du secteur financier dans l'économie – a joué un rôle prépondérant non seulement dans l'aggravation de l'instabilité économique, dont la meilleure preuve est la Grande Récession, mais aussi dans celle de l'inégalité. Le pouvoir de monopole s'est étendu, lui aussi, avec la croissance de compagnies dominant le marché mondial (comme Apple, Google ou Microsoft) et parfois même celle de firmes disposant d'un pouvoir de marché plus localisé (comme Walmart ou Amazon).

Dans la partie précédente, nous avons relevé plusieurs aspects de l'inégalité aux États-Unis, notamment les écarts dans l'accès à la santé et à l'éducation et la pauvreté chez les enfants. Le résultat de ces injustices est la transmission des inégalités d'une génération à l'autre : les enfants des privilégiés partent dans la vie avec une grosse avance. L'inégalité des chances est à la fois la cause et la conséquence de celle des revenus. Il n'est pas surprenant que l'inégalité grandisse au fil du temps, puisque la ségrégation économique *s'accroît* en Amérique : les enfants des riches vont dans des établissements scolaires bien financés, ceux des pauvres dans des écoles qui, souvent, ne fonctionnent pratiquement pas.

La hausse de l'inégalité des revenus avant impôts et transferts est certes importante aux États-Unis, mais pas si supérieure à celle de certains autres pays avancés. Ce qui distingue l'inégalité qui monte en Amérique de celle des autres pays, c'est notre inertie : les autres ont fait plus d'efforts pour la corriger.

Dans les parties précédentes de ce livre, nous avons souligné que l'inégalité était une question de choix : les lois de l'économie sont les mêmes dans tous les pays mais leurs résultats sont nettement différents. Chaque loi et réglementation, chaque dépense publique, chaque politique peut avoir un effet sur l'inégalité. Dans la partie qui va suivre, nous illustrons cette vérité en évoquant plusieurs débats très vifs qui ont eu lieu en Amérique sur l'action des pouvoirs publics. La partie précédente aussi en a donné plusieurs exemples. Nous avons choisi de financer l'enseignement supérieur d'une façon nettement différente de celle des autres pays, ce qui rend plus difficile aux pauvres et même aux jeunes de la classe moyenne d'entrer à l'université. Dans *Le Prix de l'iné-galité*, j'analyse d'autres exemples. Je montre notamment que nos lois sur la faillite – celles qui précisent ce qui se passe quand une entreprise ou un particulier ne peut pas payer tout ce qu'il doit – sont favorables au secteur financier, mais discriminatoires contre les pauvres qui tentent d'améliorer leur sort en empruntant pour obtenir une formation.

Les articles proposés ici ne traitent que très partiellement la question. Ils ne montrent pas que l'inégalité dans l'accès à l'éducation et les résultats scolaires est à la fois la conséquence et la cause de l'aggravation incessante de l'inégalité des revenus et des fortunes; que la malnutrition et l'accès insuffisant aux soins, dont souffrent les pauvres (et, de plus en plus, même l'Amérique de classe moyenne), peuvent aussi perpétuer l'inégalité; ou que la plus forte exposition des enfants pauvres aux risques environne-mentaux peut avoir le même effet. Et ils ne soulignent pas non plus que l'inégalité d'accès à la justice joue également dans ce sens.

Ces articles se concentrent uniquement sur deux problèmes : l'aide sociale aux entreprises et notre système fiscal. Le titre du premier, écrit peu après le renflouement des banques, dit tout : «Le socialisme pour les riches aux États-Unis». «Socialisme», bien sûr, est devenu un terme honni en Amérique, comme «aide sociale». Mais comment appeler autrement les mégarenfloue-ments des banques américaines? Nous n'avons pas respecté les règles du capitalisme, car, avec elles, les banquiers, les action-naires des banques et les détenteurs de leurs obligations auraient dû payer leurs erreurs. Ceux qui contestent mon point de vue font valoir que nous étions *obligés* de renflouer les banques. C'est vrai. Mais nous n'étions pas obligés de renflouer les banquiers, les actionnaires et les détenteurs d'obligations.

L'article ne se contente pas d'illustrer l'injustice du système fiscal, mais montre aussi qu'il déforme notre économie – et aggrave, au bout du compte, non seulement l'inégalité après impôts, mais même l'inégalité avant impôts. Si l'on impose les spéculateurs à des taux plus faibles que ceux qui gagnent leur vie par le travail, on encourage la spéculation. En avril 2014, j'ai témoigné au Sénat sur la montée de l'inégalité en Amérique. Un sénateur a demandé comment il pouvait expliquer à ses mandants pourquoi un plombier devait être imposé à un taux plus élevé qu'une personne au revenu comparable mais qui le devait au rendement d'une spéculation (à long terme). La question était rhétorique, bien sûr, et aucun des experts présents – qu'ils aient été républicains, démocrates ou indépendants – n'a pu y répondre.

Sur un plan plus général, des articles antérieurs ont souligné que l'inégalité au sommet est liée à l'exploitation et à la recherche de rente. J'explique ici que notre système fiscal encourage ces activités, ce qui affaiblit l'économie et accroît l'inégalité.

Lorsque les Américains approchent de la date limite pour remplir leur déclaration de revenu, tous les 15 avril, il y a toujours une vague d'articles sur notre fiscalité. L'article «Un système fiscal truqué contre les 99 %» montre que notre système d'imposition n'est pas seulement un peu injuste. Il est bel et bien truqué contre les 99 %. Puisque les plus fortunés ne paient pas leur juste part des impôts, le fardeau qui pèse sur les autres s'alourdit; et les riches peuvent conserver – et réinvestir – leurs profits, et deviennent ainsi de plus en plus riches. Warren Buffett, c'est bien connu, a dit qu'il était imposé à un taux plus faible que sa secrétaire, et que c'était injuste. Mais il a omis de préciser que, lorsqu'il a fait cette remarque, il pensait probablement au taux d'imposition sur son revenu *réalisé*. Chaque année, il touche un petit salaire (petit par rapport à son revenu global), reçoit des dividendes et des intérêts, et réalise *certaines* plus-values. Mais, normalement, il fait aussi d'énormes plus-values *non réalisées*. La valeur des actifs qu'il possède augmente et, tant qu'il ne vend pas ses actions ou ses autres titres de propriété, il ne doit aucune taxe sur cette valorisation. Donc, si les super-riches se contentent de conserver leurs actifs, ils peuvent voir grandir la valeur de leurs biens, année après année, sans payer *aucun* impôt. Et ils peuvent les transmettre ensuite à leurs enfants, qui peuvent les transmettre à leurs propres enfants. Tant que ces actifs ne seront pas vendus, il n'y aura jamais aucun impôt sur le revenu à payer. Et s'ils sont vendus, les arrière-petits-enfants ne seront imposés que sur la hausse de leur valeur depuis qu'ils en ont hérité. L'ensemble des plus-values effectuées au fil de toutes les générations précédentes échappe entièrement au fisc. (Certes, il peut y avoir des droits de succession, bien qu'une habile gestion de ces droits puisse souvent permettre de les esquiver, ou du moins de les réduire au minimum.)

Ces articles ont été écrits avant la révélation de scandales d'évitement fiscal à l'échelon mondial. À l'époque, le plus célèbre exemple de grande entreprise qui s'était arrangée pour éviter de payer sa juste part des impôts était GE. Mais ensuite, les scandales Apple et Google ont éclaté : ces compagnies de la Silicon Valley, dont on connaissait de longue date l'ingéniosité technologique, avaient fait preuve de la même habileté en matière d'évitement fiscal. Elles avaient profité de la mondialisation – de la possibilité de faire circuler l'argent au niveau mondial. Apple prétendait que ses profits étaient en réalité attribuables à quelques personnes travaillant en Irlande ! Il faut croire que l'honnêteté – sans parler du sens de la justice – est une denrée plus rare que l'ingéniosité. Ces compagnies voulaient prendre mais pas rendre : après tout, leur succès repose sur Internet, qui a été créé par les dépenses publiques. Si nous n'alimentons pas, par la recherche fondamentale, le stock d'idées auquel les entreprises peuvent puiser, le flux d'innovations ne va pas durer. Mais cela exige de l'argent, des recettes fiscales. Google et Apple ont prouvé que l'égoïsme à courte vue, endémique dans le secteur financier américain, peut aussi se manifester dans la Silicon Valley.

L'article «Les sophismes de Mitt Romney» a été écrit dans le bruit et la fureur qui ont suivi la divulgation d'une vidéo d'un discours de Romney, alors candidat républicain à la présidence (il pensait que ses propos resteraient privés). Il avait déclaré que 47 % des Américains ne payaient pas l'impôt sur le revenu et raillé avec mépris ces «resquilleurs». L'ironie de la situation était flagrante, car Romney lui-même avait réussi à éviter de payer au fisc sa juste part en profitant d'une faille dans le Code des impôts : elle permettait aux professionnels des fonds d'investissement de payer peu – bien moins qu'un plombier au revenu comparable. (Il y avait un autre problème que je n'ai pas eu le temps de soulever dans l'article. Romney avait reconnu qu'il conservait une large part de sa fortune aux îles Caïman. On présume que l'Amérique a les meilleurs marchés financiers du monde – du moins pour servir les intérêts des riches. Romney ne laissait sûrement pas son argent aux îles Caïman parce qu'on lui rendait là-bas des services exceptionnels que Wall Street ne pouvait fournir. Sauf l'opacité. Il n'a jamais daigné donner une explication aux Américains.) Cet article montre avec rigueur où est la faille dans la logique de Romney – pourquoi ses récriminations contre «les 47 %» ne tiennent pas debout.

Le socialisme pour les riches
aux États-Unis [1]

Avec tout ce qu'on raconte sur les «bourgeons» de la reprise économique, les banques américaines passent à la contre-offensive pour repousser les tentatives de les réglementer. Les responsables politiques assurent qu'ils veulent réformer la réglementation en vue de prévenir le retour d'une crise, mais c'est un domaine où le diable est vraiment dans les détails – et les banques vont mobiliser toutes les forces qui leur restent afin de se garantir une ample marge de manœuvre pour continuer comme par le passé.

L'ancien système a bien fonctionné pour les banquiers (sinon pour leurs actionnaires). Donc, pourquoi soutiendraient-ils un changement? En fait, au cours des efforts de sauvetage, on a si peu réfléchi au type de système financier souhaitable pour l'après-crise que nous aurons, finalement, un système bancaire moins concurrentiel qu'avant : les grandes banques déjà trop grosses pour faire faillite le seront encore plus.

On l'a compris depuis longtemps : les banques américaines trop grosses pour faire faillite sont aussi trop grosses pour être gérées. C'est l'une des raisons pour lesquelles nombre d'entre elles ont eu des résultats si lamentables. Puisque l'État garantit

1. *Project Syndicate*, 8 juin 2009.

les dépôts, il joue un grand rôle dans la restructuration (à la différence de ce qui se passe dans les autres secteurs). Normalement, lorsqu'une banque fait faillite, l'État monte une restructuration financière ; s'il doit mettre de l'argent, il obtient, bien sûr, une part des futurs bénéfices. Les pouvoirs publics savent que, s'ils attendent trop longtemps pour restructurer, les banques zombies ou quasi-zombies – celles qui ont peu ou pas de valeur nette mais que l'on traite encore en sociétés financières viables – vont probablement «parier sur leur propre résurrection». Elles vont prendre de gros risques, car, si elles gagnent leur pari, les recettes vont les tirer d'affaire, et si elles le perdent, c'est l'État qui paiera l'addition.

Ce n'est pas seulement de la théorie : c'est une leçon que nous avons apprise, à grands frais, pendant la crise des caisses d'épargne des années 1980. Si le distributeur de billets vous répond : «provisions insuffisantes», l'État ne veut pas que ce soit la banque qui soit à sec et non votre compte. Donc il n'attend pas que les caisses soient vides pour intervenir. Dans une restructuration financière, en général, les actionnaires perdent tout et les détenteurs d'obligations deviennent les nouveaux actionnaires. Parfois, l'État doit fournir des fonds supplémentaires ; parfois, il cherche un nouvel investisseur pour reprendre la banque en faillite.

Mais l'administration Obama a introduit un nouveau concept : trop gros pour être restructuré financièrement. L'enfer se serait déchaîné, selon elle, si nous avions tenté de respecter la marche à suivre habituelle avec ces grandes banques. Les marchés auraient paniqué. Donc, non seulement nous ne pouvons pas toucher aux détenteurs d'obligations, mais nous ne pouvons même pas toucher aux actionnaires – bien que la valeur actuelle de leurs actions ne reflète, principalement, qu'un pari sur un renflouement par l'État.

J'estime ce jugement erroné. Je pense que l'administration Obama a succombé à la pression politique et à l'alarmisme des grandes banques. C'est pour cela qu'elle a confondu renflouement des banques et renflouement des banquiers et des actionnaires.

La restructuration donne aux banques une chance de prendre un nouveau départ : les nouveaux investisseurs potentiels (dans leurs actions ou dans leurs obligations) se montreront plus confiants, les autres banques seront plus disposées à leur prêter, et elles-mêmes à prêter à d'autres. Les détenteurs de leurs obligations seront gagnants dans une restructuration ordonnée et, si la valeur des actifs est vraiment supérieure à ce que pense le marché (ainsi que les analystes extérieurs), ils finiront par en récolter les fruits.

Mais il est clair que les coûts actuels et futurs de la stratégie d'Obama sont très lourds. Et, jusqu'à présent, elle n'a pas atteint son objectif limité : relancer le crédit. Le contribuable a dû avancer des milliards, plus beaucoup d'autres sous forme de garanties – ces factures lui seront probablement présentées plus tard.

Réécrire les règles de l'économie de marché au profit de ceux qui ont infligé tant de souffrances à toute l'économie mondiale! C'est pire qu'un gros sacrifice financier. La plupart des Américains y voient une injustice flagrante, notamment après avoir constaté que les banques détournaient les milliards destinés à la relance du crédit pour payer des bonus et des dividendes démesurés. Déchirer le contrat social est un acte qu'on ne devrait pas accomplir à la légère.

Mais cette nouvelle forme d'ersatz de capitalisme, où les pertes sont socialisées et les profits privatisés, est vouée à l'échec. Les incitations sont distordues. Il n'y a aucune discipline du marché. Les banques trop grosses pour être restructurées savent qu'elles peuvent parier impunément – et, puisque la Federal Reserve leur fournit des fonds à des taux d'intérêt quasi nuls, elles ont d'amples moyens financiers pour le faire.

Certains ont baptisé ce nouveau régime économique «le socialisme aux caractéristiques américaines[1]». Mais le socialisme se soucie des gens ordinaires. Les États-Unis, eux, ont fort peu aidé les millions d'Américains qui ont perdu leur maison. Les travailleurs qui perdent leur emploi ne reçoivent que trente-neuf semaines de maigres indemnités de chômage, après quoi ils doivent survivre

---

1. Par allusion à la formule en usage en Chine pour désigner le système économique actuel de ce pays : le «socialisme aux caractéristiques chinoises» (*NdT*).

par leurs propres moyens. Et en perdant leur emploi, la plupart perdent aussi leur assurance-maladie.

L'Amérique a procédé à une expansion sans précédent de sa «sécurité sociale pour entreprises» : des banques de dépôt elle est passée aux banques d'affaires, puis aux compagnies d'assurances et maintenant aux constructeurs automobiles – on n'est pas près d'en voir la fin. Mais ce n'est pas du socialisme. C'est un élargissement de la bonne vieille «aide sociale aux entreprises». Les riches, les puissants demandent des aides à l'État tant qu'ils peuvent, alors que la protection sociale des nécessiteux est fort mince.

Nous devons démanteler les banques trop grosses pour faire faillite ; rien ne prouve que ces mammouths apportent des bénéfices sociaux proportionnels aux coûts qu'ils ont imposés aux autres. Et si nous ne scindons pas ces banques, il nous faudra limiter strictement leurs activités. Nous ne pouvons pas les laisser agir comme par le passé : parier aux dépens des autres.

C'est là qu'on se heurte à un autre problème que posent les banques américaines trop grosses pour faire faillite et trop grosses pour être restructurées : elles sont aussi trop puissantes politiquement. Leurs campagnes d'influence ont bien fonctionné, d'abord pour déréglementer, puis pour faire payer le grand nettoyage aux contribuables. Elles espèrent bien que leurs lobbyistes seront à nouveau efficaces et qu'elles resteront libres de faire ce qui leur plaît, quels que soient les risques pour les contribuables et pour l'économie. Nous ne pouvons nous permettre de les laisser parvenir à leurs fins.

Un système fiscal truqué
contre les 99 %[1]

On dit que Leona Helmsley, la directrice de chaîne hôtelière condamnée pour évasion fiscale en 1989, a fait un jour cette remarque tristement célèbre : «Seuls les gens de peu paient des impôts. »

En tant qu'énoncé de principe, la formule a peut-être valu à Mme Helmsley, décédée en 2007, son titre de «reine des avares». Mais en tant que prédiction sur l'équité de la politique fiscale américaine, elle était prémonitoire.

Aujourd'hui, date limite pour remplir les déclarations de l'impôt personnel sur le revenu, les Américains feraient bien de prendre le temps de réfléchir à notre système fiscal et à la société qu'il crée. Personne n'aime payer des impôts, mais, à l'exception des libertariens les plus extrémistes, chacun admet qu'ils constituent, comme dit Oliver Wendell Holmes, le prix à payer pour avoir une société civilisée. Le problème est que, ces dernières décennies, la répartition de ce prix est devenue de plus en plus inéquitable.

Six Américains sur dix estiment que le système fiscal est injuste. Ils ont raison : les super-riches ne paient pas leur juste part, tout simplement. Les 400 contribuables les plus riches, dont le revenu

1. *New York Times,* 14 avril 2013.

moyen est supérieur à 200 millions de dollars, paient au fisc moins de 20 % de leurs revenus – taux bien inférieur à celui des simples millionnaires, qui en versent environ 25 %, et à peu près égal à celui des Américains qui gagnent 200 000 à 500 000 dollars. En 2009, 116 de ces 400 super-riches – près du tiers – ont payé en impôts moins de 15 % de leurs revenus.

Les conservateurs font volontiers remarquer que les versements des Américains les plus riches représentent un gros pourcentage des recettes fiscales totales. C'est vrai, et c'est normal dans tout système d'impôt progressif – qui taxe les riches à des taux plus élevés que les contribuables aux revenus modestes. Et puisque les revenus des Américains les plus fortunés sont montés ces dernières années à des chiffres astronomiques, il est vrai aussi que leurs contributions totales au fisc ont augmenté. Ce serait le cas même si nous appliquions le même taux à tout le monde.

Mais voici ce qui devrait nous choquer, nous indigner : alors que les membres du 1 % sont devenus extrêmement riches, leurs taux effectifs d'imposition ont nettement baissé. Notre système fiscal est beaucoup moins progressif aujourd'hui qu'il ne l'a été pendant une grande partie du xxe siècle. Le taux marginal maximum de l'impôt sur le revenu, celui de la tranche la plus élevée, est monté jusqu'à 94 % pendant la Seconde Guerre mondiale et il est resté à 70 % tout au long des années 1960 et 1970. Il se situe actuellement à 39,6 %. L'équité fiscale s'est considérablement dégradée dans les trente années qui ont suivi la «révolution» Reagan des années 1980.

Selon les estimations de Citizens for Tax Justice [Citoyens pour la justice fiscale], association qui plaide pour une fiscalité plus progressive, si l'on prend en compte l'ensemble des impôts à tous les niveaux – État fédéral, États et collectivités locales –, le 1 % n'a payé qu'un peu plus de 20 % du total des prélèvements fiscaux américains en 2010. Ce pourcentage est pratiquement identique à sa part du revenu national. Il n'y a donc aucune progressivité.

Avec des taux effectifs d'imposition aussi bas – notamment le faible taux de 20 % sur les revenus du capital –, ce n'est pas une immense surprise que la part du revenu qui va au 1 % ait doublé depuis 1979 et celle du 0,1 % supérieur presque triplé, comme nous l'apprennent les économistes Thomas Piketty et Emmanuel

Saez. Ajoutons que le 1 % possède environ 40 % de la fortune nationale et le tableau devient encore plus perturbant.

Au cas où certains lecteurs ne seraient pas encore convaincus de l'injustice de ces chiffres, comparons-les à ceux d'autres pays riches.

Parmi les pays de l'Organisation pour la coopération et le développement économiques, le club mondial des pays riches, les États-Unis se distinguent, en matière d'impôt sur le revenu, par la faiblesse de leur taux marginal le plus élevé. Ces taux faibles ne sont nullement indispensables à la croissance : pensons à l'Allemagne, par exemple, qui a réussi à garder sa place de centre de production industrielle avancée avec un taux maximal d'imposition sur le revenu considérablement supérieur à celui de l'Amérique. De plus, notre taux maximal ne joue, en général, qu'à des niveaux de revenu beaucoup plus hauts. Le Danemark a un taux marginal maximum de plus de 60 %, qu'il applique à tous ceux qui gagnent plus de 54 900 dollars. Aux États-Unis, le taux maximal, 39,6 %, n'est applicable que lorsque le revenu d'un particulier atteint 400 000 dollars (ou 450 000 dollars pour un couple). Seuls trois pays de l'OCDE – la Corée du Sud, le Canada et l'Espagne – ont des seuils plus élevés.

Dans les dernières décennies, l'inégalité s'est aggravée presque partout dans le monde occidental – moins nettement, toutefois, qu'aux États-Unis. Mais la plupart des économistes s'accordent à dire qu'un pays trop inégalitaire ne peut pas bien fonctionner. De nombreux pays ont utilisé leur Code des impôts pour «corriger» en partie la répartition de la fortune et du revenu marchand. Les États-Unis ne l'ont pas fait – du moins pas beaucoup. Les faibles taux d'imposition qu'ils appliquent aux plus fortunés contribuent en fait à exacerber et à perpétuer l'inégalité – si bien qu'ils ont aujourd'hui, de tous les pays industriels avancés, la plus forte inégalité des revenus et la plus faible égalité des chances. C'est une inversion grossière de l'idéal méritocratique traditionnel de l'Amérique, idéal que nos dirigeants, toutes tendances politiques confondues, continuent à professer.

Au fil des ans, certains riches ont brillamment réussi à obtenir un traitement fiscal privilégié, obligeant ainsi les autres à payer une part toujours plus lourde des dépenses du pays – la défense, l'éducation, les programmes sociaux. Certaines de nos multinationales se sont particulièrement illustrées à cet égard. Mesurons l'ironie de la chose : elles font appel à l'État fédéral pour qu'il négocie des traités de commerce en leur faveur, traités qui leur permettent d'entrer facilement sur les marchés étrangers et de défendre leurs intérêts commerciaux dans le monde entier ; après quoi elles utilisent ces bases à l'étranger pour ne pas payer leurs impôts.

General Electric est devenu le symbole des multinationales qui ont leur siège social aux États-Unis mais ne paient pratiquement rien au fisc – pour l'impôt sur les sociétés, son taux effectif d'imposition de 2002 à 2012 a été en moyenne inférieur à 2 %. Mitt Romney, le candidat républicain à l'élection présidentielle de l'an dernier, est devenu l'incarnation du particulier riche qui ne paie pas sa juste part : il a reconnu qu'il n'avait versé au fisc en 2011 que 14 % de son revenu, tout en traitant honteusement de resquilleurs 47 % des Américains. Ni General Electric ni M. Romney n'ont, à ma connaissance, violé une quelconque loi fiscale. Mais la minceur des impôts qu'ils ont payés viole le sens fondamental de la justice que partagent la grande majorité des Américains.

Il convient de prendre ces chiffres avec prudence : ils mesurent en général les impôts en pourcentage du revenu déclaré. Or, le droit fiscal n'impose pas de déclarer toutes les formes de revenu. Dissimuler ses actifs est devenu pour les riches un sport élitiste. Beaucoup se servent des îles Caïman ou d'autres paradis fiscaux pour esquiver l'impôt et non pour jouir du soleil. Ils n'ont pas à déclarer ces revenus tant qu'ils ne les ont pas ramenés (« rapatriés ») aux États-Unis. De même, ils n'ont à déclarer leurs plus-values en tant que revenu que lorsqu'elles sont « réalisées ».

En fait, les actifs ne seront *jamais* imposés si, à la mort de leur possesseur, ils sont transmis à ses enfants ou à ses petits-enfants. Grâce à une faille très spéciale : le « *step-up in cost basis at death* », relèvement du point de départ du calcul fiscal au décès[1]. Eh oui ! lorsqu'on est riche en Amérique, on a même des privilèges fiscaux dans l'au-delà.

---

1. Voir *supra*, p. 230-231 (*NdT*).

Quand les Américains constatent certaines dispositions spéciales du Code des impôts – en faveur des résidences secondaires, des champs de course, des brasseries, des raffineries de pétrole, des fonds spéculatifs et des studios de cinéma, entre autres actifs ou secteurs privilégiés –, comment s'étonner de leur désenchantement face à un système fiscal aussi criblé de cadeaux à des intérêts particuliers ? La plupart de ces failles et largesses fiscales ne sont pas apparues par un coup de baguette magique, bien sûr. En général, les parlementaires les ont votées, pour obtenir, ou au moins récompenser, les contributions d'influents donateurs à leurs campagnes électorales. On estime que les dispositions spéciales de ce genre pèsent environ 123 milliards de dollars par an, et que la facture des failles liées aux paradis fiscaux est à peine inférieure. À elle seule, la suppression de ces diverses mesures nous rapprocherait considérablement des objectifs de réduction du déficit budgétaire que se fixent les conservateurs inquiets de l'ampleur de la dette publique.

Une autre source d'injustice est le traitement fiscal de ce qu'on appelle l'«intéressement aux plus-values». Certains financiers de Wall Street, qui gèrent des actifs pour des fonds d'investissement privés ou des fonds spéculatifs, peuvent appliquer au revenu que leur rapporte cette activité le taux d'imposition des plus-values, plus faible. Mais pourquoi gérer des actifs financiers devrait-il être mieux perçu par le fisc que gérer du personnel ou faire des découvertes ? Certes, les financiers disent jouer un rôle essentiel – n'est-ce pas aussi le cas des médecins, des avocats, des enseignants, de tous ceux qui contribuent au fonctionnement de notre société complexe ? Ils se disent nécessaires à la création d'emplois. En réalité, nombre des fonds d'investissement qui excellent à exploiter la faille de l'«intéressement aux plus-values» sont des destructeurs d'emplois : leur spécialité est la restructuration d'entreprises pour faire des «économies» de main-d'œuvre, souvent en délocalisant les postes de travail à l'étranger.

Les économistes évitent souvent d'employer le mot «injuste» : la justice, comme la beauté, est dans l'œil de l'observateur. Cependant, l'injustice du système fiscal américain a pris de telles proportions qu'il serait malhonnête de le qualifier autrement.

Traditionnellement, les théoriciens de l'économie se concentrent moins sur les questions d'égalité que sur des enjeux plus prosaïques : la croissance et l'efficacité. Mais là encore, notre système fiscal s'en sort très mal. Quand le taux marginal d'imposition de la tranche supérieure était élevé, notre croissance était plus forte qu'elle ne l'est depuis 1980. Même dans des institutions internationales conservatrices et compassées comme le Fonds monétaire international, les économistes ont fini par comprendre que trop d'inégalité nuit à la croissance et à la stabilité. Le système fiscal peut jouer un rôle important pour modérer l'ampleur de l'inégalité. Le nôtre est singulièrement inefficace à cet égard.

L'une des raisons du piètre comportement de notre économie est la forte distorsion qu'y introduit notre fiscalité. Le seul point d'accord entre tous les économistes, c'est que les incitations comptent – si l'on réduit les impôts sur la spéculation, par exemple, on aura davantage de spéculation. Nous avons orienté nos jeunes les plus talentueux vers les manipulations financières au lieu de les conduire à créer de vraies entreprises, à faire de vraies découvertes, à fournir aux autres de vrais services. On consacre plus d'efforts à chercher des rentes, à agrandir sa part du gâteau économique du pays, qu'à agrandir le gâteau lui-même.

Des recherches récentes ont établi le lien entre les taux d'imposition, l'anémie de la croissance et la montée de l'inégalité. Souvenons-nous que l'imposition légère des plus riches était censée stimuler l'épargne et le travail, donc la croissance économique. Elle ne l'a pas fait. En réalité, on a eu une chute record du taux d'épargne des ménages : il est tombé à zéro, ou presque, après la baisse de la taxation des dividendes et des plus-values dans les deux salves de réductions d'impôts du président George W. Bush, en 2001 et 2003. Le véritable effet de ces taux légers pour les riches a été d'accroître la rentabilité de la recherche de rente. Elle s'est épanouie, ce qui veut dire que la croissance a ralenti et que l'inégalité a augmenté. C'est une relation qu'on a aujourd'hui observée dans de nombreux pays. Contrairement aux mises en garde de ceux qui veulent conserver leurs privilèges, les pays qui ont relevé leurs taux d'imposition sur la tranche la plus élevée n'ont pas vu leur croissance ralentir. Un autre élément de preuve est ici, chez nous : si les efforts des riches ont pour effet l'amélioration globale du dynamisme de notre économie, on peut s'attendre à ce que tout le monde en bénéficie. Si les intéressés pratiquent la recherche de rente, il faut s'attendre, au contraire, à voir monter leur revenu et baisser celui des autres. Or, c'est exactement ce qui s'est passé. Les revenus de la classe moyenne, et même des plus pauvres, stagnent ou diminuent.

Outre les preuves directes, il existe un argument intuitif solide qui confirme que les taux d'imposition légers ont dû encourager la recherche de rente aux dépens de la création de richesse. Il est satisfaisant, en soi, de fonder une nouvelle entreprise, d'élargir les horizons de notre savoir, d'aider les autres. Il est désagréable, au contraire, de passer le plus clair de son temps à affiner des pratiques trompeuses et malhonnêtes pour siphonner l'argent des pauvres, comme on le faisait couramment dans le secteur financier avant la crise de 2007-2008. Je suis persuadé que, toutes choses égales par ailleurs, l'immense majorité des Américains choisiraient les premières activités et pas les secondes. Mais notre système fiscal biaise le jeu. Il accroît les rendements nets de certaines de ces occupations intrinsèquement désagréables. Et il nous a aidés à devenir une société de recherche de rente.

Ce n'est pas une fatalité. Nous pourrions avoir un système fiscal bien plus simple, sans toutes ces distorsions. Une société où celui qui détache des coupons paie, pour le même revenu, le même impôt que celui qui travaille en usine. Où le financier qui sauve des entreprises verse autant au fisc que le médecin qui sauve des vies. Où l'innovateur en finance est imposé de la même façon que le chercheur dont les innovations réelles transforment notre économie et notre société. Nous pourrions avoir un système fiscal qui encourage ce qui est bon, comme le travail et l'épargne, et décourage ce qui est mauvais, comme la recherche de rente, le pari, la spéculation financière et la pollution. Cette fiscalité pourrait rapporter infiniment plus que celle d'aujourd'hui. Nous n'aurions pas à subir toutes les querelles que nous avons traversées, le séquestre budgétaire, le mur budgétaire[1], les menaces de mettre fin à Medicare et à la Social Security telles que nous les connaissons. Nous serions en position budgétaire saine au moins pour un quart de siècle.

Les conséquences de notre fiscalité en panne ne sont pas seulement économiques. Notre système fiscal repose largement sur le respect volontaire de ses règles. Mais si les citoyens l'estiment injuste, il n'y aura pas de respect volontaire. Plus généralement, ce n'est pas seulement en assurant la protection sociale que l'État joue un rôle décisif, mais aussi en investissant dans les infrastructures, la technologie, l'éducation et la santé. Sans ces investissements, notre économie sera plus faible et notre croissance plus lente.

La société ne peut pas fonctionner correctement sans un sentiment minimal de solidarité et de cohésion nationales, et cette conscience d'avoir un objectif commun repose aussi sur l'équité du système fiscal. Si les Américains estiment que l'État est injuste – que nous avons un gouvernement du 1 %, pour le 1 % et par le 1 % –, soyons sûrs que la foi dans notre démocratie périra.

1. Le «mur budgétaire» est le programme d'austérité délibérément extrémiste sur lequel se sont entendus républicains et démocrates en 2011 : il devait être appliqué à partir du 1er janvier 2013 si une entente plus raisonnable entre les deux partis n'était pas intervenue avant. Mais leurs discussions n'ont pas abouti. La date limite arrivée, les républicains ont cédé pour deux mois. Après quoi, le 1er mars 2013, le «séquestre budgétaire» – ensemble de coupes automatiques massives dans les dépenses publiques prévues par l'accord de 2011 – est entré en vigueur (*NdT*).

La mondialisation n'est pas seulement une question de profits mais aussi d'impôts [1]

Le monde a paru béat d'admiration lorsque Tim Cook, le directeur général d'Apple, a déclaré que sa compagnie avait payé tous les impôts qu'elle devait – ce qui semblait vouloir dire : tous ceux qu'elle aurait dû payer. Il y a, bien sûr, une grosse différence entre les deux. Faut-il s'étonner qu'une entreprise disposant des ressources et de l'ingéniosité d'Apple fasse tout ce qu'elle peut pour payer le moins d'impôts possible sans violer la loi ? Si la Cour suprême, dans sa décision *Citizens United*, semble avoir assimilé les entreprises à des personnes avec tous les droits y attenant, cette fiction juridique ne les a pas dotées d'un sens de leurs responsabilités morales ; et, comme Plastic Man, elles sont capables d'être simultanément partout et nulle part – partout pour vendre leurs produits et nulle part pour déclarer les profits issus de ces ventes.

Apple, comme Google, a énormément bénéficié de ce que procurent les États-Unis et les autres États occidentaux : une main-d'œuvre très instruite, formée dans des universités financées par l'État tant directement qu'indirectement (au moyen de généreuses déductions fiscales pour les dons). La recherche fondamentale sur

1. *The Guardian*, 27 mai 2013.

laquelle reposent les produits de ces compagnies a été payée par le contribuable – Internet, sans lequel elles ne pourraient pas exister. Leur prospérité dépend en partie de notre système judiciaire, notamment parce qu'il fait énergiquement respecter les droits de propriété intellectuelle. Elles ont demandé (et obtenu) que l'État oblige les pays du monde entier à s'aligner sur nos normes, qui parfois menacent durement la vie et le développement des habitants des pays pauvres et émergents. Oui, elles ont apporté du génie et des capacités d'organisation, et en sont justement applaudies. Mais, si Newton a eu assez de modestie pour observer qu'il se tenait sur les épaules de géants, elles n'ont aucun scrupule à jouer les resquilleuses : elles profitent généreusement des bienfaits de notre système et ne veulent pas contribuer à proportion de ce qu'elles prennent. Sans argent public, la source de l'innovation et de la croissance future s'asséchera – pour ne rien dire de ce qu'il adviendra de notre société toujours plus divisée.

Il n'est même pas vrai qu'un relèvement des taux de l'impôt sur les sociétés se traduirait nécessairement par une baisse sensible de l'investissement. Apple a montré qu'elle peut financer tout ce qu'elle veut par l'emprunt – y compris le versement de dividendes, autre astuce pour éviter de payer sa juste part de l'impôt. Mais lorsqu'on paie des intérêts, ils sont déductibles des impôts. Autrement dit, dans la mesure où l'on finance l'investissement par l'emprunt, le coût du capital et les rendements changent dans la même proportion, sans aucun effet négatif sur l'investissement. Avec le faible taux d'imposition des plus-values, les rendements des actions sont traités encore plus favorablement. Et d'autres détails du Code des impôts apportent encore des bénéfices supplémentaires, comme l'amortissement accéléré et le traitement fiscal des dépenses de recherche-développement.

Il est temps que la communauté internationale regarde la réalité en face : nous avons un régime fiscal mondial ingérable et injuste qui crée des distorsions. Il joue un rôle prépondérant dans la montée de l'inégalité que l'on constate aujourd'hui dans la plupart des pays avancés – avec l'Amérique à l'avant-garde et la Grande-Bretagne pas très loin derrière. On a affamé le secteur public, on l'a privé de ressources, et c'est avant tout pour cela que l'Amérique n'est plus le pays de l'égalité des chances : les perspectives d'un enfant dans la vie y dépendent plus du revenu et de l'éducation de ses parents que dans les autres pays avancés.

La mondialisation nous a rendus de plus en plus interdépendants. Ces compagnies internationales en sont les grandes bénéficiaires. Ce n'est pas le cas, par exemple, du travailleur américain moyen, et de ses homologues dans beaucoup d'autres pays : en partie sous la pression de la mondialisation, ils ont vu leurs revenus réels (qui tiennent pleinement compte de la baisse des prix qu'elle a provoquée) diminuer année après année, au point que le revenu d'un travailleur à temps plein de sexe masculin aux États-Unis est inférieur à ce qu'il était il y a quarante ans. Nos multinationales ont appris à exploiter la mondialisation à tous les sens du terme – y compris en utilisant les failles de la fiscalité qui leur permettent d'esquiver leurs responsabilités sociales mondiales.

Les États-Unis ne pourraient pas avoir, au niveau national, un impôt sur les sociétés qui fonctionne s'ils avaient décidé d'instaurer entre les États un système de prix de transfert (où les compagnies «inventeraient» les prix des biens et services que leurs filiales s'achètent entre elles afin de faire enregistrer les profits dans tel État plutôt que tel autre). Ils ont élaboré une fiscalité fondée sur une formule mathématique, selon laquelle les profits sont alloués sur la base de l'emploi, des ventes et des biens d'équipement. Mais il y a de multiples possibilités d'affiner encore ce système pour tenir compte d'une autre réalité : il est plus facile de déplacer les profits d'un endroit à l'autre quand une source majeure de la «valeur ajoutée» réelle est la propriété intellectuelle.

Certains ont fait remarquer que, si les sources de la production (de la valeur ajoutée) sont difficiles à identifier, la destination l'est moins (bien qu'avec les réexpéditions, elle ne soit peut-être pas aussi claire qu'ils le pensent) ; ils suggèrent donc un système fondé sur la destination. Celui-ci ne serait pas nécessairement équitable : il ne fournirait aucun revenu aux pays qui ont supporté les coûts de la production. Mais un système fondé sur la destination serait clairement meilleur que celui qui existe.

Les États-Unis ne seraient pas rémunérés pour leurs contributions scientifiques mondiales réalisées sur fonds publics, et pour la propriété intellectuelle qu'elles apportent. Mais ils le seraient, au moins, pour leur consumérisme effréné, qui crée des incitations à ces innovations. Il serait bon de conclure un accord international sur l'imposition des profits des entreprises. Sans ce type d'entente, tout pays qui menacerait d'imposer aux compagnies une fiscalité équitable sur la base de leur production serait puni : la production (et les emplois) serait transférée ailleurs. Parfois, des pays ont les moyens de ne pas céder au chantage. D'autres peuvent juger le risque trop élevé. Mais s'il y a un facteur auquel les entreprises ne peuvent échapper, ce sont les clients.

De leur propre chef, les États-Unis pourraient faire avancer considérablement la réforme : ils n'ont qu'à imposer à toute entreprise qui vend des produits sur leur territoire de payer une taxe sur ses profits mondiaux, à un taux, disons, de 30 %, sur la base d'un bilan consolidé, mais en déduisant (dans certaines limites) les impôts sur les profits qu'elle a réglés dans d'autres pays. Autrement dit, les États-Unis se chargeraient de faire respecter un régime d'impôt minimum au niveau mondial. Certaines compagnies pourraient décider de ne plus vendre en Amérique, mais je ne crois pas qu'elles seraient bien nombreuses.

Le problème de l'évitement fiscal des multinationales est plus grave et nécessite une réforme de fond. Elle doit s'attaquer notamment aux paradis fiscaux, qui accueillent l'argent en fuite et facilitent son blanchiment. Google et Apple emploient les avocats les plus talentueux, qui savent comment éviter l'impôt sans sortir du cadre de la loi. Mais il ne devrait y avoir aucune place dans notre système pour des pays complices de l'évitement fiscal. Pourquoi les contribuables allemands devraient-ils participer au renflouement des habitants d'un pays qui a fondé son modèle économique sur l'évitement fiscal et sur la course vers le pire ? Et pourquoi les citoyens d'un État, quel qu'il soit, autoriseraient-ils leurs entreprises à profiter de l'existence de ces pays prédateurs ?

Dire qu'Apple et Google n'ont fait que tirer profit du système en vigueur serait les dédouaner trop facilement. Ce système n'est pas apparu tout seul. Il a été modelé dès le début par les lobbyistes des grandes multinationales. Des compagnies comme General Electric ont demandé avec insistance, et obtenu, des dispositions qui leur ont donné les moyens d'éviter encore plus d'impôts. Leurs lobbyistes ont réclamé, et obtenu, des mesures d'amnistie fiscale qui leur ont permis de rapatrier leur argent aux États-Unis avec un taux d'imposition spécial, très faible, contre promesse de l'investir dans le pays. Après quoi ils ont trouvé comment respecter la lettre de la loi en violant son esprit et son intention. Si Apple et Google défendent ardemment les vastes possibilités qu'offre la mondialisation, leur faible pour l'évitement fiscal les a rendus emblématiques de ce qui peut dérailler, et déraille, dans ce système.

Les sophismes
de Mitt Romney [1]

La violente sortie de Mitt Romney contre les 47 % d'Américains qui, à l'en croire, ne paient pas d'impôt sur le revenu et vivent aux crochets de l'État a déclenché une juste fureur. Elle suggère qu'un nombre considérable de citoyens – partisans de Barack Obama – sont des resquilleurs.

Mais ce sont les semblables de Romney qui resquillent : c'est toute l'ironie de l'affaire. En pourcentage de son revenu déclaré, les impôts qu'il dit payer sont bien inférieurs à ceux des Américains qui gagnent beaucoup moins que lui. Et, contrairement à ce que se plaisent à croire certains de ses pairs, nul ne réussit tout seul. Même quand on n'a pas hérité de sa fortune, le succès en affaires exige un système judiciaire, une main-d'œuvre instruite, des infrastructures publiques ; tout cela est fourni par l'État.

Des « innovateurs » comme Google n'ont accompli leurs exploits qu'en s'appuyant sur le travail des autres. Pour que Google puisse créer le moteur de recherche le plus populaire d'Internet, il fallait bien qu'avant, quelqu'un crée Internet. Et qui l'a fait ? L'État.

1. *USA Today*, 20 septembre 2012.

DÉTRUISONS LES MYTHES !

Mais les failles de la logique de Romney sont encore plus profondes.

Premièrement, même ceux qui ne paient pas d'impôts sur le revenu en paient beaucoup d'autres : impôts sur les salaires, taxes sur les ventes, impôts indirects et impôts fonciers. Parmi les bénéficiaires des «prestations», beaucoup ont payé pour cela – en cotisant à la Social Security (la caisse de retraite) et à Medicare. Ce ne sont pas des resquilleurs. L'État a mieux réussi à leur fournir ces prestations que le secteur privé. N'oublions pas pourquoi on a créé ces programmes au départ : le secteur privé laissait sans ressources la plupart des personnes âgées, le marché des assurances-retraite n'existait pratiquement pas et les seniors ne pouvaient pas obtenir d'assurance-maladie.

Aujourd'hui encore, le secteur privé ne fournit pas le type de sécurité apportée par la Social Security, qui protège même de la volatilité de la bourse et de l'inflation. Et les coûts de transaction de la Social Security sont nettement plus bas – ce qui n'a rien d'étonnant puisque l'objectif du secteur privé est de maximiser ces coûts. Les coûts de transaction, ce sont ses profits.

Deuxièmement, de nombreux bénéficiaires des prestations sont des jeunes : en leur assurant l'éducation et les soins médicaux (même si leurs parents ne paient pas d'impôt), nous investissons dans notre avenir. De tous les pays avancés pour lesquels il existe des statistiques, l'Amérique est celui où l'égalité des chances est la plus faible. Mais si le rêve américain est devenu un mythe, rien n'impose qu'il en soit ainsi. Les enfants ne doivent pas dépendre de la fortune de leurs parents pour obtenir l'éducation ou les soins nécessaires à leur plein épanouissement.

Troisièmement, un système efficace de protection sociale est un trait primordial de toute société moderne : c'est une nécessité pour permettre à chacun de prendre des risques. Là encore, le marché n'a pas réussi à fournir une assurance adéquate ; par exemple, contre le chômage ou le handicap. C'est pourquoi l'État est intervenu. Ceux qui reçoivent ces prestations ont généralement payé pour cela, directement ou indirectement : ils ont cotisé à ces fonds d'assurance – eux-mêmes ou leur employeur, en leur nom. Mais assurer une protection sociale contre ces risques rend aussi la société plus productive. Les particuliers peuvent plus facilement se lancer dans des activités plus lucratives et plus risquées s'ils savent qu'il y a un filet de sécurité pour les protéger en cas d'échec. C'est l'une des raisons pour lesquelles, dans certaines économies à forte protection sociale, la croissance a été beaucoup plus rapide qu'aux États-Unis, même pendant la récession récente.

LES ÉCHECS DE L'ÉTAT

Quatrièmement, si ceux qui sont tout en bas de l'échelle – qui sont devenus très dépendants de l'État – en sont là, l'une des raisons fréquentes est que l'État n'a pas été à la hauteur. Il n'a pas su leur fournir les qualifications qui les auraient rendus productifs et leur auraient permis de gagner leur vie correctement. Il n'a pas su empêcher les banques de les exploiter par le crédit prédateur et les pratiques abusives des cartes de crédit. Il n'a pas su faire barrage aux écoles à but lucratif qui ont tiré profit de leurs aspirations à s'élever par l'éducation.

Enfin, nous sommes une communauté – et toutes les communautés aident leurs membres les moins favorisés. Si notre système économique produit un nombre aussi massif de sans-emploi, qui dépendent de l'État pour se nourrir, l'État doit intervenir. Ce système n'a pas fonctionné comme il aurait dû : il n'a pas créé d'emplois pour tous ceux qui veulent travailler. Et nombre des emplois qu'il a créés ne rapportent pas un salaire suffisant pour vivre.

Nous avons, effectivement, une société divisée. Mais elle n'est pas divisée, comme l'a suggéré Romney, entre les resquilleurs et les autres, bien que certains des contribuables imposés ne paient pas leur juste part et resquillent aux dépens de ceux qui le font.

Elle est plutôt divisée entre ceux qui voient l'Amérique comme une communauté et comprennent que le seul moyen d'avoir une prospérité durable est de la partager, et ceux qui ne le font pas.

CINQUIÈME PARTIE

Les conséquences
de l'inégalité

L'inégalité affaiblit notre économie, mine notre démocratie et divise notre société : tel a été le message central de mon livre *Le Prix de l'inégalité*. La série d'articles «La Grande Fracture» en a développé divers aspects. Les textes repris ici ne peuvent aborder qu'un petit nombre de sujets. Certains articles inclus dans le prélude (et son introduction) montrent que l'inégalité fragilise le dynamisme économique en réduisant la demande et en répandant l'instabilité. Dans un texte de la dernière partie («L'inégalité ralentit la reprise»), j'explique que l'aggravation continue de l'inégalité est l'une des explications de l'extraordinaire lenteur de la reprise après la crise de 2008 – crise que l'inégalité a contribué à créer.

J'ai déjà évoqué l'ampleur de l'inégalité des chances en Amérique. Un important pourcentage des Américains – ceux qui n'ont pas eu la bonne fortune de naître de parents aisés – ne vivront probablement pas à la hauteur de leurs potentialités. C'est bien sûr désastreux pour eux personnellement, mais c'est mauvais aussi pour l'économie : nous n'utilisons pas pleinement notre ressource la plus importante, notre peuple.

Puisqu'un gouvernement du 1 %, pour le 1 % et par le 1 % travaille à enrichir le 1 % – par l'aide sociale aux entreprises et les avantages fiscaux –, il y a moins de ressources disponibles pour investir dans les infrastructures, l'éducation et la technologie. Or ces investissements sont nécessaires pour conserver une économie forte et en croissance.

Mais le coût réel de l'inégalité, ce sont ses répercussions sur notre démocratie et notre société. Les valeurs fondamentales que le pays avait faites siennes – l'égalité des chances, l'égalité d'accès à la justice, le sentiment d'avoir un système équitable – ont été érodées, comme on l'a vu dans des articles précédents («L'égalité des chances, notre mythe national» et «La justice pour certains»). Les liens qui maintiennent la cohésion d'un pays en temps de guerre, faits de sacrifices partagés, sont fragilisés quand les riches obtiennent une réduction d'impôts et que nous avons une armée de «volontaires» largement composée de pauvres qui n'ont guère d'autres perspectives d'emploi. Après quoi, au lieu de les récompenser comme nous l'avons fait avec le G.I. Bill of Rights pour ceux qui ont servi sous les drapeaux pendant la Seconde Guerre mondiale, nous les avons forcés à revenir sur le champ de bataille pour plusieurs périodes de service, à tel point que pratiquement la moitié de ceux qui sont rentrés ont un ou plusieurs handicaps. Pour aggraver encore les choses, nous (plus exactement l'administration Bush) avons alors sous-financé les hôpitaux pour anciens combattants où ils vont se faire soigner[1].

Puisque le sentiment d'avoir des règles du jeu équitables s'affaiblit, notre société commence à s'effilocher de bien des façons. Comme je le souligne dans l'article «Un système fiscal truqué contre les 99 %», une fiscalité comme la nôtre, largement fondée sur le respect volontaire, ne fonctionne que si chacun la croit juste. Or il est maintenant clair pour tout le monde qu'elle ne l'est pas, que les riches sont infiniment mieux traités que la classe moyenne.

1. Voir Linda J. Bilmes et Joseph E. Stiglitz, *Une guerre à 3 000 milliards de dollars, op. cit.*; Linda J. Bilmes et Joseph E. Stiglitz, «Estimating the Costs of War : Methodological Issues, with Applications to Iraq and Afghanistan», *in* Michelle R. Garfinkel et Stergios Skaperdas (éd.), *Oxford Handbook of the Economics of Peace and Conflict*, New York, Oxford University Press, 2012, p. 275-317 ; et Témoignage devant la commission de la Chambre des représentants sur les affaires des anciens combattants, 30 septembre 2010.

Les deux articles reproduits ici analysent deux conséquences de l'inégalité auxquelles on n'a pas été suffisamment attentif. Le premier se concentre sur ce qui se passe dans nos centres-villes, où vivent une si large part des pauvres de notre pays. La faillite de Détroit est symbolique. Comme tant de familles américaines, cette ville a durement souffert d'avoir suivi les conseils des exploiteurs du secteur financier : elle a acheté les dérivés à risque. Warren Buffett les a qualifiés d'armes financières de destruction massive. À Détroit, ils ont bel et bien explosé. Comme dans tant d'autres cas, lorsque les problèmes sont apparus, le secteur financier a exigé d'être remboursé en priorité – de passer avant le bien-être des habitants de la ville, notamment des travailleurs municipaux auxquels leurs contrats promettaient des pensions de retraite.

Le second article de cette section, « In No One We Trust », analyse une autre victime de la montée de l'inégalité en Amérique : la confiance, sans laquelle aucune société ne peut fonctionner. Bien que les économistes, en général, n'utilisent pas ce genre de termes, la confiance est un impératif de notre économie : sans elle, rien n'est possible. J'explique pourquoi il en est ainsi, comment l'iné-galité a érodé cette substance des plus précieuses, et pourquoi, une fois érodée, il peut s'avérer difficile de la rétablir.

La fausse leçon à tirer
de la faillite de Détroit[1]

Pendant mon enfance à Gary, dans l'Indiana, près du quart des salariés américains travaillaient dans l'industrie. Il y avait à l'époque quantité d'emplois, assez bien rémunérés pour permettre à un seul actif par ménage, avec un seul poste, de réaliser le rêve américain pour sa famille de quatre personnes. Il pouvait gagner sa vie à la sueur de son front, se permettre d'envoyer ses enfants à l'université et même les voir entrer dans les professions spécialisées et libérales.

Des villes comme Détroit et Gary se sont développées grâce à cette industrie : elle ne leur apportait pas seulement de la richesse, mais aussi des communautés humaines fortes, une assiette fiscale saine, de bonnes infrastructures. Après avoir acquis des bases solides dans les excellentes écoles publiques de Gary, influencées par les idées du réformateur progressiste John Dewey, je suis passé à l'Amherst College, puis au MIT pour mon doctorat.

Aujourd'hui, moins de 8 % des salariés américains travaillent dans l'industrie, et de nombreuses villes du Rust Belt ne sont plus que des squelettes. Les déprimantes statistiques de Détroit sont presque devenues un cliché : 40 % de l'éclairage public hors

1. *New York Times*, 11 août 2013.

d'usage ce printemps, des dizaines de milliers de bâtiments abandonnés, les écoles fermées, une baisse de 25 % de la population
depuis dix ans. L'an dernier, le taux de criminalité avec violence
a été le plus élevé de toutes les grandes villes. En 1950, lorsque
Détroit comptait 1,85 million d'habitants, il y avait 296 000 emplois
industriels dans la ville ; en 2011, avec une population d'un peu
plus de 700 000 habitants, il y en a moins de 27 000.

Tant de phénomènes se conjuguent dans la chute spectaculaire
de Détroit – la plus grande faillite d'une municipalité de l'histoire
des États-Unis – qu'il est utile d'y réfléchir attentivement. Voyons
ce qu'elle révèle des changements de notre économie et de notre
société, et ce qu'elle laisse présager de notre avenir.

Les défaillances des politiques nationales et locales sont
aujourd'hui bien connues : le sous-investissement dans les infrastructures et les services publics ; l'enclavement géographique, qui
a marginalisé les communautés pauvres et afro-américaines du
Rust Belt ; la pauvreté transmise d'une génération à l'autre, qui a
paralysé l'ascension sociale ; et la volonté de donner la priorité aux
intérêts financiers (comme ceux des dirigeants des grandes entreprises et des banques) sur ceux des travailleurs.

Certains vont hausser les épaules. Des entreprises meurent
chaque jour. D'autres naissent. C'est la dynamique du capitalisme.
Pour les villes, c'est pareil. Détroit et les villes de ce type sont peut-
être mal situées pour les biens et services que demande l'Amérique du XXIe siècle, tout simplement.

Mais ce diagnostic est faux. Il est très important de le comprendre : la chute de Détroit n'est pas seulement un résultat inévitable des mécanismes du marché.

D'abord, la description est incomplète : les problèmes les plus
graves de Détroit se limitent à la ville proprement dite. Dans le reste
de l'agglomération, l'activité économique bat son plein. Dans des
banlieues comme Bloomfield Hills, le revenu du ménage médian
dépasse les 125 000 dollars. Ann Arbor, où se trouve l'université du
Michigan, un des principaux centres mondiaux de recherche et de
production du savoir, est à quarante-cinq minutes de Détroit.

Les épreuves de Détroit sont en partie dues à un aspect bien
précis de la fracture économique et sociale aux États-Unis.

Comme l'ont souligné les sociologues Sean F. Reardon et Kendra Bischoff, la ségrégation économique a énormément augmenté dans notre pays et elle peut être encore plus pernicieuse que la ségrégation raciale. Détroit est l'exemple par excellence de l'enfermement des élites prospères (et très majoritairement blanches) dans des enclaves suburbaines. Il y a des raisons de fermer ainsi les écoutilles : cela garantit aux riches qu'ils ne participeront pas du tout au financement des biens et services publics locaux de leurs voisins moins prospères, et que leurs enfants n'auront pas à se mêler à ceux des milieux socioéconomiques modestes.

La tendance de l'inégalité à s'autoalimenter est particulièrement nette dans l'éducation, cet ascenseur social toujours plus étriqué. Les écoles des quartiers pauvres se dégradent, les parents qui ont les moyens passent dans les banlieues riches, et les divisions entre nantis et déshérités grandissent – à la génération actuelle mais aussi à la suivante.

La ségrégation résidentielle sur des bases économiques aggrave aussi l'inégalité chez les adultes. Les pauvres doivent se débrouiller pour se rendre de leurs quartiers aux zones éloignées où ils peuvent travailler – dans des emplois à temps partiel, mal rémunérés et de plus en plus rares. Associons l'expansion tentaculaire des agglomérations à l'insuffisance des transports publics : on aura un plan directeur pour transformer les quartiers ouvriers en ghettos dépeuplés.

Les problèmes qui naîtraient inévitablement d'une agglomération si mal conçue sont aggravés par la division de la zone métropolitaine de Détroit en entités politiques séparées. Ainsi, les pauvres sont non seulement isolés géographiquement mais aussi ghettoïsés politiquement. Résultat : un centre-ville séparé, pauvre, manquant cruellement de ressources, plus encore que par le passé puisque les usines qui fournissaient l'essentiel de l'assiette fiscale ont fermé.

La décision de déclarer la municipalité en faillite sous la protection du Chapitre 9 a été prise par Kevyn D. Orr, le coordinateur d'urgence, non élu, nommé par le gouverneur Rick Snyder, républicain, pour gérer les finances de la ville. Le maire en place, Dave

Bing, démocrate, a décidé de ne pas solliciter un second mandat; ce n'est guère surprenant puisqu'il a été marginalisé, ainsi que les autres responsables locaux, tandis que l'avenir de sa ville – et des dettes accumulées qu'elle devait à ses créanciers – se décidait au tribunal.

Des historiens comme Thomas J. Sugrue l'ont démontré : la désintégration de Détroit a commencé avant les conflits sur les programmes sociaux et les relations interraciales (émeutes de 1967 comprises). Elle remonte aux décennies de l'après-guerre. C'est à cette époque que les graines de la désindustrialisation, de la discrimination raciale et de l'enclavement géographique ont été plantées. Nous avons moissonné ce que nous avons semé.

Sans unité politique régionale, il n'y a pas de cadre général pour améliorer les infrastructures et les services publics entre centres-villes pauvres et banlieues riches. Les pauvres doivent donc compter sur le peu de moyens qu'ils ont, et ça ne suffit pas. Inévitablement, les voitures tombent en panne, les bus ont du retard, donc on juge ces salariés «pas sérieux». Mais ce qui n'est pas sérieux, c'est la conception injuste de la ville. Comment s'étonner que l'Amérique devienne le pays industriel avancé où l'égalité des chances est la plus faible ?

La vision faussée des priorités qui, localement, a vidé Détroit de sa substance reflète aussi une lacune de la politique nationale. Chaque pays, chaque société a des régions et des secteurs en ascension et d'autres en déclin. Cela fait un certain temps que la Silicon Valley est l'étoile montante de l'Amérique – comme l'était le Nord du Midwest il y a une centaine d'années. Avec l'évolution technique et la mondialisation, l'avantage comparatif du Midwest comme foyer industriel mondial a reflué : les raisons sont trop connues pour les énumérer ici. Mais souvent les marchés ne sont pas très doués pour s'auto-régénérer.

Au lieu de faire face sérieusement à ce changement du paysage économique par des politiques utiles, encourageant la croissance d'autres secteurs d'activité, notre gouvernement a passé des décennies à dissimuler l'aggravation des faiblesses de l'économie, en laissant un secteur financier devenu fou furieux créer de la «croissance» à base de bulles. Nous n'avons pas seulement «laissé faire» le marché. Nous avons activement choisi le profit immédiat et l'inefficacité massive.

Peut-être les changements structurels qui ont rendu l'industrie américaine moins importante dans notre économie étaient-ils inévitables. Mais le gâchis, la souffrance et la détresse humaine dans les villes qui les ont accompagnés, sûrement pas! Il y a d'autres politiques qui peuvent adoucir ce type de transition, en préservant la richesse et en renforçant l'égalité. À quatre heures seulement de Détroit, Pittsburgh a dû faire face, elle aussi, à la fuite des Blancs. Mais elle a été plus prompte à passer d'une économie fondée sur l'acier et le charbon à une autre qui privilégie l'éducation, la santé et les services juridiques et financiers. Manchester, capitale de l'industrie textile britannique pendant plus d'un siècle, a été transformée en ville universitaire, culturelle et musicale. L'Amérique a un programme de rénovation urbaine, mais il vise moins le maintien et la restauration des communautés locales que la restauration du bâti et la gentrification – et même sur ce plan-là, il manque de nerf. On a vendu aux travailleurs américains des politiques de «libre» échange en promettant que les gagnants indemniseraient les perdants. Les perdants attendent toujours.

Bien entendu, la Grande Récession et les politiques qui l'ont provoquée ont considérablement aggravé ce problème, comme tant d'autres. Dans certaines de nos villes, les sociétés de prêt hypothécaire ont envahi de vastes zones : elles y ont trouvé un terrain fertile pour leur crédit prédateur et discriminatoire. Quand la bulle a éclaté, ces villes ont été abandonnées de tous, sauf des agents de recouvrement et des commissaires aux saisies. Au lieu de sauver nos collectivités locales, nos élus n'ont pensé qu'à sauver les banquiers, les actionnaires des banques et les détenteurs de leurs obligations.

La situation est sombre, mais tout n'est pas perdu pour Détroit et les autres villes confrontées aux mêmes problèmes. La question qui se pose aujourd'hui à Détroit est : comment gérer la faillite?

Là aussi, méfions-nous de la «sagacité» des puissances d'argent. Ces dernières années, les «génies de la finance» des banques privées – qui ont pour spécialité, en principe, la gestion du risque – ont vendu à Détroit des produits financiers du dernier chic (les dérivés) qui ont alourdi sa dette de plusieurs centaines de millions de dollars.

Dans une faillite traditionnelle, les dérivés auraient priorité, en tant que créanciers, sur les travailleurs municipaux en activité et à la retraite. Heureusement, les règles qui régissent le Chapitre 9 du Code des faillites privilégient l'intérêt général. Lorsqu'une institution publique fait faillite, il y a toujours une certaine ambiguïté sur son actif et sur son passif. Ses obligations comprennent un «contrat social» non écrit. Elle est tenue, notamment, d'assurer les services sociaux à ses habitants. Son aptitude à accroître ses revenus est limitée : augmenter les impôts risque d'accélérer la spirale mortifère en faisant fuir davantage d'entreprises et de propriétaires.

Évidemment, les banques aimeraient que les priorités soient différentes. Avec près de 300 millions de dollars de dérivés impayés sur la table, elles vont peut-être intriguer pour être en tête de la file des remboursements. La procédure du Chapitre 9 donne l'occasion de les renvoyer à leur juste place : en bout de queue. Utiliser ces instruments financiers non transparents pour dérouter et duper les investisseurs était déjà scandaleux. Récompenser les banques de l'avoir fait, ce serait passer les bornes. Dans la procédure de faillite, la priorité doit être de rendre à Détroit sa vitalité, pas seulement de la désendetter. On connaît le principe du Chapitre 11 de notre Code des faillites (celui qui concerne les entreprises) : la faillite doit permettre un nouveau départ – parce que c'est vital pour préserver les emplois et notre économie. Mais quand des municipalités font faillite, il est encore plus important de préserver nos collectivités.

Les banques et les détenteurs d'obligations vont dire que payer les retraites des employés municipaux est un fardeau anormal qu'il faut limiter ou annuler pour réduire leurs pertes. Mais la priorité très généralement reconnue au personnel dans les faillites municipales est tout à fait justifiée. Après tout, quand les employés municipaux ont accompli leur service, il était bien entendu qu'ils seraient payés, et les retraites ne sont qu'une «rémunération différée». Ils ne pratiquent pas l'art difficile de l'évaluation du risque, comme les investisseurs. Et, à la différence de ces derniers, ils ne peuvent pas vraiment diversifier leur portefeuille pour gérer leurs risques. Il serait donc intolérable de dire à ces travailleurs : désolés, nous n'allons pas vous payer ce que nous vous avions promis pour le travail que vous avez déjà fait. D'autant plus que leurs pensions n'ont rien à voir avec celles des chefs d'entreprise : elles sont loin d'être généreuses. La plupart des employés municipaux retraités reçoivent des chèques d'environ 1 600 dollars par mois.

Autant dire que le poids de la faillite devra être supporté, en grande partie, par les sociétés de crédit qui ont prêté de l'argent à Détroit et par leurs assureurs. Et c'est bien normal. Ils ont obtenu un certain rendement, qui reflétait leur estimation subjective du risque auquel ils étaient confrontés. Certes, ils auraient aimé avoir une rentabilité élevée et malgré tout ne supporter aucun risque. Mais ce n'est pas ainsi que fonctionnent les marchés, ni qu'ils doivent fonctionner.

Garantir que la faillite se déroule dans l'intérêt de Détroit exigera de la vigilance, et ce n'est que le premier pas du redressement. À long terme, il nous faudra changer notre mode de gestion des aires métropolitaines. Nous devons fournir de meilleurs transports publics, un système d'éducation qui assure un minimum d'égalité des chances et un système de «gouvernance» métropolitaine qui ne serve pas seulement le 1 %, ni même le 20 %, mais tous les citoyens.

Au niveau national, il nous faut des politiques qui adoucissent le sevrage des États-Unis de leur dépendance envers l'industrie pour l'emploi : des investissements dans l'éducation, dans la formation et dans les infrastructures. Si nous ne le faisons pas, les faillites post-Grande Récession, comme celles de Jefferson County (Alabama), de Vallejo (Californie), de Central Falls (Rhode Island) et aujourd'hui de Détroit, risquent de se banaliser.

La faillite de Détroit nous rappelle à quel point notre société s'est divisée et tout ce qu'il faut faire pour la guérir de ses fractures. Et elle adresse un sérieux avertissement aux habitants des villes prospères d'aujourd'hui : cela pourrait vous arriver.

« In No One We Trust [1] »

Aujourd'hui en Amérique, on nous souffle parfois qu'il est naïf de se soucier de la confiance. Nos chansons nous mettent en garde contre elle, nos émissions télévisées racontent des histoires qui montrent sa futilité et les incessantes révélations de nouveaux scandales financiers nous rappellent qu'il serait idiot de l'accorder à nos banquiers.

Ce dernier point est peut-être exact, mais cela ne veut pas dire que nous devons abandonner tout effort pour en avoir un peu plus dans notre société et dans notre économie. La confiance, c'est ce qui rend possible les contrats, les projets et les transactions quotidiennes. Elle facilite le processus démocratique, du vote à l'élaboration des lois, et elle est nécessaire à la stabilité sociale. Elle joue un rôle essentiel dans notre vie. Plus que l'argent, c'est la confiance qui fait tourner le monde.

Certes, nous ne la mesurons pas dans nos comptes nationaux. Mais il n'est pas moins important d'investir dans la confiance que dans le capital humain ou les machines.

---

1. *New York Times*, 21 décembre 2013. (Le titre détourne la devise des États-Unis, «In God We Trust», «Nous avons confiance en Dieu», qu'il remplace par : «Nous n'avons confiance en personne» – *NdT*.)

Malheureusement, la confiance est victime, elle aussi, de l'ahurissante inégalité de notre pays. Plus l'écart entre Américains s'élargit, plus les liens qui unissaient la société se fragilisent. La population croit de moins en moins à un système qui semble inexorablement truqué contre elle, le 1 % atteint des sommets toujours plus hauts – et cet élément fondamental de nos institutions et de notre mode de vie s'érode.

Nous sous-estimons la confiance. Ce mépris est ancré dans nos traditions économiques les plus populaires. Nous ferions mieux de faire confiance à la recherche de l'intérêt personnel, a vigoureusement soutenu Adam Smith, qu'aux bonnes intentions de ceux qui œuvrent dans l'intérêt général. Quand chacun ne pense qu'à lui, nous atteignons un équilibre qui n'est pas seulement confortable mais aussi productif : l'économie est pleinement efficace. Pour ceux que la morale ne tourmente guère, l'idée est séduisante : l'égoïsme, stade suprême de l'abnégation. (Ailleurs, notamment dans sa *Théorie des sentiments moraux*, Smith adopte une perspective bien plus équilibrée – que la plupart de ses adeptes actuels n'ont pas suivie.)

Mais, depuis trente ans, les événements – et la recherche en économie – ont démontré que nous ne pouvons pas nous fier à l'intérêt personnel ; qu'aucune économie, pas même une économie moderne fondée sur le marché comme celle des États-Unis, ne peut fonctionner correctement sans un minimum de confiance ; et que l'égoïsme sans mélange mine inévitablement la confiance.

Prenons le secteur bancaire, à l'origine de la crise qui nous a coûté si cher.

Plus que d'autres, il a longtemps été fondé sur la confiance. On met son argent à la banque parce qu'on a confiance : on est sûr que, lorsqu'on voudra le reprendre, il sera là. Non que les banquiers n'aient jamais essayé de se tromper entre eux, de duper leurs clients. Mais l'immense majorité de leurs opérations se menaient sur d'autres bases : la sincérité supposée des rapports mutuels, une transparence suffisante et le sens des responsabilités. Sous leur meilleur jour, les banques étaient des piliers des communautés locales, qui prêtaient judicieusement aux petites entreprises prometteuses et aux futurs propriétaires.

Mais, dans les années de la marche à la crise, nos banquiers traditionnels ont changé du tout au tout : ils se sont agressivement diversifiés dans d'autres activités, notamment celles que l'on associait autrefois aux banques d'affaires. La confiance a été jetée par-dessus bord. Les banques de dépôt ont vendu à la hussarde des prêts hypothécaires à des familles qui n'en avaient pas les moyens, avec de faux arguments rassurants. Peut-être se disaient-elles que, même si elles exploitaient leurs clients sans mesure et prenaient des risques énormes, de nouveaux produits « d'assurance » – les dérivés et autres fourberies – les protégeaient des conséquences. S'il s'en est trouvé parmi elles pour penser aux retombées sociales de leurs activités – crédit prédateur, pratiques abusives des cartes de crédit ou manipulation des marchés –, elles ont pu se consoler en se remémorant le principe d'Adam Smith : puisqu'elles s'enrichissaient tant, elles devaient faire progresser considérablement le bien-être social.

Nous savons aujourd'hui, bien sûr, que ce n'était qu'un mirage. L'affaire a mal tourné pour notre économie et notre société. Puisque des millions de personnes ont perdu leur maison pendant et après la crise, la fortune médiane a baissé de près de 40 % en trois ans. Les banques aussi auraient plongé, sans les mégarenflouements Bush-Obama.

Ces pertes de confiance en cascade se sont poursuivies sans répit. Si l'éclatement de la bulle en 2007 a conduit à une crise aussi gigantesque, c'est, entre autres, parce que les banques ne pouvaient plus se faire confiance entre elles. Chacune connaissait bien ses propres manigances : la mise hors bilan d'éléments de son passif, le crédit prédateur et plus que téméraire. Elle savait donc qu'elle ne pouvait se fier à aucune autre banque. Il y a eu gel du crédit interbancaire et le système financier s'est trouvé au bord de l'asphyxie. Il n'a été sauvé que par l'action résolue du « public » – des citoyens, dont la confiance avait été le plus odieusement trompée.

Dans des épisodes antérieurs, le secteur financier avait déjà démontré la fragilité de la confiance. Le principal a été le krach de 1929. Il a provoqué le vote de nouvelles lois pour mettre un terme aux pires abus, de la fraude à la manipulation du marché. Ces lois, nous faisions confiance aux régulateurs pour les imposer et aux banques pour leur obéir. L'État ne pouvait pas être partout, mais les banques seraient maintenues sur le droit chemin au moins par la peur des conséquences d'une mauvaise conduite.

Plusieurs décennies plus tard, les banquiers ont usé de leur influence politique pour vider les réglementations de leur substance et faire nommer des régulateurs qui n'y croyaient pas. De hauts responsables de l'exécutif et des universitaires ont garanti aux parlementaires et à l'opinion que les banques pouvaient s'autoréglementer.

Mais, finalement, tout cela était une arnaque. Nous avions créé un système de rémunération qui encourageait la vue courte et l'excès de risque. En fait, nous étions entrés dans une ère de mépris des valeurs morales et de dépréciation de la confiance.

Le secteur bancaire n'est qu'un exemple d'un vaste programme, promu par certains politiciens et théoriciens de droite, pour miner le rôle de la confiance dans notre économie. Ce mouvement préconise des politiques fondées sur une idée simple : jamais, dans aucun contexte, on ne doit compter sur la confiance pour motiver un comportement, quel qu'il soit. Dans leur système, seules les incitations sont efficaces.

Donc, selon les tenants de cette théorie, il faut absolument offrir aux PDG des *stock-options* pour les amener à travailler d'arrache-pied. Les bras m'en tombent! Si l'on paie quelqu'un 10 millions de dollars pour diriger une entreprise, ne doit-il pas se donner à fond pour garantir son succès? Ne va-t-il redoubler d'efforts qu'au seul cas où on lui promet une grosse part des gains quand l'action de sa compagnie monte en bourse, même si cette ascension n'est que le résultat d'une bulle créée par les taux minimaux de la Federal Reserve?

Dans la même veine, ce mouvement estime qu'il faut donner aux enseignants des incitations financières si l'on veut qu'ils fassent vraiment des efforts. Mais ils travaillent déjà très dur pour de faibles salaires, par dévouement, pour assurer à leurs élèves une vie meilleure. Croyons-nous vraiment que, si on donne à certains 50 dollars de plus, ou même 500 dollars, à titre d'«incitation financière», ils vont se donner plus de peine? Ce qu'il faut, c'est augmenter leur salaire à tous, parce que nous reconnaissons la valeur de leur contribution et que nous avons confiance dans leur professionnalisme. Mais, aux yeux des partisans d'une culture des incitations, une telle mesure reviendrait à leur donner quelque chose sans rien recevoir en échange.

En pratique, l'obsession de la droite pour les incitations s'est révélée nuisible à la réflexion à long terme. Et elle a créé tant d'occasions d'assouvir sa cupidité qu'elle ne pouvait que répandre la méfiance, dans la société comme dans les entreprises. Aujourd'hui, directeurs de banque et patrons sont toujours en quête d'astuces comptables imaginatives pour donner à leur compagnie fière allure dans l'immédiat, même si ses perspectives à long terme sont bien compromises.

Il est certain que les incitations jouent un rôle important dans le comportement humain. Mais le «mouvement des incitations» en a fait une sorte de religion, aveugle à tous les autres facteurs qui influencent notre conduite – les relations sociales, les élans moraux, la compassion.

Cette vision de la nature humaine n'est pas seulement glaçante. Elle est invraisemblable. Il est impossible de payer la confiance chaque fois qu'on en a besoin. Sans confiance, la vie serait absurdement hors de prix; il serait pratiquement impossible d'être bien informé; la fraude se déchaînerait encore davantage; et les coûts de transaction et de contentieux judiciaire grimperaient. Notre société serait aussi gelée que l'ont été les banques quand leurs années de triche ont déclenché la catastrophe et que la crise a éclaté en 2007.

Si elle veut restaurer un climat de confiance, l'Amérique se heurte à un autre obstacle redoutable : notre inégalité incontrôlée. Les menées des banquiers et les politiques inspirées par la droite n'ont pas eu pour seul effet de saper directement la confiance. Elles ont aussi considérablement accru cette inégalité.

Quand 1 % de la population accapare plus de 22 % du revenu national – et 95 % de l'augmentation du revenu dans la reprise qui a suivi la crise –, des principes de base sont en jeu. Les gens raisonnables, même ceux qui ne savent rien de l'entrelacs de politiques injustes qui a créé cette réalité, n'ont qu'à constater cette répartition absurde pour être absolument sûrs que les dés sont pipés.

Mais pour que notre économie et notre société fonctionnent, les participants doivent avoir confiance : ils doivent juger le système relativement équitable. La confiance entre deux individus est en général réciproque. Si l'un pense que l'autre est en train de le tromper, il va probablement, en représailles, tenter de le duper aussi. (Ces idées ont été bien développées dans une branche de la science économique, la «théorie des jeux répétés».) Quand les Américains voient que le système fiscal taxe les plus fortunés à un petit pourcentage du taux qui leur est appliqué à eux-mêmes, ils en concluent qu'il serait stupide de jouer le jeu. D'autant plus que ces super-riches peuvent expédier leurs profits dans les paradis fiscaux. Le fait même qu'ils puissent le faire sans violer la loi montre bien aux Américains que les systèmes financier et judiciaire sont conçus par et pour les riches.

Quand le déficit de confiance persiste, un mal plus profond s'implante : les mentalités et les normes commencent à changer. Lorsque plus personne n'est fiable, seuls les imbéciles font confiance. Le concept même d'équité s'effrite. Une étude publiée l'an dernier par l'Académie nationale des sciences indique que les catégories les plus enclines à pratiquer des comportements traditionnellement jugés contraires à l'éthique sont les classes supérieures. Peut-être certains n'ont-ils trouvé que ce moyen pour concilier leur vision du monde et leur fantastique succès financier, souvent issu d'activités qui révèlent une forme de déchéance morale.

Il est difficile de savoir exactement où nous en sommes sur le chemin qui mène à la désintégration complète de la confiance. Mais les données ne sont pas encourageantes.

L'inégalité économique, l'inégalité politique et un système judiciaire qui promeut l'inégalité se renforcent mutuellement. Nous avons une justice qui procure des privilèges aux riches et aux puissants. À l'occasion, un comportement individuel particulièrement infâme est sanctionné (on pense à Bernard L. Madoff) ; mais aucun de ceux qui dirigeaient nos grandes banques n'a dû rendre des comptes.

Comme toujours, ce sont les pauvres, sans fortune et sans relations, qui souffrent le plus de cette situation et que l'on ne cesse de tromper. Jamais on n'en a eu d'exemple plus flagrant que la crise des saisies. Les camelots des prêts hypothécaires, se faisant passer pour des experts de la finance, ont garanti aux emprunteurs insolvables que rembourser ne leur poserait aucun problème. Plus tard, des millions de personnes perdraient leur maison. Les banques ont trouvé le moyen d'obtenir des attestations judiciaires, signées simultanément par milliers (méthode baptisée le *robo-signing*, la «signature robotisée»), pour certifier qu'elles avaient examiné leurs archives et que tels particuliers précis devaient de l'argent – donc devaient être expulsés. Elles mentaient massivement, mais elles savaient que, si elles ne se faisaient pas prendre, elles s'en sortiraient avec d'énormes profits, les poches de leurs dirigeants bourrées de primes. Et si elles se faisaient prendre, ce serait leurs actionnaires qui paieraient l'addition. Le propriétaire mis en cause n'avait pas les moyens de se battre contre elles. Ce n'est qu'un cas parmi tant d'autres où, dans le sillage de la crise, les banques ont paru au-dessus des lois.

J'ai évoqué bien des dimensions de l'inégalité dans notre société : celle des fortunes, des revenus, de l'accès à l'éducation et à la santé, des chances. Mais plus encore, peut-être, que l'égalité des chances, les Américains chérissent l'égalité devant la loi. Ici, l'inégalité a infecté le cœur même de nos idéaux.

Je crois qu'il n'y a qu'un seul moyen de rétablir vraiment la confiance. Il faut voter des réglementations énergiques, posant des normes de bonne conduite, et nommer des régulateurs courageux pour les faire respecter. C'est ce que nous avons fait après l'écroulement des folles années 1920. Depuis 2007, nos efforts ont été hésitants, incomplets. Les entreprises aussi doivent agir autrement qu'en contournant les réglementations. Pour définir la conduite acceptable, il nous faut des normes plus exigeantes, comme celles qu'énoncent les «Principes directeurs des Nations unies relatifs aux entreprises et aux droits de l'homme». Il nous faut aussi des réglementations assurant le respect de ces normes

– nouvelle version du vieux principe «Fais confiance, mais vérifie».
Aucune règle ne sera assez puissante pour prévenir tous les abus,
mais des réglementations justes et vigoureuses arrêteront les pires.

Les valeurs fortes nous permettent de vivre en harmonie les
uns avec les autres. Sans confiance, il ne peut y avoir aucune harmonie. Ni économie saine. L'inégalité en Amérique dégrade notre
confiance. Pour nous-mêmes, pour les générations futures, il est
temps de nous mettre à la reconstruire. Qu'il soit nécessaire de le
dire montre que le chemin sera long.

SIXIÈME PARTIE

Politiques

Pratiquement toutes les politiques mises en œuvre par l'État ont une influence sur l'inégalité. C'est un message capital de ce livre. Les économistes ont coutume d'étudier comment l'action publique agit sur l'*efficacité*, comment elle peut distordre des incitations. Mais, dans notre société divisée, il est particulièrement important d'examiner avec soin les politiques qui aggravent la fracture. J'ai écrit ces articles en réaction à des débats particuliers, qui ont eu lieu dans le pays à divers moments, au sujet de mesures précises : des débats où l'on négligeait souvent les effets de la politique en cause sur la répartition.

L'article «Comment l'action publique a contribué à la grande fracture économique» donne une vue d'ensemble : il montre que les politiques de l'État – notamment ses choix macroéconomiques, qui déterminent la production et l'emploi – ont élargi la grande fracture.

L'article «Pourquoi c'est Janet Yellen, pas Larry Summers, qui doit diriger la Federal Reserve» est l'un de ceux que j'ai écrits pour éclairer la relation entre politique monétaire et inégalité (sujet auquel j'ai aussi consacré le chapitre 9 du *Prix de l'inégalité*). C'est le plus percutant. Qui devait succéder à Ben Bernanke à la Federal Reserve après la fin de son mandat ? À l'été 2013, cette question

divisait le pays. Bernanke présentait un bilan mitigé. La politique
menée par la banque centrale avant la crise avait éminemment
contribué à la provoquer (dans la seconde phase de cette période,
à partir de 2006, Bernanke présidait la Federal Reserve et dans la
première, de 2002 à 2005, il était membre actif de son conseil des
gouverneurs). En revanche, les mesures sans précédent prises par
la Federal Reserve au cours de la crise elle-même étaient souvent
saluées : elles passaient pour avoir sauvé l'économie d'une Grande
Dépression. Mais, de toute évidence, la Federal Reserve cherchait
alors à sauver les grandes banques de Wall Street plus qu'à aider
les banques locales et régionales qui prêtaient aux PME. Sauver
les banquiers, les actionnaires des banques et les détenteurs de
leurs obligations l'intéressait davantage qu'aider les propriétaires
en difficulté à sauver leurs maisons. Et, manifestement, elle n'avait
aucun souci de transparence démocratique. On l'a vu lorsqu'elle
a versé à AIG des fonds qui ont fini chez Goldman Sachs et dans
d'autres grandes banques. Pour des raisons évidentes, la Federal
Reserve ne voulait pas que les citoyens américains sachent où
allait cet argent.

La bataille était plus complexe et multiforme que ne le sont
souvent ces choix. Il y avait deux grands candidats, Larry Summers
et Janet Yellen. Je les connaissais bien tous deux. J'avais étroitement collaboré avec le premier à la Maison-Blanche. Janet
avait été l'une de mes toutes premières doctorantes à Yale. Les
deux étaient des esprits fins. Les deux avaient de l'expérience.
La plupart de ceux qui avaient travaillé avec eux étaient tout à
fait convaincus que Yellen était plus adaptée à la difficile mission
de gérer l'institution financière peut-être la plus importante du
monde. J'ai écrit un premier article[1] où j'ai expliqué les qualités
nécessaires pour le poste et suggéré que Yellen était la bonne candidate. Un groupe important de sénateurs pensait comme moi et,
dans une lettre au président Obama, ils lui ont vivement conseillé
de la choisir. Nul ne souhaitait personnaliser l'affrontement.
Mais Obama n'a pas senti le vent. Apparemment, la méthode du

---

1. Il y a un autre article sur ce thème : «The Changing of the Monetary
Guard», *Project Syndicate*, 5 août 2013.

« réseau de vieux amis » lui paraissait plus confortable : il préférait nommer quelqu'un qu'il connaissait bien, quelqu'un qui l'avait servi à la tête du Conseil économique national. La bataille est donc devenue moins feutrée et cet article a peut-être contribué à renverser la situation[1]. Lorsque des sénateurs suffisamment nombreux, membres de la commission bancaire du Sénat (qui doit approuver ce type de nominations), ont dit clairement qu'ils ne soutiendraient pas Summers, le combat a cessé.

L'un des enjeux était le plafond de verre – autre aspect de l'inégalité américaine, qui porte sur les écarts de revenus et de possibilités de carrière entre hommes et femmes. Yellen s'était distinguée, en dirigeant la Federal Reserve de San Francisco et en assurant la vice-présidence de la Federal Reserve, mais aussi en faisant des prévisions plus exactes que les autres. (Celles de l'administration Obama, essentiellement élaborées par Summers, étaient notoirement loin du compte. Il voyait constamment des « premiers bourgeons » : une reprise de l'économie qui ne se produirait que des années plus tard. Nous l'avons déjà souligné : l'administration a fait une erreur politique et économique majeure en sous-estimant la gravité de la récession.) L'impartialité de Yellen et sa perspicacité lui avaient valu un immense respect à Wall Street.

Mais au plus profond, la bataille portait sur la philosophie économique et les valeurs. Summers était devenu synonyme de déréglementation financière. Il se vantait de son rôle dans le vote de la législation qui avait interdit de réglementer les dérivés – les produits financiers qui avaient joué un si grand rôle dans la gestation de la crise et auxquels on devait le renflouement d'AIG à hauteur de 180 milliards de dollars. La stratégie de l'administration pour sauver l'économie s'était concentrée sur le sauvetage des banques. Elle n'avait pas aidé les propriétaires, ou si peu. La stimulation avait été trop réduite, trop mal conçue et trop brève.

Je me disais que Yellen allait peut-être introduire certains vrais changements dans le travail des banques centrales, pas seulement

1. Pour une analyse plus complète, voir Nicholas Lemann, « The Hand on the Lever », *New Yorker*, 21 juillet 2014.

aux États-Unis mais aussi ailleurs. Depuis longtemps, les gouverneurs de banque centrale ne sont pas avares de leurs conseils sur des questions tout à fait extérieures à la politique monétaire. Tout en semant le chaos dans le secteur financier, Greenspan disait sans se gêner ce qu'il pensait de la politique budgétaire. (Il a soutenu la réduction d'impôts en faveur des riches, au motif vraiment remarquable que, sans elle, le pays risquait fort de rembourser l'intégralité de la dette publique, et que, dans ces conditions, il allait être difficile de mener une politique monétaire!) En Europe, le président de la Banque centrale européenne gérait tout aussi lamentablement le système financier de la zone euro, mais il donnait librement son avis sur la politique du marché du travail. Il fallait absolument, selon lui, accroître la flexibilité des salaires, expression codée pour dire qu'on devait les réduire – donc aggraver la fracture économique en Europe.

En général, les banques centrales se concentrent exclusivement sur l'inflation. Même si celle des États-Unis était *censée* se préoccuper également du chômage et de la croissance (et aujourd'hui, bien tardivement, de la stabilité financière), *de facto*, l'inflation était son seul souci. Avec Yellen, cette situation a changé. Dans les toutes dernières années, la Federal Reserve a fait savoir qu'elle n'augmenterait pas les taux d'intérêt tant que le *marché du travail* n'irait pas mieux.

Plus spectaculaire encore : le 17 octobre 2014, lors d'un colloque de la Federal Reserve de Boston, Yellen a fait un discours sur l'inégalité, et sur l'inégalité des chances. Il a soulevé un débat dans le *New York Times*[1], où certains ont estimé que le sujet sortait des attributions de la Federal Reserve. Notons que, lorsque d'autres gouverneurs de banque centrale avaient donné leur avis sur des aspects non monétaires de la politique économique, on n'avait jamais entendu de telles critiques. Je suis fermement convaincu que Yellen a eu raison de parler de l'inégalité, car la Federal

1. La question du «Room for Debate» [Matière à discussion] du 28 octobre 2014, auquel j'ai contribué, était : «Les stratégies des banques centrales doivent-elles tenter de faire contrepoids à l'inégalité qui résulte de l'activité économique? Ou faut-il laisser cette tâche au processus politique et à lui seul?»

Reserve a une grande influence sur son évolution. Si elle mène une politique monétaire trop restrictive – en fixant trop haut les taux d'intérêt ou en restreignant exagérément le crédit –, le chômage sera plus élevé qu'il ne l'aurait été sans ces mesures et frappera les travailleurs, directement et indirectement, puisqu'il exerce une pression à la baisse sur les salaires. Si elle serre les freins trop tôt – dès qu'une inflation naissante semble apparaître –, il est probable qu'elle réduira durablement la part des salaires dans la répartition du revenu : cette part a diminué pendant la récession, et il faut laisser ensuite aux travailleurs le temps de regagner le terrain perdu.

Si l'objectif central de la politique de la Federal Reserve a été de ramener l'économie au plein-emploi – ce qui serait un immense avantage pour les travailleurs –, certaines des mesures qu'elle a prises ont pu contribuer à l'inégalité. Un des principaux effets de l'assouplissement quantitatif, la politique d'achat d'obligations de longue durée pour faire baisser les taux d'intérêt à long terme, a été de dynamiser la bourse, ce qui profite démesurément aux riches. Simultanément, la Federal Reserve n'a pas fait ce qu'elle aurait pu et dû faire pour que le marché financier serve mieux la population américaine : garantir la concurrence ; restreindre les commissions excessives facturées par les compagnies de cartes de paiement et de crédit aux commerçants et payées en fin de compte par les consommateurs ; rétablir le crédit aux PME ; créer un marché hypothécaire au service des Américains et non des banquiers. Son inertie sur tous ces points a lésé les milieux défavorisés et la classe moyenne, et a rempli les coffres des banques.

Yellen a aussi raison de souligner (comme je l'ai fait dans ce livre) les limites de la politique monétaire. Celle-ci subit une terrible pression : on lui demande de ramener à elle seule l'économie au plein-emploi. En fait, elle contribue peut-être à la reprise sans emploi que nous connaissons. (Le pourcentage des personnes employées dans la population en âge de travailler, même s'il est légèrement remonté depuis la crise, reste plus bas qu'à toute autre époque depuis 1984.) La faiblesse des taux d'intérêt encourage les entreprises, quand elles investissent, à le faire dans des techniques très intensives en capital. Or, remplacer la main-d'œuvre non qualifiée par des machines n'a aucun sens à une époque où tant de travailleurs non qualifiés cherchent désespérément du travail.

Dans certains domaines, les effets de l'action publique sur les pauvres sont flagrants. L'article «La démence de notre politique alimentaire» analyse l'un d'eux : les bons d'alimentation, dont dépend près d'un Américain sur sept. Quand je l'ai écrit, le Congrès discutait de coupes majeures dans ce programme. Mais les républicains de la Chambre des représentants, qui plaidaient pour ces coupes, soutenaient simultanément le maintien de subventions agricoles massives aux agriculteurs riches. Il est rare d'avoir une illustration si frappante des contradictions qu'implique le gouvernement du 1 %, par le 1 % et pour le 1 %. Ici, la rhétorique des marchés libres est nue, elle apparaît pour ce qu'elle est : de la rhétorique. La Chambre dominée par les républicains soutient la sécurité sociale des riches. Elle reconduit les largesses de l'«aide sociale aux entreprises» de l'agro-industrie tout en sabrant les prestations des pauvres.

Les travailleurs jugent souvent la mondialisation responsable de la dégradation de leur situation et, dans plusieurs de mes livres, j'ai expliqué qu'une mondialisation mal gérée peut aggraver l'inégalité à la fois dans les pays développés et dans les pays en développement[1]. On a toujours «vendu» les accords de commerce en affirmant qu'ils généraient des emplois. Si c'était vrai, les salariés devraient compter parmi leurs défenseurs les plus fervents. La réalité est souvent bien différente et les efforts de nos dirigeants politiques (pas seulement les républicains, mais aussi Clinton et Obama) pour présenter sous ce faux jour les accords commerciaux n'ont d'autre effet que de les discréditer eux-mêmes et de rappeler aux citoyens à quel point notre gouvernement reflète les intérêts des riches.

Il y a au moins trois vices majeurs dans la «logique» qui voudrait que les accords de commerce créent des emplois. Les gouvernements de toute tendance politique soulignent, à juste titre,

1. Voir Joseph E. Stiglitz, *La Grande Désillusion, op. cit.* ; Joseph E. Stiglitz, *Un autre monde*, Paris, Fayard, 2006, trad. fr. de Paul Chemla ; Joseph E. Stiglitz et Andrew Charlton, *Pour un commerce mondial plus juste*, Paris, Fayard, 2007, trad. fr. de Paul Chemla.

que la hausse des exportations génère des emplois. Mais l'équilibre des échanges exige que les importations soient en gros égales aux exportations – et nos partenaires commerciaux ne signeraient pas un accord déséquilibré qui ferait augmenter nos exportations sans développer les leurs (nos importations) dans la même proportion. Or, si les exportations créent des emplois, les importations en détruisent. On en arrive donc à ce calcul délicat et complexe : va-t-il y avoir davantage d'emplois créés ou détruits ? Nos importations se trouvent plutôt dans des industries intensives en main-d'œuvre (des secteurs où de nombreux travailleurs sont nécessaires pour fabriquer un produit d'une valeur donnée). Nos exportations (comme les avions) sont dans des secteurs extrêmement technologiques, qui exigent un personnel relativement réduit et très qualifié. Résultat net : il est probable que les accords de commerce équilibrés détruisent des emplois.

L'analyse que je viens de faire suppose que les marchés fonctionnent bien. Mais, ces dernières années, l'économie américaine n'a pas été en bonne santé : le chômage, officiel et déguisé, est élevé. Il est plus facile de détruire des emplois que d'en créer de nouveaux. La concurrence des importations peut éliminer des postes de travail du jour au lendemain. La croissance des exportations nécessite le développement d'entreprises existantes et la création de nouvelles. Or, quand les marchés financiers dysfonctionnent – et c'est le cas des nôtres –, il est fréquent que les firmes qui aimeraient se développer n'arrivent pas à obtenir des capitaux pour le faire et que les entrepreneurs qui voudraient créer une nouvelle affaire ne parviennent pas à trouver les fonds dont ils ont besoin.

Mais voici peut-être le point le plus important. Ce n'est pas au commerce extérieur de soutenir l'économie. C'est la responsabilité des autorités monétaires et budgétaires : la Federal Reserve et l'exécutif. Certes, elles n'ont pas fait du bon travail. Mais il est fort peu probable que le commerce extérieur comble leurs insuffisances. Supposons, d'ailleurs, que la Federal Reserve s'acquitte correctement de sa mission, que l'économie soit au plein-emploi et que l'exécutif ait raison de dire qu'un nouvel accord de commerce se solde par une création d'emplois nette. Que se passerait-il? La Federal Reserve ne manquerait pas de réagir à cet accord en relevant les taux d'intérêt, ce qui annulerait totalement ses prétendus bénéfices en création d'emplois.

La malhonnêteté n'est jamais la meilleure politique, et la vente malhonnête des accords de commerce n'est pas à l'honneur des pouvoirs publics.

Les articles « Du mauvais côté de la mondialisation » et « La mascarade du libre-échange » ont été écrits au moment où le président Obama faisait la promotion des nouveaux accords commerciaux transpacifique et transatlantique. Si les traités de commerce ne créent peut-être pas d'emplois – et probablement en détruisent –, leurs effets réels se situent sur un autre plan. L'un d'eux est d'exacerber l'inégalité dans le pays, déjà élevée. C'est une éventualité qu'on a comprise depuis longtemps, mais les dirigeants politiques ont horreur d'évoquer le sujet et, paradoxalement, les plus fermes champions du libre-échange sont souvent les moins disposés à soutenir des politiques susceptibles d'atténuer certains de ses effets négatifs.

Pourquoi les accords de commerce aggravent-ils l'inégalité? L'explication est simple. Cet effet se voit le plus clairement dans un monde de marchés parfaits, le type de monde imaginaire qui est l'idéal de nombreux partisans de la mondialisation. Dans ce monde-là, les marchandises, le capital et même la main-d'œuvre – mais oui – traverseraient librement les frontières. Il est bien évident que, dans ces conditions, le travail non qualifié (comme n'importe quel autre facteur de production, d'ailleurs) aurait le même prix partout dans le monde. Les travailleurs non qualifiés recevraient donc aux États-Unis le même salaire qu'en Chine ou en Inde et ce salaire serait très probablement plus proche de ce qu'il est aujourd'hui en Inde et en Chine qu'aux États-Unis. L'idée neuve de l'économie moderne, c'est que le commerce des biens et services est en fait un substitut à la libre circulation de la main-d'œuvre et du capital. Quand la Chine vend aux États-Unis des produits intensifs en main-d'œuvre, elle augmente la demande de main-d'œuvre en Chine et la réduit aux États-Unis. Elle fait donc monter les salaires là-bas et les réduit ici. La libéralisation des échanges rapproche les salaires de la main-d'œuvre non qualifiée dans les deux pays. Et, probablement, ils descendront davantage en Amérique qu'ils ne monteront en Chine.

Les économistes discutent depuis longtemps de l'importance relative de cet effet – par rapport aux autres facteurs qui font grandir l'inégalité des revenus. Mais ils s'accordent de plus en plus à penser qu'aujourd'hui, l'impact du commerce sur les salaires et sur l'inégalité peut être important. Dans certaines régions des États-Unis qui produisaient des biens que nous importons aujourd'hui de Chine, l'emploi et les salaires ont diminué.

Malheureusement, nos accords de commerce ont un autre déséquilibre, qui aggrave ces effets générateurs d'inégalité. Leurs promoteurs ont fait de gros efforts pour ajouter à la libre circulation des biens et services celle des capitaux. Mais ce point a radicalement changé le rapport de forces au détriment des salariés. S'ils exigent des salaires décents, l'employeur peut aisément les menacer de transférer l'usine à l'étranger, puisqu'il sait qu'aucune barrière n'empêchera son entreprise de partir et ses produits de revenir. Incontestablement, cette situation aussi fait baisser les salaires.

Nombre des défenseurs de la mondialisation proposent, paradoxalement, de ne rien faire pour aider ceux qu'elle frappe. Ils vont même plus loin. Les travailleurs, selon eux, doivent accepter les mesures réduisant la sécurité de l'emploi, les coupes dans les services publics. La mondialisation l'exige, soutiennent-ils. Si nous voulons rester compétitifs. Autant dire qu'ils *reconnaissent* qu'avec la mondialisation, les salariés doivent nécessairement prendre des coups. Mais si la mondialisation bénéficie bel et bien au pays *globalement* et qu'elle aggrave la situation de *l'ensemble* des travailleurs, qu'est-ce que cela signifie? Que tous ses bénéfices – et au-delà – vont au sommet de la pyramide : aux grandes entreprises et à ceux qui les possèdent.

Ces deux articles soutiennent aussi que les *nouveaux* accords de commerce actuellement en projet sont encore plus pernicieux. C'est en partie pour cela, probablement, qu'on les négocie dans le plus grand secret. Les droits de douane étant déjà très bas, ces nouveaux traités ont en réalité deux objectifs. Le premier est de renforcer les droits de propriété intellectuelle – en faisant monter les prix des médicaments, puisque les accords tentent de mettre les génériques en situation de désavantage compétitif. Le second est de fragiliser les réglementations qui protègent l'environnement, les salariés, les consommateurs, et même l'économie.

Le plus perturbant, ce sont les mesures qu'on appelle par euphémisme «dispositions sur l'investissement». En apparence, elles sont conçues pour protéger les droits de propriété. Qui pourrait être contre ? Mais lorsque les États-Unis ont proposé des mesures fondamentalement identiques dans un accord transatlantique avec les Européens, on a tiqué. On a compris qu'il y avait anguille sous roche. Parce que les droits de propriété sont très bien protégés en Europe – aussi bien qu'aux États-Unis. D'ailleurs, s'il y avait un problème dans le système européen de défense des droits de propriété, pourquoi voudrait-on le corriger uniquement pour les compagnies étrangères, pas pour les entreprises européennes elles-mêmes ? L'Europe a aussi un bon système de réglementation et un bon système judiciaire. Il existe un mécanisme de règlement des différends sur les marchés publics (en l'occurrence, entre les entreprises et les États) qui est bien établi et bien pensé. Il assure une bonne protection aux deux parties en litige, fonctionne par des procédures transparentes et s'appuie sur une jurisprudence solide. Pourquoi chercherait-on à le remplacer par des procédures d'arbitrage secrètes, dont les arbitres ont souvent des conflits d'intérêts à cause de leurs positions dans d'autres affaires, et qui n'offrent pas de possibilités adéquates de faire appel et de soumettre le différend à la justice ? Si la forme particulière de procédure judiciaire que préconisent ces accords est réellement meilleure, pourquoi ne pas la généraliser ? Et dans ce cas, ne faudrait-il pas un débat national au Congrès, dont les délibérations seraient animées par le ministre de la Justice et les comités judiciaires des deux Chambres – non par le représentant des États-Unis au commerce et les comités du Congrès chargés du commerce extérieur ?

Mes articles affirment que les nouveaux accords de commerce ne sont qu'une manœuvre de contournement effectuée par les grandes entreprises pour tenter de faire adopter, par le biais d'un traité, un type de réglementation qu'elles n'auraient jamais pu espérer obtenir par le débat démocratique ouvert. Ces accords essaient de miner les garde-fous mis en place progressivement en cinquante ans – et même les mesures de protection récemment introduites contre les excès du secteur financier. Ils pourront en effet, semble-t-il, limiter notre capacité, et celle de nos partenaires commerciaux, de réglementer ce secteur.

L'autre ensemble néfaste de dispositions prévu dans ces accords de commerce porte sur la propriété intellectuelle. Les droits de propriété intellectuelle sont importants. Mais, comme je l'ai vu très clairement lorsque j'ai été pour la première fois confronté à ces questions sous l'administration Clinton, au cours des débats sur les négociations commerciales de l'Uruguay Round, les mesures inscrites dans nos traités commerciaux *ne sont pas* conçues pour favoriser le progrès de la science. Elles visent à remplir les coffres des grandes compagnies, notamment dans l'industrie pharmaceutique et dans le secteur des loisirs. En fait, on peut craindre que les dispositions actuelles ne *retardent* vraiment le progrès scientifique.

Les stipulations des nouveaux accords de commerce sur les droits de propriété intellectuelle visent particulièrement les génériques. Quelle amère ironie! Après s'être tant battu pour créer un système de santé plus efficace – qui réduirait le coût des soins –, Obama mine aujourd'hui ses propres efforts par un traité qui va sûrement faire monter les prix des médicaments.

Dans l'article «Comment la propriété intellectuelle aggrave l'inégalité», je poursuis l'analyse du rôle que joue la propriété intellectuelle dans l'aggravation de la grande fracture. Je me concentre sur un cas spectaculaire. Une compagnie privée a tenté de breveter un ensemble de gènes étroitement liés au cancer du sein. Elle voulait que toute femme souhaitant savoir si elle était exposée à ce risque soit obligée d'utiliser ses tests (qui n'étaient pas aussi bons que ceux d'autres entreprises) en payant un prix exorbitant. La pire inégalité de toutes, peut-être, est celle qui ôte la vie – et c'est ce que fait notre système de propriété intellectuelle. Heureusement, dans ce cas précis, la Cour suprême a déclaré les brevets non valides. Notons toutefois que, même après cette décision, des sociétés qui ont tenté de proposer des tests pour ces gènes à un prix plus abordable ont été aussitôt poursuivies en justice.

Le droit de propriété intellectuelle n'est pas un commandement de Dieu. C'est une invention humaine. C'est une construction sociale, conçue, en principe, pour encourager l'innovation et la diffusion du savoir. Mais c'est un droit où interviennent de nombreux détails et, si on ne les fixe pas correctement, la propriété intellectuelle peut inhiber l'innovation. Par exemple, on ne peut obtenir un brevet, en principe, que pour des idées *nouvelles*. C'est pourquoi le droit des brevets prévoit un critère de nouveauté. Ce qui est breveté doit être *suffisamment* nouveau. De même, la protection n'est accordée que pour une période limitée, vingt ans. Les compagnies pharmaceutiques essaient de prolonger leur pouvoir de monopole en sollicitant un brevet pour une légère amélioration de leurs produits. On appelle cela la «perpétuation», ou la «modification continue». L'Inde a pris une position dure : elle a refusé de breveter une variante manifestement mineure d'un médicament, autrement dit de prolonger son brevet. L'article «La décision de l'Inde est intellectuellement appropriée» explique pourquoi elle a eu raison de le faire. Depuis, le gouvernement américain a fait pression sur l'Inde pour qu'elle change de politique. Il espère que le nouveau gouvernement du Premier ministre Narendra Modi, favorable aux milieux d'affaires, sera plus réceptif à un arrangement.

Si l'inégalité est aux États-Unis, après impôts et transferts, la pire des pays avancés, elle est encore plus effroyable dans certains pays émergents et en développement. (J'en évoquerai plusieurs dans la partie suivante de ce livre.) Et, s'il y a de nombreuses formes d'inégalité (celle des fortunes, des revenus, de la santé, des chances), certaines peuvent avoir des effets plus pervers que d'autres sur la société. J'ai rédigé l'article «Éliminer l'inégalité extrême» avec mon collègue Michael Doyle, professeur de sciences politiques à l'université Columbia, et ancien secrétaire général adjoint des Nations unies, pour inciter à inclure dans les objectifs du développement durable dont on discutait alors à l'Onu un pourcentage de réduction de l'inégalité extrême. Au tournant du siècle, l'Onu avait formulé une série d'Objectifs du Millénaire pour le développement. Elle entendait ainsi concentrer l'attention du monde sur des objectifs réalisables dans les quinze ans, notamment réduire la pauvreté de moitié à l'horizon 2015. L'opération a réussi, mieux que ne l'avaient espéré même ses plus chauds partisans, non seulement à attirer l'attention sur l'importance de la lutte contre la pauvreté dans toutes ses manifestations, mais même à atteindre les objectifs fixés.

L'année 2015 approchant, tout le monde pensait, évidemment, qu'il fallait formuler une nouvelle série d'objectifs. Mais il y a eu de longs débats sur la composition de cette liste. Persuadé que l'inégalité – notamment sous la forme extrême qu'elle revêt dans de nombreux pays – est vraiment mauvaise pour l'économie comme pour la société, je préconisais, naturellement, de l'inclure au nombre des cibles. J'ai fait équipe avec le professeur Doyle, parce que je ne voulais pas souligner seulement les effets économiques de l'inégalité mais aussi ses conséquences politiques et, plus largement, sociales. Nous avons notamment attiré l'attention sur l'un de ses aspects : l'inégalité entre groupes ethniques. Dans les pays en développement, ce type d'inégalité est systématiquement lié à des guerres civiles. L'Amérique, bien sûr, a d'énormes inégalités de ce genre : les différences entre les Afro-Américains, les Hispaniques et les autres groupes ethniques sont très importantes. S'il y a eu des progrès au plus haut niveau, les disparités dans les moyennes ne se sont guère améliorées, ce qui est troublant. Et la Grande Récession a aggravé les écarts de fortune.

L'avant-dernier article de cette sélection, «Les crises de l'après-crise», exprime une inquiétude : en concentrant notre attention sur la Grande Récession et ses suites, ne sommes-nous pas en train de négliger de vieux problèmes qui s'enveniment? Si nous ne commençons pas à les traiter, nous nous retrouverons inévitablement confrontés à une série d'autres crises, tel le changement climatique.

Dans certains cas, la crise a été une occasion perdue : nous aurions pu et dû l'utiliser pour effectuer des investissements qui nous auraient aidés à réagir au défi du climat. Si nous l'avions fait, la récession aurait été moins grave, la croissance et l'emploi plus élevés, et nous serions sortis de cette épreuve en meilleure position pour faire face au réchauffement de la planète.

Dans d'autres, la crise a aggravé les choses. Par exemple pour l'inégalité, en croissance très nette depuis un quart de siècle et notamment depuis le début du nouveau millénaire. Puisque la Federal Reserve et l'administration ont essentiellement cherché à aider les banques et à créer un boom boursier – mais n'ont pas fait grand-chose sur les saisies –, l'inégalité des fortunes a continué à grandir[1].

Le dernier texte de cette partie, « L'inégalité n'est pas inévitable », est l'article final de la série « La Grande Fracture » du *New York Times* ; il renvoyait à mon article antérieur « L'inégalité est un choix » et se proposait de récapituler les idées force de la série que j'avais animée. L'une des plus importantes est que l'essor de l'inégalité aux États-Unis ne résulte pas seulement, ni essentiellement, de forces économiques sous-jacentes. Il est plutôt dû à notre façon de modeler ces forces, avec nos *politiques*, nos lois et nos réglementations, nos stratégies monétaires, fiscales et de dépenses publiques. De fait, avant impôts et transferts, certains autres pays ont autant d'inégalité que nous ou presque ; mais, après avoir laissé les forces du marché jouer de cette façon-là, ces pays font ensuite reculer l'inégalité, par la fiscalité, les transferts sociaux et la fourniture de services publics. Cependant, de nombreux pays ont réussi à avoir une inégalité bien inférieure dans les revenus marchands – et, je l'ai dit, ils ont une performance économique globale aussi bonne que celle des États-Unis. Donc, non seulement l'inégalité n'est pas inévitable, mais il existe des politiques qui nous permettraient d'avoir une prospérité plus partagée. En fait, en partageant plus, nous pourrions être plus prospères.

---

1. Voir la synthèse d'octobre 2014 de la Federal Reserve sur la situation financière des consommateurs pour un résumé de l'aggravation de l'inégalité des fortunes depuis la récession. La fortune médiane a baissé de 40 % depuis le début de la crise : elle est passée de 135 400 dollars en 2007 à 81 200 dollars en 2013 (en chiffres réels).

Comment l'action publique a contribué à la grande fracture économique [1]

Les États-Unis sont piégés dans le cercle vicieux de l'inégalité et de la récession : l'inégalité prolonge la récession, la récession exacerbe l'inégalité. Malheureusement, le programme d'austérité préconisé par les conservateurs va dégrader la situation sur les deux plans.

Les chiffres publiés ce mois-ci par la Federal Reserve mettent en lumière la gravité croissante du problème de l'inégalité en Amérique. Ils révèlent l'effet dévastateur de la récession sur la fortune et le revenu des milieux modestes et de la classe moyenne. La chute de la fortune médiane, de près de 40 % en trois ans seulement, a effacé vingt ans d'accumulation pour la plupart des Américains. Si l'Américain moyen avait réellement partagé la prospérité apparente du pays dans les deux dernières décennies, sa fortune, au lieu de stagner, aurait augmenté des trois quarts.

À certains égards, ces données ont confirmé ce que nous savions déjà. Néanmoins, les chiffres ont été un choc. Nous savions que les prix de l'immobilier – forme principale de l'épargne pour la plupart des Américains – avaient chuté considérablement, que des milliers de milliards de dollars de valeur nette immobilière s'étaient

1. *Washington Post*, 22 juin 2012.

évaporés. Mais si nous ne comprenons pas le rapport entre inégalité et dynamisme de l'économie, nous risquons de suivre des
politiques qui vont aggraver les choses sur les deux plans.

Les États-Unis «excellent» dans l'inégalité depuis le début du
millénaire au moins. Elle y est plus grande que dans tout autre
pays avancé. Les chiffres nous rappellent que des politiques monétaires, budgétaires et réglementaires ont contribué à ces résultats.
Les forces du marché jouent un rôle, mais elles sont à l'œuvre
aussi dans les autres pays. Si les résultats finaux sont différents en
Amérique, la politique y est pour beaucoup.

La Grande Récession a aggravé cette inégalité, qui va, très probablement, prolonger la récession. Les riches dépensent un plus
faible pourcentage de leurs revenus que les milieux modestes
et la classe moyenne – qui aujourd'hui sont bien obligés de tout
dépenser, simplement pour s'en tirer. Redistribuer des pauvres aux
riches, comme on l'a fait aux États-Unis, réduit donc la demande
globale. Et la faiblesse de l'économie américaine vient de l'insuffisance de la demande globale. Pour la combler, les réductions
d'impôts votées sous le président George W. Bush en 2001 et 2003,
précisément conçues pour profiter aux riches, étaient un instrument particulièrement inefficace. Elles ont donc fait peser
tout le poids de l'effort pour rétablir le plein-emploi sur la Federal
Reserve qui a comblé le déficit de demande en créant une bulle,
par l'application laxiste des réglementations et l'assouplissement
de la politique monétaire. La bulle a incité les 80 % les moins
riches des Américains à consommer au-dessus de leurs moyens.
Cette politique a fonctionné. Mais c'était un palliatif temporaire et
insoutenable.

D'un bout à l'autre, la Federal Reserve n'a rien compris aux liens
entre inégalité et résultats macroéconomiques. Avant la crise, elle
a été trop peu attentive à l'inégalité : elle s'est concentrée sur l'inflation plus que sur l'emploi. Nombre des modèles à la mode en
macroéconomie disaient que la répartition du revenu ne comptait
pas. La foi de ses responsables dans les marchés sans entrave a
empêché la Federal Reserve de prendre la moindre mesure contre
les abus des banques. Même un de ses anciens gouverneurs, Ed
Gramlich, a soutenu dans un livre énergique sorti en 2007 qu'il

fallait faire quelque chose. Elle n'a rien fait. Le Congrès lui avait donné, en 1994, le pouvoir de réglementer le marché des prêts hypothécaires. Elle a refusé de l'utiliser. Après la crise, quand elle a baissé les taux d'intérêt – dans une tentative évidemment vaine pour stimuler l'investissement –, elle a ignoré l'effet dévastateur qu'auraient ces taux sur les Américains qui s'étaient conduits prudemment et avaient investi dans des bons d'État à court terme, et les effets macroéconomiques de la réduction de leur consommation. Ses responsables espéraient que la faiblesse des taux d'intérêt ferait monter les cours de la bourse, ce qui inciterait les riches détenteurs d'actions à consommer davantage. Aujourd'hui, les taux d'intérêt durablement bas encouragent les entreprises qui investissent à introduire des techniques intensives en capital, par exemple à remplacer les caissiers et caissières peu qualifiés par des machines. Par ce biais, la Federal Reserve contribue peut-être à nous préparer, quand nous finirons par nous relever, une «reprise sans emplois».

Les choses peuvent encore s'aggraver. L'austérité préconisée par certains républicains conduira à une montée du chômage, qui fera baisser les salaires puisque les travailleurs se trouveront en concurrence pour les emplois. Moins de croissance veut dire moins de recettes fiscales pour les États et pour les municipalités, donc coupes dans des services importants pour la grande majorité des Américains (avec, notamment, des suppressions de postes d'enseignants, de policiers, de pompiers). Tout cela imposera de nouvelles hausses des droits d'inscription aux universités – les chiffres publiés ce mois-ci montrent qu'en moyenne, pour un cursus de quatre ans dans une université publique, ils ont grimpé de 15 % de 2008 à 2010, alors que les revenus et la fortune de la plupart des Américains chutaient. Cette situation va alourdir la dette étudiante : ce sera plus lucratif pour les banquiers, mais plus douloureux pour les milieux modestes et la classe moyenne. Certains, voyant leurs parents ployer sous la dette, ne voudront pas contracter eux-mêmes l'endettement nécessaire à une formation supérieure et se condamneront à une vie de bas salaires. Même dans la classe moyenne, l'évolution des revenus a été lamentable ; aujourd'hui, les revenus médians réels des travailleurs de sexe masculin sont plus bas qu'en 1968. Dans une Amérique qui est déjà le pays avancé où l'égalité des chances est la plus faible – où les perspectives d'un enfant dépendent plus du revenu et de l'éducation de ses parents que même dans la vieille Europe sclérosée –, les possibilités d'ascension sociale vont péricliter encore davantage.

Si nous voulons la reprise, il n'y a pas d'autre solution que d'utiliser la politique budgétaire. Heureusement, des dépenses publiques bien conçues peuvent faire progresser simultanément l'emploi, la croissance et l'égalité. De nouveaux investissements dans l'éducation, orientés particulièrement vers les pauvres et la classe moyenne, de l'éducation préscolaire aux bourses Pell, auraient le triple effet de stimuler l'économie, de renforcer l'égalité des chances et d'accélérer la croissance. En consacrant à l'aide aux propriétaires en difficulté un petit pourcentage de ce que l'État fédéral a donné aux banques – ou en prolongeant les indemnités de chômage pour ceux qui cherchent un emploi depuis longtemps sans en trouver –, on pourrait simultanément soulager les victimes de la récession et contribuer à y mettre fin. Les gains de croissance augmenteraient les recettes fiscales, et améliore-raient ainsi notre position budgétaire. Quantité d'investissements s'autofinanceraient.

En revanche, si nous nous engageons sur la voie de l'aus-térité, nous risquons d'entrer dans une récession à double creux, notamment si la crise européenne s'aggrave. Au minimum, nos difficultés économiques dureront probablement des années de plus qu'elles ne l'auraient fait avec une autre politique. Notre croissance future sera plus faible. Mais surtout, notre pays se frac-turera de plus en plus, et nous paierons cher, économiquement, la montée de l'inégalité et la réduction des possibilités d'ascension sociale. Les conséquences seront encore plus terribles pour notre démocratie, pour notre identité de pays de l'égalité des chances et de l'équité, et pour notre société.

Pourquoi c'est Janet Yellen, pas Larry Summers, qui doit diriger la Federal Reserve [1]

Qui va prendre la tête de la Federal Reserve? La controverse sur ce point est devenue particulièrement vive. Le pays a la chance d'avoir une candidate extrêmement qualifiée : l'actuelle vice-présidente de la Federal Reserve, Janet L. Yellen. On craint que le président ne se tourne vers un autre candidat, Lawrence H. Summers. Puisque j'ai travaillé en contact étroit avec les deux pendant plus de trois décennies, à l'intérieur comme à l'extérieur du gouvernement, j'ai peut-être une vision claire de ce choix.

Mais en quoi, demandera-t-on, est-ce un sujet pour une tribune généralement consacrée à mieux comprendre la fracture croissante entre les riches et les pauvres, aux États-Unis et dans le monde? Pour une raison simple : l'action de la Federal Reserve a autant d'effet sur la montée de l'inégalité que pratiquement tout le reste. La bonne nouvelle, c'est que les deux principaux candidats parlent comme si l'inégalité leur tenait à cœur. La mauvaise, c'est que les politiques promues par l'un des candidats, M. Summers, sont pour beaucoup dans les épreuves qui accablent la classe moyenne et les pauvres.

1. *New York Times*, 6 septembre 2013.

La Federal Reserve a des responsabilités en matière de réglementation et de gestion macroéconomique. Les défaillances de la réglementation ont été au cœur de la crise aux États-Unis. Haut responsable au département du Trésor sous l'administration Clinton, M. Summers a soutenu la déréglementation des banques, notamment l'abrogation de la loi Glass-Steagall, qui a joué un rôle déterminant dans la crise financière américaine. Devenu secrétaire au Trésor de 1999 à 2001, son plus grand «exploit» a été de faire voter la loi garantissant que les dérivés ne seraient pas réglementés – décision qui a éminemment contribué à dynamiter les marchés financiers. (Warren E. Buffett a eu bien raison de qualifier les dérivés d'«armes financières de destruction massive». Certains responsables de ces erreurs politiques capitales ont reconnu plus tard les «vices» fondamentaux de leurs analyses. M. Summers, à ma connaissance, ne l'a pas fait.)

Les défaillances de la réglementation ont été également au centre de crises antérieures. Au Trésor dans les années 1990, M. Summers a incité les pays à libéraliser au plus vite leurs marchés des capitaux, à permettre aux flux financiers d'entrer et de sortir sans restriction – en fait, il leur a imposé cette décision –, et ce, contre l'avis du comité des conseillers économiques de la Maison-Blanche (que j'ai dirigé de 1995 à 1997). C'est cela, plus que tout autre facteur, qui a provoqué la crise financière asiatique. Peu de politiques ou d'initiatives portent une plus lourde culpabilité dans cette crise et dans la crise financière mondiale de 2008 que les mesures de déréglementation dont M. Summers s'est fait le champion.

Les partisans de M. Summers font valoir qu'il est exceptionnellement qualifié pour gérer les crises – et que, si nous espérons qu'il n'y en aura pas dans les quatre prochaines années, la prudence exige de choisir quelqu'un qui se montre excellent dans ces instants critiques. Soyons justes : M. Summers a participé à la gestion de plusieurs crises. Mais l'important n'est pas seulement d'«être là» pendant une crise, c'est de faire preuve d'un bon jugement dans la façon dont on la gère. C'est surtout d'être résolu à prendre les mesures qui réduiront la probabilité d'une nouvelle crise – non celles qui la rendront presque à coup sûr inévitable.

Le comportement et le jugement de M. Summers pendant les crises ont été aussi contestables que son manque de résolution à cet égard. En Asie comme aux États-Unis, il m'a paru sous-estimer la gravité des récessions et, avec des prévisions si loin du compte, on ne saurait s'étonner que les politiques aient été inadaptées. L'action des responsables du département du Trésor chargés de gérer la crise asiatique a eu des résultats pour le moins décevants : ils ont transformé des ralentissements en récessions et des récessions en dépressions. De même, aux États-Unis, si le système bancaire a été sauvé et une nouvelle dépression évitée, ceux qui ont eu la charge de gérer la crise de 2008 ne peuvent pas se vanter d'avoir organisé une reprise large et vigoureuse. Ils ont fait du travail bâclé sur la restructuration des prêts hypothécaires, n'ont pas réussi à rétablir le flux du crédit vers les PME, ont mal géré les renflouements : tout cela est bien établi – de même que leur incapacité de prévoir la gravité de l'effondrement de l'économie.

Ces problèmes sont importants pour tous ceux qui se préoccupent de l'inégalité, pour quatre raisons. Premièrement, ce sont les crises, et la façon dont on les gère, qui génèrent concrètement la pauvreté et l'inégalité. Il suffit de regarder les ravages de la dernière en date : la fortune médiane a chuté de 40 %, la classe moyenne n'a toujours pas retrouvé son niveau de revenu d'avant la crise, et le 1 % a accaparé la totalité des fruits de la reprise (et un peu plus). Ce sont les simples travailleurs qui ont le plus souffert. Ce sont eux qui ont subi la hausse du chômage, la baisse des salaires, et l'essentiel des coupes dans les services publics imposées par l'austérité budgétaire. Ce sont eux qui, par millions, ont perdu leur maison. L'administration Obama aurait pu faire plus, beaucoup plus, pour secourir les propriétaires en difficulté et pour aider les autorités locales à maintenir les services publics (en pratiquant, par exemple, le type de partage des recettes avec les États et les municipalités que j'avais préconisé au début de la crise).

Deuxièmement, la déréglementation a contribué à la financiarisation de l'économie. Elle a introduit des distorsions dans notre économie. Elle a ouvert un champ d'action plus large à ceux qui manipulent les règles du jeu à leur profit. Dans le monde entier, comme l'a démontré avec force James K. Galbraith, les secteurs financiers surdimensionnés et sous-réglementés sont étroitement liés à une inégalité plus élevée. Les pays qui ont imité la déréglementation américaine, comme la Grande-Bretagne, ont vu eux aussi l'inégalité monter en flèche.

Troisièmement, il y a dans cette inégalité née de la déréglementation une composante particulièrement odieuse : celle qui est issue des abus de pouvoir du secteur financier. Il s'enrichit aux dépens des Américains ordinaires par le crédit prédateur, la manipulation des marchés, les pratiques abusives des cartes de crédit, ou en profitant de son pouvoir de monopole dans le système des paiements. La Federal Reserve dispose de pouvoirs considérables pour prévenir ces abus et elle en a encore plus depuis le vote de la loi Dodd-Frank de 2010. Mais, à de multiples occasions, elle s'est abstenue de le faire : elle a systématiquement concentré ses efforts sur l'amélioration de la position financière des banques, aux dépens des simples citoyens américains.

Quatrièmement, non seulement le secteur financier américain a fait ce qu'il n'aurait pas dû faire, mais il n'a pas fait ce qu'il aurait dû faire. Aujourd'hui encore, le crédit aux PME est à sec. Une bonne réglementation détournerait les banques de la spéculation et de la manipulation des marchés, elle les ramènerait à ce qui devrait être le cœur de leur métier : prêter.

Quel que soit le successeur de Ben S. Bernanke à la tête de la Federal Reserve, il lui faudra décider, par des jugements répétés, quand relever ou abaisser les taux d'intérêt, les leviers de la politique monétaire.

Deux facteurs interviennent dans ces jugements. Le premier est la prévision. Les erreurs de prévision aboutissent aux erreurs politiques. Si l'on n'a pas un sens aigu de la direction dans laquelle va l'économie, on ne peut pas prendre les mesures qui conviennent. Mme Yellen a un superbe bilan de prévision de l'évolution de l'économie – le meilleur de tous à la Federal Reserve, selon le *Wall Street Journal*. Le bilan de M. Summers, je l'ai dit, laisse quelque peu à désirer.

La performance exceptionnelle de Mme Yellen n'est pas une surprise. Janet Yellen, qui a été mon élève à Yale, a été l'une des meilleures étudiantes que j'ai eues en quarante-sept ans d'enseignement à Columbia, à Princeton, à Stanford, à Yale, au MIT et à Oxford. C'est une économiste d'une extrême acuité intellectuelle, qui a une grande aptitude à forger le consensus et qui a prouvé sa force de caractère à la présidence du comité des conseillers économiques du président (elle m'a succédé à ce poste), à la tête de la Federal Reserve Bank de San Francisco de 2004 à 2010 et dans ses fonctions actuelles de numéro 2 de la Federal Reserve.

Mme Yellen s'est appuyée non seulement sur sa compréhension des marchés financiers et de la politique monétaire mais aussi sur sa connaissance des marchés du travail – ce qui est indispensable dans une période où le chômage et la stagnation des salaires sont au premier plan des préoccupations.

Le second facteur qui joue dans la prise de décision à la Federal Reserve, c'est l'évaluation du risque : si l'on freine trop fort, on risque une envolée excessive du chômage ; trop timidement, on risque l'inflation. Mme Yellen a montré qu'elle était non seulement excellente dans ses prévisions, mais équilibrée dans ses interventions. On a posé des questions légitimes : M. Summers, dont on connaît les liens étroits avec Wall Street, ne va-t-il pas partager l'obsession des financiers pour l'inflation, et s'inquiéter davantage des répercussions sur les cours du marché des titres que sur les citoyens américains ? Dans le passé, les banques centrales se sont exagérément concentrées sur l'inflation. De fait, cette idée fixe, poursuivie au mépris de la stabilité financière, a contribué non seulement à la crise, mais aussi, comme je l'explique dans *Le Triomphe de la cupidité*, à la baisse de la part des salariés dans le revenu total.

La volonté d'agir pour prévenir les crises et le bon jugement pendant une crise sont des critères incontestablement primordiaux dans le choix du prochain dirigeant de la Federal Reserve. Mais il y a d'autres considérations importantes. La Federal Reserve est une grande organisation qu'il faut gérer – et Mme Yellen a démontré ses talents de gestionnaire à la Federal Reserve de San Francisco. Il faut obtenir le consensus dans un groupe diversifié de responsables au caractère affirmé, dont certains se préoccupent davantage de l'inflation, d'autres du chômage. Nous avons besoin d'une personnalité apte à rapprocher les points de vue et non d'un virtuose de l'agressivité ; de quelqu'un qui sache écouter les autres et respecter leurs idées. Quand j'étais président du comité de politique économique de l'Organisation de coopération et de développement économiques, j'ai vu avec quelle efficacité Mme Yellen représentait les États-Unis et dans quelle estime on la tenait. Dans les années suivantes, elle a développé sa stature et elle jouit aujourd'hui de l'immense respect des gouverneurs de banque centrale du monde entier. Elle a le jugement, la perspicacité et la rigueur qu'on peut attendre du dirigeant de la Federal Reserve.

Enfin, la Federal Reserve est une institution d'une extrême importance, mais son comportement dans les années qui ont précédé la prise de fonction de Mme Yellen à Washington a malheureusement compromis la confiance qu'on lui faisait – tant ses insuffisances face à la bulle que certains traits de sa conduite au lendemain immédiat de la crise (comme le manque de transparence). Il est important que la personnalité dont le président Obama proposera la candidature n'agisse pas – et même ne paraisse pas agir – dans l'intérêt des marchés financiers. Ce ne doit pas être quelqu'un que l'on puisse même soupçonner de conflit d'intérêts, comme c'est inévitable avec la « porte tournante » qui a été trop souvent associée à la réglementation de ce secteur. Il ne peut s'agir non plus de quelqu'un qui souffre de « capture cognitive » par Wall Street. En même temps, cette personnalité doit jouir de la confiance des marchés financiers et en avoir une compréhension approfondie. Mme Yellen y est parvenue, ce qui, en soi, est un exploit impressionnant.

On pourrait dire que le pays a la chance d'avoir deux candidats qui, comme l'écrit l'économiste de Harvard Kenneth S. Rogoff, ancien économiste en chef du Fonds monétaire international, sont « de brillants chercheurs disposant d'une longue expérience du service public ». Mais le brio n'est pas le seul facteur d'efficacité. Les valeurs, le jugement et la personnalité comptent aussi.

Il est rare que les options soient si tranchées et les enjeux si grands. Comment s'étonner que le choix du dirigeant de la Federal Reserve ait suscité tant d'émotion ? Mme Yellen a eu un bilan vraiment impressionnant à tous les postes qu'elle a occupés.

Le pays a devant lui un candidat qui a joué un rôle crucial dans la création des problèmes économiques auxquels nous sommes aujourd'hui confrontés, et une candidate à la stature, à l'expérience et au jugement exceptionnels.

La démence
de notre politique alimentaire[1]

La politique alimentaire américaine est depuis longtemps d'un illogisme ahurissant. Chaque année, nous dépensons des milliards en subventions à l'agriculture, dont beaucoup aident de riches entreprises commerciales à planter plus que nous n'en avons besoin. Cette surabondance de denrées déprime les prix agricoles mondiaux, elle porte donc un coup très dur aux paysans des pays en développement. Simultanément, des millions d'Américains vivent au bord de la famine, tenue en respect de justesse par un programme de bons d'alimentation qui donne à la plupart de ses bénéficiaires à peine plus de quatre dollars par jour.

Et voici que les républicains de la Chambre exigent une loi sur l'agriculture qui aggraverait tous ces problèmes. C'est si absurde qu'on a du mal à le croire! Réduire les maigres secours que nous versons à nos concitoyens les plus vulnérables, et utiliser l'argent ainsi économisé pour continuer à engraisser un petit nombre de riches agriculteurs américains! Telles sont les mesures que le groupe républicain de la Chambre, sous prétexte d'équilibrer les comptes nationaux, préconise dans ses négociations avec le Sénat, en ces temps où le Congrès s'efforce de sortir de l'impasse qui paralyse depuis longtemps le vote d'une prolongation du Farm Bill.

La Chambre a proposé de réduire l'enveloppe des bons d'alimentation de 40 milliards de dollars en dix ans – en plus des 5 milliards de dollars de coupes qui sont déjà entrées en vigueur ce mois-ci avec l'expiration des suppléments à ce programme qu'avait introduits la loi de stimulation de 2009. Simultanément, les républicains de la Chambre semblent satisfaits de laisser se poursuivre au même rythme les subventions agricoles, qui l'an dernier se sont montées à 14,9 milliards de dollars environ. Ils envisagent simplement d'en changer la forme : au lieu de verser directement des aides – que l'on paie à taux fixe aux agriculteurs chaque année pour les encourager à poursuivre certaines cultures indépendamment des fluctuations du marché –, l'État subventionnerait les primes d'assurances de ces cultures. Mais il est fort peu probable que cela reviendrait moins cher. Plus grave : à la différence des versements directs, les subventions aux primes d'assurance seraient accordées aux agriculteurs bénéficiaires sans limite de revenu.

Ce projet montre parfaitement comment la recherche de rente, comme disent les économistes, alimente la montée de l'inégalité. Puisque de petits groupes d'Américains sont devenus extrêmement riches, leur pouvoir politique aussi a grandi démesurément. Ces petites élites puissantes – en l'occurrence, les riches exploitants agro-industriels – inspirent aux pouvoirs publics des politiques qui faussent le marché et ne bénéficient qu'à elles. Et elles s'approprient ainsi une plus grande part du gâteau économique du pays. Puisque leur part est plus grande, tous les autres en ont une plus petite – le gâteau ne grandit absolument pas –, mais les «chercheurs de rentes» savent en général prendre assez peu à chaque Américain pour qu'il ne se rende compte de rien. Si la somme soustraite dans la poche de chacun est réduite, pour eux le total est énorme. Et l'inégalité s'accroît.

L'absurde dispositif proposé dans la loi agricole des républicains de la Chambre est une version particulièrement odieuse de ce mécanisme. Il prend aux Américains les plus pauvres de l'argent réel, de l'argent nécessaire à leur simple survie, pour le donner à un groupuscule de riches peu méritants, en échange de leurs contributions aux campagnes électorales et de leur soutien politique. Il n'a aucune justification économique : il n'introduit dans l'économie que des distorsions, puisqu'il incite à produire des denrées dont nous n'avons pas besoin et réduit la consommation des détenteurs des plus faibles revenus. Il n'a aucune justification morale non plus : il accroît la misère et la précarité quotidienne de millions d'Américains.

Les subventions agricoles étaient beaucoup plus raisonnables à leurs débuts, il y a quatre-vingts ans. C'était en 1933, et, à l'époque, plus de 40 % des Américains vivaient en milieu rural. Les revenus agricoles avaient chuté environ de moitié dans les trois premières années de la Grande Dépression. Dans ces circonstances, ces subventions étaient un programme de lutte contre la pauvreté.

Mais aujourd'hui, elles servent de tout autres fins. De 1995 à 2012, 1 % des exploitations agricoles ont reçu environ 1,5 million de dollars chacune, ce qui représente plus du quart des subventions totales, selon l'Environmental Working Group[1]. Et environ les trois quarts sont allés à 10 % des exploitations seulement. Chacune d'elles a touché, en moyenne, plus de 30 000 dollars par an – vingt fois plus que n'a reçu, l'an dernier, le bénéficiaire moyen du SNAP (Supplemental Nutrition Assistance Program), le «programme d'aide supplémentaire à la nutrition» de l'État fédéral qu'on appelle couramment «bons d'alimentation».

Aujourd'hui, ces bons sont l'un des principaux piliers de nos efforts pour combattre la pauvreté. Plus de 80 % des 45 millions d'Américains qui ont bénéficié du SNAP en 2011, dernière année pour laquelle nous disposons de statistiques exhaustives du département de l'Agriculture, avaient des revenus bruts du ménage inférieurs au seuil de pauvreté. (Depuis, l'effectif total des bénéficiaires, en augmentation, a presque atteint les 48 millions.) Même avec ce soutien, beaucoup connaissent l'insécurité

1. ONG écologiste américaine, engagée notamment contre l'usage des pesticides, les subventions agricoles et les activités minières dangereuses pour l'environnement et la santé (*NdT*).

alimentaire, c'est-à-dire ont du mal à mettre quelque chose sur la table à un moment de l'année.

Historiquement, bons d'alimentation et subventions agricoles ont été liés. C'est un couple qui peut paraître insolite, mais il y a une logique : il faut traiter les deux bouts de l'économie alimentaire, la production et la consommation. La présence d'une offre abondante sur le territoire d'un pays ne garantit pas que ses habitants soient bien nourris. Le déséquilibre radical entre les subventions agricoles aux riches et l'aide à la nutrition des nécessiteux – déséquilibre que les propositions sur le Farm Bill aggraveraient directement – est un douloureux témoignage de ce fait économique bien établi.

Le prix Nobel d'économie Amartya Sen nous l'a rappelé : même les famines ne sont pas nécessairement causées par une insuffisance de l'offre ; la vraie raison peut être que les aliments qui existent ne vont pas à ceux qui en ont besoin. C'est ce qui s'est passé dans la famine du Bengale en 1943, dans celle de la pomme de terre en Irlande un siècle plus tôt. Dominée par ses maîtres britanniques, l'Irlande exportait des denrées alors que ses habitants mouraient de faim.

Une dynamique semblable est à l'œuvre aux États-Unis. Il est bien connu que les agriculteurs américains comptent parmi les plus efficaces du monde. Notre pays est le plus gros producteur et exportateur de maïs et de soja, pour ne nommer que deux de ses principales cultures. Pourtant des millions d'Américains souffrent encore de la faim, et il y en aurait des millions de plus sans les programmes vitaux de l'État pour prévenir la famine et la malnutrition – ceux que les républicains cherchent aujourd'hui à réduire.

Il y a un paradoxe supplémentaire dans les politiques alimentaires de l'Amérique : tout en incitant nos agriculteurs à surproduire, elles ne prêtent aucune attention à la qualité et à la diversité de ce qu'ils produisent. Puisque le maïs, par exemple, est massivement subventionné, beaucoup de produits alimentaires malsains sont relativement bon marché. Donc, lorsqu'on va faire ses courses avec un budget serré, on choisit souvent des aliments à faible valeur nutritive. C'est l'une des raisons pour lesquelles les Américains sont confrontés au paradoxe d'une présence démesurée de la faim malgré leur richesse, à des taux d'obésité parmi les plus élevés du monde et à une forte incidence du diabète de type 2. Les Américains pauvres risquent particulièrement l'obésité.

Il y a quelques années, j'étais en Inde, pays de 1,2 milliard d'habitants où des dizaines de millions de personnes souffrent quotidiennement de la faim, quand la presse a titré à la une qu'un Américain sur sept connaissait l'insécurité alimentaire parce qu'il ne pouvait s'offrir les denrées de première nécessité. Les amis indiens que j'ai rencontrés ce jour-là et la semaine suivante étaient ébahis par cette information : se pouvait-il que dans le pays le plus riche du monde la faim fût encore là ?

Leur perplexité était compréhensible : la faim dans ce pays riche n'est nullement une fatalité. Ce que mes amis indiens ne comprenaient pas, c'est que 15 % des Américains – et 22 % des enfants des États-Unis – vivent dans la pauvreté. Quand on travaille à temps plein (2 080 heures par an) au salaire minimum de 7,25 dollars, on gagne environ 15 000 dollars par an, ce qui est bien inférieur au seuil de pauvreté pour une famille de quatre personnes (23 492 dollars en 2012), et même au seuil de pauvreté pour une famille de trois personnes.

Ce sinistre tableau est le résultat de décisions politiques prises à Washington, qui ont contribué à créer un système économique où les « sous-éduqués » doivent travailler exceptionnellement dur, simplement pour subsister dans la pauvreté.

Ce n'est pas ce qui est censé se passer en Amérique. Dans son célèbre discours de 1941 sur les « quatre libertés », Franklin D. Roosevelt a posé un principe : tous les Américains doivent avoir certains droits économiques de base, notamment « être libérés du besoin ». Ces idées ont été plus tard adoptées par la communauté internationale dans la Déclaration universelle des droits de l'homme, qui a consacré, elle aussi, le droit à une alimentation suffisante. Mais, si les États-Unis ont joué un rôle décisif en plaidant pour ces droits économiques de base sur la scène internationale – et en les faisant voter –, leur propre comportement sur leur territoire a été décevant.

Il n'est pas surprenant, bien sûr, qu'avec l'ampleur de la pauvreté, des millions d'Américains aient dû se tourner vers l'État pour satisfaire leurs besoins de première nécessité. Et leurs effectifs ont augmenté considérablement avec la Grande Récession. De 2007 à 2013, le nombre des bénéficiaires des bons d'alimentation s'est accru de plus de 80 %.

Lorsqu'on dit que la plupart de ces Américains sont pauvres au sens technique, on ne mesure pas encore toute la gravité de leur indigence. En 2012, par exemple, deux bénéficiaires du SNAP sur cinq ont eu des revenus bruts inférieurs à la moitié du seuil de pauvreté. La somme que leur verse ce programme est très faible – 4,39 dollars par jour et par bénéficiaire. Ce n'est vraiment pas assez pour survivre. Mais cela fait une différence énorme dans la vie de ceux qui l'obtiennent : le Center on Budget and Policy Priorities[1] estime que le SNAP a sorti de la pauvreté quatre millions d'Américains en 2010.

Avec les insuffisances de nos dispositifs de lutte contre la faim et la malnutrition, et avec l'ampleur de la pauvreté au lendemain de la Grande Récession, on aurait pu croire que la réaction naturelle de nos dirigeants politiques serait de muscler les programmes qui renforcent la sécurité alimentaire. Mais les membres du groupe républicain de la Chambre des représentants voient les choses autrement. Ils semblent décidés à blâmer les victimes : les pauvres auxquels l'État n'a pas donné une formation suffisante et qui sont donc démunis de qualifications négociables sur le marché ; et ceux qui cherchent sérieusement un emploi mais ne peuvent en trouver, à cause d'un système économique en panne où, sur sept Américains qui souhaitent travailler à temps plein, un n'y parvient pas. Loin d'alléger les conséquences de ces problèmes, le projet des républicains alourdirait les privations et les inégalités.

Et ses effets calamiteux s'étendraient même au-delà de nos frontières.

Si l'on regarde plus largement ce qui se passe, la conjonction des subventions agricoles et des coupes dans les bons d'alimentation

---

1. Institut de réflexion progressiste sur la politique budgétaire américaine (*NdT*).

aggrave la pauvreté et la faim dans le monde. Pour une raison simple : si aux États-Unis la production augmente et la consommation est moindre que ce qu'elle aurait été sans les coupes, les exportations américaines vont inévitablement s'accroître. La hausse des exportations fait chuter les prix mondiaux, ce qui porte un coup aux paysans pauvres du monde entier. Or 70 % des pauvres du monde vivent principalement de l'agriculture : ce sont des ruraux qui, dans leur écrasante majorité, se trouvent dans les pays en développement.

L'adoption du plan des républicains de la Chambre aura de multiples effets dans notre économie, par divers canaux. Le premier est simple : les familles pauvres dont les ressources auront diminué pèseront à la baisse sur la croissance. Un autre est plus pernicieux : le Farm Bill des républicains aggravera l'inégalité – et pas seulement par ses largesses immédiates aux agriculteurs riches et les coupes correspondantes chez les pauvres. Les enfants mal nourris – qu'ils aient faim ou qu'ils soient malades parce qu'ils mangent mal – n'apprennent pas aussi bien que ceux qui sont alimentés correctement.

En réduisant les bons d'alimentation, nous assurons la perpétuation de l'inégalité, et dans l'une de ses pires manifestations : l'inégalité des chances. Sur ce point, le mauvais travail de l'Amérique devient vraiment inquiétant, comme je l'ai déjà souligné dans cette série d'articles. Nous compromettons notre avenir, parce qu'il y aura, au bas de l'échelle sociale, une vaste catégorie de personnes qui ne vivront pas à la hauteur de leurs potentialités, qui n'auront pas les moyens d'apporter à la prospérité globale du pays la contribution qui aurait pu être la leur.

Tout cela démontre clairement que l'argument avancé par les républicains pour justifier ces politiques alimentaires – le souci de notre avenir, notamment du poids de la dette nationale sur nos enfants – est un prétexte malhonnête et d'un cynisme profond. Pas seulement parce que les fondements intellectuels du fétichisme de la dette publique ont été détruits (avec la démolition de l'étude de Carmen M. Reinhart et Kenneth S. Rogoff, économistes de Harvard, qui corrélait ralentissement de la croissance et rapport «dette sur PIB» supérieur à 90 %[1]). C'est aussi parce que le Farm Bill des républicains porte clairement de nombreux coups aux enfants des États-Unis et du monde.

Si ces propositions prenaient force de loi, ce serait un échec moral et économique pour le pays.

---

1. En 2013, Thomas Herndon, doctorant à Amherst, a détruit définitivement leurs conclusions par une critique dévastatrice des données sur lesquelles elles étaient fondées (*NdT*).

Du mauvais côté
de la mondialisation[1]

Les accords de commerce sont un sujet que l'on peut juger assommant, mais là, nous devrions tous ouvrir l'œil. Là, tout de suite, des projets d'accord sont en gestation qui menacent de faire basculer la plupart des Américains du mauvais côté de la mondialisation.

De fait, les divergences sur ces accords déchirent en profondeur le Parti démocrate. Certes, vous n'en saurez rien en écoutant la rhétorique du président Obama. Dans son discours sur l'état de l'Union, par exemple, il a évoqué d'un ton neutre les «nouveaux partenariats commerciaux» qui vont «créer plus d'emplois». L'enjeu le plus immédiat est l'Accord de partenariat transpacifique, le TPP (Trans-Pacific Partnership) : il réunirait douze pays du bassin du Pacifique dans une zone de libre-échange qui serait la plus vaste de la planète.

Les négociations du TPP ont été engagées en 2010, en vue, explique le représentant des États-Unis au commerce, d'accroître les échanges et l'investissement, en abaissant les droits de douane et d'autres obstacles au commerce entre les pays participants. Mais le TPP se négocie en secret, nous sommes donc obligés de

1. *New York Times*, 15 mars 2014.

deviner les dispositions proposées sur la base d'ébauches connues par des fuites. En même temps, le Congrès a introduit cette année un projet de loi qui autoriserait la Maison-Blanche à faire voter le texte en urgence et sans possibilité d'obstruction parlementaire : le Congrès devrait simplement approuver ou rejeter l'accord commercial qu'on lui soumet, sans révisions ni amendements.

La controverse a éclaté, et à juste titre. À partir des fuites – et de l'histoire des ententes réalisées dans les précédents traités de commerce –, il est facile de déduire le profil général du TPP, et il ne paraît pas bon. Il risque vraiment de profiter à la mince élite américaine et mondiale de la fortune aux dépens de tous les autres. Le fait même qu'un tel plan soit envisagé prouve à quel point l'inégalité influence notre politique économique.

Des accords comme le TPP ne sont d'ailleurs qu'un aspect d'un vaste problème : nous gérons la mondialisation horriblement mal.

Commençons par réexaminer l'histoire. En général, les traités de commerce actuels sont nettement différents de ceux qui étaient conclus dans les décennies d'après la Seconde Guerre mondiale. Les négociations se concentraient alors sur la réduction des droits de douane. Comme ils baissaient de tous côtés, le commerce se développait, chaque pays pouvait stimuler les secteurs où il avait des atouts, donc les niveaux de vie montaient. Certains emplois étaient perdus, mais de nouveaux étaient créés.

Aujourd'hui, l'objectif des accords de commerce est tout autre. Les droits de douane sont déjà faibles dans le monde entier. Désormais, l'attention se concentre sur les «obstacles non tarifaires» et le plus important – aux yeux des grandes compagnies qui font pression pour obtenir ces accords –, ce sont les réglementations. Leur incohérence coûte cher aux entreprises, se plaignent les multinationales géantes. Mais même si elles sont imparfaites, la plupart des réglementations existent pour de bonnes raisons : pour protéger les salariés, les consommateurs, l'économie et l'environnement.

De plus, si les États les ont mises en place, c'est souvent en réaction aux exigences démocratiques de leurs citoyens. Les défenseurs des nouveaux accords de commerce disent, par euphémisme, qu'ils ne demandent qu'une harmonisation des réglementations. L'expression sonne bien et suppose une intention bien innocente : améliorer l'efficacité. On pourrait évidemment harmoniser les réglementations par le haut, en les portant toutes, partout, au niveau des plus exigeantes. Mais lorsque les grandes entreprises réclament l'harmonisation, ce qu'elles ont vraiment en tête est une course vers le pire.

Quand des accords comme le TTP régiront le commerce international – quand chaque pays aura accepté les mêmes réglementations minimales –, les multinationales pourront revenir aux pratiques qui étaient courantes avant le vote des lois contre la pollution de l'air et de l'eau, le Clean Air Act et le Clean Water Act (en 1970 et 1972 respectivement), et avant la dernière en date des crises financières. Il est fort possible que les grandes entreprises du monde entier jugent unanimement que l'abrogation des réglementations serait bonne pour leurs profits. Et peut-être les négociateurs des accords sont-ils persuadés que ces traités seraient bons pour le commerce et pour les bénéfices des entreprises. Mais il y aurait quelques gros perdants : nous, tous les autres.

Lorsqu'on mesure l'importance de l'enjeu, on comprend pourquoi il est vraiment risqué de laisser les négociations commerciales se dérouler en secret. Dans le monde entier, les ministères du commerce sont sous la coupe des grandes entreprises et des intérêts financiers. Et quand les négociations sont secrètes, le processus démocratique n'a aucun moyen de jouer son rôle nécessaire de contrôle et de contrepoids, afin de poser des bornes aux effets négatifs des accords.

Le secret pourrait suffire à déchaîner une rude controverse sur le TPP. Ce que nous savons des détails ne rend l'opacité que plus intolérable. Voici l'un des pires : le TPP permet aux entreprises de saisir un tribunal international pour réclamer des dommages et intérêts, non seulement en cas d'expropriation injuste, mais également si elles affirment qu'une réglementation a réduit leurs profits potentiels. Le problème n'a rien de théorique. Philip Morris a déjà essayé cette tactique contre l'Uruguay : selon lui, les réglementations contre le tabagisme qui avaient valu à ce pays les félicitations de l'Organisation mondiale de la santé nuisaient injustement à ses profits et violaient donc un traité de commerce bilatéral entre l'Uruguay et la Suisse. À cet égard, les récents accords de commerce rappellent les guerres de l'Opium : les puissances occidentales ont imposé par la force à la Chine de rester ouverte à l'opium, car ce produit leur paraissait vital pour corriger un déséquilibre commercial qui, sans lui, eût été massif.

Les dispositions déjà intégrées à d'autres accords de commerce sont utilisées ailleurs pour miner les réglementations environnementales et autres. Les pays en développement paient un prix très lourd en signant ces textes, mais reçoivent-ils vraiment, en retour, plus d'investissements ? Les preuves sont minces et controversées. Et si ces pays sont les victimes les plus évidentes, le problème pourrait se poser aussi pour les États-Unis. On peut imaginer qu'une compagnie américaine crée une filiale dans un pays du bassin du Pacifique, investisse aux États-Unis par l'intermédiaire de cette filiale, puis porte plainte contre le gouvernement américain, en faisant valoir, en tant qu'entreprise «étrangère», des droits qu'elle n'aurait pas eus comme compagnie américaine. Là encore, ce n'est pas une simple possibilité théorique. Certaines preuves indiquent déjà que les grandes entreprises canalisent leurs fonds dans différents pays en fonction de l'endroit où leur position juridique face à l'État est la plus forte.

Il y a d'autres dispositions néfastes. L'Amérique s'est battue pour réduire les dépenses de santé. Mais le TPP rendrait plus difficile l'introduction de génériques, donc ferait monter le prix des médicaments. Dans les pays les plus pauvres, ce n'est pas seulement un transfert d'argent vers les coffres de grandes compagnies : des milliers de personnes vont mourir alors qu'elles auraient pu être soignées. Certes, ceux qui font des recherches doivent être indemnisés. C'est pour cela que nous avons un système de brevets. Mais il est censé équilibrer avec soin les bienfaits de la protection intellectuelle avec une autre fin tout aussi noble : élargir l'accès au savoir. J'ai déjà signalé que certains avaient exploité le système en sollicitant des brevets pour les gènes qui prédisposent les femmes au cancer du sein. Finalement, la Cour suprême a rejeté ces brevets, mais, dans l'intervalle, de nombreuses femmes en ont injustement souffert. Les accords de commerce donnent encore plus de possibilités de profiter des malades.

Les inquiétudes montent. Selon une lecture des documents en négociation connus par des fuites, le TPP permettrait aux banques américaines de vendre plus facilement leurs dérivés à risque dans le monde entier, peut-être en nous préparant le même type de crise qui a conduit à la Grande Récession.

Malgré tout, le TPP et les accords du même type ont des défenseurs passionnés et il y a parmi eux de nombreux économistes. Qu'est-ce qui rend possible ce soutien ? Une théorie économique bidon, réfutée, mais restée en circulation surtout parce qu'elle sert les intérêts des riches.

Le libre-échange était un principe central de la science économique à ses débuts. Oui, il y a des gagnants et des perdants, disait la théorie, mais les gagnants peuvent toujours indemniser les perdants, donc le libre-échange (ou même tout pas en avant vers le libre-échange) est gagnant-gagnant. Malheureusement, cette conclusion repose sur de multiples postulats dont beaucoup sont faux.

Les anciennes théories, par exemple, ignoraient simplement le risque et supposaient que la main-d'œuvre pouvait passer sans transition d'un emploi à l'autre. On postulait que l'économie était au plein-emploi ; les travailleurs évincés par la mondialisation allaient donc vite entrer dans des secteurs à productivité forte, après avoir quitté des secteurs à productivité faible (ne devant leur prospérité qu'aux droits de douane et autres restrictions au commerce qui avaient tenu en respect la concurrence étrangère). Mais quand il y a un chômage élevé, notamment quand un gros pourcentage des sans-emploi est sans travail depuis longtemps (comme c'est le cas aujourd'hui), on ne peut pas se rassurer à si bon compte.

Aujourd'hui, il y a vingt millions d'Américains qui aimeraient avoir un emploi à temps plein mais n'en trouvent pas. Des millions ont cessé de chercher du travail. Il y a donc un risque réel de voir celui qu'on chasse d'un emploi à productivité faible dans un secteur protégé devenir, finalement, un membre à productivité zéro de la multitude des chômeurs. C'est nuisible même pour ceux qui conservent leur emploi, puisque la hausse du chômage déprime les salaires.

Pourquoi notre économie ne fonctionne-t-elle pas comme elle devrait le faire ? Nous pouvons en discuter, nous demander si c'est parce que la demande globale est insuffisante ou parce que nos banques, plus intéressées par la spéculation et la manipulation des marchés que par le crédit, ne prêtent pas suffisamment aux PME. Mais quelle que soit l'explication, le fait est là : ces accords de commerce risquent bel et bien d'accroître le chômage.

Si nous avons tant de difficultés, c'est en partie parce que nous avons mal géré la mondialisation. Nos politiques économiques encouragent la délocalisation des emplois : les produits fabriqués à l'étranger avec une main-d'œuvre à bas prix peuvent être ramenés à bas prix aux États-Unis. Les travailleurs américains comprennent donc qu'ils doivent être compétitifs face à ceux d'autres pays, et leur pouvoir de négociation s'affaiblit. C'est l'une des raisons pour lesquelles le revenu médian réel des travailleurs à temps plein de sexe masculin est plus bas qu'il y a quarante ans.

Aujourd'hui, la politique américaine aggrave ces problèmes. Même dans les meilleures circonstances, la vieille théorie du libre-échange disait seulement que les gagnants pourraient indemniser les perdants, pas qu'ils le feraient. Et ils ne l'ont pas fait – au contraire. Pour que l'Amérique soit compétitive, disent et répètent les défenseurs des accords de commerce, il faudra réduire non seulement les salaires mais aussi les impôts et les dépenses publiques, notamment sur les programmes qui bénéficient aux simples citoyens. Nous devons accepter la douleur immédiate, poursuivent-ils, parce qu'à long terme tout le monde sera gagnant. Mais rien n'indique que les accords de commerce conduiront à une croissance plus rapide ou plus large, ni qu'à long terme la plupart des travailleurs en bénéficieront.

Le TPP a beaucoup d'adversaires parce que sa procédure et la théorie qui le soutient ont failli. L'opposition est en plein essor aux États-Unis mais aussi en Asie, où les négociations sont dans l'impasse.

En optant pour un rejet pur et simple de l'autorisation de procédure accélérée pour le TPP, le leader de la majorité au Sénat, Harry Reid, nous a donné à tous, semble-t-il, un peu de répit. Ceux qui estiment que les accords de commerce enrichissent les grandes entreprises aux dépens des 99 % ont apparemment gagné cette escarmouche. Mais une guerre de plus grande ampleur est en cours, pour réorienter la politique commerciale – et la mondialisation en général – dans un sens qui relèvera le niveau de vie de la grande majorité des Américains. Son issue reste incertaine.

Dans cette série d'articles, j'ai insisté à maintes reprises sur deux idées. La première : la très forte inégalité actuelle aux États-Unis et son considérable accroissement depuis trente ans sont le résultat cumulé d'un ensemble de politiques, de programmes et de lois. Puisque le président lui-même a souligné que l'inégalité devait être la priorité numéro un du pays, il convient d'examiner toute nouvelle politique, tout nouveau programme et toute nouvelle loi du point de vue de son effet sur l'inégalité. Des accords comme le TPP contribuent substantiellement à cette inégalité. Peut-être les grandes entreprises en profitent-elles. Il est possible aussi, même si c'est loin d'être certain, que le produit intérieur brut tel qu'on le mesure traditionnellement augmente. Mais il est fort probable que le bien-être des simples citoyens en souffre.

Ce qui m'amène à la seconde idée sur laquelle je ne cesse d'insister : l'économie du ruissellement est un mythe. Enrichir les grandes compagnies – comme le ferait le TPP – n'aidera pas nécessairement la classe moyenne, sans parler des plus démunis.

La mascarade du libre-échange[1]

Bien qu'il ne soit rien sorti du Doha Round, le «round du développement» de l'Organisation mondiale du commerce, depuis le lancement de ces négociations sur les échanges mondiaux il y a près de douze ans, une autre série de discussions se prépare. Mais cette fois elles ne seront plus mondiale, multilatérale. On va négocier deux gigantesques accords régionaux – l'un transpacifique, l'autre transatlantique. Ces tractations imminentes ont-elles de meilleures chances de succès?

Ce qui a torpillé le Doha Round, c'est le refus des États-Unis d'éliminer leurs subventions agricoles – la condition *sine qua non* de tout «round du développement» authentique, puisque 70 % de la population du monde en développement dépend de l'agriculture, directement ou indirectement. Cette position était vraiment incroyable, car l'OMC avait déjà condamné et déclaré illégales les subventions américaines au coton – versées à moins de 25 000 agriculteurs riches. Les États-Unis ont réagi en achetant le Brésil, qui avait porté plainte, pour qu'il ne pousse pas l'affaire plus loin, abandonnant à leur triste sort les millions de paysans pauvres qui cultivent le coton en Afrique subsaharienne et en Inde

1. *Project Syndicate*, 4 juillet 2013.

et souffrent des prix déprimés par les largesses de l'Amérique à ses riches exploitants.

Au vu de cette histoire récente, il paraît clair aujourd'hui que les négociations sur la création d'une zone de libre-échange entre les États-Unis et l'Europe, et d'une autre entre les États-Unis et de très nombreux pays du Pacifique (sauf la Chine), ne visent nullement à instaurer un vrai système de libre-échange. Leur véritable objectif est un régime de commerce géré – géré, bien sûr, au service des intérêts particuliers qui dominent depuis longtemps la politique commerciale en Occident.

Espérons que les négociateurs auront à cœur de respecter quelques principes de base. Le premier, c'est que tout accord de commerce doit être symétrique. Si, dans le cadre du Partenariat transpacifique (TPP), les États-Unis exigent du Japon qu'il supprime ses subventions à la riziculture, ils doivent eux-mêmes proposer de cesser de subventionner la production (et l'eau), non seulement pour le riz (qui n'a pas grande importance aux États-Unis), mais également pour d'autres denrées agricoles.

Deuxièmement, aucun accord de commerce ne doit faire passer les intérêts commerciaux avant les intérêts généraux du pays, notamment sur des questions qui ne sont pas liées aux échanges extérieurs, comme la réglementation financière et la propriété intellectuelle. Le traité de commerce de l'Amérique avec le Chili, par exemple, interdit à ce pays de faire usage des dispositifs de contrôle des capitaux – alors que le Fonds monétaire international reconnaît aujourd'hui qu'ils peuvent constituer un outil important de la politique macroprudentielle.

D'autres accords commerciaux ont également insisté sur la libéralisation financière et la déréglementation. La crise de 2008 aurait pourtant dû nous apprendre que l'absence d'une bonne réglementation peut compromettre la prospérité économique. L'industrie pharmaceutique américaine, qui exerce une influence considérable sur les services du représentant des États-Unis au commerce (USTR), a réussi à imposer aux autres pays un régime de propriété intellectuelle déséquilibré, conçu pour combattre les génériques, donc pour faire passer les profits avant les vies à sauver. Même la Cour suprême américaine a dit que le Bureau des brevets des États-Unis allait trop loin en accordant des brevets sur les gènes.

Enfin, il doit y avoir une volonté de transparence. Mais ceux qui s'engagent dans ces négociations commerciales doivent être prévenus : les États-Unis veulent *qu'il n'y ait pas* de transparence. Le bureau de l'USTR a rechigné à révéler sa base de négociation même à des membres du Congrès des États-Unis. À en juger par ce qu'ont révélé les fuites, on comprend pourquoi. Les services de l'USTR sont en train de revenir sur des principes que le Congrès avait fait insérer dans des accords de commerce antérieurs, comme celui avec le Pérou – par exemple concernant l'accès aux médicaments génériques.

Dans le cas du TPP, il y a une inquiétude supplémentaire. L'Asie a mis au point une chaîne de l'offre efficace, où les marchandises passent aisément d'un pays à l'autre dans le processus de fabrication des produits finis. Mais le TPP pourrait interférer avec ce système si la Chine reste à l'extérieur.

Puisque les droits de douane officiels sont déjà très bas, les négociateurs vont essentiellement se concentrer sur les obstacles non tarifaires – comme les réglementations. Mais il est à peu près sûr que le bureau de l'USTR, qui représente les intérêts des grandes entreprises, fera pression pour la norme commune la plus faible, pour le nivellement *par le bas* et non par le haut. De nombreux pays, par exemple, ont des dispositions fiscales et réglementaires qui n'encouragent pas à acheter de grosses voitures. Ce n'est pas une manœuvre discriminatoire contre les produits américains : ils se soucient de la pollution et des économies d'énergie.

Le problème est plus général, j'y ai fait allusion plus haut : les accords de commerce donnent régulièrement aux intérêts commerciaux la priorité sur d'autres valeurs – le droit à une vie saine et la protection de l'environnement, pour n'en citer que deux. La France, par exemple, veut obtenir dans les traités commerciaux une « exception culturelle » qui lui permettrait de continuer à soutenir financièrement son cinéma – ce dont le monde entier bénéficie. Cette valeur doit être non négociable. Et toutes les grandes valeurs de cet ordre.

Les bénéfices sociaux de ces subventions sont énormes, leurs coûts sont négligeables : c'est toute l'ironie de la situation. Qui croit vraiment qu'un film français d'art et d'essai représente une menace sérieuse pour une production d'été à gros budget de Hollywood ? Mais la cupidité de Hollywood est sans limite et les négociateurs américains ne font pas de prisonniers. C'est justement pourquoi ce type de sujet doit être exclu des négociations d'emblée, avant même l'ouverture des discussions. Faute de quoi les pressions seront très dures et il y aura un vrai risque de voir l'accord final sacrifier des valeurs fondamentales à des intérêts commerciaux.

Si les négociateurs créaient un authentique régime de libre-échange privilégiant l'intérêt public, s'ils accordaient au moins autant de poids aux idées des simples citoyens qu'à celles des lobbyistes des grandes entreprises, je pourrais être optimiste, espérer que l'issue de leurs pourparlers renforce l'économie et améliore le bien-être social. Mais la réalité est claire : nous avons un régime de commerce géré qui donne la priorité aux intérêts des compagnies et un processus de négociation non démocratique et non transparent.

Ce qui sortira des prochaines discussions ne sera probablement pas bon pour les citoyens américains ordinaires. Et encore moins pour les simples citoyens des autres pays.

Comment la propriété intellectuelle
aggrave l'inégalité [1]

Dans la guerre contre l'inégalité, nous sommes tellement habitués aux mauvaises nouvelles que nous sommes presque médusés quand un événement positif se produit. Et puisque la Cour suprême a reconnu aux riches et aux grandes entreprises le droit constitutionnel d'acheter les élections américaines, qui aurait attendu d'elle une bonne nouvelle ? Néanmoins, dans la session qui vient de se terminer, une de ses décisions a donné aux Américains quelque chose de plus précieux que l'argent : le droit à la vie.

À première vue, on pourrait avoir l'impression que l'affaire *Association for Molecular Pathology v. Myriad Genetics* porte sur de mystérieuses subtilités scientifiques : la Cour suprême a décidé, à l'unanimité, que les gènes humains ne peuvent être brevetés et que l'ADN synthétique, créé en laboratoire, peut l'être. Mais l'enjeu réel était bien plus important et le problème bien plus fondamental qu'on n'en a généralement conscience. Cette affaire était une bataille entre ceux qui veulent privatiser la santé, pour en faire un privilège dont on jouira en proportion de sa fortune, et ceux qui voient en elle un droit humain – et une composante

1. *New York Times*, 14 juillet 2013.

vitale d'une société juste et d'une économie qui fonctionne bien. Le problème de fond, c'était la distorsion par l'inégalité de notre politique, de nos institutions et de la santé de la population.

À la différence des rudes combats entre Samsung et Apple, où les arbitres (les tribunaux américains), tout en feignant l'impartialité, semblent favoriser avec constance l'équipe locale, cette affaire était plus qu'un simple affrontement entre compagnies géantes. C'est un prisme à travers lequel nous pouvons voir l'ampleur et la perversité des effets de l'inégalité, ce que peut être une victoire sur d'égoïstes intérêts d'entreprise, et – c'est tout aussi important – tout ce que nous risquons encore de perdre dans ce type de combat.

Bien entendu, la Cour et les parties n'ont pas présenté les problèmes sous ce jour dans leurs plaidoiries et dans la décision. Une société de l'Utah, Myriad Genetics, avait isolé deux gènes humains, BRCA1 et BRCA2. Ils peuvent contenir des mutations prédisposant les femmes qui en sont porteuses au cancer du sein : leur présence est une information cruciale pour la détection rapide et la prévention de la maladie. La compagnie avait réussi à obtenir des brevets sur ces gènes. Ce titre de «propriété» lui donnait le droit d'empêcher les autres de réaliser des tests concernant ces gènes. La question déterminante du procès était apparemment technique : des gènes isolés, qui existent naturellement, sont-ils brevetables ?

Mais les brevets avaient dans le monde réel des conséquences dévastatrices, parce qu'ils maintenaient le diagnostic à des prix artificiellement élevés. Les tests génétiques, en fait, sont réalisables à bas prix – une personne peut se faire séquencer 20 000 gènes pour 1 000 dollars environ, sans parler des tests bien moins chers qui ciblent diverses maladies précises. Mais Myriad facturait dans les 4 000 dollars le test complet sur deux gènes seulement. Des scientifiques ont expliqué qu'en elles-mêmes, les méthodes de Myriad n'avaient rien de spécial ou de supérieur : simplement, la compagnie testait des gènes dont elle se disait propriétaire, et elle le faisait en s'appuyant sur des données auxquelles les autres n'avaient pas accès, en raison des brevets.

Quelques heures après la décision de la Cour suprême en faveur des plaignants – un groupe d'universités, de chercheurs et d'associations de défense des patients représentées par l'American Civil Liberties Union et la Public Patent Foundation –, d'autres laboratoires se sont empressés d'annoncer qu'ils allaient également proposer des tests sur les gènes liés au cancer du sein. Ils ont souligné que l'«innovation» de Myriad avait été l'identification de gènes existants, pas l'élaboration des tests. (Mais Myriad ne s'avoue pas vaincue : elle a déposé ce mois-ci deux nouvelles plaintes pour tenter d'empêcher les compagnies Ambry Genetics et Gene By Gene d'effectuer leurs propres tests BRCA, au motif qu'ils violeraient d'autres brevets détenus par Myriad.)

Myriad a fait tout ce qui était en son pouvoir pour protéger de la concurrence le flux de revenus rapporté par ses tests : ce n'est pas une bien grande surprise. De fait, après s'être un peu remis de sa chute de 30 % au lendemain de la décision de la Cour suprême, le cours de son action est toujours inférieur de près de 20 % à son niveau précédent. Les gènes étaient à elle et elle refusait que quiconque empiétât sur sa propriété. En obtenant le brevet, Myriad, comme la plupart des compagnies, cherchait visiblement à maximiser ses profits plus qu'à sauver des vies – si c'était vraiment son souci, elle aurait pu faire, et elle aurait fait, mieux pour fournir des tests à moindre coût, et pour encourager les autres à développer des tests meilleurs, plus précis et moins chers. Évidemment, elle a tenu des raisonnements laborieux pour prouver que ses brevets, qui permettaient des prix de monopole et des pratiques d'exclusion, constituaient une incitation essentielle aux recherches futures. Mais puisque leurs effets dévastateurs étaient devenus manifestes et qu'elle restait inflexible sur le plein exercice de ses droits de monopole, ses protestations d'intérêt pour le bien public sonnaient piteusement faux.

Comme toujours, l'industrie pharmaceutique a prétendu que, sans la protection des brevets, il n'y aurait aucune incitation à la recherche et que tout le monde souffrirait. J'ai remis à la Cour une déclaration d'expert (volontaire, «pour le bien public») qui expliquait pourquoi les arguments des industriels étaient faux et pourquoi, loin de stimuler l'innovation, ces brevets et tous ceux de ce type, en réalité, l'entravaient. Des associations qui ont remis des «mémoires d'amis de la cour» pour soutenir les plaignants, comme l'AARP[1], ont souligné que les brevets de Myriad empêchaient les patients d'obtenir une seconde opinion et des tests de confirmation. Récemment, Myriad a pris l'engagement de ne pas empêcher ce type de test – tout en portant plainte contre Ambry Genetics et Gene by Gene.

Dans l'affaire jugée, Myriad avait refusé le test à deux femmes en rejetant leur assurance Medicaid. Selon les plaignantes, c'était parce que le remboursement était trop faible. D'autres femmes, après un premier test de Myriad, ont dû prendre des décisions déchirantes avec une information terriblement incomplète. Devaient-elles ou non subir une mastectomie d'un sein, ou des deux? Devaient-elles ou non se faire retirer leurs ovaires? Elles n'en savaient pas assez parce que le test de Myriad pour les mutations supplémentaires du BRCA était hors de prix (Myriad facture 700 dollars de plus une information qui, selon les directives nationales, doit être donnée aux patientes) ou parce qu'elles ne pouvaient avoir une seconde opinion médicale, à cause des brevets de Myriad.

Aux États-Unis, on ne peut pas breveter les gènes : telle est la bonne nouvelle qui nous vient de la Cour suprême. En un sens, la Cour a rendu aux femmes quelque chose qu'elles pensaient avoir déjà. Sa décision a eu deux conséquences pratiques énormes. La première est qu'elle autorise désormais la concurrence pour mettre au point des tests meilleurs, plus précis et moins coûteux pour ces gènes. Nous aurons à nouveau des marchés concurrentiels pour stimuler l'innovation. Et la seconde est qu'elle améliore l'égalité des chances en donnant aux femmes pauvres plus de chances de vivre – en l'occurrence, de vaincre le cancer du sein.

Mais, si importante que soit cette victoire, ce n'est en définitive qu'un petit coin dans un paysage mondial de la propriété intellectuelle massivement modelé par les intérêts des grandes compagnies – en général américaines. Et l'Amérique a essayé

---

1. Importante association de retraités, qui intervient notamment sur les questions de santé (*NdT*).

d'imposer son régime de propriété intellectuelle aux autres, par l'Organisation mondiale du commerce et les traités commerciaux bilatéraux et multilatéraux. Elle le fait aujourd'hui dans les négociations dites «du Partenariat transpacifique». En principe, les accords de commerce sont un outil important de la diplomatie : une intégration commerciale plus poussée crée des liens plus étroits sur d'autres plans. Mais, en s'efforçant de persuader les autres que les profits des grandes entreprises sont en réalité plus importants que les vies humaines, le bureau du représentant des États-Unis au commerce fragilise la position internationale de notre pays : ce discours n'a d'autre effet que de renforcer le stéréotype de l'Américain inculte et sans cœur.

Il reste que le pouvoir économique parle souvent plus fort que les valeurs morales. Et, dans les nombreux cas où les intérêts des compagnies américaines l'emportent en matière de droits de propriété intellectuelle, nos politiques contribuent à aggraver l'inégalité à l'étranger. Dans la plupart des pays, c'est exactement comme aux États-Unis : on sacrifie la vie des pauvres sur l'autel des profits des entreprises. Mais même dans ceux où l'État fournirait à des prix abordables pour tous un test comme celui de Myriad, il y aurait un coût. Lorsqu'un État paie un prix de monopole pour un test médical, il y consacre de l'argent avec lequel il aurait pu faire d'autres dépenses de santé pour sauver des vies.

L'affaire Myriad illustre avec une parfaite clarté trois messages fondamentaux du *Prix de l'inégalité*. Le premier est que l'inégalité sociale ne résulte pas seulement des lois économiques, mais aussi de la façon dont nous façonnons l'économie – par la politique, et notamment par le droit, pratiquement sous tous ses aspects. Ici, c'est notre régime de propriété intellectuelle qui contribue, sans aucune nécessité, à la forme d'inégalité la plus grave. Le droit de vivre ne doit pas dépendre de la solvabilité.

Deuxième message : certaines des formes les plus iniques de création de l'inégalité dans notre système économique relèvent de la «recherche de rente». Il s'agit des profits, et de l'inégalité, que crée la manipulation d'une conjoncture politique ou sociale pour obtenir une plus grosse part du gâteau économique au lieu de le faire grandir. Cette appropriation de richesse est plus injuste lorsque la fortune qui afflue vers les plus riches vient des plus démunis. Les agissements de Myriad satisfaisaient ces deux conditions : les profits que faisait cette entreprise en facturant ses tests n'ajoutaient rien à la dimension et au dynamisme de l'économie, mais réduisaient simultanément le bien-être de celles qui ne pouvaient se les offrir.

Tous les assurés contribuaient aux profits de Myriad : les primes devaient forcément augmenter pour compenser ses factures. Et des millions d'Américaines non assurées à revenu moyen seraient encore plus mal loties si elles voulaient passer le test : il leur faudrait payer à Myriad ses prix de monopole. Mais c'étaient bien les non-assurées les plus pauvres qui payaient le prix le plus élevé : le test étant pour elles inabordable, elles étaient les plus exposées au risque de mort prématurée.

Ceux qui plaident pour des droits de propriété intellectuelle forts répliquent : ce n'est que le prix à payer pour obtenir l'innovation qui, à long terme, sauvera des vies. C'est un choix : la vie d'un nombre assez réduit de femmes pauvres aujourd'hui contre celle de beaucoup plus de femmes plus tard. Mais cette thèse est fausse, à plusieurs titres. Dans l'affaire dont nous parlons, elle l'est particulièrement, puisque, de toute manière, ces deux gènes auraient probablement été vite isolés («découverts», dans la terminologie de Myriad) au cours du projet mondial du Génome humain. Mais elle est fausse pour d'autres raisons aussi. Les généticiens ont expliqué que le brevet empêchait en fait la mise au point de meilleurs tests, donc gênait les progrès de la science. Tout savoir repose sur un savoir antérieur et, lorsqu'on limite l'accès à ce savoir antérieur, on entrave l'innovation. La découverte de Myriad – comme tous les progrès scientifiques – a été effectuée avec des techniques et des idées développées par d'autres. Si ce savoir antérieur n'avait pas été dans le domaine public, Myriad n'aurait pas pu faire ce qu'elle a fait.

Et c'est mon troisième message majeur. Le titre que j'ai donné à mon livre souligne que l'inégalité n'est pas seulement moralement répugnante : elle a aussi des coûts matériels. Lorsque le régime juridique qui régit les droits de propriété intellectuelle est mal conçu, il facilite la recherche de rente. Et le nôtre est mal conçu, même s'il aurait pu être pire sans certaines décisions récentes de la Cour suprême qui l'ont amélioré, notamment celle-ci. Le résultat concret est clair : il y a moins d'innovation et plus d'inégalité.

De fait, une large part de la croissance économique explosive qui a eu lieu depuis le XIXe siècle s'explique par la synergie entre l'amélioration de la santé et le progrès technique : c'est l'un des grands éclairages apportés par l'historien de l'économie Robert W. Fogel, prix Nobel, décédé le mois dernier. Il paraît donc évident que des régimes de propriété intellectuelle qui créent des rentes de monopole entravant l'accès à la santé ont le double effet de créer l'inégalité et de handicaper globalement la croissance.

Il y a d'autres solutions. Les partisans des droits de propriété intellectuelle ont surestimé leur rôle d'incitation à innover. Pensons aux idées qui ont abouti à l'invention de l'ordinateur, des transistors, des lasers, à la découverte de l'ADN : dans la plupart des innovations majeures, la motivation n'était pas le gain financier. C'était la recherche du savoir. Certes, il faut mettre des ressources à la disposition des chercheurs. Mais le système des brevets n'est qu'un moyen parmi d'autres de les leur fournir et, dans bien des cas, ce n'est pas le meilleur. La recherche sur fonds publics, les fondations et le système des récompenses (on offre un prix à qui fera une découverte, puis on met ce savoir à la disposition de tous, en utilisant la puissance du marché pour récolter les bénéfices) sont des solutions différentes, qui ont de grands avantages et, à la différence du système actuel des droits de propriété intellectuelle, n'ont pas l'inconvénient d'aggraver l'inégalité.

La tentative de Myriad de breveter l'ADN humain a été l'une des pires manifestations de l'inégalité dans l'accès à la santé, qui est elle-même l'une des pires manifestations de l'inégalité économique aux États-Unis. La décision de la Cour a défendu les droits et les valeurs qui nous sont chers : c'est pour nous un soulagement. Mais ce n'est qu'une victoire partielle dans la lutte générale pour une société et une économie plus égalitaires.

La décision de l'Inde est intellectuellement appropriée[1]

Avec Arjun Jayadev

Le rejet par la Cour suprême indienne de la demande de brevet pour le Glivec, médicament vedette contre le cancer développé par le géant pharmaceutique suisse Novartis, est une très bonne nouvelle pour tous les Indiens touchés par cette maladie. Si d'autres pays en développement suivent cet exemple, ce sera très bien pour eux aussi; ils pourront ainsi consacrer plus d'argent à d'autres urgences, comme combattre le Sida, soutenir l'éducation, investir pour la croissance et lutter contre la pauvreté.

Mais la décision indienne fait perdre de l'argent aux multinationales pharmaceutiques. Il n'est donc pas surprenant que leur réaction et celle de leurs lobbyistes aient été si violentes. Ce jugement, prétendent-ils, détruit l'incitation à innover et sera donc désastreux pour la santé publique dans le monde entier.

Ces affirmations sont tout à fait exagérées. La décision de la Cour de justice indienne est pertinente économiquement et socialement. De plus, il ne s'agit que d'un effort local pour rééquilibrer le régime mondial de la propriété intellectuelle, qui favorise largement les intérêts de l'industrie pharmaceutique au détriment

1. *Project Syndicate*, 8 avril 2013.

du bien-être des populations. La plupart des économistes pensent aujourd'hui que le régime actuel étouffe l'innovation.

On estime depuis longtemps que les conséquences d'une protection forte de la propriété intellectuelle sur le bien-être social sont ambiguës. Bien que les découvertes les plus importantes, comme l'ADN, soient en général effectuées dans des universités et des laboratoires de recherche subventionnés par l'État, et inspirées par des motivations non financières, l'espoir d'obtenir des droits de monopole peut en effet stimuler l'innovation. Mais à quel prix ? Un coût plus élevé pour les consommateurs. Un ralentissement de la recherche, freinée par la rétention de connaissances. Et, dans le cas des médicaments vitaux, la mort de ceux qui ne peuvent payer le nouveau produit qui les aurait sauvés.

L'importance accordée à chacun de ces facteurs dépend des circonstances et des priorités, et devrait varier selon les pays et les époques. À des stades antérieurs de leur développement, les pays industriels avancés ont accéléré leur croissance économique et amélioré leur bien-être social en adoptant délibérément une protection de la propriété intellectuelle plus souple que celle que l'on exige aujourd'hui des pays du Sud. Même aux États-Unis, on commence à craindre que les brevets extorsionnaires[1] ou «moi aussi[2]» – et les *fourrés* de brevets, où la moindre innovation risque fort d'empiéter sur la propriété intellectuelle de quelqu'un d'autre – ne détournent de leurs usages les plus productifs les maigres ressources de la recherche.

L'Inde ne représente que 1 à 2 % du marché pharmaceutique mondial. Mais elle est, depuis longtemps, un point chaud de la lutte contre l'expansion mondiale des droits de propriété intellectuelle des multinationales pharmaceutiques : son industrie du générique est dynamique, prête à défier les lois relatives aux brevets, sur son territoire comme à l'étranger.

La suppression de la protection des brevets pour les produits médicaux en 1972 a considérablement élargi l'accès aux

---

1. Brevet que son détenteur dissimule à seule fin d'attaquer soudain en justice une entreprise qui fait de gros profits sur un produit, en prétendant qu'elle le viole (*NdT*).

2. Brevet qui imite un produit à succès d'une autre entreprise, parce que la compagnie qui le dépose veut un produit du même genre, «elle aussi» (*NdT*).

médicaments essentiels et a permis l'essor d'une industrie nationale, compétitive mondialement, qu'on appelle souvent la «pharmacie du monde en développement». La production de médicaments antirétroviraux par des fabricants indiens de génériques comme Cipla a réduit les coûts du traitement contre le Sida en Afrique subsaharienne à 1 % de son prix d'il y a dix ans.

Cette capacité, précieuse à l'échelon mondial, a été acquise en grande partie sous un régime de protection des brevets pharmaceutiques faible – voire inexistant. Mais l'Inde, qui est à présent liée par l'accord ADPIC de l'OMC[1], a dû ajuster ses lois sur les brevets en conséquence. D'où l'inquiétude croissante du monde en développement pour son approvisionnement en médicaments bon marché.

De fait, la décision Glivec n'est qu'un petit revers pour l'industrie pharmaceutique occidentale. Depuis vingt ans, les lobbyistes ont œuvré à harmoniser et à renforcer un régime de propriété intellectuelle bien plus strict et applicable à l'échelon mondial. À présent, les compagnies pharmaceutiques bénéficient de nombreuses protections qui se chevauchent, très difficiles à contester pour les pays en développement, et qui créent souvent un conflit entre leurs obligations internationales et leur devoir national de protéger la vie et la santé de leurs citoyens.

Selon la Cour suprême indienne, la loi amendée sur les brevets en vigueur dans le pays reste plus attentive aux objectifs sociaux qu'on ne l'est aux États-Unis ou ailleurs : les normes de non-évidence et de nouveauté à respecter pour obtenir un brevet sont plus strictes (particulièrement pour les médicaments) et la «perpétuation» de brevets existants – la protection par brevet de petits rafraîchissements complémentaires – est interdite. La Cour a donc réaffirmé que l'Inde a pour priorité de protéger la vie et la santé de ses citoyens.

Cette décision souligne aussi un autre point important : malgré ses strictes exigences, l'accord ADPIC contient quelques clauses

---

1. L'Accord sur les aspects des droits de propriété intellectuelle qui touchent au commerce. Il fixe des normes minimales obligatoires pour la réglementation nationale de la propriété intellectuelle dans tous les pays membres de l'OMC (*NdT*).

de sauvegarde (rarement utilisées) qui donnent aux pays en développement une certaine flexibilité pour poser des bornes à la protection par brevet. C'est pourquoi l'industrie pharmaceutique, les États-Unis et d'autres font pression depuis le début pour imposer un ensemble de normes plus rigoureuses et plus étendues par le biais d'accords complémentaires.

Ces accords pourraient, par exemple, limiter l'opposition aux dépôts de brevet; interdire aux instances nationales de réglementation de donner leur agrément aux médicaments génériques avant l'expiration du brevet; maintenir l'exclusivité des données [1], afin de retarder l'autorisation des médicaments biogénériques; et exiger de nouvelles formes de protection, comme des mesures anticontrefaçon.

Dire que la décision indienne sape les droits de propriété est tout bonnement incohérent. L'un des grands fondements institutionnels du bon fonctionnement des droits de propriété est un système judiciaire indépendant pour les faire respecter. La Cour suprême indienne a démontré son indépendance, elle interprète la loi avec rigueur et elle ne plie pas facilement devant les intérêts d'entreprises d'envergure mondiale. À présent, c'est au gouvernement indien de faire jouer les clauses de sauvegarde de l'accord ADPIC pour garantir que le régime de propriété intellectuelle du pays fera progresser à la fois l'innovation et la santé publique.

Au niveau mondial, la nécessité d'un régime de propriété intellectuelle plus équilibré est de plus en plus admise. Mais, pour augmenter ses profits, l'industrie pharmaceutique pousse au contraire vers un régime plus dur et plus inéquitable. Les pays qui négocient des traités comme le Partenariat transpacifique, ou des «partenariats» bilatéraux avec les États-Unis et l'Europe, doivent savoir que c'est l'un des objectifs cachés. Ces prétendus accords de libre-échange comportent des dispositions sur la propriété intellectuelle capables d'interdire l'accès aux médicaments bon marché, avec des effets potentiels graves sur la croissance économique et le développement.

---

1. Il s'agit des données des tests d'efficacité du médicament initial réalisés par les compagnies. Elles s'opposent à leur utilisation pour obtenir l'agrément d'un générique (*NdT*).

Éliminer l'inégalité extrême : un objectif du développement durable 2015-2030[1]

Avec Michael Doyle

En septembre 2000, à l'occasion du Sommet du Millénaire de l'Onu, les pays membres ont pris une initiative spectaculaire : placer au cœur du programme des Nations unies les peuples et non les États. Dans leur Déclaration du Millénaire[2], les chefs d'État et de gouvernement du monde entier sont convenus d'une série d'objectifs incroyablement ambitieux. Ils concernaient la paix par le développement, l'environnement, les droits de l'homme, la protection des plus vulnérables, les besoins particuliers de l'Afrique et les réformes des institutions des Nations unies. La formulation précise des objectifs de la Déclaration qui concernaient le développement a été particulièrement importante : réalisée à l'été 2001, c'est la liste aujourd'hui bien connue

1. *Ethics and International Affairs*, 20 mars 2014. Les auteurs ont bénéficié pour leurs recherches de l'aide d'Alicia Evangelades, d'Eamon Kircher-Allen et de Laurence Wilse-Samson.
2. Résolution 55/2 de l'Assemblée générale des Nations unies, «Déclaration du Millénaire», document A/RES/55/2, 8 septembre 2000, en ligne à l'adresse <www.un.org/french/millenaire/ares552f.htm>.

des huit objectifs du Millénaire pour le développement (OMD), à atteindre à l'horizon 2015 [1] :

1. Éradiquer l'extrême pauvreté et la faim [2] :
   • réduire de moitié la proportion de la population dont le revenu est inférieur à un dollar par jour et celle de la population qui souffre de la faim.

2. Assurer l'éducation primaire pour tous :
   • donner à tous les enfants, garçons et filles, les moyens d'achever un cycle complet d'études primaires.

3. Promouvoir l'égalité des sexes et l'autonomisation des femmes :
   • éliminer les disparités entre les sexes dans les enseignements primaire et secondaire d'ici à 2005 si possible, et à tous les niveaux de l'enseignement en 2015 au plus tard.

4. Réduire la mortalité infantile :
   • réduire de deux tiers le taux de mortalité des enfants de moins de cinq ans.

5. Améliorer la santé maternelle :
   • réduire de trois quarts le taux de mortalité maternelle.

6. Combattre le VIH/Sida, le paludisme et d'autres maladies :
   • avoir arrêté la propagation du VIH/Sida et commencé à inverser la tendance actuelle ; avoir maîtrisé le paludisme et d'autres grandes maladies.

---

1. Tels qu'ils sont formulés dans l'appendice de « Mise en œuvre de la Déclaration du Millénaire. Rapport du Secrétaire général », document A/56/326, 6 septembre 2001. Les pays membres de l'ONU avaient demandé au Secrétaire général d'« établir sans tarder des orientations à long terme et des points de repère » pour la mise en œuvre de la Déclaration du Millénaire (« Suite à donner aux résultats du Sommet du Millénaire », document A/RES/55/162, 18 décembre 2000). Pour une analyse des origines et de la signification des OMD, voir Michael Doyle, « Dialectics of a Global Constitution : The Struggle over the UN Charter », *European Journal of International Relations*, vol. 18, n° 4, 2012, p. 601-624.

2. L'indicateur original était de 1 dollar par jour ; il a depuis été porté à 1,25 dollar pour prendre en compte l'inflation.

7. Assurer un environnement durable :
  • intégrer les principes du développement durable dans les politiques nationales et inverser la tendance actuelle à la déperdition des ressources environnementales ;
  • réduire de moitié, d'ici à 2015, le pourcentage de la population qui n'a pas accès à un approvisionnement en eau de boisson salubre ;
  • réussir, d'ici à 2020, à améliorer sensiblement la vie d'au moins 100 millions d'habitants de taudis.

8. Mettre en place un partenariat mondial pour le développement :
  • poursuivre la mise en place d'un système commercial et financier multilatéral ouvert ; cela suppose un engagement en faveur d'une bonne gouvernance, du développement et de la lutte contre la pauvreté, aux niveaux tant national qu'international ;
  • s'attaquer aux besoins particuliers des pays les moins avancés ; répondre aux besoins particuliers des petits États insulaires en développement ;
  • traiter globalement le problème de la dette des pays en développement ;
  • formuler et appliquer des stratégies qui permettent aux jeunes de trouver un travail décent et utile ;
  • en coopération avec l'industrie pharmaceutique, rendre les médicaments essentiels disponibles et abordables dans les pays en développement ;
  • en coopération avec le secteur privé, faire en sorte que les avantages des nouvelles technologies, en particulier des technologies de l'information et de la communication, soient accordés à tous.

Comme l'a dit plus tard Kofi Annan, secrétaire général des Nations unies, les OMD ont été un effort remarquable de coordination internationale. Ils ont fixé une perspective commune à des organismes de développement concurrents, encouragé l'action concertée des organisations internationales et des États, et offert aux citoyens une possibilité de faire pression pour que les gouvernements concentrent leur action sur ceux qu'ils sont censés représenter : «nous les peuples». Bref, ils ont transformé l'ordre du jour des chefs d'État du monde entier [1].

Quatorze ans plus tard, le bilan des OMD est mitigé. Des objectifs comme la réduction de moitié du nombre de personnes vivant dans l'extrême pauvreté ont été atteints à l'échelon mondial, mais aucun ne l'a été dans tous les pays. D'autres, comme l'accès universel à l'éducation primaire, ne seront sans doute pas concrétisés en 2015 [2].

Les réaliser tous aurait été un véritable tour de force. Néanmoins, même réunis, ces objectifs ne donnent pas une image complète, exhaustive, du développement humain. Ils se limitent nécessairement aux propositions sur lesquelles les États membres pouvaient se mettre d'accord en 2000, et il leur manque, en particulier, la perspective du développement *équitable* [3]. Au moment où la communauté internationale réfléchit aux nouveaux objectifs qui vont succéder aux OMD, il est temps de combler cette lacune en ajoutant aux huit premiers : «éliminer les inégalités extrêmes».

---

1. Kofi Annan, avec Nader Mousavizadeh, *Interventions : une vie dans la guerre et dans la paix*, Paris, O. Jacob, 2013, p. 264-270.

2. Nations unies, *Objectifs du Millénaire pour le Développement. Rapport de 2013*, p. 4-5. Pour plus d'informations sur les objectifs du Millénaire pour le développement, voir le rapport de 2013, en ligne à l'adresse : <http://mdgs.un.org/unsd/mdg/Resources/Static/Products/Progress2013/French2013.pdf>.

3. Les objectifs initiaux n'incluaient pas l'accès aux droits à la médecine de procréation, ce qui a été corrigé en 2005. Voir Résolution 60/1 de l'Assemblée générale des Nations unies, «Document final du Sommet mondial de 2005», document A/RES/60/1, paragraphes 57(g) et 58(c), en ligne à l'adresse : <http://daccess-dds-ny.un.org/doc/UNDOC/GEN/N05/487/61/PDF/N0548761.pdf?OpenElement>. Ils ne mentionnaient pas non plus les objectifs de gouvernance que l'on envisage aujourd'hui. Voir le rapport du Groupe de personnalités de haut niveau chargé du programme de développement pour l'après-2015, *Pour un nouveau partenariat mondial : vers l'éradication de la pauvreté et la transformation des économies par le biais du développement durable*, Annexe II, p. 54, en ligne à l'adresse <http://www.un.org/fr/sg/beyond2015_report.pdf>.

POURQUOI L'INÉGALITÉ COMPTE

Chaque pays pratique une politique économique particulière qui détermine l'ampleur et les effets des inégalités; il faut donc les évaluer séparément. Les grandes différences entre les pays dans l'envergure et la nature de l'inégalité prouvent qu'elle n'est pas seulement déterminée par des forces économiques; elle est façonnée par la politique et les politiques.

Le but n'est pas l'égalité totale. Certaines inégalités économiques peuvent stimuler la croissance économique. D'autres ne valent peut-être pas la peine d'être corrigées, car il faudrait empiéter sur d'importantes libertés. Le niveau précis où l'inégalité devient préjudiciable peut varier d'un pays à l'autre, mais quand elle est extrême, ses dangers sociaux, économiques et politiques sont évidents. Les inégalités extrêmes freinent la croissance économique, elles sapent l'égalité politique et la stabilité sociale. Et, parce qu'elles agissent à la fois sur l'économie, la société et la politique, il faut examiner ces domaines séparément et conjointement. Nous allons d'abord nous intéresser aux arguments économiques en faveur de la réduction des inégalités extrêmes, puis aux arguments politiques et sociaux.

Les arguments économiques [1]

Des économistes aux points de vue philosophiques très différents s'accordent à dire que les inégalités de revenu et de fortune sont néfastes pour l'économie. L'accroissement des inégalités, avec une répartition du revenu très favorable aux nantis, réduit la demande globale (les riches dépensent une plus faible proportion de leurs revenus que les pauvres). Cela peut ralentir la croissance économique. La tentative des autorités monétaires de contrebalancer ces effets peut contribuer à la création de bulles du crédit, et ces bulles déstabilisent l'économie. C'est pourquoi l'inégalité va souvent de pair avec l'instabilité économique. À cet égard, il n'est pas surprenant qu'elle ait atteint des sommets avant

1. Pour une analyse plus rigoureuse des conséquences économiques néfastes de l'inégalité, voir Joseph Stiglitz, *Le Prix de l'inégalité, op. cit.*, p. 136-178, et les références qui y sont mentionnées.

la Grande Récession de 2008 et avant la Grande Dépression des années 1930[1]. Des études récentes du FMI montrent qu'une forte inégalité est corrélée à des cycles de croissance plus courts[2].

Une large part de l'inégalité observée dans le monde est liée à la recherche de rente (par exemple, l'exercice d'un pouvoir de monopole), et il est évident que ce type d'activité mine l'efficacité économique. Mais sa pire manifestation est sans doute l'inégalité des chances : à la fois cause et conséquence de l'inégalité des revenus, elle engendre l'inefficacité économique et réduit le développement, puisqu'un grand nombre de personnes n'ont pas la possibilité de réaliser leur potentiel[3]. En général, les pays qui connaissent une forte inégalité investissent moins dans les biens publics, comme les infrastructures, la technologie et l'éducation, qui contribuent à la croissance et à la prospérité économiques futures.

Réduire les inégalités, en revanche, a des effets économiques et sociaux clairement positifs : les citoyens ont l'impression de vivre dans une société plus juste ; la cohésion et la mobilité sociales s'améliorent, il est plus facile de réaliser son potentiel ; et le soutien aux initiatives favorables à la croissance s'élargit. Les politiques de croissance qui ignorent les inégalités peuvent

1. *Ibid.*

2. A. Berg, J. Ostry et J. Zettelmeyer, «What Makes Growth Sustained ?», *Journal of Development Economics*, vol. 98, n° 2, 2012. Pour un traitement théorique du lien entre inégalité, instabilité et développement humain, voir Stiglitz, «Macroeconomic Fluctuations, Inequality, and Human Development», *Journal of Human Development and Capabilities*, vol. 13, n° 1, 2012, p. 31-58 ; repris *in* Deepak Nayyar (éd.), *Macroeconomics and Human Development*, Londres, Routledge, Taylor & Francis Group, 2013.

3. William Easterly, «Inequality Does Cause Underdevelopment : Insights from a New Instrument», *Journal of Development Economics*, vol. 84, n° 2, 2007. Le Council on Foreign Relations a révélé cette année qu'il y a d'énormes écarts dans les résultats scolaires des élèves américains en fonction de leur origine socioéconomique, et a découvert que la fortune des parents exerce une plus grande influence sur la réussite scolaire aux États-Unis que dans tout autre pays developpé. Voir Council on Foreign Relations, *Remedial Education : Federal Education Policy*, juin 2013, en ligne à l'adresse <www.cfr.org/united-states/remedial-education-federal-education-policy/p30141>.

s'autodétruire. Celles qui réduisent les inégalités, par exemple en soutenant l'emploi et l'éducation, auront des effets bénéfiques sur le capital humain, dont les économies modernes ont de plus en plus besoin[1].

Les arguments politiques et sociaux

Les écarts entre les riches et les pauvres résultent en partie de forces économiques, mais tout autant, et peut-être plus, de choix politiques sur des questions comme la fiscalité, le niveau du salaire minimum et l'importance des investissements dans la santé et l'éducation. C'est pourquoi des pays dont les systèmes économiques sont similaires peuvent avoir des taux d'inégalité sensiblement différents. Ces inégalités influent à leur tour sur les décisions politiques, car les gouvernants, même élus démocratiquement, sont plus attentifs aux opinions de leurs mandants riches qu'à celles des pauvres[2]. Plus on autorise la fortune à financer les élections sans entraves, plus il est probable que l'inégalité économique se transforme en inégalité politique.

Les inégalités extrêmes, on l'a vu, sapent non seulement la stabilité économique mais aussi l'équilibre social et politique. Mais entre l'inégalité économique et l'instabilité sociale, il n'y a pas de relation simple de cause à effet, mesurable, par exemple, par la criminalité ou les troubles sociaux violents. Aucune de ces deux formes de violence n'est corrélée avec certains coefficients de Gini ou ratios Palma[3] (la part du produit national brut [PNB] qui revient aux 10 % les plus riches d'une population, divisée par celle des 40 % les plus pauvres). Mais la violence est fortement liée aux «inégalités horizontales» qui associent la stratification

1. W. Easterly, «Inequality Does Cause Underdevelopment», art. cité.
2. Larry Bartels, *Unequal Democracy*, Princeton, N.J., Princeton University Press, 2008.
3. Nous préférerions une mesure des revenus après impôts (après tous les impôts sur le revenu et autres taxes) et transferts (après les aides au logement, allocations familiales, prestations sociales et autres allocations), mais ces chiffres ne sont pas encore largement disponibles. Des ratios Palma non officiels par pays sont accessibles sur demande. Pour demander ces chiffres non officiels, prière de contacter Alicia Evangelides à l'adresse mail <ame2148@columbia.edu>.

économique avec l'ethnie, la religion ou la région. Quand les pauvres sont d'une ethnie, religion ou région et les riches d'une autre, une dynamique mortifère et déstabilisante apparaît souvent.

Une étude qui s'appuie sur 123 enquêtes nationales dans 61 pays en développement montre parfaitement les effets des inégalités de fortune entre les ethnies. Pour un pays typique, où les facteurs de violence sont dans l'ensemble à des taux moyens, la probabilité de guerre civile est de 2,3 %. Si le niveau d'inégalité horizontale des fortunes entre groupes ethniques atteint ensuite 95 % (et que les autres variables restent dans la moyenne), la probabilité de conflit passe à 6,1 % – plus du double. Avec les inégalités de revenus entre groupes religieux, le même cas de figure élève le pourcentage de 2,9 % à 7,2 % – à nouveau plus du double [1]. Une autre étude, qui utilise des méthodes similaires, révèle que les disparités de richesse à l'échelon régional en Afrique subsaharienne correspondent à des zones où le risque de conflit est particulièrement élevé [2].

En utilisant une méthode différente, qui s'appuie sur les disparités géographiques de revenus liées à des différences ethniques, et non sur des enquêtes qui mesurent l'inégalité, d'autres chercheurs confirment les dangers de trop grandes inégalités horizontales. Lars-Erik Cederman, Nils Weidmann et Kristian Gleditsch se sont intéressés à la période de l'après-guerre froide (1991-2005). Dans une région peuplée par une ethnie, ils ont divisé la somme totale de la production économique par la taille de la population. Ils ont ainsi défini la production économique par habitant de chaque groupe ethnique. Ils ont découvert que les ethnies les plus pauvres et les plus riches étaient plus exposés que les autres au

1. Gudrun Østby, «Inequalities, the Political Environment and Civil Conflict : Evidence from 55 Developing Countries», *in* Frances Stewart (éd.), *Horizontal Inequalities and Conflict : Understanding Group Violence in Multiethnic Societies*, Basingstoke, Palgrave Macmillan, 2008, p. 136-157, ici p. 149.

2. Gudrun Østby et Håvard Strand, «Horizontal Inequalities and Internal Conflict : The Impact of Regime Type and Political Leadership Regulation», *in* K. Kalu, U. O. Uzodike, D. Kraybill et J. Moolakkattu (éd.), *Territoriality, Citizenship, and Peacebuilding : Perspectives on Challenges to Peace in Africa*, Pietermaritzburg, Afrique du Sud, Adonis & Abbey, 2013.

danger de guerre civile. Et ils ont prouvé que les facteurs ethnographiques n'étaient pas seuls à jouer : plus un groupe ethnique est riche (ou pauvre), plus les risques de guerre civile entre ces populations en situation extrême et une autre communauté ethnique sont élevés[1].

LES NOMBREUSES DIMENSIONS DE L'INÉGALITÉ

On sait que le débat sur la pauvreté et les moyens de la combattre s'est élargi : de l'obsession pour le seul *revenu*, on est passé à la prise en compte d'autres dimensions – parmi lesquelles la santé et l'environnement. Il en va de même pour l'inégalité[2]. De fait, dans la plupart des pays, il s'avère que les écarts de fortune sont supérieurs aux écarts de revenu. Un ratio Palma de la santé montrerait sûrement une inégalité encore plus grande que le ratio Palma des revenus, notamment dans les pays démunis d'un système de santé publique adapté. De même pour un ratio Palma de l'exposition aux risques environnementaux.

Une des formes d'inégalité les plus pernicieuses est l'inégalité des chances, qui se traduit par une mobilité sociale réduite. Elle

1. Lars-Erik Cederman, Nils B. Weidmann et Kristian Skrede Gleditsch, «Horizontal Inequalities and Ethnonationalist Civil War : A Global Comparison», *American Political Science Review*, vol. 105, n° 3, 2011, p. 487-489.

2. La célèbre étude de la Banque mondiale *La parole est aux pauvres* a fait apparaître que les pauvres ne souffraient pas seulement du manque de revenu, mais aussi de l'insécurité et de l'impossibilité de se faire entendre (Banque mondiale, *La parole est aux pauvres. Écoutons-les*, Washington, Banque mondiale, Paris, Eska, 2000). Ces thèmes ont été repris ensuite dans le rapport décennal de la Banque mondiale sur la pauvreté publié en 2000 (*Rapport sur le développement dans le monde 2000-2001. Combattre la pauvreté*). La Commission internationale sur la mesure de la performance économique et du progrès social (2010) a souligné que les métriques de la performance (notamment le produit et l'inégalité) devaient être élargies au-delà des mesures conventionnelles comme le PIB ou le revenu. L'OCDE a poursuivi ce travail dans son «Initiative du vivre mieux», qui comprend l'élaboration d'un indicateur du vivre mieux. Un élément important du programme de travail du Groupe d'experts de haut niveau sur la mesure des performances économiques et du progrès social de l'OCDE est la construction / évaluation d'autres mesures de l'inégalité.

condamne ceux qui sont nés au bas de la pyramide économique à y rester. Alan Krueger, ancien président du Comité des conseillers économiques des États-Unis, a souligné cette relation entre inégalité des revenus et des chances[1]. La première va souvent de pair avec une faible mobilité économique et moins d'ascension sociale entre les générations. Ceux qui sont nés au bas de la pyramide économique sont condamnés à ne jamais réaliser leur potentiel : cela renforce la corrélation entre inégalité et ralentissement de la croissance économique à long terme[2].

Ces différentes dimensions de l'inégalité sont reliées. À les penser séparément, on risque de sous-estimer la véritable ampleur des inégalités sociales et de fonder l'action publique sur une base de réflexion inadaptée. Par exemple, l'inégalité dans la santé est à la fois une cause et une conséquence de l'inégalité des revenus. Les disparités dans l'éducation sont déterminantes dans les inégalités des revenus et des chances. Et, nous l'avons vu, quand ces multiples inégalités se structurent dans des configurations sociales particulières (par exemple en s'associant à une ethnie), les conséquences pour la société (et sa stabilité) sont plus graves.

MESURER L'OBJECTIF

Nous proposons d'ajouter l'objectif suivant – appelons-le «Objectif 9» – aux révisions et mises à jour des huit premiers : *Éliminer l'inégalité extrême au niveau national dans chaque pays.* Pour cela, nous proposons les cibles suivantes :

• d'ici 2030, réduire les inégalités extrêmes de revenus dans tous les pays, afin que le revenu après impôts des 10 % les plus riches

1. Alan B. Krueger, «Land of Hope and Dreams : Rock and Roll, Economics, and Rebuilding the Middle Class» (remarques, Rock and Roll Hall of Fame and Museum, Cleveland, Ohio, 12 juin 2013), en ligne à l'adresse : <www.whitehouse.gov/blog/2013/06/12/ rock-and-roll-economics-and-rebuilding-middle-class#fulltext>.

2. Miles Corak, «Income Inequality, Equality of Opportunity, and Intergenerational Mobility», *Journal of Economic Perspectives,* vol. 27, n° 3, 2013, p. 79-102.

ne soit pas supérieur au revenu après transferts des 40 % les plus pauvres ;

• d'ici 2020, créer, dans chaque pays, une commission publique chargée d'évaluer et de faire connaître les effets des inégalités à l'échelon national.

Le ratio Palma est considéré par beaucoup comme le plus adapté à ces cibles, parce qu'il mesure les inégalités entre les extrêmes – la différence de revenus entre les plus riches et les pauvres[1]. Dans beaucoup de pays du monde, ce sont ces variations entre extrêmes qui sont les plus flagrantes et les plus injustes, alors que la part de revenu des classes moyennes reste relativement stable[2]. Tous les pays devraient regarder de près leurs inégalités «extrêmes». Ce sont celles qui nuisent le plus à la croissance économique équitable et durable et qui minent la stabilité politique et sociale. Un ratio Palma de 1 est un idéal qui n'est atteint que dans un petit nombre de pays. Les pays scandinaves, par exemple, dont les ratios Palma sont à 1, voire au-dessous[3], n'ont pas l'air de souffrir des maux associés aux inégalités extrêmes. En fait, sur certains plans, ils semblent bénéficier d'un «multiplicateur d'égalité»

1. Alex Cobham et Andy Sumner, «Putting the Gini Back in the Bottle ? "The Palma" as a Policy-Relevant Measure of Inequality», King's College London, 15 mars 2013, en ligne à l'adresse : <www.kcl.ac.uk/aboutkings/worldwide/initiatives/global/intdev/people/Sumner/Cobham-Sumner-15March2013.pdf>.

2. Toutefois, ce n'est pas vrai de tous les pays. Aux États-Unis, par exemple, la classe moyenne perd de sa substance : le pourcentage de la population qui gagne entre le double et la moitié du revenu médian diminue, et le pourcentage du revenu qui va à cette catégorie est en baisse. Depuis longtemps, on considère qu'une démocratie stable dépend d'une classe moyenne prospère. Si c'est le cas, le déclin de la classe moyenne devrait nous inquiéter particulièrement. (Pour une analyse plus approfondie de ces questions, voir Stiglitz, *Le Prix de l'inégalité*.) Une composante des dialogues nationaux sur l'inégalité que nous recommandons plus loin se concentrerait sur la nature de l'inégalité qui apparaît dans les différents pays.

3. José Gabriel Palma, «Homogenous Middles vs. Heterogeneous Tails, and the End of the "Inverted-U" : The Share of the Rich Is What It's All About», Cambridge Working Papers in Economics (CWPE) 1111, janvier 2011, en ligne à l'adresse : <www.econ.cam.ac.uk /dae/repec/cam/pdf/cwpe1111.pdf>.

positif entre les divers aspects de leur développement socio-éco-
nomique; c'est pourquoi ils sont efficaces et flexibles, pas seulement justes et stables[1].

Mais les pays ne se distinguent pas uniquement par leur taux
d'inégalité. Ils diffèrent aussi par leur culture, par leur seuil de tolé-
rance aux diverses formes d'inégalité et par leur aptitude au changement social. La cible principale est donc la seconde : un dialogue
national, d'ici 2020, sur ce qu'il faudrait faire dans un pays pour
combattre les inégalités les plus importantes à ses yeux. Ce débat
devrait déterminer quelles sont, dans chaque pays, les politiques
qui exacerbent l'inégalité (par exemple, des déficiences dans le
système éducatif, dans la justice, dans la fiscalité et les transferts
sociaux); celles qui, simultanément, créent des distorsions dans
l'économie et contribuent à l'instabilité économique, politique et
sociale; et celles qui pourraient être modifiées le plus facilement[2].

La réduction des inégalités extrêmes bénéficie d'un large
soutien[3]. Dans une lettre au Dr Homi Kharas – auteur principal et secrétaire exécutif du Groupe de personnalités de haut
niveau chargé du programme de développement pour l'après-
2015 –, quatre-vingt-dix économistes, chercheurs et experts en

1. Karl Ove Moene, «Scandinavian Equality : A Prime Example of Protec-
tion without Protectionism», *in* Joseph E. Stiglitz et Mary Kaldor (éd.), *The
Quest for Security : Protection without Protectionism and the Challenge of
Global Governance*, New York, Columbia University Press, 2013, p. 48-74.

2. Aux États-Unis, par exemple, un tel dialogue relèverait des inégalités
dans l'accès à l'éducation et à la santé; un code des faillites qui donne la
priorité aux dérivés et rend difficile de se libérer des prêts d'études, même
en cas de faillite personnelle; un système fiscal qui taxe les revenus des
riches issus de la spéculation à des taux bien plus bas que les revenus sala-
riaux; un salaire minimum qui, en termes réels, n'a pas augmenté depuis un
demi-siècle; et un système de protection sociale qui est bien moins efficace
pour «corriger» les inégalités de revenu que dans les autres pays industriels avancés. Il déterminerait dans quelle mesure les disparités de revenu
résultent d'écarts de productivité, écarts qui s'expliquent eux-mêmes en
partie par l'inégalité de l'accès à une éducation de qualité; et dans quelle
mesure ces disparités peuvent être dues à des héritages.

3. Alex Cobham et Andy Sumner, «Is It All About the Tails? The Palma
Measure of Income Inequality», Center for Global Development, document
de travail 343, septembre 2013, en ligne à l'adresse : <www.cgdev.org/sites/
default/files/it-all-about-tails-palma-measure-income-inequality.pdf>.

développement ont demandé instamment que la réduction des inégalités devienne une priorité dans ce cadre et suggéré de mesurer l'inégalité par le ratio Palma[1]. Ils ont expliqué – et cela rejoint nos analyses – que l'inégalité enraye l'éradication de la pauvreté, le développement durable et les processus démocratiques, et qu'elle fragilise la cohésion sociale[2].

Chercheurs et activistes ne sont plus les seuls à avoir conscience des dangers de l'inégalité. Dans un discours de juillet 2013, le président américain Barack Obama a souligné son rôle dans la création des bulles du crédit (comme celle qui a précipité la Grande Récession) et expliqué qu'en privant beaucoup de gens de possibilités d'ascension sociale, elle produit une économie inefficace où de nombreux talents ne sont pas mobilisables dans l'intérêt de tous[3]. Lors des Journées mondiales de la jeunesse 2013, dans la favela de Varginha à Rio de Janeiro, le pape François s'est écrié qu'il fallait plus de solidarité, plus de justice sociale et une attention spéciale à la situation des jeunes. Confirmant les conclusions des études citées plus haut, il a déclaré qu'on ne peut pas maintenir la paix dans des sociétés inégalitaires où certaines communautés sont marginalisées[4].

L'inégalité peut prendre plusieurs formes – certaines plus redoutables que d'autres – et se mesurer de plusieurs façons. Mais une chose est certaine : le développement durable n'est pas réalisable si on ignore les disparités extrêmes. Il est impératif qu'un des objectifs de l'agenda post-OMD se concentre sur l'inégalité.

1. Voir la lettre au Dr Homi Kharas, de la Brookings Institution, rédigée par quatre-vingt-dix économistes, chercheurs et experts en développement soutenant l'utilisation du ratio Palma comme mesure de l'inégalité, en ligne à l'adresse : <www.post2015hlp.org/wp-content/uploads/2013/03/Dr-Homi-Kharas.pdf>.

2. *Ibid.*

3. Michael Shear et Peter Baker, «Obama Focuses on Economy, Vowing to Help Middle Class», *New York Times*, 24 juillet 2013, en ligne à l'adresse : <www.nytimes.com/2013/07/25/us/politics/obama-to-restate-economic-vision-at-knox-college.html?_r=0>.

4. Pape François, «JMJ 2013 : texte complet du discours du pape dans la favéla de Rio», en ligne à l'adresse : <http://www.la-croix.com/Urbi-et-Orbi/Archives/Documentation-catholique-n-2512-D/La-veritable-richesse-n-est-pas-dans-les-choses-mais-dans-le-caeur-2013-07-25-990847>.

Les crises de l'après-crise [1]

À l'ombre de la crise de l'euro et du mur budgétaire américain, il est facile d'oublier les problèmes de fond de l'économie mondiale. Mais, pendant que nous nous concentrons sur des soucis immédiats, ils continuent de s'envenimer, et nous nous mettons en danger en les négligeant.

Le plus sérieux est le réchauffement climatique. Si la faiblesse de l'économie mondiale s'est traduite par un fléchissement de l'*augmentation* de nos émissions carbones, ce ralentissement n'est qu'un bref répit. Nous sommes très en retard : nous avons été si lents à réagir au changement climatique que, pour atteindre la cible – limiter à 2° la hausse de la température mondiale –, des réductions sérieuses des émissions seront nécessaires à l'avenir.

Certains suggèrent qu'avec le ralentissement économique, le réchauffement climatique devrait passer au second plan. C'est le contraire : réadapter l'économie mondiale au changement climatique contribuerait à rétablir la demande globale et la croissance.

Simultanément, la progression accélérée des techniques et de la mondialisation exige des changements structurels rapides, à la fois dans les pays développés et dans les pays en développement.

1. *Project Syndicate*, 7 janvier 2013.

Ils peuvent être traumatisants, et, souvent, les marchés ne les gèrent pas très bien.

La Grande Dépression a été en partie provoquée par la difficulté de passer d'une économie rurale et agraire à une économie urbaine et industrielle. De même, les problèmes actuels proviennent notamment de la nécessité de passer de l'industrie aux services. La création de nouvelles entreprises est indispensable, mais les marchés financiers modernes sont plus efficaces pour spéculer et exploiter que pour fournir des fonds à de jeunes entreprises, en particulier petites et moyennes.

De plus, le succès de cette transition nécessite des investissements en capital humain que, souvent, les particuliers ne peuvent se permettre. Certains services leur sont nécessaires, notamment la santé et l'éducation, où l'État joue naturellement un rôle important (à cause des imperfections inhérentes aux marchés dans ces deux secteurs, et dans un souci de justice sociale).

Avant la crise de 2008, on parlait beaucoup des déséquilibres mondiaux. On demandait aux pays commercialement excédentaires, comme l'Allemagne et la Chine, d'augmenter leur consommation. Ce problème est toujours d'actualité ; de fait, l'incapacité de l'Allemagne à supprimer son surplus extérieur chronique est indissociable de la crise de l'euro. L'excédent de la Chine, en pourcentage de son PIB, a diminué, mais les effets à long terme de cette baisse ne se sont pas encore fait sentir.

Le déficit commercial de l'Amérique ne disparaîtra pas sans deux grands changements : l'augmentation de l'épargne nationale et le bouleversement profond des dispositifs monétaires mondiaux. Aucun des deux n'est à l'ordre du jour, et le premier aggraverait le ralentissement économique du pays. Bien que la Chine consomme plus, elle n'achètera pas forcément davantage aux États-Unis. En fait, il est probable qu'elle va accroître sa consommation de biens non importables – tels les soins médicaux et l'éducation –, ce qui entraînera des désordres profonds dans la chaîne de l'offre mondiale, notamment dans les pays qui fournissaient les intrants aux exportateurs industriels chinois.

Enfin, il y a une crise mondiale de l'inégalité. Le problème n'est pas seulement que les plus riches obtiennent une plus grande part du gâteau économique, mais aussi que la classe moyenne ne profite pas de la croissance et que, dans de nombreux pays, la pauvreté progresse. Aux États-Unis, on a compris que l'égalité des chances n'était qu'un mythe.

La Grande Récession a exacerbé ces tendances, mais elles existaient déjà depuis longtemps. J'ai d'ailleurs expliqué, avec d'autres, que la montée de l'inégalité est l'une des raisons du ralentissement économique et, en partie, une conséquence des profonds changements structurels en cours dans l'économie mondiale.

Un système économique et politique qui ne bénéficie pas à la majorité des citoyens n'est pas viable à long terme. La confiance dans la démocratie et l'économie de marché va finir par s'éroder et la légitimité des institutions et de l'ordre existant sera remise en question.

Seule bonne nouvelle : le fossé entre les pays avancés et émergents s'est fortement réduit ces trente dernières années. Néanmoins, des centaines de millions de personnes sont toujours dans la misère et il n'y a eu que de faibles progrès pour combler le gouffre entre les pays les moins développés et les autres.

Les accords commerciaux injustes y sont pour beaucoup – notamment le maintien de subventions agricoles injustifiables, qui font baisser les prix mondiaux dont dépendent les revenus des plus pauvres. Les pays développés n'ont pas tenu leur promesse de Doha, en novembre 2001, de créer un ordre commercial favorable au développement, ni leur engagement au sommet du G8 de Gleneagles, en 2005, d'augmenter fortement leur aide aux pays les plus pauvres.

Par lui-même, le marché ne résoudra aucun de ces problèmes. Le réchauffement climatique est par essence une question de « biens publics ». Pour accomplir les transitions structurelles dont le monde a besoin, les États doivent jouer un rôle plus actif – au moment où l'on réclame de plus en plus de restrictions budgétaires en Europe et aux États-Unis.

Tandis que nous nous débattons avec les crises actuelles, nous devrions nous demander si nos réactions ne risquent pas d'exacerber nos problèmes à long terme. La voie dessinée par les faucons antidéficit et par les avocats de l'austérité affaiblit l'économie dans l'immédiat et mine ses perspectives. Pourtant, si le principal problème aujourd'hui est l'insuffisance de la demande globale, une solution existe : investir dans notre avenir, de façon à répondre simultanément aux problèmes du réchauffement climatique, de l'inégalité et de la pauvreté mondiales et à la nécessité du changement structurel.

L'inégalité n'est pas inévitable [1]

Une tendance insidieuse s'est développée ces trente dernières années. Un pays qui a connu une croissance collectivement partagée après la Seconde Guerre mondiale a commencé à se déchirer, à tel point que, quand la Grande Récession a frappé, fin 2007, on ne pouvait plus ignorer les fissures qui définissaient désormais le paysage économique américain. Comment cet «Eldorado» est-il devenu le pays développé qui connaît la plus forte inégalité?

Dans le passionnant débat autour du livre important, et opportun, de Thomas Piketty, *Le Capital au XXIᵉ siècle*, certains ont conclu que des écarts de revenus et de fortune d'une extrême violence sont inhérents au capitalisme. De ce point de vue, nous devons considérer les décennies qui ont suivi la Seconde Guerre mondiale, période de chute rapide de l'inégalité, comme une anomalie.

Mais ce serait une lecture superficielle du travail de M. Piketty, qui offre un cadre institutionnel pour comprendre l'aggravation des inégalités au fil du temps. Malheureusement, cet élément de son analyse a beaucoup moins retenu l'attention que d'autres, apparemment plus fatalistes.

1. *New York Times*, 27 juin 2014.

Depuis un an et demi, «La Grande Fracture», une série du *New York Times* dont je suis le modérateur, a aussi présenté une large gamme d'exemples dont il ressort que le capitalisme n'a aucune loi véritablement fondamentale. Il n'y a aucune raison pour que les dynamiques du capitalisme impérialiste du XIXᵉ siècle restent valables dans les démocraties du XXIᵉ siècle. Une telle inégalité aux États-Unis n'est pas fatale.

Notre capitalisme actuel est un ersatz de capitalisme. La façon dont nous avons réagi à la Grande Récession en est la preuve : nous avons socialisé les coûts, alors que nous privatisions les gains. Une concurrence parfaite réduirait les profits à zéro, au moins en théorie, mais nos monopoles et oligopoles continuent à faire des profits faramineux. Les salaires des PDG sont 295 fois plus élevés que ceux du travailleur médian, proportion bien plus élevée que par le passé, sans aucune trace de croissance équivalente de leur productivité.

Si ce ne sont pas les lois immuables de l'économie qui ont conduit à la grande fracture de l'Amérique, qu'est-ce que c'est? La réponse la plus honnête : nos politiques et notre politique. On n'en finit pas de rappeler l'exemple du succès des pays nordiques, mais le fait est que la Suède, la Finlande et la Norvège ont réussi à connaître une croissance par habitant aussi rapide, ou même plus rapide, que les États-Unis et beaucoup plus équitable.

Alors pourquoi les États-Unis ont-ils choisi des politiques qui favorisent l'inégalité? Peut-être parce qu'on a oublié la Seconde Guerre mondiale et la solidarité qu'elle avait inspirée. Quand l'Amérique a triomphé dans la guerre froide, notre système économique n'avait plus, apparemment, de concurrent viable. Sans cette compétition internationale, nous n'avions plus à prouver que notre modèle pouvait servir la majorité de nos citoyens.

Idéologie et intérêts ont formé un mélange pernicieux. Certains ont tiré les mauvaises leçons de l'effondrement du système soviétique. Le balancier est passé d'un trop-plein d'État là-bas à un manque d'État ici. Les grandes entreprises ont préconisé de démanteler les réglementations, même quand ces dernières avaient prouvé leur efficacité pour protéger notre environnement, notre sécurité, notre santé et l'économie elle-même.

Mais c'était une idéologie hypocrite. Les banquiers, qui comptaient parmi les plus fervents avocats du laisser-faire économique, ont accepté sans hésiter des centaines de milliards de dollars de l'État : les renflouements financiers sont une caractéristique récurrente de l'économie mondiale depuis le début de l'ère Thatcher-Reagan, celle du marché «libre» et de la déréglementation.

Le système politique américain est submergé par l'argent. L'inégalité économique se traduit en inégalité politique, et l'inégalité politique renforce l'inégalité économique. En fait, comme il le reconnaît lui-même, le raisonnement de M. Piketty repose sur la capacité des plus fortunés à maintenir un taux de rendement après impôt plus élevé que le taux de croissance économique. Comment font-ils ? En fixant les règles du jeu pour obtenir ce résultat. Donc par la politique.

Ainsi, l'aide sociale aux entreprises augmente, alors que celle destinée aux pauvres diminue. Le Congrès maintient les subventions pour les agriculteurs riches tout en réduisant l'aide alimentaire aux nécessiteux. On a donné des centaines de milliards de dollars aux compagnies pharmaceutiques tout en limitant les prestations de Medicaid. Les banques, qui ont provoqué la crise financière mondiale, ont reçu des milliards, alors que l'on n'a presque rien donné aux propriétaires en difficulté et aux victimes des pratiques de crédit prédateur de ces mêmes banques. Cette dernière décision était particulièrement stupide. Il y avait d'autres solutions que de faire pleuvoir de l'argent sur les banques en espérant qu'il allait circuler grâce à une augmentation de leurs prêts. Nous aurions pu aider directement les propriétaires ruinés et les victimes de ces pratiques prédatrices. Non seulement l'économie en aurait bénéficié, mais nous aurions pris le chemin d'une reprise plus vigoureuse.

Nos divisions sont profondes. La ségrégation économique et géographique a protégé les riches des problèmes des pauvres. Tels les rois de jadis, les nantis considèrent leurs privilèges comme un droit naturel. Comment expliquer autrement les récentes déclarations de l'investisseur de capital-risque Tom Perkins, assimilant la critique du 1 % au nazisme ? Ou celles de Stephen A. Schwarzman, titan des fonds spéculatifs, qui compare l'exigence d'aligner les taux d'imposition des financiers sur ceux des travailleurs à l'invasion de la Pologne par Hitler?

Notre économie, notre démocratie et notre société ont payé cher ces inégalités grossières. Le vrai critère du succès d'une économie n'est pas la fortune que ses princes peuvent accumuler dans des paradis fiscaux mais le bien-être du citoyen ordinaire – c'est encore plus vrai en Amérique, qui s'imagine être la meilleure société pour les classes moyennes. Or les revenus médians sont plus bas aujourd'hui qu'il y a vingt-cinq ans. La croissance a migré en haut, tout en haut de l'échelle sociale : la part des très riches a presque quadruplé depuis 1980. L'argent qui était censé ruisseler s'est en fait évaporé au soleil des îles Caïman.

Près du quart des enfants américains de moins de cinq ans vivent dans la pauvreté. L'Amérique fait si peu pour les plus démunis que les privations se transmettent d'une génération à l'autre. Bien sûr, aucun pays n'a jamais approché d'une égalité des chances complète. Mais pourquoi l'Amérique est-elle l'un des pays avancés où la vie des jeunes est le plus déterminée par l'argent et l'éducation de leurs parents?

Les articles sur la frustration de la jeunesse, qui aspire si ardemment à intégrer une classe moyenne en déclin, ont compté parmi les plus poignants de «La Grande Fracture». L'explosion des frais de scolarité et la baisse des revenus ont provoqué une montée de l'endettement. Ceux qui n'ont qu'un diplôme de fin d'études secondaires ont vu leur revenu baisser de 13 % depuis trente-cinq ans.

Dans le domaine de la justice, la fracture est également flagrante. Aux yeux du monde, et d'une grande partie des Américains, l'incarcération de masse est aujourd'hui un trait caractéristique des États-Unis – pays, il faut le rappeler, qui comprend 5 % de la population mondiale mais près du quart des détenus de la planète.

La justice est devenue une marchandise, que peu de gens peuvent s'offrir. Les barons de Wall Street paient des avances sur honoraires à leurs avocats pour être sûrs d'échapper à leurs responsabilités dans les abus que la crise de 2008 a révélés de façon si flagrante. Les banques ont abusé de notre système judiciaire pour saisir et expulser des gens, dont certains ne leur devaient rien.

Il y a plus d'un siècle, l'Amérique était à l'avant-garde en plaidant pour la Déclaration universelle des droits de l'homme, adoptée par les Nations unies en 1948. Aujourd'hui, l'accès aux soins fait partie des droits fondamentaux les plus largement acceptés, au moins dans les pays développés. L'Amérique, malgré la mise en œuvre de l'Affordable Care Act, fait exception. Elle est devenue un pays très divisé pour l'accès aux soins médicaux, l'espérance de vie et la santé.

Beaucoup ont été soulagés quand la Cour suprême n'a pas annulé l'Affordable Care Act, mais les conséquences de sa décision sur Medicaid n'ont pas été pleinement mesurées. Le plan d'Obama – faire en sorte que tous les Américains aient accès aux soins médicaux – a été sabordé : vingt-quatre États n'ont pas appliqué le programme d'extension de Medicaid, et c'est cette mesure qui aurait permis au président de tenir sa promesse envers certains des plus pauvres.

Nous n'avons pas simplement besoin d'une nouvelle guerre contre la pauvreté, mais aussi d'une offensive pour protéger la classe moyenne. Nul besoin de chercher des solutions inédites, loin de là. Forcer les marchés à agir véritablement comme des marchés serait déjà un bon début. Nous devons en finir avec la société rentière vers laquelle nous avons dérivé, où les riches s'enrichissent en manipulant le système.

Le problème de l'inégalité n'est pas vraiment un problème de technique économique. C'est plutôt un problème de pratique politique. S'assurer que les plus riches paient leur juste part de l'impôt – en finir avec les privilèges des spéculateurs, des entreprises et des riches – est à la fois pragmatique et juste. Éliminer une politique de la cupidité n'est pas mener une politique de l'envie. L'inégalité n'est pas simplement une question de taux d'imposition des riches, elle concerne aussi l'accès de nos enfants à une bonne alimentation et le droit à la justice pour tous. Si nous dépensons plus pour l'éducation, la santé et les infrastructures, nous allons renforcer notre économie, actuelle et future. Vous connaissez la chanson, mais ce n'est pas une raison pour ne pas appliquer à nouveau ces conseils.

Nous avons trouvé la source cachée du problème : l'inégalité politique et les décisions politiques qui ont marchandisé et corrompu notre démocratie. Seuls des citoyens engagés peuvent se battre pour rétablir une Amérique plus juste. Et ce n'est possible qu'en prenant la mesure de la profondeur et de l'ampleur du défi. Il n'est pas trop tard pour regagner notre place dans le monde et retrouver notre identité. L'inégalité qui grandit, qui s'approfondit, n'est pas due à des lois économiques immuables, mais à des lois que nous avons écrites nous-mêmes.

SEPTIÈME PARTIE

Perspectives régionales

Aujourd'hui, l'inégalité est un problème mondial. Le schéma est récurrent : les pays qui ont imité le modèle économique américain, notamment la financiarisation massive de l'économie, sont arrivés aux mêmes résultats. La Grande-Bretagne, par exemple, a suivi de très près le modèle américain (et l'a même parfois inspiré ; la politique et l'idéologie de la Première ministre Thatcher et celles du président Reagan étaient très proches) ; et elle a, sans surprise, le taux d'inégalité le plus élevé du monde développé, juste derrière les États-Unis. Les pays paient cette inégalité au prix fort ; elle ne touche pas seulement les revenus, mais aussi le principe même de l'égalité des chances.

Ces vingt-cinq dernières années, j'ai eu l'occasion de parcourir le monde. J'ai parlé à des gouvernants, à des étudiants, à mes collègues économistes, à des syndicats, à des associations civiques et à des chefs d'entreprise. Je me suis intéressé particulièrement à l'interaction des économies et de la politique, différente selon les pays : certains pays ont été plus capables que d'autres de créer des sociétés plutôt égalitaires, avec une forte égalité des chances.

Les articles présentés dans cette partie illustrent ces diverses évolutions à travers le monde. Pour commencer, «Le miracle mauricien». On ne peut jamais prévoir qu'un article touchera la corde sensible, mais celui-ci l'a fait. La minuscule île Maurice, dans l'océan Indien, à l'est de l'Afrique, est depuis longtemps considérée comme un cas de développement véritablement réussi. Son économie a connu une croissance très rapide. L'un des objectifs de ma visite était de mieux comprendre pourquoi. Une raison évidente, m'a dit le président, qui était Premier ministre au début du décollage économique du pays, est la grande influence du modèle est-asiatique, où l'État joue un rôle central dans la promotion du développement (d'où le terme d'«État développementaliste») [1].

Mais quelque chose m'intriguait particulièrement dans le cas de l'île Maurice : comment ce pays relativement pauvre avait-il réussi à offrir la santé gratuite et l'enseignement supérieur gratuit à tous ses citoyens – alors que les États-Unis répètent inlassablement que c'est trop cher pour eux ? Même les transports sont gratuits pour les jeunes et les personnes âgées – les premiers parce qu'ils sont l'avenir du pays, les secondes pour leurs contributions passées à la société. Ma conclusion est simple : nous *pourrions* nous permettre d'offrir la même chose à tous les Américains. Investir dans la jeunesse renforcerait notre pays. La plupart des pays considèrent l'accès aux soins comme un droit humain fondamental. Si nous ne le faisons pas, c'est par *choix*, cela reflète nos priorités – décidées par un processus politique où les intérêts et les opinions des plus riches ont un poids démesuré.

Rien n'a mis cette réalité plus en évidence que les événements qui ont immédiatement précédé et suivi la crise financière. Peu avant, le président Bush avait mis son veto à un projet de loi d'assurance-maladie pour les enfants pauvres *en prétextant que nous ne pouvions pas nous le permettre*. Pourtant, nous avons soudain trouvé 700 milliards de dollars pour renflouer nos banques – et plus de 150 milliards de dollars pour sauver une compagnie à la dérive. Nous avions de l'argent pour protéger les riches mais pas

---

1. J'ai mené pour la Banque mondiale, à la fin des années 1980 et au début des années 1990, une étude très poussée sur les raisons du succès de l'Asie orientale, publiée par la suite sous le titre *The East Asian Miracle : Economic Growth and Public Policy*, Washington, DC, Banque mondiale, 1993, et sous la forme abrégée d'un article de revue, «Some Lessons from the East Asian Miracle», *World Bank Research Observer*, vol. 11, n° 2, août 1996, p. 151-177.

les pauvres. En secourant les riches, ont expliqué nos gouvernants, on sauverait l'économie et tout le monde en profiterait. Mais ce n'était que de la pure économie du ruissellement. Cela n'a pas fonctionné – les riches se sont enrichis, alors que l'Américain moyen vit moins bien qu'il y a vingt-cinq ans.

L'expérience de l'île Maurice, au contraire, montre qu'investir dans la population est payant.

L'Asie orientale, on l'a vu, est la région du monde qui a connu le développement le plus réussi – son revenu par habitant a été multiplié par huit en trente ans. Jusque-là, personne, même l'économiste le plus optimiste, n'avait cru possible une croissance aussi rapide. Il n'est donc pas surprenant que ce qui s'est produit dans ces pays ait été étudié de près. Ce qui est clair, c'est qu'ils n'ont pas suivi le modèle fondamentaliste du marché ; les marchés ont joué un grand rôle dans leur succès, mais ils étaient gérés au bénéfice de la société dans son ensemble et non de quelques actionnaires ou chefs d'entreprise. C'était une économie de marché où l'État jouait le chef d'orchestre. Il était le catalyseur de la croissance, par ses investissements massifs dans la technologie, l'éducation et les infrastructures.

Un trait caractéristique de la plupart de ces pays était le partage de la prospérité : l'inégalité, telle qu'on la mesure habituellement, était faible ; on y investissait massivement pour l'éducation des femmes. Ces pays ont créé la société de classe moyenne que l'Amérique avait cru être – autrefois, après la Seconde Guerre mondiale.

Parmi les pays est-asiatiques les plus performants *économiquement*, on trouve Singapour, petit État insulaire qui a aujourd'hui près de cinq millions et demi d'habitants. Quand il a été exclu de ce qui s'appelait alors la Fédération des États de Malaisie, en 1969, il était désespérément pauvre, avec 25 % de chômage. Un jour, son dirigeant, le Premier ministre Lee Kuan Yew, a même pleuré à la télévision en pensant aux sombres perspectives du pays. Mais l'État développementaliste a fonctionné pour Singapour : aujourd'hui, le revenu par habitant est de plus de 55 000 dollars, le neuvième du monde. Et les inégalités y sont relativement faibles (si l'on excepte les riches qui ont emménagé à Singapour en y voyant un endroit sûr dans un monde turbulent).

L'article sur Singapour, comme celui sur l'île Maurice, a suscité de vives réactions. Manifestement, de nombreux Américains n'aiment pas qu'on critique leur pays. Affirmer que, *sur certains plans*, d'autres font mieux que les États-Unis paraît insupportable (surtout s'ils sont moins riches). Dans le cas de Singapour, il y avait un autre problème. Son déficit démocratique a depuis longtemps été remarqué, et je l'ai dûment mentionné dans mon article. Mais, à l'étranger, on souligne de plus en plus les déficiences de notre propre démocratie, qui a donné tant de facilités au pouvoir de l'argent.

Les deux articles suivants concernent le Japon. Son miracle économique touchait à sa fin au moment où j'ai étudié celui de l'Asie orientale, à la fin des années 1980 et au début des années 1990[1]. Cela fait maintenant plus de vingt-cinq ans qu'il subit une quasi-stagnation – qu'on appelle souvent le «malaise japonais». Mais, même en ces temps difficiles, il a réussi à maintenir un taux de chômage relativement faible (en général autour de 5 %, la moitié du pic atteint par les États-Unis pendant leur récession). Son inégalité est plus faible et sa protection sociale plus forte que celles des États-Unis (y compris en matière de santé); on peut donc penser que la population a beaucoup moins souffert. L'article «Japon, méfie-toi!» n'en souligne pas moins les dangers de la hausse des inégalités[2]. De grands changements se sont produits dans l'économie japonaise ces vingt-cinq dernières années, et on a fait pression sur le pays pour qu'il entreprenne certaines des «réformes de marché» qui ont contribué à la montée de l'inégalité ailleurs. Il y a des signes d'aggravation troublante de l'inégalité – et cela risque d'empirer.

Malgré tout, globalement, il me semble que «le Japon est un modèle, pas un contre-exemple». Sa croissance paraît faible, mais

1. Voir J. E. Stiglitz, «Some Lessons from the East Asian Miracle», *World Bank Research Observer*, vol. 11, nº 2, août 1996, p. 151-177; J. E. Stiglitz et M. Uy, «Financial Markets, Public Policy, and the East Asian Miracle», *ibid.*, p. 249-276; Banque mondiale, *The East Asian Miracle: Economic Growth and Public Policy*, Washington, DC, Banque mondiale, 1993.

2. Réédition de l'introduction de la version japonaise du *Prix de l'inégalité*.

l'image est déformée par la baisse de sa population active (en âge de travailler). Quand on prend ce facteur en considération, le Japon a été parmi les pays les plus dynamiques durant la dernière décennie – même si certains ont du mal à le croire, avec toutes les critiques qu'on lui a faites. De plus, je l'ai dit, il a été capable jusqu'ici de créer une croissance plus inclusive que les États-Unis.

Cet article a été écrit peu après que Shinzo Abe est devenu Premier ministre. Je suis allé deux fois à Tokyo durant les premiers mois de son gouvernement, pour discuter avec lui et ses conseillers de la politique que l'on a surnommée l'«abénomie». Ils avaient parfaitement compris qu'on ne pouvait pas s'en remettre à la politique monétaire; il fallait aussi stimuler l'économie par une politique budgétaire (dépenses publiques ou réductions d'impôts) et par des politiques structurelles procroissance. C'étaient les trois flèches de l'abénomie. La politique monétaire (confiée à mon ami Haruhiko Kuroda) a été un remarquable succès. La politique budgétaire, malheureusement, a été hésitante. Les mesures expansionnistes initiales ont été suivies par une augmentation des impôts; et celle-ci a eu l'effet à prévoir: la croissance a déraillé. D'autres politiques auraient pu bien mieux fonctionner – une taxe carbone aurait rapporté de l'argent et encouragé les entreprises à investir dans les économies d'énergie, ce qui aurait aussi amélioré la situation macroéconomique. Mais c'était, semble-t-il, politiquement impossible.

Les politiques structurelles ont été beaucoup plus longues à décoller. Certaines étaient peut-être plus symboliques que réelles (même si elles pouvaient avoir de vrais effets dans certains secteurs). Par exemple, le Premier ministre Abe a proposé de se joindre aux négociations sur la création du Partenariat transpacifique, accord commercial que l'Amérique tente d'obtenir avec plusieurs pays du bassin du Pacifique. Il espère notamment que cela l'aidera à restructurer le secteur agricole très subventionné du Japon. L'ironie, c'est que les États-Unis eux-mêmes subventionnent abondamment leur secteur agricole – de fait, comment pourrait-on, sans ces aides, faire pousser du riz dans le désert? Mais même si Abe réussissait à restructurer l'agriculture, ce secteur est si limité que cela n'aurait pas beaucoup d'effet sur l'économie.

Il est intéressant de remarquer que l'une des réformes structurelles les plus prometteuses encouragerait aussi l'égalité. Nous
avons rappelé que la main-d'œuvre du pays se réduit, à cause du
déclin de sa population et de sa résistance à l'immigration. Abe
a proposé de recourir à une partie importante de la population
active qui, depuis longtemps, est sous-utilisée : les Japonaises,
pourtant très diplômées.

Les deux articles suivants traitent de la Chine. Je suis très engagé
dans le développement de ce pays depuis le tout début de sa transition du communisme à l'économie de marché. Ma première
longue visite date de 1981. La deuxième s'est déroulée dans le
cadre de mon projet de recherche sur le miracle asiatique. Dès le
milieu des années 1990, j'ai eu l'occasion de me rendre en Chine
une ou plusieurs fois par an, pour des rendez-vous annuels avec le
Premier ministre et d'autres hauts responsables, d'abord comme
membre du gouvernement américain, puis comme économiste
en chef de la Banque mondiale et, enfin, en qualité de participant
au Forum annuel sur le développement de la Chine, où l'on m'a
souvent demandé de réfléchir aux nouvelles stratégies économiques en temps réel.

L'article « La feuille de route de la Chine » a été rédigé en 2006,
peu après l'annonce du XIe plan quinquennal. (Tous les cinq
ans, la Chine décide d'une « feuille de route » pour fixer le cap de
la période à venir.) Comme je l'écris dans l'article, l'objectif primordial de ce plan est la création d'une société harmonieuse
– pour tenter d'*éviter* les divisions qui ont fini par caractériser la
société américaine. Dans le cas de la Chine, le problème n'est pas
simplement la fracture entre les riches et les pauvres, mais aussi la
fracture entre les villes et les campagnes, et entre les zones côtières
– où la transition du pays vers l'économie de marché a commencé
– et les régions occidentales.

J'ai écrit « Il faut réformer l'équilibre entre l'État et le marché en
Chine » huit ans plus tard, peu après l'accession au pouvoir d'un
nouveau gouvernement. Il commençait à formuler la stratégie
économique qui allait guider le pays pour la décennie à venir.
Le bilan de la Chine sur le partage équitable des richesses et de
la croissance entre ses citoyens était mitigé. Elle avait réussi à

sortir 500 millions de personnes de la pauvreté : son programme antipauvreté avait été le plus efficace de tous les pays *et de tous les temps*. Mais, quand j'ai écrit cet article, le niveau d'inégalité, selon nos mesures (le coefficient de Gini), était comparable à celui des États-Unis. C'était très impressionnant : trente ans plus tôt, le pays était à peu près égalitaire. L'Amérique a mis beaucoup plus de temps à atteindre le niveau d'inégalité que la Chine a égalé en trente ans !

Mais il est important de comprendre la différence entre les pays développés et les pays en développement. Dans les premières phases du développement, certaines régions prennent leur essor plus vite que d'autres. Presque toujours, leur croissance s'accompagne d'une industrialisation et d'une urbanisation ; les revenus sont beaucoup plus élevés dans les zones urbaines que dans les zones rurales, donc, au début, l'inégalité s'accroît. Mais ensuite, quand l'importance du secteur rural se réduit, elle diminue. C'est une des raisons pour lesquelles Simon Kuznets avait prévu que la montée des inégalités, si souvent observée dans les premiers stades du développement, allait se résorber. Jusqu'à présent, la Chine ne fait pas exception à cette règle. Mais les États-Unis (et, de plus en plus, d'autres pays développés), oui. S'il y a eu diminution des inégalités durant les trois premiers quarts du siècle dernier, depuis l'ère Reagan la tendance s'est inversée.

Mon message à la Chine dans cet article était un appel à la prudence, surtout sur la façon dont ses dirigeants envisageaient la poursuite de la transition vers une économie de marché. Oui, dans de nombreux secteurs il fallait continuer. Mais bien des problèmes pressants auxquels faisait face leur économie – dont les inégalités et la pollution – étaient dans une grande mesure imputables au secteur privé, et des politiques actives de l'État seraient nécessaires pour inverser ces fâcheuses tendances.

Je voyage dans le monde entier et, de temps en temps, je rencontre une situation complètement inattendue, qui donne de l'espoir, une source d'inspiration. Ma visite à l'île Maurice a été l'une de ces expériences. Mon séjour à Medellín en Colombie en avril 2014 également. J'y étais allé pour participer à une réunion du Forum urbain mondial, qui a lieu tous les trois ans. Ce fut la plus suivie de toutes – environ 22 000 personnes, dont presque 7 000 m'ont écouté avec enthousiasme. Dans l'article «Medellín : un exemple lumineux pour les villes», je décris le changement radical de cette agglomération, autrefois tristement célèbre pour ses cartels de la drogue. Au cœur de son succès, la lutte contre les inégalités. Certes, la volonté de créer une société plus juste et plus égalitaire, où la prospérité est partagée et où tout le monde peut vivre dignement, devrait être impulsée au niveau national. Mais Medellín a montré que l'on peut faire beaucoup localement, d'autant plus que nombre de services indispensables au bien-être de tous sont du ressort de la municipalité – le logement, les transports publics, l'éducation et les infrastructures de loisir comme les parcs. C'est un message fort pour les États-Unis. En Amérique, avec le blocage politique, les initiatives de progrès au niveau national seront minimales ; on redoute même que la politique de l'État ne fasse monter l'inégalité dans les années à venir. Donc, si l'on veut avancer sur ces questions, il faudra le faire localement.

Ceux qui tentent de construire une société plus juste et ceux qui s'opposent à cette tentative s'affrontent dans le monde entier. Je suis souvent amené à intervenir dans ces conflits, même lors de mes voyages les plus académiques. C'est ce qui s'est passé lors de mes visites en Australie en 2011 et 2014. L'article «Illusions américaines en Australie» a été écrit à mon retour, début juin 2014[1]. Tony Abbott avait pris ses fonctions de Premier ministre au mois de septembre 2013. Il était déterminé à inverser la politique des gouvernements précédents, qui avait été un vrai succès pour le pays – au point que le revenu par habitant était de 67 000 dollars (parmi les plus hauts du monde, bien plus élevé que celui des États-Unis). Cette politique avait apporté une prospérité plus partagée : un salaire minimum deux fois supérieur à celui des États-Unis, un taux de chômage (à l'époque) bien plus bas, une dette nationale largement inférieure à celle des États-Unis, un mode de financement de l'enseignement supérieur qui donnait une chance à tous (des prêts dont les remboursements étaient

---

1. J'ai aussi écrit un article, intitulé «Australia, You Don't Know How Good You've Got It», pour le *Sydney Morning Herald*, publié en septembre 2013.

ajustés aux revenus de chacun) et un système médical qui offrait une espérance de vie plus longue et une meilleure santé, tout en étant beaucoup moins cher qu'aux États-Unis. Malgré ces succès, Abbott essayait de pousser l'Australie vers le modèle américain – bel exemple d'aveuglement idéologique prenant le pas sur tout le reste.

La même année, j'ai participé au débat sur l'indépendance de l'Écosse. J'avais fait partie d'un conseil consultatif pour le gouvernement écossais (avec mon ami Sir James Mirrlees, également lauréat du prix Nobel). L'Écosse avait activement mis en pratique les idées que je préconise pour mieux mesurer la performance économique. J'ai présidé la Commission internationale sur la mesure de la performance économique et du progrès social, et nous avons estimé unanimement que le PIB était une mesure inadéquate – et parfois trompeuse – de la performance économique[1]. J'étais enthousiasmé par les pays qui étaient prêts à expérimenter nos idées, et l'Écosse en était un. Il y avait d'autres propositions novatrices ; par exemple, des mesures pour préserver l'environnement et des politiques industrielles actives pour créer des emplois et encourager l'innovation.

En septembre 2014, l'Écosse a organisé son référendum sur l'indépendance. Ses adversaires ont mené une campagne alarmiste, en prédisant qu'elle aurait des effets désastreux. Certes, la fragmentation croissante du monde en petites nations m'inquiétait, mais je n'étais pas convaincu par les arguments catastrophistes et j'ai été impressionné par la tonalité du débat chez les partisans de l'indépendance : elle était positive, axée sur les possibilités qui pouvaient s'ouvrir, et très différente de l'esprit de clocher qui caractérise beaucoup de mouvements similaires. C'est dans ce petit pays que sont nées les Lumières. Nos valeurs démocratiques et nos progrès scientifiques et techniques sont issues de ce courant de pensée et lui doivent beaucoup. Plus important pour le propos de ce livre : alors que l'Angleterre reproduisait le

---

1. Le rapport de la commission a été publié : J. E. Stiglitz, J.-P. Fitoussi et A. Sen, *Performances économiques et progrès social. Richesse des nations et bien-être des individus*, et *Performances économiques et progrès social. Vers de nouveaux instruments de mesure*, Paris, Odile Jacob, 2009.

modèle économique des États-Unis – ce qui lui valait l'inégalité croissante que l'on connaît –, l'Écosse voulait suivre le modèle scandinave, avec une égalité des chances plus affirmée. L'article «L'Indépendance écossaise» a été publié en Écosse quelques jours avant le scrutin.

Au référendum, l'indépendance a été rejetée, mais un pourcentage bien plus élevé que prévu d'un électorat très mobilisé, près de 45 % des votants, a souhaité rompre l'union vieille de trois cents ans. Étonnamment, par la suite, il y a eu un regain de soutien pour les indépendantistes du Parti national écossais et, avec la décentralisation accrue des pouvoirs qui a été promise, les Écossais vont sûrement suivre des politiques plus propices à l'égalité.

Si l'Écosse apporte une note d'optimisme dans un monde où les inégalités vont croissant, l'Espagne fait le contraire. Je vais souvent en Espagne. Parmi les manifestations qui ont ponctué le printemps 2011, les manifestations espagnoles ont été particulièrement massives ; on comprend pourquoi, étant donné la terrible période que le pays traversait. J'ai parlé aux jeunes manifestants du parc du Retiro à Madrid. J'étais d'accord avec eux : quelque chose ne tournait pas rond dans nos économies et nos systèmes politiques. Nous avons des chômeurs et des sans-abri dans un monde ou il y a d'immenses besoins à satisfaire et des maisons vides. Les citoyens ordinaires souffrent, mais ceux qui ont provoqué la crise – les banquiers et leurs amis – gagnent très bien leur vie.

«La dépression espagnole» était à l'origine la préface à l'édition espagnole du *Prix de l'inégalité*. Dans les années qui ont précédé la crise, l'Espagne – contrairement aux États-Unis – a été l'un des pays qui ont réussi à réduire leurs inégalités. Puis tous ses progrès ont été balayés par la Grande Récession. La plupart des Européens, en particulier les chefs d'État, hésitent à qualifier la situation espagnole de dépression, mais, avec une baisse aussi considérable des revenus et 50 % des jeunes au chômage, c'en est bien une. J'explique ici que le problème vient directement de la structure de la zone euro et des politiques d'austérité qu'elle a imposées à l'Espagne – beaucoup plus que des politiques ou de la structure économique de ce pays.

Le miracle mauricien [1]

Et si l'on vous disait qu'il existe un petit pays capable d'offrir gratuitement à tous ses citoyens l'enseignement supérieur, les transports scolaires et les soins médicaux – y compris les opérations à cœur ouvert ? Vous penseriez qu'il est fabuleusement riche, ou qu'il court tout droit à la crise budgétaire.

Après tout, les pays riches d'Europe, constatant de plus en plus qu'ils ne peuvent pas entretenir les universités, demandent aux jeunes et à leurs familles de les financer. Quant aux États-Unis, ils n'ont jamais essayé de proposer la gratuité de l'enseignement supérieur et il a fallu une bataille acharnée pour que les pauvres aient accès à l'assurance-maladie – garantie que le parti républicain s'efforce à présent de leur retirer, en affirmant que le pays ne peut pas se le permettre.

Mais l'île Maurice, petit État insulaire à l'est des côtes africaines, n'est ni particulièrement riche, ni au bord de la faillite. Néanmoins, ces dernières décennies, elle a construit une économie diversifiée, un système politique démocratique *et* une protection sociale solide. De nombreux pays, à commencer par les États-Unis, pourraient tirer des leçons de son expérience.

1. *Project Syndicate*, 7 mars 2011.

Lors d'une récente visite dans cet archipel tropical de 1,3 million d'habitants, j'ai eu la chance de voir de mes yeux certains grands bonds accomplis par l'île Maurice. Ces réussites peuvent paraître ahurissantes quand on pense aux débats qui se tiennent aux États-Unis et ailleurs. Sur la propriété immobilière par exemple : alors que les conservateurs américains expliquent la crise financière par la tentative de l'État d'élargir la propriété à 70 % de la population américaine, 87 % des Mauriciens possèdent leur maison – sans alimenter une bulle de l'immobilier.

Et voici le chiffre qui fait mal : la croissance du PIB de l'île Maurice est de plus de 5 % par an depuis près de trente ans. Il doit forcément y avoir un truc. Ils doivent posséder des diamants, du pétrole ou d'autres matières premières de valeur. Mais l'île Maurice n'a pas de ressources naturelles exploitables. Ses perspectives étaient si sombres quand cette ancienne colonie britannique évoluait vers l'indépendance, finalement obtenue en 1968, que James Meade, prix Nobel d'économie, a pu écrire en 1961 : «Ce sera un vrai succès si le pays arrive à trouver un emploi productif pour sa population sans forte réduction du niveau de vie. [...] Les chances d'un développement pacifique sont faibles.»

Comme pour lui donner tort, les Mauriciens ont porté leur revenu par habitant de moins de 400 dollars à l'époque de l'indépendance à 6 700 dollars aujourd'hui. Le pays est passé de la monoculture du sucre d'il y a cinquante ans à une économie diversifiée qui inclut le tourisme, la finance, le textile et, si les projets actuels portent leurs fruits, les technologies de pointe.

Lors de ma visite, je voulais mieux comprendre ce qui avait mis les Mauriciens sur la voie du miracle, et les leçons que les autres pays pouvaient en tirer. Il y en a plusieurs, dont certaines devraient être présentes à l'esprit des responsables politiques aux États-Unis et ailleurs quand ils livrent bataille sur leur budget.

Premièrement, la question n'est pas : pouvons-nous nous permettre d'assurer la santé gratuite à tous ou l'accès du plus grand nombre à la propriété ? Si l'île Maurice peut le faire, l'Amérique et l'Europe, bien plus riches, le peuvent aussi. La question est plutôt : comment faut-il organiser la société ? Les Mauriciens ont choisi une voie qui mène à plus de cohésion sociale, de bien-être, de croissance économique – et à moins d'inégalité.

Deuxièmement, contrairement à tant d'autres petits pays, l'île Maurice a décidé que la plupart des dépenses militaires étaient du gaspillage. Les États-Unis n'ont pas besoin d'aller jusqu'à de telles extrémités : avec un petit pourcentage de ce qu'ils dépensent pour des armes qui ne fonctionnent pas contre des ennemis qu'ils n'ont pas, ils pourraient créer une société plus humaine, notamment offrir l'assurance-maladie et l'éducation à ceux qui ne peuvent pas les payer.

Troisièmement, l'île Maurice a compris que, sans ressources naturelles, sa population était sa seule richesse. C'est peut-être ce qui l'a conduite à conclure qu'avec les différences religieuses, ethniques et politiques potentielles du pays – que certains tentaient d'exploiter pour l'encourager à rester une colonie britannique –, l'éducation pour tous était un facteur crucial de cohésion sociale. Il fallait aussi un attachement fort aux institutions démocratiques et à la coopération entre travailleurs, État et patronat – aux antipodes du genre de dissensions et de divisions que créent les conservateurs en Amérique aujourd'hui.

Cela ne veut pas dire qu'il n'y a aucun problème à l'île Maurice. Comme de nombreux autres pays émergents en ascension, la république de Maurice est confrontée à une perte de compétitivité de son taux de change. Et puisque de plus en plus de pays interviennent pour abaisser le leur, en réaction à l'effort américain de dévaluation compétitive par l'assouplissement quantitatif, le problème s'aggrave. Il est presque certain que l'île Maurice, elle aussi, devra intervenir.

Ensuite, comme bien d'autres pays dans le monde, l'île Maurice craint aujourd'hui l'inflation importée à travers les denrées alimentaires et l'énergie. Y réagir en relevant les taux d'intérêt ne ferait qu'ajouter au problème de la hausse des prix une montée du chômage et un taux de change encore moins compétitif. Interventions directes, restrictions sur les entrées de capitaux à court terme, imposition des plus-values et réglementation prudentielle des banques pour stabiliser la situation : toutes ces mesures devront être prises en considération.

Le miracle mauricien date de l'indépendance. Mais le pays souffre toujours de son héritage colonial : les inégalités de propriété foncière et de fortune, et sa vulnérabilité à la grande politique mondiale. Les États-Unis occupent une des îles mauriciennes, Diego Garcia, dont ils ont fait une base navale. Sans verser aucune indemnité. Officiellement, ils la louent au Royaume-Uni, qui non seulement a conservé les îles Chagos en violation des décisions des Nations unies et du droit international, mais en a expulsé les habitants et refuse de les laisser rentrer chez eux.

Les États-Unis devraient à présent rendre justice à ce pays démocratique et pacifique : reconnaître les droits des Mauriciens sur Diego Garcia, renégocier le bail et racheter les fautes passées en payant une belle somme pour ce territoire que l'Amérique occupe illégalement depuis des décennies.

Ce que l'Amérique inégalitaire doit apprendre de Singapour [1]

Les inégalités augmentent presque partout dans le monde, mais de façon différente dans chaque pays ou région. Les États-Unis sont tristement connus pour être le plus inégalitaire des pays développés. Mais le fossé entre les revenus des riches et des pauvres s'est aussi creusé, dans une moindre mesure, en Angleterre, au Japon, au Canada et en Allemagne. Bien sûr, la situation est encore pire en Russie et dans quelques pays en développement d'Amérique latine et d'Afrique. Mais c'est un club auquel nous ne devrions pas être fiers d'appartenir.

Quelques grands pays – le Brésil, l'Indonésie et l'Argentine – sont devenus plus égalitaires ces dernières années. D'autres, comme l'Espagne, avaient pris le même chemin avant la crise économique de 2007-2008.

Singapour a la particularité d'avoir donné priorité à l'équité économique et sociale tout en connaissant une très forte croissance ces trente dernières années – ce qui montre bien que l'inégalité n'est pas simplement un problème pour la justice sociale, mais aussi pour la performance économique. Les sociétés dont les économies sont plus égalitaires sont plus dynamiques – pas

1. *New York Times*, 18 mars 2013.

simplement pour la classe moyenne ou les pauvres, mais globalement.

La transformation de cette cité-État en un demi-siècle, depuis son indépendance en 1963, est à peine croyable. (Une fusion de courte durée avec la Malaisie a pris fin en 1965.) Quand cette ancienne colonie britannique est devenue indépendante, un quart de sa population active se trouvait au chômage total ou partiel. Le revenu réel par habitant était moins du dixième de celui d'aujourd'hui.

Singapour s'est démenée pour faire partie des «tigres» économiques de l'Asie, notamment en résorbant les inégalités. L'État s'est assuré que les salaires les plus faibles ne baisseraient pas jusqu'à atteindre des niveaux indécents, comme ils auraient pu le faire.

Il a obligé ses citoyens à épargner dans un «fonds de prévoyance» – 36 % du salaire des jeunes travailleurs – pour financer convenablement la santé, le logement et les retraites. L'éducation est gratuite pour tous. L'État envoie ses étudiants les plus doués à l'étranger et fait son possible pour qu'ils reviennent. (Quelques-uns de mes meilleurs étudiants venaient de Singapour.)

Le modèle singapourien possède au moins quatre traits différents, plus facilement transposables aux États-Unis que les observateurs américains sceptiques ne semblent le penser.

Premièrement, les citoyens ont été forcés de répondre eux-mêmes à leurs besoins. Par exemple, grâce à leur épargne dans le fonds de prévoyance, près de 90 % des Singapouriens sont devenus propriétaires ; seuls 65 % des Américains le sont après l'éclatement de la bulle en 2007.

Deuxièmement, les dirigeants de Singapour ont compris qu'ils devaient briser le cercle vicieux de l'inégalité qui caractérise tant de pays occidentaux. Les programmes de l'État étaient universels mais progressifs : tout le monde contribuait, mais les plus aisés contribuaient davantage, pour aider les défavorisés et faire en sorte que tous les citoyens puissent vivre une vie décente, en fonction de ce que le pays pouvait se permettre aux différents stades de son développement. Non seulement les riches ont payé leur part des investissements publics, mais on leur a demandé de faire plus, afin d'aider les nécessiteux.

Troisièmement, l'État est intervenu dans la répartition des revenus avant impôts – pour soutenir les pauvres, et non, comme aux États-Unis, pour aider les riches. Il a fait pression, légèrement, durant les négociations entre travailleurs et entreprises, pour faire pencher la balance vers la partie économiquement la moins puissante – contrairement à ce qui s'est passé aux États-Unis, où les règles du jeu ont ôté du pouvoir aux travailleurs et en ont donné au capital, en particulier ces trente dernières années.

Quatrièmement, Singapour a compris que la clé du succès était d'investir massivement dans l'éducation – et, plus récemment, dans la recherche scientifique : le développement du pays nécessitait l'accès de tous ses citoyens, pas seulement des enfants des riches, au meilleur enseignement qu'ils étaient en mesure de suivre.

Lee Kuan Yew, le premier Premier ministre de Singapour, resté trente ans au pouvoir, et ses successeurs ont eu une vision globale de ce qui fait la prospérité d'une économie. Ils n'ont pas eu l'obsession du produit national brut, même si, selon cette mesure imparfaite du succès, ils ont parfaitement réussi : leur croissance a été 5,5 fois plus rapide que celle des États-Unis depuis 1980.

Récemment, l'État s'est intensément préoccupé de l'environnement, afin que cette ville surpeuplée, de 5,3 millions d'habitants, garde ses espaces verts, même s'il fallait pour cela les déplacer en haut des immeubles.

À une époque où l'urbanisation et la modernisation ont affaibli les liens familiaux, Singapour a compris l'importance de les protéger, en particulier entre les générations, et a lancé des programmes de logement pour aider les personnes âgées.

Le pays a pris conscience que son économie ne serait jamais prospère si la majorité de ses citoyens ne participaient pas à sa croissance ou si beaucoup de ses habitants vivaient sans logement décent, sans accès aux soins médicaux et sans retraite assurée. En exigeant que les Singapouriens contribuent de façon significative au financement de leur propre protection sociale, il a évité les coûts d'un État paternaliste. Mais en admettant que tous les citoyens n'ont pas la même capacité de répondre à leurs besoins, il a renforcé la cohésion sociale. En comprenant que les enfants ne peuvent pas choisir leurs parents – et que tous les enfants doivent avoir le droit à l'épanouissement de leurs capacités innées –, il a créé une société plus dynamique.

Le succès de Singapour se voit aussi à d'autres indicateurs. L'espérance de vie est de 82 ans, alors qu'elle est de 78 ans aux États-Unis. Les résultats des élèves en mathématiques, en science et en lecture sont parmi les meilleurs du monde – bien au-dessus de la moyenne de l'Organisation de coopération et de développement économiques, le club mondial des pays riches, et loin devant ceux des États-Unis.

La situation n'est pas idyllique : ces dix dernières années, Singapour a fait face à une disparité croissante des «revenus, comme de nombreux pays du monde. Mais les Singapouriens ont conscience du problème et ont engagé un débat animé pour trouver les meilleurs moyens d'atténuer ces tendances mondiales négatives.

Selon certains, tout cela n'a été possible que pour une seule raison : M. Lee, qui a quitté le pouvoir en 1990, n'était pas très respectueux des procédures démocratiques. Il est vrai que Singapour, État très centralisé, est gouverné depuis des décennies par le parti de M. Lee, le Parti d'action du peuple. Les observateurs critiques soulignent les aspects autoritaires du régime : des restrictions aux libertés civiles ; des sanctions pénales très sévères ; un multipartisme insuffisant ; et un système judiciaire qui n'est pas pleinement indépendant. Mais il est vrai aussi que, dans les classements internationaux, Singapour a l'un des gouvernements les moins corrompus et les plus transparents du monde et que ses dirigeants ont pris des mesures pour élargir la participation démocratique.

De plus, d'autres pays, attachés aux procédures démocratiques, ont parfaitement réussi à créer des économies à la fois dynamiques et justes – avec beaucoup moins d'inégalité et beaucoup plus de mobilité sociale qu'aux États-Unis.

Chaque pays nordique a suivi un chemin sensiblement différent, mais tous ont obtenu une croissance juste et impressionnante. Il existe une métrique standard en la matière : l'«indice de développement humain ajusté aux inégalités» des Nations unies. Il mesure moins la production économique que le bien-être. Pour chaque pays, il prend en compte le revenu, l'éducation et la santé, et les ajuste en fonction de leur accessibilité aux diverses catégories de la population. Les pays d'Europe du Nord (la Suède, le Danemark, la Finlande et la Norvège) font partie des meilleurs. En comparaison, les États-Unis sont très loin, en seizième position – alors qu'ils sont troisième sur la liste de l'IDH non ajusté aux inégalités! Et, lorsqu'on examine certains facteurs de bien-être isolément, le résultat est encore pire : selon l'«indice d'espérance de vie ajusté aux inégalités» du Programme des Nations unies pour le développement, les États-Unis sont trente-troisième, juste après le Chili.

Les forces économiques sont mondiales. Les résultats (pour l'inégalité comme pour la mobilité sociale) sont d'une grande disparité. Donc l'important, semble-t-il, c'est ce que les forces locales – en premier lieu politiques – font de ces forces économiques mondiales. Singapour et la Scandinavie ont montré qu'elles peuvent être modelées de façon à assurer la croissance dans l'équité.

La démocratie – nous le savons aujourd'hui – exige plus qu'un vote de temps en temps. Les sociétés qui connaissent une forte inégalité économique finissent fatalement par avoir une forte inégalité politique. Les élites dirigent le système politique dans leur propre intérêt et non dans l'intérêt général. C'est ce que les économistes appellent la recherche de rente. Il en résulte une démocratie très imparfaite. Les démocraties nordiques, en ce sens, ont réussi ce dont rêvent la plupart des Américains : instaurer un système politique où la voix des citoyens ordinaires est justement représentée; où les traditions encouragent l'ouverture et la transparence; où l'argent ne domine pas les prises de décision publiques; où les activités de l'État se mènent au grand jour.

Je suis persuadé que la réussite économique des pays nordiques résulte en grande partie de la nature très démocratique de ces sociétés. Croissance et égalité sont en relation positive entre elles, et avec la démocratie. (Le revers de la médaille est que l'inégalité extrême n'affaiblit pas seulement notre économie; elle fragilise également notre démocratie.)

Les conditions de vie des enfants constituent une autre mesure du degré de justice sociale dans un pays. De nombreux conservateurs ou libertariens aux États-Unis soutiennent que les adultes pauvres sont responsables de leur sort : ils n'ont pas travaillé assez dur. (Ce qui suppose, bien sûr, qu'il y a du travail – hypothèse de plus en plus douteuse.)

Mais on ne peut pas blâmer (ni féliciter) des enfants de leur niveau de bien-être. En Suède, 7,3 % seulement des enfants sont pauvres ; aux États-Unis, le pourcentage est effarant : 23,1 % vivent sous le seuil de pauvreté. Non seulement c'est une violation grossière de la justice sociale, mais cela ne présage rien de bon : ces enfants auront moins de possibilités de contribuer à l'avenir de leur pays.

Lorsqu'on discute de ces autres modèles, apparemment meilleurs pour la majorité, le débat se termine en général par un contre-argument quelconque pour signifier : ces pays sont différents et leurs leçons ne peuvent pas s'appliquer aux États-Unis. C'est tout à fait compréhensible. Personne n'a envie de déprécier son pays ou son économie. Nous voulons tous croire que notre système est le meilleur du monde.

Toutefois, cette autosatisfaction vient en partie de l'incapacité de comprendre la réalité actuelle des États-Unis. Quand on demande aux Américains quelle serait la répartition idéale des revenus, ils admettent que le système capitaliste exigera toujours une certaine inégalité – sans laquelle il n'y aurait pas de motivation à l'épargne, à l'innovation et à l'industrie. Et ils ont conscience que la société ne correspond pas à leur «idéal». Mais, en vérité, les inégalités sont bien plus fortes qu'ils ne l'imaginent, et leur idéal n'est pas si différent de la réalité des pays nordiques.

Parmi les élites américaines – cette fine tranche de la population dont le revenu et la fortune ont considérablement augmenté depuis la moitié des années 1970, alors que les revenus réels de la plupart des Américains ont stagné –, beaucoup cherchent des justifications et des excuses. Ils expliquent, par exemple, que ces pays sont plus homogènes, que l'immigration y est plus faible. Mais la Suède accueille de nombreux immigrés (près de 14 % de sa population est née hors de ses frontières, contre 11 % en Grande-Bretagne et 13 % aux États-Unis). Singapour est une cité-État qui rassemble de nombreuses ethnies, langues et religions différentes.

Et la taille ? En Allemagne – 82 millions d'habitants –, l'égalité des chances est bien plus prononcée qu'aux États-Unis – 314 millions. (L'inégalité y progresse aussi, mais dans une moindre mesure.)

Il est vrai que la longue histoire de la discrimination en Amérique – entre autres, le fléau de l'esclavage, son péché originel – rend particulièrement délicate la création d'une société plus égalitaire, comparable à celle des pays les plus avancés. Mais, au lieu de nous décourager, la conscience de cet héritage devrait renforcer notre détermination à atteindre un idéal qui est à notre portée, et conforme à nos valeurs les plus chères.

Japon, méfie-toi [1] !

L'inégalité est un problème mondial. Elle accable des pays riches et pauvres, sur tous les continents. Ce fléau a plusieurs visages : les excès toujours plus démesurés des riches, une classe moyenne qui s'amenuise, une pauvreté croissante. Mais – c'est une des thèses de ce livre – la société paie cette inégalité au prix fort : l'économie est moins performante ; la démocratie est affaiblie ; des valeurs fondamentales, comme l'état de droit, sont fragilisées. Il y a donc beaucoup à gagner à résorber l'inégalité et à créer une société plus juste. Cela bénéficiera à l'économie, et renforcera le sentiment de justice et d'équité, si important dans toutes les cultures. Ce livre montre que c'est possible, et expose les politiques qui peuvent modifier le fonctionnement de notre économie et de notre société.

Bien qu'il y ait de nombreuses similitudes entre les pays, il y a aussi d'importantes différences. Selon l'indice global habituel (le coefficient de Gini, présenté dans la première partie), il existe quelques États où les inégalités n'augmentent pas. Les États-Unis, sur lesquels je me concentre dans ce livre, connaissent le plus fort taux d'inégalité des pays développés. Contrairement à une

---

1. Préface à l'édition japonaise du *Prix de l'inégalité*.

croyance répandue – et à l'image que l'Amérique a d'elle-même –, nous sommes le pays qui a le moins d'égalité des chances. Bien sûr, il y a des exemples célèbres de *self-made-men* qui ont réussi en travaillant dur, qui se sont hissés au sommet en partant de rien. Mais ce sont des exceptions. Ce qui compte, ce sont les statistiques : quelles sont les perspectives d'avenir d'une personne issue d'une famille à faible niveau d'instruction et de revenus ? On constate que les possibilités de réussite dépendent beaucoup plus de la fortune et de l'éducation des parents aux États-Unis qu'ailleurs.

Les inégalités de revenus et de chances sont inévitables, mais j'explique ici qu'elles ne devraient pas atteindre les proportions qu'elles ont aux États-Unis. D'autres pays font beaucoup mieux. Certains réussissent au moins à empêcher les inégalités de se creuser. Tous ces succès devraient nous donner de l'espoir : les inégalités actuelles ne sont pas *seulement* les conséquences inévitables des forces du marché. Les marchés n'existent pas sous vide. Ils sont modelés par des politiques publiques. D'autres États ont réussi à modérer l'inégalité, à créer une prospérité *mieux* partagée. Cela montre que le type de politique que je décris ici peut réellement limiter la croissance des inégalités et rendre notre système économique plus équitable.

Depuis quarante ans, ce sont les pays d'Asie orientale qui ont connu la croissance la plus forte. Leurs revenus ont progressé dans des proportions totalement inimaginables il y a un demi-siècle. De nombreux facteurs ont contribué à ce succès, par exemple une épargne forte. Mais j'ai expliqué, avec d'autres, qu'un élément a été capital pour la plupart de ces pays : une grande égalité, et, en particulier, un investissement massif dans l'éducation, qui a encore renforcé l'égalité des chances. Historiquement, un contrat social fort a limité, entre autres, les excès des plus riches – le rapport entre le salaire du chef d'entreprise et celui du simple travailleur est bien inférieur à ce qu'il est aux États-Unis. Ce contrat social n'a pas toujours existé. Les relations sociales dans l'entreprise étaient beaucoup plus difficiles avant-guerre. Qu'un changement aussi radical soit possible est rassurant.

De nombreux Américains craignent que la courbe de l'inégalité politique et économique aux États-Unis, en croissance constante, soit presque impossible à inverser. Mais, à d'autres moments de son histoire, face à de forts taux d'inégalité, l'Amérique a su reculer et inverser cette courbe : l'Âge doré a été suivi par l'Ère progressiste ; l'inégalité sans précédent des folles années 1920 a été suivie par les importantes lois sociales des années 1930. Le fait que le Japon, le Brésil et les États-Unis aient, à divers moments de leur histoire, changé de chemin, en appliquant des politiques qui ont uni leurs citoyens, devrait faire contrepoids au désespoir grandissant.

Mais, si l'Amérique ne change pas de cap, elle paiera son inégalité galopante au prix fort. Ce livre explique pourquoi les sociétés plus égalitaires obtiennent de meilleurs résultats économiques. Malheureusement, il existe aussi des cercles vicieux, pas seulement vertueux : la montée de l'inégalité économique entraîne un affaiblissement du contrat social, et accroît les déséquilibres de pouvoir politique, ce qui peut aboutir à des lois, à des réglementations et à des actions qui aggravent encore les inégalités économiques.

Les expériences des États-Unis devraient constituer un avertissement fort pour d'autres pays, dont le Japon. Même si la croissance japonaise s'est affaiblie, le pays a réussi à éviter les écarts extrêmes révélés par les dernières statistiques américaines. Les classes moyennes, par exemple, ont perdu près de 40 % de leur fortune dans la période 2008-2010 ; deux décennies d'économies ont été balayées pour l'Américain moyen. En 2010, l'année de la reprise, 93 % des gains sont allés au 1 % le plus riche. Le marché du travail américain est toujours anémique – près d'un Américain sur six qui désire un emploi à temps plein est incapable d'en trouver –, alors que la longue stagnation japonaise n'a provoqué qu'un taux de chômage relativement faible. Le système américain de protection sociale compte parmi les pires des pays industriellement développés. Mais, quand les recettes fiscales ont baissé, cette protection déjà faible est devenue encore plus insuffisante. On a dégraissé massivement des services publics indispensables au bien-être des Américains. Le résultat était inévitable : la récession économique a entraîné une montée de la pauvreté.

Il existe aux États-Unis un autre cercle vicieux : le renforcement de l'inégalité provoque l'affaiblissement de l'économie et celui-ci aggrave l'inégalité. Le fort taux de chômage, par exemple, fait baisser les salaires et saigne la classe moyenne. Comme je l'explique dans ce livre, les fortes inégalités réduisent la demande globale et c'est cette insuffisance de la demande qui entrave la croissance en Amérique et ailleurs.

Tous les autres pays peuvent se vanter de faire mieux que les États-Unis – au moins sur ce point –, mais l'autosatisfaction est dangereuse. Réussir aujourd'hui ne garantit pas de réussir demain.

Le Japon voit ses inégalités augmenter comme aux États-Unis, même si elles restent bien inférieures. Peut-il retomber dans son climat de discorde sociale d'avant-guerre ?

Ce livre contient donc d'importantes leçons et mises en garde pour le Japon. Il ne doit pas tenir pour acquis ses succès passés, qui ont créé une société et une économie plus justes et plus égalitaires. Il doit s'inquiéter de la hausse des inégalités ; de ses conséquences pour l'économie ; et de ses effets politiques et sociaux.

Plus encore que les États-Unis, le Japon fait face au problème d'une dette massive et d'une société vieillissante. Sa croissance économique a été encore plus lente que celle de l'Amérique. Il sera peut-être tenté de faire des coupes dans les investissements publics ou d'affaiblir le système de protection sociale. Mais ces politiques mettraient en péril les valeurs fondamentales et les perspectives économiques du pays.

Il existe des politiques (présentées dans la dernière partie) qui encourageraient à la fois la croissance et l'égalité – en créant une prospérité partagée. Pour le Japon, comme pour les États-Unis, la question est plus politique qu'économique. Le Japon sera-t-il capable de maîtriser ses chercheurs de rentes qui n'aspirent qu'à satisfaire leurs intérêts particuliers et qui nuisent inévitablement à l'ensemble de l'économie ? Sera-t-il capable de construire un contrat social pour le XXIe siècle, assurant que les bénéfices de la croissance, quelle qu'elle soit, seront justement partagés ?

Les réponses à ces questions sont vitales pour l'avenir du Japon – comme société et comme économie.

Le Japon est un modèle,
pas un contre-exemple [1]

Depuis que la crise financière, il y a cinq ans, a paralysé l'économie américaine, les partisans d'une action forte de l'État ont un argument favori (je l'ai moi-même employé) : les États-Unis risquent d'entrer dans une longue période de «stagnation à la japonaise». Avec ses deux décennies de croissance anémique à la suite d'un krach en 1989, le Japon serait le parfait exemple de ce qu'il ne faut pas faire après une crise financière.

Pourtant, aujourd'hui, il nous montre le chemin. Shinzo Abe, récemment élu Premier ministre, nous offre un cours de formation accélérée sur les mesures à prendre – assouplissement monétaire, dépenses de travaux publics, promotion de l'esprit d'entreprise et des investissements étrangers – pour mettre fin à ce qu'il appelle «une profonde crise de confiance». Ces nouvelles politiques devraient être une véritable aubaine pour le pays. Ce qui se passe au Japon, troisième économie mondiale et autrefois considéré comme le principal rival économique de l'Amérique, aura une influence importante aux États-Unis et dans le monde.

Certes, tous ne sont pas convaincus : le Japon a enregistré une solide croissance annualisée de 3,5 % au premier trimestre de

1. *New York Times*, 9 juin 2013.

cette année, pourtant la bourse a chuté, après avoir atteint son point le plus haut depuis cinq ans, parce qu'elle craint que l'«abénomie» n'aille pas assez loin. Mais ne tirons pas de conclusions hâtives de fluctuations boursières à court terme. L'abénomie est, sans l'ombre d'un doute, un grand pas en avant dans la bonne direction.

Pour bien comprendre pourquoi l'avenir semble prometteur pour le Japon, il faut non seulement regarder le programme de M. Abe, mais aussi réexaminer la doxa sur la stagnation japonaise. Les vingt dernières années ne sont pas un échec total. À première vue, la croissance est très faible. Durant la première décennie de ce siècle, le taux de croissance annuel de l'économie japonaise a été très bas : 0,78 % en moyenne de 2000 à 2011, contre 1,8 % pour les États-Unis.

Mais, quand on y regarde de plus près, la croissance lente du Japon n'est pas si décevante. Tout bon chercheur en économie examine la croissance non seulement en valeur absolue, mais aussi relativement à la population en âge de travailler. Au Japon, de 2001 à 2010, les effectifs de la population active (les 15-64 ans) ont diminué de 5,5 %, alors qu'aux États-Unis ils se sont accrus de 9,2 %. Il est donc normal que le PIB japonais augmente plus lentement. Et, même avant l'abénomie, la production économique réelle du pays, par membre de la population active, a progressé plus rapidement durant la première décennie du siècle que celle des États-Unis, de l'Allemagne, de la Grande-Bretagne ou de l'Australie.

Néanmoins, la croissance japonaise est bien plus faible qu'elle ne l'était avant sa crise, en 1989. Aux États-Unis, nous venons de faire l'expérience de l'effet dévastateur d'une brève récession (certes beaucoup plus grave). Elle a entraîné une explosion de l'inégalité (le 1 % a accaparé tous les gains de la «reprise», et au-delà), une montée du chômage et un déclin de plus en plus prononcé de la classe moyenne. L'exemple du Japon montre qu'une vraie reprise n'arrive pas toute seule. Heureusement, l'État a pris des initiatives pour éviter les inégalités extrêmes qui se sont produites aux États-Unis, et, aujourd'hui, il mène une vraie politique de croissance.

Si nous élargissons l'éventail des indicateurs disponibles, nous constatons que, même après deux décennies de «malaise», la performance du Japon est bien supérieure à celle des États-Unis.

Prenons le coefficient de Gini, mesure habituelle de l'inégalité. 0 est l'égalité parfaite, 1 l'inégalité parfaite. Selon l'Organisation pour la coopération et le développement économiques, le coefficient de Gini du Japon est 0,33; celui des États-Unis, 0,38. (D'autres sources statistiques donnent des taux d'inégalité encore plus élevés pour les États-Unis.) En Amérique, le revenu moyen des 10 % les plus riches représente 15,9 fois celui des 10 % les plus pauvres. Au Japon, c'est 10,7 fois.

Ces différences résultent de choix politiques, elles ne sont pas des fatalités économiques. Selon l'OCDE, le coefficient de Gini avant impôts et transferts est à peu près le même dans les deux pays : 0,499 pour les États-Unis et 0,488 au Japon. Mais les États-Unis ne font qu'un petit effort pour corriger l'inégalité : ils la ramènent seulement à 0,38. Le Japon fait bien plus : il réduit son coefficient de Gini à 0,33.

Bien sûr, la situation du Japon n'est pas idéale. Le pays doit prendre soin mieux qu'il ne le fait de ses «seniors très âgés» – les plus de 75 ans. Cette catégorie constitue une part de plus en plus importante de la population âgée mondiale. En 2008, l'OCDE estimait que 25,4 % des seniors japonais très âgés vivaient dans une relative pauvreté – leurs revenus sont inférieurs à la moyenne nationale. Ce chiffre, à peine meilleur que celui des États-Unis (27,4 %), est bien supérieur à la moyenne de l'OCDE (16,1 %). Même si le Japon et l'Amérique ne sont pas aussi riches qu'ils croyaient l'être autrefois, il est inconcevable qu'un si grand nombre de nos aînés affrontent de telles épreuves.

Le Japon a donc un problème de pauvreté des seniors. En revanche, il est bien plus efficace sur un autre plan, qui est important pour l'avenir de n'importe quel pays : seuls 14,9 % des enfants japonais sont pauvres, contre 23,1 % des enfants américains – chiffre atterrant.

Certaines mesures plus larges sont également révélatrices. L'espérance de vie à la naissance (bon indicateur de la santé d'une économie) est de 83,6 ans au Japon – la meilleure du monde. Elle est de 78,7 ans aux États-Unis. Mais ces chiffres ne révèlent pas l'ampleur de l'inégalité dans l'espérance de vie. On estime que les 10 % d'Américains qui vivent le plus longtemps – et qui sont aussi les Américains les plus riches – vivent presque aussi longtemps que le Japonais moyen. Alors que l'espérance de vie des 10 % les plus pauvres est comparable à celle du Mexicain ou de l'Argentin moyen. Selon les calculs du Programme des Nations unies pour le développement, l'effet de l'inégalité sur l'espérance de vie est presque deux fois plus fort en Amérique qu'au Japon.

D'autres indicateurs révèlent aussi des atouts du Japon. Deuxième pays du monde pour le taux de diplômés du supérieur, il se classe loin devant les États-Unis. Même en période de faible croissance, il a géré son économie en endiguant le chômage. Pendant la crise financière mondiale, celui-ci est monté à 5,5 % ; durant les deux décennies de «malaise», il n'a jamais dépassé 5,8 %. La faiblesse du taux de chômage est l'une des raisons pour lesquelles le Japon s'en est bien mieux sorti que les États-Unis.

Voilà des chiffres qui font rêver. En Amérique, le chômage et la faiblesse globale du marché de l'emploi frappent la classe moyenne et les pauvres sur quatre plans.

Premièrement, ceux qui perdent leurs emplois sont évidemment touchés – aux États-Unis en particulier, car, jusqu'à l'Obamacare, ils dépendaient de leur employeur pour bénéficier de l'assurance-santé. Quand la maladie s'ajoute à la perte d'un emploi, de nombreux Américains se retrouvent au bord de la faillite, ou pire. Deuxièmement, ceux qui ont gardé leur emploi risquent fort de voir leurs heures travaillées diminuer à cause de l'apathie du marché du travail. Le taux de chômage officiel ne dit rien du très grand nombre d'Américains qui travaillent à temps partiel parce que c'est tout ce qu'on leur a proposé, non par choix. Mais même ceux qui sont supposés travailler à temps complet voient leur nombre d'heures revu à la baisse et leurs revenus diminuer. Troisièmement, il y a tant de chômeurs que les employeurs ne subissent aucune pression pour augmenter les salaires ; les rémunérations n'augmentent même pas au rythme de l'inflation. Le revenu réel baisse – c'est le sort de la plupart des familles de la classe moyenne. Enfin, les dépenses publiques de toutes sortes, si nécessaires à la classe moyenne et aux pauvres, sont réduites.

Avec sa politique des trois flèches – structurelle, budgétaire et monétaire –, M. Abe, entré en fonction en décembre dernier, a fait ce que l'Amérique aurait dû faire depuis longtemps. Bien que les politiques structurelles n'aient pas encore complètement pris forme, elles chercheront probablement à accroître la participation à la population active, celle des femmes en particulier, et, espérons-le, à faciliter l'embauche d'un grand nombre de seniors en bonne santé. Certains ont aussi proposé d'encourager l'immigration. Ce sont des domaines où les États-Unis ont réussi par le passé et que le Japon doit absolument prendre en considération, pour stimuler la croissance et combattre l'inégalité.

Le Japon encourage depuis longtemps la parité dans l'éducation : les filles ont de meilleures notes en science que les garçons et ne sont pas loin derrière en mathématique (cet écart est plus réduit qu'aux États-Unis). Pourtant, leur taux de participation à la population active est relativement faible (49 % au Japon contre 58 % aux États-Unis, selon la Banque mondiale). Et le pourcentage des femmes japonaises qui occupent un poste de direction important est ridiculement bas : 7 %.

L'élargissement de la participation de la population féminine, très instruite, dépend autant, bien sûr, des traditions sociales que de la politique. Les États n'ont qu'une influence limitée sur l'évolution de la société, mais ils sont capables de favoriser certains changements : ils peuvent faciliter la participation des femmes au marché du travail en développant des politiques de la famille (comme les congés maternité et les garderies) et en faisant respecter strictement les lois antidiscrimination. Les statistiques nationales ne prennent pas en compte les inégalités au sein des familles – elles ne regardent pas ce qui se passe à l'intérieur du foyer. Pourtant ces inégalités sont repérables et elles diffèrent nettement entre les pays.

Le Japon, comme d'autres pays développés, doit entreprendre des transformations structurelles. Il doit passer d'une économie industrielle à une économie de services, s'adapter aux grands changements des avantages comparatifs mondiaux, à la réalité du réchauffement climatique et aux défis d'une population vieillissante. D'autres réformes à venir visent à l'y aider. Alors que le secteur industriel connaît depuis longtemps une belle croissance de la productivité, d'autres domaines sont à la traîne. Le Japon a la capacité d'appliquer son inventivité légendaire au secteur des services.

Sa population vieillit. Accroître l'efficacité du secteur de la santé va devenir crucial. Le Japon doit appliquer ses prouesses techniques et industrielles aux nouveaux dispositifs de diagnostic médical, par exemple : c'est un domaine où il peut réussir des percées mondiales. Les investissements dans la recherche et l'enseignement supérieur donneront aux jeunes Japonais les compétences et l'état d'esprit nécessaires pour réussir dans la mondialisation. Les marchés ne réalisent pas facilement ces transformations structurelles par eux-mêmes. Imposer des coupes budgétaires aux États dans de telles situations est donc particulièrement stupide.

C'est pourquoi le deuxième pilier de l'abénomie, le stimulant budgétaire, est essentiel. Il est indispensable pour accroître la demande globale, comme nous devrions le savoir. Il est également utile pour mener jusqu'à son terme la mutation structurelle. Les investissements dans l'infrastructure, la recherche et l'éducation promettent de forts dividendes. Tout comme les faucons antidéficit ont empêché une stimulation plus puissante aux États-Unis, certains assurent que le Japon, dont la dette est plus de deux fois supérieure à son PIB, n'est pas en position de mettre en œuvre cet aspect crucial de la nouvelle politique. Ils soulignent que l'endettement du Japon coïncide avec sa longue période de croissance faible. Mais même sur ce point, les statistiques sont plus nuancées. Ce n'est pas la dette qui a ralenti la croissance ; c'est la croissance lente qui a provoqué le déficit. Et elle aurait été encore plus lente si l'État n'avait pas stimulé l'économie.

De plus, la thèse fondamentale des partisans de l'austérité – les grosses dépenses de déficit ralentissent la croissance, toujours et partout dans le monde – a été discréditée. L'Europe nous montre tous les jours que l'austérité nourrit l'austérité, ce qui entraîne la récession puis la dépression.

Le dernier pilier de l'abénomie est une politique monétaire qui va dans le même sens que la politique budgétaire : la stimulation. Nous aurions dû nous rendre compte que les stimulants monétaires – même des actions fortes et sans précédent comme l'assouplissement quantitatif – ne produisent, au mieux, que des effets limités. Ils cherchent surtout à inverser la déflation, qui, selon moi, est surtout inquiétante parce qu'elle est un symptôme de la sous-utilisation des ressources. Si affaiblir le taux de change du yen rend les produits japonais plus compétitifs et stimule la croissance économique, il y a la réalité de l'interdépendance internationale de la politique monétaire. Il est tout aussi vrai que la politique d'«assouplissement quantitatif» de la Federal Reserve affaiblit le dollar. Nous pouvons espérer qu'un jour la coordination mondiale progressera dans ce domaine.

Quand on a assemblé les pièces du puzzle, la vraie question n'est plus de savoir si l'abénomie est une bonne idée. C'est plutôt : comment les États-Unis pourraient-ils mettre en œuvre un plan d'ensemble comparable ? Et quelles seront les conséquences s'ils ne le font pas ? Le problème n'est pas la théorie économique, mais, comme d'habitude, la férocité des luttes politiques américaines. Par exemple, même si les arguments des avocats de l'austérité reposent sur des bases scientifiquement douteuses, nous avons laissé les dépenses publiques diminuer dans de nombreux domaines, dont certains sont indispensables pour assurer une prospérité partagée dans le futur. C'est pourquoi, bien que la situation financière de quelques États américains commence à s'améliorer, il y a toujours 500 000 emplois publics de moins qu'avant la crise. Ces licenciements ont été presque entièrement effectués par les municipalités et les États. Retrouver les taux d'emploi et de service public d'avant la crise sera une tâche très difficile, sans parler de rattraper ceux que nous aurions dû atteindre sans la récession. (Si l'économie avait continué de croître normalement, l'emploi public aurait nettement augmenté.) Avec l'ampleur de l'inégalité, les conséquences pèsent d'abord sur les plus vulnérables.

Tout pays paie le prix de son inégalité ; c'est un thème majeur de mes recherches. Une société peut connaître à la fois une forte croissance et plus d'égalité – elles ne s'excluent pas. L'abénomie a déjà mis en place certaines mesures qui encouragent les deux. On peut espérer que, quand de menus détails seront réglés, on lancera d'autres politiques qui favoriseront l'égalité des genres sur le marché du travail et tireront profit des ressources sous-utilisées du pays. Cela renforcera la croissance, l'efficacité et l'égalité. Le programme de M. Abe montre aussi qu'il comprend qu'il y a des limites à la politique monétaire. Nous avons besoin de politiques monétaire, budgétaire et structurelle coordonnées.

Ceux qui considèrent les résultats économiques du Japon durant ces dernières décennies comme un échec total se font une idée trop étroite du succès économique. À bien des égards, le Japon a mieux réussi que les États-Unis : meilleure égalité des revenus, espérance de vie plus longue, taux de chômage plus faible, plus d'investissements dans l'éducation et la santé des enfants et, même, plus forte productivité par membre de la population active. Il peut nous apprendre beaucoup. Même si l'abénomie n'atteint que la moitié des objectifs fixés par ses partisans les plus enthousiastes, nous aurons toujours de belles leçons à tirer.

La feuille de route de la Chine [1]

La Chine est sur le point d'adopter son XIᵉ plan quinquennal. Elle prépare ainsi le terrain pour la suite de la transformation économique probablement la plus remarquable de l'histoire, tout en améliorant le bien-être de près du quart de la population mondiale. Jusque-là, jamais le monde n'avait connu une telle croissance continue ; jamais la pauvreté n'avait autant diminué.

Une des clés de son long succès est une combinaison assez originale de pragmatisme et de vision. Alors que presque tous les autres pays en développement, appliquant le Consensus de Washington, ont été orientés vers l'objectif chimérique d'une hausse du PIB, la Chine vient de prouver, une fois de plus, qu'elle cherche un relèvement durable et plus équitable des niveaux de vie réels.

La Chine comprend qu'elle est entrée dans une phase de croissance économique dont les exigences sont énormes – et insoutenables – pour l'environnement. Sans changement de cap, le niveau de vie finira par être compromis. C'est pourquoi le nouveau plan quinquennal accorde une grande importance à l'environnement.

1. *Project Syndicate*, 6 avril 2006.

Les régions chinoises les plus reculées ont connu une croissance dont la rapidité nous paraîtrait incroyable si les autres ne se développaient pas encore plus vite. La pauvreté a diminué, mais les inégalités se sont accrues, creusant un fossé plus profond entre les villes et les campagnes, entre la côte et l'intérieur du pays. Le *Rapport sur le développement dans le monde* de la Banque mondiale explique pourquoi l'inégalité, et pas seulement la pauvreté, doit être considérée comme un problème. Et le XIe plan quinquennal de la Chine s'y attaque de front. Depuis plusieurs années, l'État parle de rendre la société plus harmonieuse. Ce plan propose un programme ambitieux pour y parvenir.

Ce qui distingue les pays développés des pays en développement, ce n'est pas seulement l'écart des ressources, mais aussi celui des savoirs. La Chine l'a compris. Elle a donc conçu des plans courageux à la fois pour réduire cet écart et pour poser les bases d'une innovation indépendante.

Le rôle de la Chine dans le monde et dans l'économie mondiale a changé, ce plan quinquennal le montre bien. Sa croissance future devra se fonder davantage sur la demande intérieure que sur l'exportation, ce qui suppose d'accroître la consommation. La Chine a en effet un problème rare : un excès d'épargne. Les Chinois économisent, notamment, pour pallier les insuffisances de la protection sociale publique. Renforcer la sécurité sociale (les retraites), la santé publique et l'éducation aurait le triple effet de réduire les inégalités sociales, d'améliorer le bien-être des citoyens et d'encourager la consommation.

En cas de succès – et, jusqu'ici, la Chine a presque toujours surpassé ses objectifs déjà ambitieux –, ces ajustements vont imposer de terribles tensions au système économique mondial, déjà déstabilisé par les énormes déséquilibres budgétaires et commerciaux de l'Amérique. Si la Chine épargne moins – et si, comme l'ont annoncé ses responsables, elle diversifie l'investissement de ses réserves –, qui financera le déficit commercial américain, plus de 2 milliards de dollars par jour ? La question n'est pas d'actualité, mais elle risque de le devenir bientôt.

Les projets d'avenir sont très clairs. Le défi consiste à les mettre en œuvre. La Chine est un pays gigantesque ; elle n'aurait jamais connu une telle réussite sans une importante décentralisation. Mais la décentralisation pose ses propres problèmes.

Les gaz à effet de serre, par exemple, sont un enjeu mondial. Alors que les États-Unis affirment ne pas avoir les moyens de faire quoi que ce soit à leur sujet, les hauts dirigeants chinois se montrent plus responsables. Un mois après l'adoption du plan, de nouvelles taxes environnementales sur les voitures, l'essence et les produits du bois sont entrées en vigueur : la Chine a utilisé des mécanismes de marché pour lutter contre ses problèmes environnementaux et ceux du monde. Mais la pression sur les autorités locales pour fournir de la croissance et du travail va être énorme. Elles seront de plus en plus tentées de dire au pouvoir central : si les États-Unis n'ont pas les moyens de produire sans dégrader la planète, comment la Chine le pourrait-elle ? Pour concrétiser sa vision, l'État chinois devra prendre des mesures fortes, telles les taxes environnementales qu'il a déjà imposées.

Depuis que la Chine s'est tournée vers l'économie de marché, elle connaît les problèmes qui accablent les pays développés : des intérêts particuliers camouflent leurs arguments égoïstes sous un mince vernis d'idéologie libérale.

Certains plaideront pour l'économie du ruissellement : ne vous occupez pas des pauvres, tout le monde finira par profiter de la croissance ! D'autres s'opposeront aux politiques de maintien de la concurrence et aux lois fermes sur la gouvernance des entreprises : laissons le darwinisme opérer ses miracles ! On contestera, au nom de la croissance, les grandes mesures environnementales et sociales. On dira, par exemple : la hausse des taxes sur l'essence va tuer notre industrie automobile naissante.

Non seulement ces politiques prétendument favorables à la croissance n'en apporteraient pas, mais elles remettraient complètement en cause la vision de l'avenir de la Chine. Il n'y a qu'un seul moyen d'empêcher cette dérive : débattre ouvertement des politiques économiques afin de tordre le cou aux idées fausses et de laisser s'exprimer des solutions créatives pour faire face aux nombreux défis actuels du pays. On le sait depuis George W. Bush : il est dangereux d'avoir le culte du secret, de laisser un petit cercle de lèche-bottes prendre les décisions en douce. Hors de Chine, on

ne se rend pas vraiment compte de l'énergie qu'ont mise ses dirigeants à faire l'inverse : ils ont engagé de vastes débats et multiplié
les consultations (même auprès d'étrangers) sur les énormes problèmes qu'ils s'efforcent de résoudre.

Les économies de marché *ne sont pas* capables de s'autoréguler.
Elles ne peuvent pas fonctionner en pilote automatique, en particulier si l'on veut s'assurer que leurs bénéfices seront largement
partagés. Mais gérer une économie de marché n'est pas facile.
C'est un art de l'équilibre qui doit constamment réagir aux changements économiques. Le XIe plan quinquennal de la Chine offre
une feuille de route pour le faire. Le monde regarde, admiratif et
plein d'espoir, la vie de 1,3 milliard de personnes se transformer.

Il faut réformer l'équilibre
entre l'État et le marché en Chine [1]

Aucun pays dans l'histoire n'a connu une croissance aussi rapide – et sorti autant de gens de la pauvreté – que la Chine ces trente dernières années. Une caractéristique du succès chinois a été la capacité de ses dirigeants à réviser le modèle économique du pays quand cela s'est avéré nécessaire, malgré l'opposition d'intérêts puissants. Aujourd'hui, alors que la Chine met en place une nouvelle série de réformes fondamentales, des intérêts de ce genre s'apprêtent déjà à résister. Les réformistes peuvent-ils à nouveau triompher?

Pour répondre à cette question, nous devons garder un point crucial à l'esprit : comme par le passé, le nouveau plan de réforme va restructurer non seulement l'économie, mais aussi les intérêts établis qui vont déterminer les réformes *futures* (et décider de leur possibilité même). Et aujourd'hui, même si certaines initiatives très médiatisées attirent beaucoup l'attention – l'importante campagne gouvernementale anticorruption, par exemple –, le vrai défi chinois est de préciser les rôles respectifs de l'État et du marché.

Quand la Chine a commencé ses réformes, il y a plus de trente ans, la direction était claire : le marché devait prendre beaucoup

1. *Project Syndicate*, 2 avril 2014.

plus de place dans l'allocation des ressources. C'est ce qui s'est passé : le secteur privé est aujourd'hui bien plus important qu'il ne l'était alors. De plus, il est largement admis que, dans de nombreux secteurs où les entreprises d'État dominent, il faut que le marché joue un «rôle décisif», comme disent les dirigeants chinois. Mais quel doit être son rôle dans les autres secteurs, et dans l'économie en général ?

Aujourd'hui, l'origine de nombreux problèmes de la Chine est évidente : *trop* de marché et *pas assez* d'État. Autrement dit, s'il est clair qu'il y a des choses que l'État fait et ne devrait pas faire, il y en a d'autres qu'il ne fait pas et qu'il devrait faire.

La pollution environnementale croissante, par exemple, menace le niveau de vie. L'inégalité des revenus et des fortunes rivalise à présent avec celle des États-Unis, la corruption est partout, dans les institutions publiques comme dans le secteur privé. Tout cela mine la confiance au sein de la société et envers l'État – tendance particulièrement nette en ce qui concerne, par exemple, la sécurité alimentaire.

Ces problèmes pourraient s'envenimer au moment où la Chine restructure son économie, en passant d'une croissance dynamisée par l'exportation aux services et à la consommation des ménages. De toute évidence, la consommation privée peut augmenter ; mais imiter le style de vie dispendieux et matérialiste des États-Unis serait un désastre pour le pays – et pour la planète. La qualité de l'air en Chine met déjà la population en danger ; le réchauffement climatique provoqué par une hausse des émissions carboniques chinoises menacerait le monde entier.

Il existe une meilleure stratégie. Pour commencer, le niveau de vie des Chinois pourrait augmenter si on allouait plus de ressources pour combler le gros déficit en matière de santé et d'éducation. Sur ce point, l'État *doit* jouer un rôle moteur, et c'est vrai dans la plupart des économies de marché, pour d'excellentes raisons.

Le système de santé privé de l'Amérique est très onéreux et inefficace : il réussit beaucoup moins bien que ceux des pays européens, qui coûtent nettement moins cher. La Chine *ne* doit *pas* se diriger vers un système qui reposerait davantage sur le marché.

Ces dernières années, l'État a fait beaucoup pour offrir les soins de santé élémentaires, notamment dans les zones rurales, et certains ont comparé l'approche chinoise à celle de la Grande-Bretagne, où la fourniture de soins privée se superpose à une base publique. On peut débattre pour savoir si ce modèle est meilleur que le système français, où l'État a un rôle dominant. Mais si l'on adopte le modèle anglais, le niveau de la base fait toute la différence. Puisqu'en Grande-Bretagne la médecine privée a un rôle assez restreint, le système de santé du pays est essentiellement public.

La Chine commence déjà à s'éloigner de l'industrie pour aller vers une économie de services (en 2013, pour la première fois, la part des services dans le PIB a été plus importante que celle de l'industrie). Mais le chemin sera encore long. Beaucoup de secteurs souffrant déjà de surproduction, leur restructuration efficace et en douceur ne sera pas facile sans l'aide de l'État.

La Chine se restructure aussi d'une autre manière : l'urbanisation rapide. Pour que les villes soient vivables et écologiquement durables, il faudra des actions fortes de l'État qui doit offrir en nombre suffisant, entre autres biens publics, des moyens de transport, des écoles et hôpitaux publics, des parcs, ainsi qu'un zonage efficace.

C'est une des principales leçons à retenir de l'après-crise de 2008 : les marchés ne se régulent pas d'eux-mêmes. Ils sont sujets à des bulles des actifs et du crédit, qui éclatent inévitablement – souvent quand des flux de capitaux étrangers changent soudain de direction – et ont un coût social très élevé.

L'engouement américain pour la déréglementation a été la cause de la crise. Le problème n'est *pas* simplement, comme le suggèrent certains, le rythme et le calendrier de la libéralisation. Le résultat final compte aussi. La libéralisation des taux de rémunération des dépôts a conduit à la crise des caisses d'épargne américaines dans les années 1980. La libéralisation des taux d'intérêt des prêts a encouragé un comportement prédateur, l'exploitation des consommateurs pauvres. La déréglementation des banques n'a pas apporté plus de croissance, mais plus de risques.

On peut espérer que la Chine n'empruntera pas le chemin américain, aux conséquences si désastreuses. Le défi, pour ses dirigeants, est de concevoir des régimes réglementaires efficaces appropriés à son stade de développement.

L'État va devoir lever plus de fonds. Les autorités locales se financent actuellement par la vente de terrains : c'est la source de nombreuses distorsions économiques – et de beaucoup de corruption. Elles devraient plutôt augmenter leurs recettes en introduisant des taxes environnementales (dont une taxe carbone), un impôt progressif sur le revenu plus exhaustif (incluant les plus-values) et des impôts fonciers. De plus, l'État devrait s'assurer, par des dividendes, une plus grande part de la valeur des entreprises publiques (en partie peut-être au détriment de leurs directeurs).

La Chine peut-elle maintenir une croissance rapide (bien qu'un peu plus lente que son rythme effréné actuel) tout en endiguant l'expansion du crédit (au risque de provoquer une chute soudaine du prix des actifs), en affrontant la baisse de la demande mondiale, en restructurant son économie et en luttant contre la corruption ? Telle est la question. Face à des défis aussi redoutables, d'autres pays n'ont pas pu avancer, ils ont été paralysés.

La voie économique du succès est claire : la hausse des dépenses dans l'urbanisation, la santé, l'éducation, financée par l'augmentation des impôts, permettrait simultanément de maintenir la croissance, d'améliorer l'environnement et de réduire l'inégalité. Si les institutions politiques chinoises arrivent à mettre en œuvre ce programme, la Chine et le monde s'en porteront mieux.

Medellín : un exemple
lumineux pour les villes [1]

Le mois dernier, un remarquable rassemblement a eu lieu à Medellín en Colombie. Près de 22 000 personnes se sont réunies à l'occasion du Forum urbain mondial pour discuter de l'avenir des villes. Le thème était la création de « villes pour la vie » – autrement dit, la promotion du développement équitable dans l'environnement urbain, où vit déjà plus de la moitié des habitants de la planète et où les deux tiers vivront en 2050.

Le lieu lui-même était symbolique : de sombre mémoire pour ses cartels de la drogue, Medellín a aujourd'hui la réputation bien méritée d'être une des villes les plus innovantes du monde. L'histoire de sa transformation est riche d'enseignements pour les zones urbaines du monde entier.

Dans les années 1980 et 1990, les chefs des cartels, comme le tristement célèbre Pablo Escobar, faisaient la loi dans les rues de Medellín et avaient la mainmise sur sa politique. Escobar ne devait pas uniquement son pouvoir au juteux commerce international de la cocaïne (nourri par la demande américaine), mais aussi aux inégalités extrêmes de Medellín et de la Colombie. Sur les versants abrupts de la vallée andine où est nichée la ville, de vastes

1. *Project Syndicate*, 7 mai 2014.

bidonvilles, pratiquement abandonnés par l'État, offraient des recrues idéales aux cartels. Grâce à ses largesses, et en l'absence de services publics, Escobar avait gagné les cœurs et les esprits des habitants pauvres de Medellín – tout en terrorisant la ville.

À présent, ces bidonvilles sont méconnaissables. Dans le quartier pauvre de Santo Domingo, Metrocable, le nouveau système de métro aérien de la ville – constitué de trois lignes de télécabines –, dessert les résidents sur des centaines de mètres d'altitude à flanc de montagne, en les rapprochant du centre-ville. Le trajet est à présent de quelques minutes, les barrières économiques et sociales entre les quartiers informels et le reste de la ville sont en train de tomber.

Les problèmes des quartiers pauvres n'ont pas disparu. Mais les bienfaits qu'a apportés l'amélioration des infrastructures sont immédiatement visibles aux jolies maisons, aux fresques et aux terrains de foot qui entourent les stations du téléphérique. Ce métro aérien n'est que l'exemple le plus symbolique des projets qui, l'année dernière, ont valu à Medellín le prix de design urbain Veronica Rudge Green de l'université Harvard, le plus prestigieux dans ce domaine.

Depuis que Sergio Fajardo (aujourd'hui gouverneur du département de Medellín, Antioquia) a été élu maire en 2004, la ville a entrepris de considérables efforts pour transformer ses quartiers pauvres, améliorer l'éducation et encourager le développement. (Le maire actuel, Aníbal Gaviria, s'est engagé expressément à poursuivre sur cette voie.)

La ville de Medellín a construit des bâtiments publics d'avant-garde dans les zones les plus dégradées. Elle a fourni de la peinture pour les façades aux habitants des quartiers pauvres, nettoyé et amélioré la voirie. La municipalité est partie du principe : si l'on traite les gens dignement, ils prendront soin de leur environnement et seront fiers de leur quartier. Et cette idée a été entièrement confirmée.

Dans le monde, les villes sont à la fois le lieu et le sujet des principaux débats de société, et à juste titre. Quand on vit à proximité les uns des autres, on ne peut pas échapper aux problèmes majeurs de notre société : les inégalités croissantes, la dégradation environnementale et l'insuffisance des investissements publics.

Le Forum a rappelé aux participants que les villes vivables doivent être planifiées. Ce message est diamétralement opposé aux idées dominantes dans bien des pays. Mais, sans plan d'urbanisme et sans investissements publics dans les infrastructures, les transports publics et les parcs, l'eau et l'assainissement, les villes ne seront pas vivables. Et ce sont les pauvres, inévitablement, qui souffrent le plus de l'absence de ces biens publics.

Medellín a également quelques leçons à donner à l'Amérique. Des recherches récentes montrent à quel point un urbanisme inadapté a nourri la ségrégation économique aux États-Unis ; comment des « pièges de la pauvreté » se sont formés dans les villes sans transports publics, à cause du manque d'emplois accessibles.

La conférence est allée au-delà : elle a souligné que les villes ne doivent pas seulement être « vivables ». Nous devons créer des zones urbaines où les habitants peuvent s'épanouir et innover. Ce n'est pas par hasard que les Lumières – qui ont conduit à la croissance la plus spectaculaire et la plus rapide du niveau de vie dans l'histoire de l'humanité – sont apparues dans des villes. Les idées neuves sont une conséquence naturelle des fortes concentrations démographiques, quand les conditions adéquates sont réunies : des espaces publics où les habitants peuvent interagir et la culture se développer, et un esprit démocratique qui apprécie et encourage la participation publique.

Un consensus se dessine autour de la nécessité d'un développement environnemental, social et économique durable. Ce fut un thème clé du forum. Tous ces aspects de la durabilité s'entremêlent et se complètent, et c'est dans les villes qu'on le voit le mieux.

Un des plus grands obstacles au succès du développement durable est l'inégalité. Nos économies, nos démocraties et nos sociétés paient au prix fort le fossé qui se creuse entre les riches et les pauvres. Le plus injuste dans ces différences grandissantes de revenus et de fortunes que connaissent tant de pays, c'est qu'elles aggravent l'inégalité des chances.

Certaines villes ont prouvé que ces structures inégalitaires, si courantes, ne sont pas dues à des lois économiques immuables. Même dans le pays développé où l'inégalité est la plus forte – les États-Unis –, quelques agglomérations, comme San Francisco et San Jose, sont au niveau des meilleures économies pour ce qui est de la mobilité sociale.

Avec la paralysie politique de tant d'États dans le monde, les villes visionnaires offrent une lueur d'espoir. Les États-Unis, divisés, semblent incapables d'affronter l'alarmante montée des inégalités. Mais à New York, le maire Bill de Blasio a été élu sur la promesse de les combattre.

Même s'il y a des limites à ce qui peut se faire localement – la fiscalité nationale est bien plus importante que les impôts municipaux –, les villes peuvent contribuer à fournir des logements abordables. Elles ont la mission particulière d'assurer à chacun, quel que soit son revenu, un enseignement public correct et diverses infrastructures publiques.

Medellín et le Forum urbain mondial ont montré que ce n'est pas un rêve. Un autre monde est possible ; il faut seulement la volonté politique de le construire.

Illusions américaines en Australie [1]

Pour le meilleur ou pour le pire, les débats économiques et politiques des États-Unis trouvent souvent un écho ailleurs, qu'ils soient pertinents ou non pour la situation locale. Le gouvernement du Premier ministre australien récemment élu, Tony Abbott, en donne un bel exemple.

Comme dans de nombreux autres pays, les conservateurs réclament des coupes dans les dépenses de l'État, en partant du postulat que le déficit budgétaire est dangereux pour l'avenir du pays. Dans le cas de l'Australie, ces affirmations sont particulièrement dérisoires – mais cela n'a pas empêché le gouvernement Abbott d'en faire ses choux gras.

Les économistes de Harvard Carmen Reinhart et Kenneth Rogoff soutiennent qu'une dette publique très élevée entraîne une croissance faible – point de vue qu'ils n'ont jamais vraiment prouvé et qui a ensuite été réfuté. Mais même si l'on accepte leur thèse, l'Australie est très loin de ce seuil. Son rapport « dette sur PIB » est très inférieur à celui des États-Unis. C'est l'un des plus bas des pays de l'OCDE.

1. *Project Syndicate*, 9 juillet 2014.

Ce qui compte dans la croissance à long terme, ce sont les investissements d'avenir – dont ceux, primordiaux, de l'État dans l'éducation, la technologie et les infrastructures. Ils garantissent que *tous* les citoyens, si pauvres que soient leurs parents, pourront s'épanouir.

Il y a une ironie profonde dans l'admiration d'Abbott pour le modèle américain, qui inspire nombre des «réformes» proposées par son gouvernement. Après tout, pour la majorité de leurs citoyens, le modèle économique des États-Unis n'a pas été bénéfique. Le revenu américain médian est plus bas aujourd'hui qu'il y a un quart de siècle – parce qu'il y a eu stagnation, non de la productivité, mais des salaires.

Le modèle australien a bien mieux fonctionné. L'Australie est l'une des rares économies tributaires de matières premières qui n'a pas souffert de la malédiction des ressources naturelles[1]. La prospérité a été relativement bien partagée. Le revenu médian des ménages a augmenté à un taux annuel supérieur à 3 % ces dernières décennies – près de deux fois la moyenne des pays de l'OCDE.

Certes, étant donné l'abondance de ses ressources naturelles, l'Australie devrait être beaucoup plus égalitaire. Après tout, les matières premières d'un pays devraient appartenir à tous ses habitants. Les «rentes» qu'elles génèrent sont une source de revenus qui pourraient être utilisés pour réduire l'inégalité. Et taxer très lourdement les rentes des ressources naturelles n'a pas les conséquences négatives de la taxation de l'épargne ou du travail (les gisements de minerai de fer et de gaz naturel ne peuvent pas passer la frontière pour fuir le fisc). Or le coefficient de Gini de l'Australie, une des principales mesures de l'inégalité, est plus élevé d'un tiers que celui de la Norvège, pays riche en ressources, qui a particulièrement réussi à utiliser sa fortune au bénéfice de *tous* ses citoyens.

On se demande si Abbott et son gouvernement comprennent réellement ce qui s'est passé aux États-Unis. Ont-ils conscience

---

1. L'expression désigne le lien fréquent entre la surabondance des ressources naturelles et la pauvreté, la corruption, la guerre, ou au moins la stagnation des autres secteurs économiques (*NdT*).

que, depuis le début de la déréglementation et de la libéralisation, à la fin des années 1970, la croissance du PIB a nettement ralenti ? Et qu'elle a profité essentiellement aux riches ? Savent-ils qu'avant ces « réformes » les États-Unis n'avaient pas connu de crise financière depuis un demi-siècle – alors qu'elles reviennent régulièrement aujourd'hui dans le monde ? Et que la déréglementation a attiré dans un secteur financier obèse de nombreux jeunes gens talentueux qui auraient pu faire carrière dans des activités plus productives ? Leurs innovations financières les ont rendus extrêmement riches mais ont conduit l'Amérique et l'économie mondiale au bord de la ruine.

Le monde entier envie à l'Australie ses services publics. Son système de santé est plus efficace que celui des États-Unis et coûte bien moins cher. Les prêts aux étudiants sont remboursables en fonction des revenus. Ils permettent aux emprunteurs, si nécessaire, d'étaler leurs mensualités sur de plus nombreuses années. Et, s'ils gagnent vraiment peu (peut-être parce qu'ils ont choisi un travail important mais faiblement rémunéré, dans l'éducation ou la religion par exemple), l'État efface une partie de la dette.

Le contraste avec les États-Unis est saisissant. En Amérique, la dette étudiante (plus de 1 200 milliards de dollars) dépasse à présent celle des cartes de crédit. C'est un fardeau pour les étudiants et pour l'économie. L'échec du mode de financement de l'enseignement supérieur est une des raisons de la faiblesse de l'ascension sociale en Amérique, la pire des pays avancés. Les perspectives d'avenir d'un jeune dépendent plus des revenus et de l'éducation de ses parents aux États-Unis que dans les autres pays développés.

Les idées d'Abbott sur l'enseignement supérieur montrent également qu'il n'a pas vraiment compris pourquoi les meilleures universités américaines ont tant de succès. Ce n'est pas la guerre des prix ou la course au profit qui ont fait la grandeur de Harvard, Yale ou Stanford. Aucune des grandes universités américaines n'est une institution à but lucratif. Elles sont toutes soit publiques, soit financées par de grands fonds de dotation, généreusement alimentés par leurs anciens élèves et par des fondations.

La concurrence existe, mais elle est d'un autre ordre. Les universités se battent pour l'inclusion et la diversité. Elles se disputent les crédits de recherche de l'État. Les universités américaines à but lucratif, sous-réglementées, excellent sur deux points : exploiter les jeunes gens issus de milieux défavorisés, en les faisant payer très cher pour rien, et faire pression sur l'État pour obtenir de l'argent *sans réglementation* et continuer à les exploiter.

L'Australie devrait être fière de ses succès, elle a beaucoup à apprendre au reste du monde. Il serait stupide qu'un malentendu sur la réalité américaine, associé à une forte dose d'idéologie, pousse ses dirigeants à réparer ce qui n'est pas cassé.

L'indépendance écossaise [1]

À l'heure où l'Écosse envisage l'indépendance, quelques-uns, comme Paul Krugman, se posent la question de l'«économie».

Isolée, l'Écosse va-t-elle voir chuter son niveau de vie ou son PIB? Bien sûr, toute décision comporte des risques : si l'Écosse reste dans le Royaume-Uni et que celui-ci quitte l'Union européenne, ce serait à tout point de vue bien plus dangereux. Si l'Écosse reste dans le Royaume-Uni et que celui-ci poursuit ses politiques inégalitaires, même avec un PIB légèrement plus important, le niveau de vie de la majorité des Écossais pourrait baisser.

Les coupes du Royaume-Uni dans le financement public de l'éducation et de la santé pourraient imposer à l'Écosse des choix insupportables – bien qu'elle ait une grande liberté sur l'orientation de ses dépenses.

Mais en réalité, les propos alarmistes sont sans fondement. Krugman, par exemple, explique qu'il y a d'importantes économies d'échelle. Il semble suggérer que les petites économies ont moins de chances de réussir. Mais, même indépendante, l'Écosse fera toujours partie de l'Europe, et la grande réussite de l'Union européenne est d'avoir créé une vaste zone économique.

1. *Herald* (Glasgow), 13 septembre 2014.

De plus, de petites entités politiques, comme la Suède, Singapour et Hong Kong, ont prospéré quand des économies plus grandes ne l'ont pas fait. La politique menée est beaucoup plus importante, et de très loin.

Autre exemple de faux problème : la devise. De nombreux dispositifs monétaires pourraient fonctionner. L'Écosse pourrait continuer à utiliser la livre sterling – avec ou sans le consentement de l'Angleterre.

Les économies de l'Angleterre et de l'Écosse sont si proches qu'une monnaie commune fonctionnerait bien mieux que l'euro – même sans politique budgétaire commune. Mais de nombreux petits pays ont réussi à avoir leur propre monnaie – flottante, fixée à une autre, ou «gérée».

La question fondamentale qui se pose à l'Écosse est différente. Il est clair qu'il y a, en Écosse, une vision relativement commune, des valeurs assez partagées : une certaine idée du pays, de la société, de la politique, du rôle de l'État ; et des valeurs telles que l'équité, la justice et l'égalité des chances. Tout le monde dans le pays n'est pas d'accord sur la façon de les équilibrer, sur les mesures précises à mettre en œuvre.

Mais la vision et les valeurs écossaises sont différentes de celles qui dominent au sud de la frontière. En Écosse, l'éducation supérieure est gratuite pour tous ; l'Angleterre a augmenté ses frais de scolarité, obligeant les étudiants des milieux modestes à s'endetter.

L'Écosse a souvent exprimé son attachement au National Health Service. L'Angleterre avance à petits pas vers la privatisation. Certaines différences sont très anciennes : il y a deux cents ans, le taux d'alphabétisation masculine était 50 % plus élevé qu'en Angleterre et les universités écossaises étaient dix fois moins chères que Cambridge ou Oxford.

Ces divergences dans l'action des pouvoirs publics peuvent, avec le temps, mener à des taux de croissance nettement différents, donc à un écart très net des PIB par habitant – bien plus important qu'un léger effet à court terme –, mais aussi et surtout à des répartitions différentes du revenu et de la fortune. Si le Royaume-Uni continue à suivre le modèle américain, on peut imaginer qu'il connaîtra les mêmes résultats que les États-Unis, où le ménage médian voit ses revenus stagner depuis un quart de siècle, alors que les riches s'enrichissent.

Peut-être l'indépendance sera-t-elle coûteuse, bien qu'on n'en ait pas encore apporté de preuve convaincante, mais elle aura aussi ses avantages.

L'Écosse pourra investir dans l'énergie marémotrice, ou dans sa jeunesse. Elle pourra s'efforcer d'augmenter la participation des femmes à la population active et assurer l'éducation préscolaire – deux éléments essentiels à une société plus juste. Elle pourra faire ces investissements, car elle récupérera une plus grande part de leurs retombées bénéfiques par l'impôt.

Dans le système actuel, alors que l'Écosse supporte le coût de ces investissements sociaux, les recettes fiscales excédentaires dues au supplément de croissance qu'ils entraînent vont aller pour l'essentiel en Angleterre.

La vraie question qui se pose à l'Écosse ne concerne pas les problèmes techniques de la monnaie ou des économies d'échelle, ni les petits détails des gains et des pertes à court terme. Elle porte sur l'avenir de l'Écosse : sa vision et ses valeurs communes, de plus en plus éloignées de celles de son voisin du sud, seront-elles plus faciles à concrétiser par l'indépendance ?

La dépression espagnole [1]

L'Espagne est en dépression. Impossible de le dire autrement. À l'heure où ce livre va sous presse, près du quart de la population, dont 50 % des jeunes, est au chômage. Dans l'immédiat cette situation va persister, voire s'aggraver un peu. Même si le gouvernement et les technocrates internationaux qui ont imposé à l'Espagne les plans d'austérité avaient promis que la croissance serait aujourd'hui rétablie. Ils n'ont cessé de sous-estimer l'ampleur de la récession que leur politique allait entraîner, et ils ont donc systématiquement surestimé les bénéfices budgétaires de leurs réformes : quand on aggrave une récession, on réduit inévitablement les recettes fiscales et on augmente les dépenses publiques liées aux programmes sociaux et au chômage. Ils ont eu beau, ensuite, reprocher à l'Espagne de ne pas avoir atteint ses objectifs budgétaires, on voit bien les vrais responsables du désastre : leur diagnostic erroné du problème et la prescription inadaptée qui a suivi.

Ce livre explique comment de mauvaises décisions de politique économique peuvent accroître l'inégalité et freiner la croissance. Les mesures qui ont été adoptées en Espagne, et plus

1. Préface de l'édition espagnole du *Prix de l'inégalité*.

généralement en Europe, en sont une parfaite illustration. Dans les années qui ont précédé la crise (en particulier de 1985 à 2000), le cas de l'Espagne était assez exceptionnel : dans les revenus nets du travail et les revenus disponibles nets des ménages, l'inégalité diminuait [1]. Même si l'inégalité avant impôts se réduisait, le gouvernement «corrigeait» la répartition des revenus par d'importantes politiques sociales et mesures d'amélioration de la santé publique, ce qu'il a continué à faire durant les premières années de la crise [2]. Mais aujourd'hui, la récession prolongée a provoqué une hausse spectaculaire de l'inégalité [3].

Comme je l'explique au chapitre 1, les récessions, et en particulier une dépression comme celle que traverse l'Espagne, aggravent l'inégalité. Les chômeurs, notamment de longue durée, risquent davantage de devenir pauvres. Le fort taux de chômage tire les rémunérations vers le bas, et les petits salaires sont particulièrement vulnérables. Et quand l'austérité se durcit, des programmes sociaux indispensables au bien-être de la classe moyenne et des pauvres subissent des coupes. Comme aux États-Unis, ces effets sont aggravés par la chute des prix des biens immobiliers, forme principale de la fortune dans la classe moyenne et les milieux modestes.

---

1. Josep Pijoan-Mas et Virginia Sanchez-Marcos expliquent ce phénomène par une diminution de la prime associée à une formation universitaire et par la baisse des taux de chômage, dans leur article «Spain Is Different : Falling Trends of Inequality», *Review of Economic Dynamics*, vol. 13, n° 1, janvier 2010, p. 154-178.

2. Pour une analyse de certains de ces efforts, voir *OECD Perspectives : Spain Policies for a Sustainable Recovery*, octobre 2011, en ligne à l'adresse : <http://www.oecd.org/dataoecd/45/46/44686629.pdf>, consulté le 30 juillet 2012.

3. Une des mesures standard de l'inégalité, évoquée au chapitre 1, est le coefficient de Gini. Dans cette métrique, l'égalité parfaite a la valeur 0 ; l'inégalité parfaite, la valeur 1. Les pays dont les résultats sont relativement bons ont 0,3. Les États-Unis, le plus mal classé des pays industriels avancés, ont environ 0,47, et les pays très inégalitaires, plus de 0,5. En général, le coefficient de Gini d'un pays évolue *très* lentement, mais celui de l'Espagne a grimpé de 0,326 en 2005 à 0,347 en 2010. Voir FMI, «Income Inequality and Fiscal Policy», juin 2012, en ligne à l'adresse : <http://www.imf.org/external/pubs/ft/sdn/2012/sdn1208.pdf>, consulté le 30 juillet 2012.

Les répercussions de l'inégalité grandissante en Espagne et de sa profonde dépression sont très inquiétantes pour son avenir. Ce ne sont pas simplement des ressources qui sont gaspillées ; c'est le capital humain du pays qui se détériore. Les travailleurs qualifiés qui ne trouvent pas de travail en Espagne émigrent : il existe un marché mondial des compétences espagnoles. Reviendront-ils après la crise ? Cela dépendra en partie de la durée de la dépression.

Aujourd'hui, les problèmes de l'Espagne résultent du même mélange d'idéologie et d'intérêts particuliers qui (comme je l'explique dans ce livre) a conduit les États-Unis à libéraliser et déréglementer les marchés financiers et à suivre d'autres politiques inspirées par le «fondamentalisme du marché». Ces choix ont éminemment contribué à l'aggravation de l'inégalité et de l'instabilité en Amérique, et ont beaucoup réduit les taux de croissance par rapport aux décennies précédentes. (On appelle aussi les politiques de ces fanatiques du marché «néolibéralisme». Je montrerai qu'elles ne reposent pas sur une compréhension approfondie de la théorie économique moderne mais sur une lecture naïve de l'économie, fondée sur des hypothèses de concurrence parfaite et de marchés parfaits.)

Dans certains cas, l'idéologie masquait à peine la volonté de certains intérêts particuliers de rafler plus de profits. Une alliance s'est tissée entre les banques, les promoteurs immobiliers et certains politiciens : réglementations environnementales et plans d'urbanisme ont été mis de côté ou appliqués sans rigueur. Non seulement les réglementations des banques étaient insuffisantes, mais on ne faisait pas respecter strictement celles qui existaient. C'était la fête. L'argent coulait à flots. Une partie en revenait aux politiciens qui avaient rendu cette situation possible, sous forme de contributions de campagne ou de postes lucratifs en fin de mandat. Même les recettes fiscales augmentaient et les politiciens pouvaient donc se vanter à la fois de la croissance apportée par la bulle immobilière et de l'amélioration des comptes publics. Mais tout était chimérique : l'économie reposait sur des bases fragiles et mouvantes.

En Europe, les idées néolibérales, celles du fondamentalisme du marché, ont été gravées dans les structures économiques de base qui sous-tendent l'Union européenne, en particulier la zone euro. Ces principes étaient censés conduire à plus d'efficacité et de stabilité ; et puisque l'on présumait que tout le monde bénéficierait de cette croissance plus forte, on n'a guère réfléchi aux conséquences des nouvelles règles sur l'inégalité.

En réalité, ces règles ont freiné la croissance et accru l'instabilité. Dans la plupart des pays européens, dès avant la crise mais encore plus après, les classes moyennes et inférieures ont beaucoup souffert. Ce livre expose bon nombre des sophismes du fondamentalisme du marché. Il explique pourquoi les politiques fondées sur ses thèses ont régulièrement échoué. Mais il est intéressant de regarder de plus près comment les choses se sont passées en Europe.

Prenons le principe de la libre circulation de la main-d'œuvre. Il était censé mener à une allocation efficace des travailleurs, et dans certaines situations il peut effectivement y conduire. Cependant, avec l'endettement énorme qui pèse sur certains pays, les jeunes ne peuvent échapper aux dettes de leurs parents qu'en s'exilant. Les impôts levés pour rembourser ces dettes provoquent une migration inefficace. Mais ils créent aussi une dynamique négative : puisque les jeunes s'en vont, le fardeau fiscal s'accroît pour les autres, incitant encore plus à la migration inefficace.

Ou prenons le principe de la libre circulation des biens, associé à l'absence d'harmonisation fiscale. Les entreprises (comme les particuliers) ont une incitation à partir vers des pays aux fiscalités plus clémentes, d'où elles pourront expédier leurs produits dans toute l'Union européenne. Elles ne s'installent plus là où la production est le plus efficace mais là où les impôts sont le plus légers. Ce qui déclenche une course vers le bas : une pression à la baisse non seulement sur l'imposition du capital et des entreprises, mais aussi sur les salaires et les conditions de travail. Le fardeau de la fiscalité est reporté sur les travailleurs. Et lorsque tant d'inégalités supplémentaires viennent s'ajouter à celle que créent le capital et les profits des entreprises, l'inégalité globale des revenus (après impôts et transferts) s'accroît inévitablement.

Le principe dit «du marché unique» – en vertu duquel une banque réglementée par n'importe quel État européen peut opérer partout dans l'Union européenne –, associé à la libre circulation des capitaux, a peut-être été la pire des politiques néolibérales. Nous avons vu un aspect du problème dans les années qui ont précédé la crise : des produits financiers et des dépôts en provenance d'États sous-réglementés ont fait des ravages dans d'autres pays ; les pays hôtes ne se sont pas acquittés de leur mission – protéger leurs citoyens et leurs économies. Dans la même veine, la théorie de l'efficacité des marchés, qui stipule que l'État ne doit pas s'immiscer dans leur merveilleuse mécanique, a conduit les gouvernements à ne pas interférer avec les bulles immobilières quand elles se sont formées en Irlande, en Espagne et aux États-Unis. Mais les marchés sont souvent sujets à des accès d'optimisme et de pessimisme irrationnels : ils ont été trop optimistes dans les années qui ont suivi la mise en place de l'euro, l'argent a donc coulé à flots dans l'immobilier en Espagne et en Irlande ; aujourd'hui, ils sont trop pessimistes, alors l'argent s'en va. Ces sorties de capitaux affaiblissent encore plus l'économie. Et le principe du marché unique exacerbe le problème : en Grèce, en Espagne ou au Portugal, il est assez facile de faire passer ses euros dans une banque allemande.

Le système bancaire, comme les autres composantes de l'économie de l'euro, est distordu. Toutes les banques ne sont pas logées à la même enseigne. La confiance qu'inspire une banque repose sur la capacité qu'a l'État de secourir ses déposants en cas de problème, d'autant plus que nous avons laissé les banques grossir et négocier des produits financiers complexes, non transparents et difficiles à évaluer. Les banques allemandes sont avantagées par rapport aux espagnoles, simplement parce qu'on fait plus confiance à l'État allemand pour renflouer ses banques. C'est une subvention cachée. Elle alimente, là encore, le cercle vicieux du déclin : l'argent sort du pays, donc l'économie s'affaiblit, donc la confiance dans la capacité de l'État de sauver ses banques est fragilisée, donc la fuite des capitaux s'intensifie.

D'autres aspects du cadre économique général de l'Europe contribuent à ses problèmes actuels : la Banque centrale européenne est tenue de se concentrer uniquement sur l'inflation (contrairement aux États-Unis, où le mandat de la banque centrale inclut la croissance, l'emploi et la stabilité financière). Le chapitre 9 explique pourquoi l'obsession de l'inflation fait monter l'inégalité. Mais la *disparité* des mandats est particulièrement désavantageuse pour l'Europe en ce moment. Puisque les États-Unis ont baissé leurs taux d'intérêt pratiquement à zéro et que l'Europe ne l'a pas fait, l'euro est plus fort qu'il ne l'aurait été autrement. Et en Europe, cet euro fort affaiblit les exportations, renforce les importations et détruit encore plus d'emplois.

Le problème fondamental de l'euro, c'est qu'il a supprimé deux des mécanismes cruciaux d'ajustement face à un choc qui a touché certains pays plus que d'autres : le taux d'intérêt et le taux de change. Et qu'il ne les a remplacés par rien. La zone euro n'était pas ce que les économistes appellent une «zone monétaire optimale», un groupe de pays qui pouvaient de façon viable partager une monnaie commune. Quand des pays subissent un choc, l'un des moyens possibles de s'y ajuster est de modifier le taux de change. C'est même vrai de pays assez semblables, comme les États-Unis et le Canada; leur taux de change a fortement varié. Mais l'euro impose une contrainte à l'ajustement.

Certains suggèrent qu'il y a une autre solution que l'ajustement du taux de change : diminuer tous les salaires et tous les prix à l'intérieur du pays. C'est ce qu'on appelle la *dévaluation interne*. Si elle était simple, l'étalon-or n'aurait pas fait obstacle à l'ajustement durant la Grande Dépression. Il est plus facile à un pays comme l'Allemagne de s'ajuster par une appréciation réelle de sa monnaie (comme le fait aujourd'hui la Chine) qu'à ses partenaires commerciaux de s'ajuster par une dépréciation réelle des leurs. L'appréciation réelle peut s'accomplir par l'inflation. Il est plus facile d'obtenir une inflation modérée qu'une déflation du même ordre. Mais l'Allemagne résiste.

La conséquence du taux de change *réel* trop bas de l'Allemagne est la même que pour la Chine : l'Allemagne a un excédent commercial (comme la Chine), ses partenaires (comme l'Espagne) ont un déficit. Quand il y a des déséquilibres, le pays excédentaire en est autant responsable que le pays déficitaire : le poids de l'ajustement devrait être supporté par celui pour lequel c'est le plus facile. C'est le discours que le monde entier tient à la Chine. Elle a réagi en augmentant considérablement son taux de change réel depuis 2005. En Europe, l'ajustement nécessaire ne s'est pas produit.

Tous les pays ne peuvent pas être excédentaires. Si certains pensent en Allemagne que les autres devraient imiter leur politique, c'est tout bonnement incohérent. Pour chaque excédent, il y a forcément un déficit. Et, aujourd'hui en particulier, les pays excédentaires imposent des coûts aux autres : le problème mondial est le manque de demande globale, et c'est un problème auquel les excédents contribuent.

Il est instructif de comparer l'Europe aux États-Unis. Les cinquante États américains ont une monnaie commune. Certains contrastes entre les États-Unis, où la monnaie commune fonctionne, et l'Europe sont intéressants. Aux États-Unis, deux tiers des dépenses publiques sont effectuées par l'État fédéral. Il finance la plus grande part des prestations sociales, des indemnités de chômage et des investissements – pour les routes et la recherche-développement, par exemple. La politique contracyclique est menée par l'État fédéral. Il garantit les dépôts des banques – même de la plupart des banques des États – à travers la Federal Deposit Insurance Corporation (FDIC). La circulation est libre, mais en Amérique, tout le monde se fiche que le Dakota du Nord se vide de sa population. Ses représentants au Congrès n'en seront que moins chers à soudoyer.

L'euro était un projet politique, mais la politique n'a pas été assez puissante pour le mener jusqu'au bout, pour faire ce qu'imposait la création d'une zone monétaire fonctionnelle avec des pays si différents. On espérait qu'avec le temps on compléterait le projet quand l'euro aurait rapproché les pays. Dans les faits, c'est l'inverse qui s'est produit. De vieilles blessures ont été rouvertes et de nouvelles inimitiés se sont créées.

Lorsque tout allait bien, personne ne pensait à ces problèmes. J'espérais que la crise de la dette grecque, survenue en janvier 2010, allait donner l'impulsion nécessaire pour engager des réformes de fond. Mais on n'a quasiment rien fait. Au moment où ce livre va sous presse, les taux d'intérêt de l'Espagne sont à des niveaux insoutenables, et il n'y a aucun espoir de reprise à l'horizon.

La plus grosse erreur de l'Europe, promue par l'Allemagne, a été d'attribuer les difficultés des pays périphériques, comme l'Espagne, à des dépenses inconsidérées. Si la Grèce avait de gros déficits dans les années qui ont précédé la crise, l'Espagne et l'Irlande avaient des excédents et leur dette était faible (en proportion de leur PIB). Donc l'austérité n'est même pas justifiable par une crise budgétaire nationale dont il faudrait prévenir le retour, sans parler de voir en elle une solution à la crise de l'Europe.

J'ai déjà montré qu'un chômage élevé accroît l'inégalité. Mais puisque les riches dépensent un plus petit pourcentage de leurs revenus que les pauvres – qui sont obligés de tout dépenser –, l'inégalité affaiblit l'activité économique. C'est un cercle vicieux de déclin. Et l'austérité l'exacerbe. Aujourd'hui, le problème de l'Europe est l'insuffisance de la demande globale. Comme la dépression continue, les banques n'ont guère envie d'accorder des prêts, les prix de l'immobilier baissent, les ménages s'appauvrissent de plus en plus et sont de moins en moins sûrs de l'avenir, ce qui déprime encore plus la consommation.

Aucune grande économie – et l'Europe est une grande économie – n'est jamais sortie d'une crise en imposant l'austérité. L'effet constant, inévitable et prévisible de l'austérité a toujours été d'aggraver les choses. Les seuls cas où la rigueur budgétaire a coïncidé avec la reprise sont ceux de petits pays, généralement munis de taux de change flexibles et de partenaires commerciaux en pleine croissance : les exportations ont pu combler le manque créé par les coupes dans les dépenses publiques. Mais ce n'est pas du tout la situation de l'Espagne aujourd'hui : ses principaux partenaires commerciaux sont en récession et elle n'a aucun moyen d'agir sur son taux de change.

Les dirigeants de l'Europe ont reconnu que ses problèmes ne pourront être résolus sans la croissance. Mais ils ont été incapables d'expliquer comment la croissance est possible avec l'austérité. Ils disent aussi qu'il faut rétablir la confiance. L'austérité n'apportera ni la croissance ni la confiance. Les politiques d'échec suivies par l'Europe ces deux dernières années ont miné la confiance : elle n'a cessé de tenter d'appliquer des solutions de replâtrage fondées sur un diagnostic erroné de ses problèmes. L'austérité a détruit la croissance. Elle a donc détruit aussi la confiance. Et elle va continuer : les beaux discours sur l'importance de la croissance et de la confiance n'y changeront rien.

Les mesures d'austérité ont été particulièrement inefficaces parce que le marché a compris où elles allaient conduire : à la récession, aux troubles politiques et à des résultats budgétaires décevants, puisque les recettes fiscales diminuent. Les agences de notation ont abaissé la note des pays qui engageaient des politiques d'austérité, ce en quoi elles ont eu raison. La note de l'Espagne a baissé quand les premières mesures d'austérité ont été votées. L'agence de notation estimait que l'Espagne allait tenir ses promesses et elle savait ce que cela signifiait : la croissance lente et l'aggravation des problèmes économiques.

Même si l'austérité avait pour but de résoudre la crise de la «dette souveraine», de sauver le système bancaire, l'Europe a aussi recouru à une série de mesures temporaires, tout aussi inefficaces. Tout au long de l'année dernière, elle s'est livrée à une opération aussi vaine que coûteuse pour «amorcer la pompe» : donner plus d'argent aux banques pour qu'elles achètent de la dette souveraine était une façon de soutenir les États ; et fournir ainsi plus de fonds aux États les aidait à soutenir les banques. Mais ce n'était que de l'économie vaudou : un cadeau déguisé aux banques, de plusieurs dizaines de milliards de dollars. Les marchés ont vite vu clair dans la manœuvre. Chaque mesure n'était qu'un palliatif à court terme, dont les effets disparaissaient plus vite que ne l'avaient prévu même les commentateurs critiques. Quand l'inefficacité des opérations d'amorçage est devenue claire pour tout le monde, le système financier des pays en crise s'est trouvé en danger. Enfin, près de deux ans et demi après le début de la crise, l'Europe a paru comprendre l'ineptie de cette stratégie. Mais même alors, elle n'a pas pu en élaborer une autre plus efficace.

Il y a un second volet dans la stratégie globale de l'Europe (en plus de la remise en ordre des budgets) : des réformes structurelles pour rendre les économies en difficulté plus compétitives. Les réformes structurelles sont importantes, mais elles prennent du temps, et ce sont des mesures d'offre. Or, aujourd'hui, c'est la demande qui limite la production. Les mesures erronées dites «d'économie de l'offre» – celles qui font baisser les revenus dans l'immédiat – risquent d'aggraver l'insuffisance de la demande globale. Par exemple, des réformes d'amélioration du marché du travail ne stimuleront jamais l'embauche s'il n'y a pas de demande pour les produits des entreprises. Et en affaiblissant les syndicats et la sécurité de l'emploi, on risque fort de faire baisser les salaires, donc la demande, et en fin de compte de faire monter le chômage. Les théories néolibérales expliquent que, lorsque les travailleurs passent des secteurs subventionnés à des activités plus productives, la croissance et l'efficacité augmentent. Mais dans des situations comme celle de l'Espagne, où le chômage est déjà élevé, et en particulier quand le secteur financier est fragile, ce qui se passe est tout à fait différent : les travailleurs passent des secteurs subventionnés peu productifs au chômage ; et l'économie est affaiblie encore davantage par la baisse de consommation qui en découle.

Cela fait maintenant des années que l'Europe se débat et, à l'heure où ce livre va sous presse, elle n'a obtenu qu'un seul résultat : ce ne sont plus seulement les pays en crise qui ont sombré dans la récession, mais tout le continent. Il existe un autre ensemble de politiques qui pourrait fonctionner – qui pourrait en tout cas mettre un terme à la dépression, arrêter la montée désastreuse de la pauvreté et de l'inégalité, peut-être même relancer la croissance.

On le sait depuis longtemps : une hausse équilibrée des impôts et des dépenses publiques stimule l'économie ; cette politique, si elle est bien conçue (prélèvements fiscaux sur les super-riches et dépenses dans l'éducation), peut accroître très sensiblement le PIB et l'emploi.

Mais il y a des limites à ce que peut faire l'Espagne. Pour que l'euro survive, l'Europe doit agir. Globalement, l'Europe n'est pas en mauvaise posture budgétaire – son rapport «dette sur PIB» est meilleur que celui des États-Unis. Si chaque État américain était totalement responsable de son budget, et notamment du paiement de toutes les indemnités de chômage sur son territoire, l'Amérique aussi serait en crise budgétaire. La leçon à en tirer est évidente : le tout est supérieur à la somme de ses parties. L'Europe pourrait agir collectivement de diverses façons, au-delà des mesures déjà prises.

Il existe en Europe des institutions qui pourraient contribuer à financer les investissements nécessaires dans les économies à court de liquidités. La Banque européenne d'investissement, par exemple, devrait prêter davantage. Il faudrait aussi augmenter les fonds disponibles pour financer les PME, tandis que les grandes entreprises pourraient se tourner vers les banques qui fournissent des capitaux. La contraction du crédit bancaire porte aux PME un coup particulièrement dur, or, dans toutes les économies, ce sont elles qui créent des emplois. Ces mesures sont déjà en discussion, mais elles ne suffiront sans doute pas.

Ce qu'il faut, c'est une sorte de trésor commun : un vaste Fonds européen de solidarité pour la stabilisation, ou des euro-obligations. Si l'Europe (et en particulier la BCE) empruntait l'argent et le prêtait à nouveau, le service de la dette européenne serait moins coûteux, ce qui donnerait une marge de manœuvre pour augmenter le type de dépenses publiques qui favorisent la croissance et l'emploi.

Mais la politique commune dont on discute en ce moment tient plutôt du pacte de suicide collectif : c'est un accord pour limiter les dépenses aux revenus, même en pleine récession, sans que les pays en position de force s'engagent à aider les plus faibles. L'une des victoires de l'administration Clinton a été de faire barrage à une offensive comparable des républicains : ils voulaient introduire de force dans la constitution américaine un amendement imposant l'équilibre budgétaire. Certes, nous n'avions pas prévu la prodigalité de l'administration Bush, l'irresponsabilité des politiques de déréglementation et la surveillance inefficace qui ont fait gonfler considérablement la dette fédérale. Mais même si nous l'avions fait, je pense que nous en serions arrivés à la même conclusion. C'est une erreur de ne pas utiliser tous les instruments disponibles dans la boîte à outils d'un pays ; une obligation première dans une économie moderne est le maintien du plein-emploi, et il est fréquent qu'à elle seule, la politique monétaire n'y parvienne pas.

En Allemagne, certains disent que l'Europe n'est pas une union de transferts. De nombreuses relations économiques ne sont pas des unions de transferts – par exemple, les zones de libre-échange. Mais le système de la monnaie unique cherchait à aller plus loin. L'Europe et l'Allemagne vont devoir accepter la réalité : si elles ne veulent pas changer le cadre économique, aller plus loin qu'une entente sur la discipline budgétaire, l'euro ne fonctionnera pas. Il vivra peut-être encore un peu, en causant de terribles souffrances pendant son agonie. Mais il ne survivra pas.

De même, il n'y a qu'une seule issue à la crise bancaire : un cadre bancaire commun, un soutien à l'échelon européen pour le système financier. Évidemment, les banques qui jouissent des «subventions cachées» des États les plus solides financièrement ne veulent pas de cette solution. Elles veulent garder leur avantage compétitif. Et, dans tous les pays, les banquiers n'ont que trop d'influence sur leur gouvernement.

Les conséquences seront profondes et durables. Les jeunes, depuis longtemps privés d'emplois décents, sont ulcérés. Quand ils finiront par trouver du travail, ce sera à un salaire bien inférieur. Normalement, la jeunesse est une phase de la vie où les compétences se consolident. Aujourd'hui, c'est une phase où elles s'atrophient. L'actif le plus précieux de notre société, le talent de son peuple, est gâché et détruit.

Il y a tant de catastrophes naturelles dans le monde : tremblements de terre, inondations, typhons, tempêtes, tsunamis. C'est une honte d'y ajouter un désastre provoqué par l'homme. Mais c'est bien ce que fait l'Europe. Ignorer délibérément les leçons du passé est un crime. Faire souffrir la population européenne sans nécessité, en particulier les pauvres et les jeunes, est si absurde !

Je l'ai dit : une solution existe. Mais l'Espagne ne peut agir seule. Les politiques requises sont des politiques européennes. Tout retard à comprendre cette démarche différente coûtera très cher.

Malheureusement, pour l'instant, le type de réforme qui pourrait rendre l'euro fonctionnel n'est même pas en discussion, en tout cas pas ouvertement. Tout ce qu'on nous sert, je l'ai dit, ce sont des platitudes sur la responsabilité budgétaire et le rétablissement de la croissance et de la confiance. Discrètement, des universitaires et quelques autres commencent à parler d'un plan B : que faire si la volonté politique de créer des structures institutionnelles permettant à une monnaie commune de fonctionner – volonté manifestement absente à la création de l'euro – continue à faire défaut? Débrouiller un œuf brouillé coûte très cher, comme on dit chez moi. Mais maintenir les déplorables dispositifs institutionnels actuels aussi. Ce ne serait pas le premier système monétaire défectueux à s'effondrer. Il y a un prix à payer. Cela dit, la vie continue après la dette et la dévaluation. Et cette vie peut être bien plus douce que la dépression à laquelle certains pays d'Europe sont aujourd'hui confrontés. S'il y avait une lumière au bout du tunnel, ce serait différent. Mais l'austérité n'est porteuse d'aucune promesse de monde meilleur, à quelque horizon que ce soit dans l'avenir prévisible. L'histoire et l'expérience n'offrent sur ce point aucun réconfort.

Et si la dépression continue, ce sont les pauvres et les classes moyennes qui souffriront le plus.

HUITIÈME PARTIE

Remettre l'Amérique au travail

J'ai commencé ce livre par une courte introduction sur la fabrication de la Grande Récession. J'ai souligné les relations entre cette récession et l'inégalité – qui en est à la fois la cause et la conséquence. Je vais terminer en revenant à ces thèmes.

À la fin de l'année 2009, il était clair que nous avions sauvé les banques et que le pays avait évité une nouvelle Grande Dépression. Mais il me semblait tout aussi évident que nous n'avions pas lancé notre économie sur la voie d'une reprise rapide. Comme je l'ai remarqué dans l'introduction du Prélude, et, en particulier, dans l'article «Comment sortir de la crise financière», nous avions besoin d'un stimulant fort, bien conçu, de grande envergure et durable. Il fallait un renflouement, mais il devait amener les banques à prêter aux petites et moyennes entreprises. Des réformes adaptées de la réglementation y contribueraient, en réduisant leur liberté de spéculer et de manipuler les marchés. Nous avions besoin d'une politique du logement afin d'aider les millions d'Américains qui perdaient leur maison. Nous n'avons rien fait de tout cela. Si nous avons sauvé les banques, nous n'avons pas évité à des millions d'Américains de perdre leur toit, et à des millions d'autres de perdre leur emploi. L'administration Obama et la Federal Reserve étaient, au départ, plus confiants que moi : nous allions nous en sortir très vite. Mais, vers le milieu de l'année 2011, le désenchantement s'est généralisé. De toute évidence, il fallait faire plus pour redonner du travail aux Américains. L'article «Comment remettre l'Amérique au travail» a été écrit pour *Politico* afin de proposer un programme différent.

Nous étions en 2013, et l'économie était toujours anémique. Un nouveau débat national s'ouvrait. Était-ce la nouvelle norme ? Devions-nous accepter ce taux de chômage élevé ? Je persistais à penser que la vraie raison de la faiblesse de notre économie était l'insuffisance de la demande, elle-même largement due à l'inégalité – qui n'avait cessé d'empirer depuis le début de la récession. Dans l'article «L'inégalité ralentit la reprise», j'explique à nouveau, en détail, pourquoi l'inégalité est si néfaste à l'économie et comment nous pouvons la réduire pour avoir une économie plus performante et moins injuste.

Comme la reprise restait faible, on a commencé à remettre en cause le diagnostic originel : y avait-il un problème plus fondamental dans notre économie ? Au début de la crise, une analyse était couramment admise : les banques avaient prêté imprudemment, elles étaient en faillite et, sans un système bancaire opérationnel, l'économie ne pouvait pas fonctionner. L'argent fourni par les banques irriguait l'économie comme le sang irrigue notre corps. C'est pourquoi, disait-on, sauver les banques était vital. Ce n'était pas par amour pour les banques et les banquiers, mais parce que nous ne pouvions pas nous en passer. L'ordonnance Obama-Bush découlait de ce diagnostic : envoyer les banques aux urgences, les transfuser massivement (ou plus précisément, les *perfuser* avec de l'argent liquide) et, en un an ou deux, tout serait revenu à la normale. Dans l'intervalle, l'économie aurait besoin d'un petit coup de fouet à court terme – une stimulation ; mais, puisque ce ne serait qu'une mesure temporaire, jusqu'au rétablissement des banques, nul besoin d'être trop pointilleux sur les détails. Nous nous sommes donc retrouvés avec un stimulant insuffisant, trop court et pas particulièrement bien conçu.

(Bien sûr, comme je l'ai expliqué dans *Le Triomphe de la cupidité* et plus haut dans le présent ouvrage, on aurait pu sauver les banques sans sauver leurs dirigeants, leurs actionnaires et les détenteurs de leurs obligations. Mais, paradoxalement, nous avons préféré faire des dépenses inutilement coûteuses pour le contribuable et moins efficaces qu'elles n'auraient pu et dû l'être.)

Deux ans après la chute de Lehman Brothers, les banques étaient en grande partie rétablies. Pourtant, le crédit aux PME était toujours nettement plus faible qu'avant, notamment parce que nous avions concentré nos efforts sur les grandes banques. Nous avions laissé des centaines de petites banques, de banques locales, régionales, celles qui consentent la plupart des prêts de ce type, mettre la clé sous la porte. Et l'économie américaine n'allait toujours pas bien, du point de vue de l'Américain ordinaire en particulier. En effet, au moment où ce livre va sous presse, près de huit ans après l'éclatement de la bulle et le début de la Grande Récession et près de sept ans après la chute de Lehman Brothers, les revenus médians sont toujours inférieurs à ce qu'ils étaient il y a un quart de siècle.

J'ai écrit l'article « Le livre des jobs » pour expliquer ce qui était en train de se passer. L'idée de base m'a été inspirée par l'histoire : j'ai examiné la Grande Dépression, et j'ai vu le parallèle entre les événements de l'époque et ceux d'aujourd'hui. L'augmentation de la productivité agricole avait contribué à une chute dramatique des revenus dans l'agriculture – supérieure à 50 %. Les exploitants n'avaient plus les moyens d'acheter les biens produits dans les villes ; les revenus y ont donc baissé aussi. Et les agriculteurs aux revenus en chute libre se sont retrouvés prisonniers dans leur exploitation : ils ne pouvaient pas aller s'installer ailleurs. Notons bien que les chômeurs urbains ont été forcés de regagner les fermes ; et, puisque les régions agricoles prospères s'étaient mécanisées, ils ont dû migrer vers les zones les plus pauvres.

Il fallait procéder à une transformation structurelle de l'économie pour passer de l'agriculture à l'industrie ; mais les marchés laissés à eux-mêmes ne savent pas le faire correctement. Ceux dont la maison avait perdu toute valeur n'avaient même pas les moyens de s'installer en ville. L'aide de l'État était indispensable – et elle est *finalement* arrivée, avec la Seconde Guerre mondiale :

on a eu besoin de faire venir des gens dans les villes pour fabriquer des armes et autres produits nécessaires à la victoire. Puis, après la guerre, l'État a offert à chaque ancien combattant – presque tous les jeunes hommes – l'enseignement supérieur gratuit, les préparant ainsi à la «nouvelle économie» émergente.

J'explique dans cet article que le malaise économique actuel a un ressort comparable : la croissance de la productivité dans l'industrie a dépassé celle de la demande, entraînant une baisse mondiale de l'emploi dans ce secteur; des changements d'avantages comparatifs et la mondialisation – que nous avons encouragée – ont réduit la part des États-Unis sur ce marché de l'emploi déjà en contraction. Comme les Américains de la Grande Dépression, nous sommes victimes de notre succès. Et, encore une fois, les marchés laissés à eux-mêmes ne savent pas opérer convenablement les transformations structurelles. Mais la situation est encore pire aujourd'hui : les nouveaux secteurs de croissance sont les services, comme la santé et l'éducation, dans lesquels l'État joue un rôle primordial. Or, au lieu d'intervenir pour stimuler cette transformation, il est en train de se retirer.

Si cette analyse est correcte, l'avenir n'est pas très réjouissant. Et, depuis que j'ai écrit cet article, mes prédictions se sont largement confirmées. La performance de l'économie américaine est médiocre, alors qu'on aurait pu croire que certaines forces allaient provoquer une puissante reprise : un secteur des technologies de pointe que le reste du monde nous envie, un boom du gaz et du pétrole de schiste qui a fait considérablement baisser les prix de l'énergie. À l'heure où ce livre va sous presse, il semblerait que la croissance soit enfin de retour – huit ans après la récession de 2007 –, mais elle n'est toujours pas assez forte pour créer les emplois nécessaires aux nouveaux actifs. Si le taux de chômage baisse, c'est essentiellement parce que la participation à la population active a chuté : elle est descendue à un niveau record depuis quarante ans – des millions d'Américains en sont sortis.

Comme je l'explique ici, et ailleurs, cette longue stagnation (dite parfois «séculaire») dans laquelle les États-Unis semblent s'installer est le produit de nos politiques plus que de lois économiques fondamentales. Elle est due à la défaillance de l'État, qui devrait faciliter la transformation structurelle et réduire les inégalités.

Les derniers articles de cette partie abordent les conséquences du changement technologique – et les énigmes qu'il semble poser – de façon un peu plus approfondie. Les deux premiers ont été rédigés avant la Grande Récession, mais il était déjà évident pour moi que quelque chose clochait dans le fonctionnement de notre économie. Dans l'article «La pénurie à l'ère de l'opulence», je me demandais pourquoi, en ces temps d'abondance, avec tous les avantages techniques dont nous nous vantons sans cesse, tant de gens vivaient de plus en plus difficilement, en Amérique et ailleurs. L'une des réponses était la hausse des inégalités : les bénéfices du progrès étaient si mal répartis aux États-Unis que la situation de la classe moyenne se dégradait.

Mondialement, il y avait deux autres problèmes. Certaines politiques américaines favorisaient des riches dans le pays le plus riche de la planète *aux dépens* des plus pauvres dans les pays les plus pauvres : les subventions versées à nos agriculteurs auraient pu être bien mieux utilisées – investies dans les infrastructures, la technologie ou l'éducation –, mais, accordées aux riches exploitants, elles faisaient baisser les prix mondiaux et appauvrissaient plus encore les paysans des pays en développement.

Quelques-unes de nos politiques d'aide sociale aux entreprises enrichissaient nos compagnies du charbon et du pétrole aux dépens des générations futures. Nous financions ces pollueurs, qui aggravaient le changement climatique, avec de l'argent dont nous aurions pu faire bien meilleur usage. Mais, pire encore, nous étions en train de distordre l'innovation. Elle cherchait trop à favoriser les économies de main-d'œuvre – dans un monde où il y avait beaucoup plus de travailleurs que de travail – et trop peu à préserver notre environnement.

L'amélioration de notre niveau de vie à long terme dépendra de la croissance – la bonne croissance, la prospérité partagée qui protège l'environnement. Dans l'article «Première à gauche pour la croissance», j'explique comme atteindre ce type de croissance, pourquoi les marchés ne peuvent pas la créer eux-mêmes et ce que doit faire l'État. Cette crise a montré que les marchés ne sont ni efficaces ni stables. Même quand les taux d'intérêt étaient très bas, l'argent – et l'innovation – n'ont pas servi à créer des emplois bien rémunérés ni à augmenter la productivité dans des secteurs clés de l'économie. Ils ont servi à construire des maisons minables au milieu du désert du Nevada et à spéculer. En fait d'innovation, on a créé de nouveaux produits financiers qui ont aggravé les risques au lieu de les limiter. Cet article esquisse les grandes lignes d'un programme de croissance complet – bien plus prometteur que l'instabilité et la stagnation dont nous avons fait les frais ces dernières décennies.

Dans l'article «L'énigme de l'innovation», je me suis posé une question : puisque nous prétendons être une économie de l'innovation, pourquoi ne la voit-on pas dans les statistiques macroéconomiques, par exemple dans le PIB par habitant ? Une des raisons est que les chiffres du PIB ne reflètent pas vraiment ce qui se passe dans notre économie (c'est le thème principal de la Commission internationale sur la mesure de la performance économique et du progrès social, que j'ai présidée[1]). Mais c'est peut-être aussi parce qu'on a parlé d'innovation à tort et à travers. Permettre de mieux cibler la publicité, comme le font Google et Facebook, c'est important, mais est-ce comparable à l'invention de l'électricité, de l'ordinateur, du laser ou du transistor ?

Néanmoins, le revers de la médaille de l'innovation est réel : si la productivité augmente plus vite que la demande, l'emploi et les revenus vont baisser. C'est ce qui s'est passé durant la Grande Dépression. Autrefois, nous avions besoin de 70 % de la population active pour produire la quantité de nourriture nécessaire à notre survie. Aujourd'hui, moins de 3 % de la population produit plus que notre société obèse ne peut consommer. Ceux qui ont perdu leur emploi ne vont pas forcément en retrouver ailleurs. Les techno-optimistes citent l'exemple de l'automobile : si des emplois

---

1. Son rapport a été publié : J. E. Stiglitz, J.-P. Fitoussi et A. Sen, *Performances économiques et progrès social. Richesse des nations et bien-être des individus*, et *Performances économiques et progrès social. Vers de nouveaux instruments de mesure*, Paris, Odile Jacob, 2009. Pour une brève analyse, voir ma tribune «Towards a Better Measure of Well-Being», *Financial Times*, 13 septembre 2009.

ont disparu dans la fabrication des calèches, on en a créé bien plus pour la construction et la réparation des voitures. Mais ce mécanisme n'a rien d'automatique. Et on ne créera pas de nouveaux emplois si la demande globale est faible, comme aujourd'hui.

Comment remettre
l'Amérique au travail [1]

Le pays est – ou devrait être – concentré sur l'emploi. Deux millions d'Américains cherchent un travail à temps complet et n'en trouvent pas. Le chômage des jeunes est deux fois plus élevé qu'une moyenne nationale déjà inacceptable.

L'Amérique s'est toujours considérée comme le pays de l'égalité des chances – mais où sont les chances pour les jeunes alors que l'avenir est si sombre ? Autrefois, lorsqu'on perdait son emploi, on en trouvait rapidement un autre. Aujourd'hui, plus de 40 % des chômeurs n'ont pas de travail depuis plus de six mois.

Jeudi, le président Barack Obama va prononcer un discours pour expliquer sa conception des possibilités d'action. D'autres devraient donner la leur.

Le pessimisme grandit dans tout le pays. Le discours sera bon. Mais quelqu'un peut-il vraiment faire quelque chose – au regard de la dette et du déficit redoutables des États-Unis ?

La réponse de la théorie économique est claire : oui, il existe de nombreuses solutions pour créer des emplois et promouvoir la croissance.

1. *Politico*, 7 septembre 2011.

Certaines mesures le feraient tout en réduisant à moyen et à long terme le rapport dette sur PIB. Il y en a même qui – en créant moins d'emplois, certes – n'aggraveraient pas du tout le déficit à court terme.

La politique nous permettra-t-elle d'appliquer ces mesures possibles et nécessaires ? C'est une autre histoire.

La sinistrose est compréhensible. La politique monétaire, un des principaux outils de gestion macroéconomique, n'a pas fonctionné – et ne fonctionnera probablement pas. Il est illusoire de penser qu'elle puisse nous sortir du pétrin qu'elle a contribué à créer. Il faut se rendre à l'évidence.

D'un autre côté, les déficits et la dette nationale considérables excluent apparemment le recours à la politique budgétaire. C'est du moins ce qu'on prétend. Et il n'existe pas de consensus sur le type de politique budgétaire qui aurait des chances de réussir.

Sommes-nous condamnés à une longue période de malaise de type japonais – jusqu'à ce que les dettes et la capacité de production excédentaire disparaissent ? La réponse est claire : non. Ou plutôt : ce n'est pas inévitable.

Nous devons tuer deux mythes. Le premier : « réduire le déficit va rétablir la santé de l'économie ». On ne crée pas d'emplois et de croissance en licenciant les travailleurs et en réduisant les dépenses. Si les entreprises qui ont accès au capital n'investissent pas et n'embauchent pas, c'est que la demande pour leurs produits est trop faible. Affaiblir la demande – et c'est cela, l'austérité – ne fait que décourager l'investissement et l'embauche.

Comme le souligne Paul Krugman, il n'y a pas de « fée Confiance » qui inspire comme par magie les investisseurs quand ils voient que le déficit diminue. Nous avons tenté l'expérience – mille fois. C'est avec l'austérité que le président Herbert Hoover a transformé le krach boursier en Grande Dépression. J'ai vu de mes yeux l'austérité imposée par le FMI aux pays d'Asie orientale transformer des ralentissements en récessions et des récessions en dépressions.

Je ne comprends pas pourquoi, avec des preuves aussi flagrantes, un pays accepterait de s'infliger cela. Même le FMI reconnaît à présent qu'un soutien budgétaire est nécessaire.

Second mythe : «la stimulation, ça n'a pas marché». L'argument est simple : le chômage est monté jusqu'à 10 % – et il est encore à plus de 9 %. (Les mesures plus exactes donnent un chiffre bien plus élevé.) L'administration Obama avait annoncé qu'avec le sti-mulant, il ne dépasserait pas 8 %.

Effectivement, elle a fait une grosse erreur, que j'ai soulignée dans *Le Triomphe de la cupidité* : elle a considérablement sous-estimé la sévérité de la crise dont elle héritait.

Mais sans le stimulant, le chômage, à son sommet, aurait dépassé les 12 %. Certes, la stimulation aurait pu être mieux conçue, sans aucun doute. Néanmoins, elle a réduit sensiblement le chômage par rapport au niveau qu'il aurait atteint. Elle a fonc-tionné. Mais elle n'a pas été assez importante, ni assez longue, parce que l'exécutif avait sous-estimé l'ampleur et la durée de la crise.

À propos du déficit, revenons dix ans en arrière : le pays avait alors un gros excédent, égal à 2 % du PIB, et le président de la Federal Reserve craignait que l'on n'ait bientôt remboursé l'inté-gralité de la dette nationale, ce qui aurait rendu difficile toute poli-tique monétaire. Comprendre comment nous sommes passés de cette situation au marasme actuel peut nous aider à résoudre le problème du déficit.

Il y a eu quatre changements majeurs. Le premier : des réduc-tions d'impôts plus importantes que le pays ne pouvait se le per-mettre. Le deuxième : deux guerres coûteuses et l'explosion des dépenses militaires – qui ont contribué pour 2 500 milliards de dollars à la dette. Le troisième : la partie D de Medicare – et la clause empêchant l'État, le plus gros acheteur de médicaments, de négocier leurs prix avec les compagnies pharmaceutiques, qui a fait perdre des centaines de milliards de dollars sur dix ans. Le quatrième : la récession.

Inverser ces quatre facteurs remettrait rapidement le pays sur la voie de la responsabilité budgétaire. Le plus important, c'est de remettre l'Amérique au travail : la hausse des revenus entraîne celle des recettes fiscales.

Mais comment remettre l'Amérique au travail ? Le meilleur moyen, c'est de profiter de l'occasion – avec des taux d'intérêt à long terme exceptionnellement bas – pour faire les investissements durables dans les infrastructures, la technologie et l'éducation dont l'Amérique a tant besoin.

Nous devons nous concentrer sur les investissements publics qui ont une forte rentabilité et nécessitent beaucoup de main-d'œuvre. Ils complètent les investissements privés : ils augmentent leurs rendements, donc encouragent simultanément le secteur privé.

Aider les États à financer l'éducation sauverait rapidement des milliers d'emplois. Il est incompréhensible qu'un pays riche, qui reconnaît l'importance de l'éducation, licencie des enseignants – en particulier quand la concurrence mondiale est si féroce. Les pays qui ont une population active plus instruite s'en sortent mieux. Enfin, l'éducation et la formation professionnelle sont essentielles si nous voulons restructurer notre économie pour le XXIᵉ siècle.

L'avantage d'avoir sous-investi depuis si longtemps dans le secteur public, c'est que nous avons devant nous beaucoup d'occasions d'investissements très rentables. La hausse de la production à court terme et de la croissance à long terme engendrera plus de recettes fiscales qu'il n'en faut pour payer les faibles intérêts de la dette. Le résultat est clair : notre dette va baisser, notre PIB augmenter et notre rapport « dette sur PIB » s'améliorer.

Aucun analyste ne s'intéresse uniquement aux dettes d'une entreprise – il regarde les deux plateaux de la balance, l'actif et le passif. Ce que je propose, c'est que nous fassions de même pour l'État américain : nous devons en finir avec le fétichisme du déficit.

Si c'est impossible, il y a une autre façon, moins puissante mais malgré tout très efficace, de créer des emplois. Les économistes savent depuis longtemps qu'augmenter simultanément, de façon équilibrée, les dépenses et les impôts fait croître le PIB. Le supplément de PIB par dollar d'augmentation des impôts et des dépenses s'appelle le « multiplicateur de budget équilibré ».

Avec des hausses d'impôts bien conçues – qui ciblent les Américains les plus riches et les entreprises n'investissant pas aux États-Unis, ou suppriment des niches fiscales – et des programmes de dépenses intelligents concentrés sur les investissements, le multi-plicateur se situera entre 2 et 3.

Le 1 %, qui aujourd'hui reçoit 25 % du revenu total aux États-Unis, paierait donc un peu plus d'impôts – ou simplement sa juste part. Investir ces sommes aurait un effet réel sur la pro-duction et l'emploi. Et, puisque l'économie connaîtrait ensuite une croissance plus forte, le rapport «dette sur PIB» diminuerait.

Certaines taxes pourraient améliorer l'efficacité de l'économie et la qualité de la vie, avec un effet encore plus important sur le produit national, si nous le mesurons correctement. J'ai présidé une Commission internationale sur la mesure de la performance économique et du progrès social, qui a repéré des défauts considé-rables dans notre système de mesure actuel.

Il existe un principe simple en économie : mieux vaut taxer ce qui est mauvais, ce qui engendre des externalités négatives, que ce qui est bon. Nous devons donc taxer la pollution ou les tran-sactions financières déstabilisatrices. Il y a aussi d'autres façons d'augmenter les recettes – mieux vaudrait mettre aux enchères nos ressources naturelles, par exemple.

Si, sous un prétexte quelconque, on écarte ces moyens d'aug-menter les recettes publiques – et il n'y a aucune bonne raison économique de le faire –, il y a toujours d'autres solutions. L'État peut changer l'orientation des programmes d'imposition et de dépenses – même dans l'enveloppe budgétaire en cours.

En augmentant les impôts des riches et en réduisant ceux des pauvres, on aura davantage de dépenses de consommation. Le multiplicateur – l'excédent de PIB par dollar dépensé – est bien plus bas pour les dépenses des guerres extérieures, par exemple, que pour les dépenses d'éducation ; transférer des fonds vers ce dernier secteur stimule donc l'économie.

Au-delà du budget, d'autres mesures sont possibles. L'État devrait avoir une certaine influence sur les banques, en particulier au regard des sommes énormes qu'elles nous doivent pour leur renflouement. On peut les encourager, par la carotte et le bâton, à prêter davantage aux PME et à restructurer plus de prêts hypothé-caires. Il est inexcusable que nous ayons fait si peu pour aider les propriétaires en difficulté. Tant que l'on continuera à expulser à ce rythme, le marché immobilier restera faible.

Les pratiques bancaires anticoncurrentielles sur les cartes de crédit imposent, au fond, une taxe sur chaque transaction, mais ce sont des recettes fiscales qui entrent directement dans les coffres des banques, elles n'ont aucune utilité publique – pas même de réduire la dette nationale. Si l'on faisait plus strictement respecter les lois antitrust contre les banques, de nombreuses petites entreprises en profiteraient considérablement.

Bref, nous ne sommes pas à court de munitions. Notre triste situation n'est pas un problème d'économie. La théorie et l'expérience prouvent que notre arsenal reste puissant. Bien sûr, nous sommes contraints par le déficit et la dette. Mais, même à l'intérieur de ces limites, nous pouvons créer des emplois et développer notre économie – et diminuer en même temps le rapport «dette sur PIB».

Choisirons-nous de faire le nécessaire pour reconstruire la prospérité de notre économie? La question est purement politique.

L'inégalité ralentit la reprise [1]

La réélection du président Obama, tel un test de Rorschach, a été diversement interprétée. Durant la campagne, les deux camps ont débattu de sujets qui m'inquiètent profondément : le long malaise dans lequel l'économie semble s'installer et la fracture croissante entre le 1 % et le reste de la population – inégalité non seulement de revenus, mais aussi de chances. Selon moi, ces problèmes sont les deux faces d'une même pièce : l'inégalité, à son plus haut niveau depuis les années 1920, va rendre bien difficile une reprise robuste à court terme, et le rêve américain – une vie confortable en échange d'un dur travail – s'éteint lentement.

En général, dans le discours politique, la montée des inégalités et la lenteur de la reprise sont présentés comme deux phénomènes distincts. Or elles sont intimement liées. L'inégalité étouffe, restreint et ralentit notre croissance. Lorsque même *The Economist*, si libéral, si attaché au marché libre, écrit, dans un supplément d'octobre consacré au sujet, que l'ampleur et la nature de l'inégalité en Amérique menacent sérieusement le pays, nous devrions nous rendre compte que quelque chose a vraiment dérapé. Pourtant, après quarante ans de croissance de l'inégalité et le plus grand

1. *New York Times*, 19 janvier 2013.

désastre économique depuis la Grande Dépression, nous n'avons toujours rien fait.

L'inégalité freine notre croissance pour quatre raisons majeures.

La plus évidente : notre classe moyenne est trop faible pour maintenir les dépenses de consommation qui ont été historiquement le moteur de notre économie. En 2010, le 1 % a accaparé 93 % de l'augmentation des revenus, les revenus réels des ménages de la classe moyenne sont inférieurs à ceux de 1996. Or ces ménages, qui ont tendance à dépenser ce qu'ils gagnent et non à épargner, sont, en un sens, les vrais créateurs d'emplois. Dans la décennie qui a précédé la crise, la croissance n'était pas durable : elle impliquait que les 80 % les plus pauvres des Américains consomment environ 110 % de leurs revenus.

La deuxième : le déclin de la classe moyenne, entamé dans les années 1970 – et interrompu très brièvement durant les années 1990 – empêche ses membres d'investir dans leur avenir, en finançant leur propre formation ou celle de leurs enfants, en créant ou en développant leur entreprise.

La troisième : les difficultés de la classe moyenne amenuisent les recettes fiscales, déjà réduites par l'habileté des riches à se soustraire à l'impôt et à obtenir de Washington des allégements fiscaux. Le récent accord, plutôt modeste, pour rétablir le taux marginal d'imposition de l'époque Clinton sur les particuliers gagnant plus de 400 000 dollars et sur les ménages gagnant plus de 450 000 dollars n'y a rien changé. Les gains rapportés par les spéculations de Wall Street sont bien moins imposés que les autres formes de revenus. À cause de la faiblesse des recettes fiscales, l'État ne peut pas faire, dans les infrastructures, l'éducation, la recherche et la santé, les investissements indispensables pour rendre à l'économie une vigueur durable.

La quatrième : l'inégalité est associée à des cycles expansion-récession plus fréquents et plus graves, qui rendent notre économie plus instable et plus vulnérable. Si elle n'a pas été la cause directe de la crise, ce n'est pas par hasard que les années 1920 – dernière période où les inégalités de revenus et de richesses ont été si fortes aux États-Unis – se sont terminées par le Grand Krach et la Dépression. Le Fonds monétaire international a souligné la relation systématique entre instabilité économique et inégalité économique, mais les dirigeants américains n'ont pas assimilé la leçon.

Aux États-Unis, avec du travail et du talent, n'importe qui peut «y arriver», disait-on. Nos inégalités vertigineuses sont aux antipodes de cet idéal méritocratique. Dans la réalité, ceux dont les parents ont de faibles revenus ne pourront sans doute jamais réaliser leur potentiel. Au Canada, en France, en Allemagne ou en Suède, les enfants ont de meilleures chances qu'en Amérique de vivre mieux que leurs parents. Plus d'un cinquième de nos enfants sont pauvres – nous sommes à l'avant-dernière place des économies développées, derrière la Bulgarie, la Lettonie et la Grèce.

Notre société gaspille sa ressource la plus précieuse : sa jeunesse. Le rêve d'une vie meilleure, qui a attiré tant de migrants sur nos côtes, a sombré dans le gouffre des inégalités de revenus et de richesses. Tocqueville, qui, dans les années 1830, considérait l'égalitarisme comme l'essence de l'ethos américain, doit se retourner dans sa tombe.

Même si nous pouvions esquiver les raisons économiques de résoudre notre problème d'inégalité, les dommages qu'il inflige à notre tissu social et à notre vie politique devraient nous alarmer. L'inégalité économique mène à l'inégalité politique et à un processus décisionnel biaisé.

Bien que M. Obama se soit engagé expressément à aider tous les Américains, la récession et les effets persistants des mesures mises en œuvre pour y réagir ont aggravé la situation. En 2009, tandis que nous donnions des sommes considérables aux banques, le chômage a grimpé à 10 % au mois d'octobre. Si le taux actuel (7,8 %) paraît meilleur, c'est uniquement grâce à tous ceux qui ont quitté le marché de l'emploi, n'y sont jamais entrés, ou ont accepté un travail à temps partiel faute de poste à temps complet.

Bien entendu, le chômage élevé pèse sur les rémunérations. Les salaires réels stagnent ou baissent ; le revenu médian d'un travailleur de sexe masculin en 2011 (32 986 dollars) était plus faible qu'en 1968 (33 880 dollars). La diminution des recettes fiscales a imposé aux municipalités et aux États des coupes budgétaires dans des services vitaux pour la classe moyenne et les pauvres.

Le bien le plus précieux de la plupart des Américains est leur maison. Le patrimoine des ménages s'est donc effondré avec la chute des prix de l'immobilier – d'autant plus qu'ils s'étaient souvent lourdement endettés pour acheter leur logement. Beaucoup se sont retrouvés avec une valeur nette négative, et la fortune du ménage médian a baissé de près de 40 % : elle est passée de 126 400 dollars en 2007 à 77 300 dollars en 2010, et n'est remontée ensuite que faiblement. Depuis la Grande Récession, l'essentiel de la croissance de la fortune du pays est allé aux super-riches.

Simultanément, alors que les revenus stagnaient ou chutaient, les frais de scolarité explosaient. Aujourd'hui aux États-Unis, pour décrocher un diplôme – seul véritable moyen de grimper l'échelle sociale –, il faut en général s'endetter. En 2010, pour la première fois, la dette étudiante, de l'ordre de 1 000 milliards de dollars, a surpassé celle des cartes de crédit.

Il n'y a quasiment aucun moyen d'effacer une dette étudiante, y compris lors d'une faillite personnelle. Le parent qui a cosigné le prêt n'est pas sûr de voir sa dette annulée, même en cas de décès de l'enfant. On ne peut se dispenser de rembourser même si l'école, à but lucratif et appartenant à des financiers exploiteurs, a attiré les élèves par de fausses promesses et leur a dispensé un enseignement inadapté qui ne leur a pas permis d'obtenir un emploi correct.

Au lieu d'abreuver d'argent les banques, nous aurions pu essayer de reconstruire l'économie de bas en haut. Nous aurions pu permettre aux propriétaires «sous l'eau» – ceux qui doivent plus pour leur maison que sa valeur actuelle – de prendre un nouveau départ, en réduisant le principal de leur prêt ; en échange, nous aurions concédé aux banques une part des gains en cas de redressement des prix immobiliers.

Nous aurions pu comprendre que, quand les jeunes sont sans emploi, leurs compétences s'atrophient. Nous aurions pu faire en sorte que chacun d'eux soit à l'école, en apprentissage ou au travail. Or, nous avons laissé le chômage des jeunes grimper au double de la moyenne nationale. Les enfants des riches peuvent aller à l'université sans accumuler d'énormes dettes ; ils peuvent aussi accepter des stages non rémunérés pour muscler leur CV.

Pas les autres. Nous plantons les graines d'une inégalité encore plus forte pour les années qui viennent.

Bien sûr, l'administration Obama n'est pas la seule responsable. Les fortes réductions d'impôts du président George W. Bush en 2001 et 2003, et les milliers de milliards de dollars des guerres d'Irak et d'Afghanistan, ont vidé la tirelire tout en dilatant la grande fracture. Le nouvel engouement des républicains pour la discipline budgétaire – imposition faible pour les riches et massacre des services publics pour les pauvres – est le comble de l'hypocrisie.

On trouve toutes sortes d'excuses à l'inégalité. Selon certains, nous n'y pouvons rien : elle résulte de forces du marché telles que la mondialisation, la libéralisation des échanges commerciaux, la révolution technologique ou l'«émergence du reste du monde». Selon d'autres, si nous tentons quoi que ce soit pour la combattre, nous risquons d'aggraver notre situation à tous et de gripper notre machine économique déjà fragile. Ce sont des mensonges ineptes et intéressés.

Les forces du marché n'existent pas sous vide – nous les façonnons. D'autres pays, comme le Brésil en développement accéléré, l'ont fait dans un sens qui réduit les inégalités, renforce la mobilité sociale et favorise la croissance. Des pays bien plus pauvres que le nôtre ont décidé que tous les jeunes auraient accès à l'alimentation, à l'éducation et aux soins médicaux afin de pouvoir réaliser leurs aspirations.

Ici, notre droit, et la façon dont nous l'appliquons, a laissé plus d'espace aux abus du secteur financier ; à un système pervers de rémunération des chefs d'entreprise ; à la capacité des monopoles de profiter injustement de leur pouvoir.

Oui, le marché accorde plus de valeur à certaines compétences qu'à d'autres, et ceux qui les possèdent gagnent bien leur vie. Oui, la mondialisation et les progrès techniques ont provoqué la disparition de bons postes de travail dans l'industrie, postes qu'on ne retrouvera probablement jamais. L'emploi industriel diminue globalement dans le monde, du seul fait de l'énormité des gains de productivité, et l'Amérique aura sûrement une moindre part de ce volume total qui rétrécit. Si nous arrivons à «sauver» ces emplois, ce sera probablement en transformant des postes bien rémunérés en postes mal rémunérés : ce n'est pas vraiment une stratégie pour le long terme.

La mondialisation, et la façon déséquilibrée dont on l'a gérée, a miné le pouvoir de négociation des travailleurs : les entreprises peuvent menacer de se délocaliser, surtout à une époque où les lois fiscales sont si favorables aux investissements à l'étranger. Cette situation affaiblit les syndicats. Certes, ceux-ci ont parfois été une cause de rigidité. Mais les pays qui ont le mieux résisté à la crise financière mondiale, comme l'Allemagne et la Suède, ont des syndicats forts et de puissants systèmes de protection sociale.

Alors que commence le second mandat de M. Obama, nous devons tous regarder les choses en face : notre pays ne peut pas connaître de reprise rapide et sérieuse sans s'attaquer de front à l'inégalité. Une riposte globale est nécessaire : elle doit inclure, au minimum, de gros investissements dans l'éducation, un système fiscal plus progressif et une taxe sur la spéculation financière.

La bonne nouvelle, c'est que notre cadre de pensée a changé. Autrefois, nous nous demandions combien de croissance nous étions prêts à sacrifier pour avoir un peu plus d'égalité des revenus et des chances. Aujourd'hui, nous avons compris que nous payons très cher notre inégalité. La réduire et promouvoir la croissance sont des objectifs qui s'enchevêtrent et se complètent. C'est à nous tous – et j'inclus ici nos dirigeants – d'avoir le courage et la clairvoyance nécessaires pour traiter enfin la maladie qui nous ronge.

Le livre des jobs [1]

Cela fait presque cinq ans que la bulle immobilière a éclaté et quatre ans que la récession a commencé. Il y a aujourd'hui aux États-Unis 6,6 millions d'emplois de moins qu'il y a quatre ans. Près de 23 millions d'Américains cherchent un poste à temps plein et n'en trouvent pas. Près de la moitié des sans-emploi sont des chômeurs de longue durée. Les salaires baissent – le revenu réel du ménage américain médian est à présent plus bas qu'en 1997.

En 2008, nous avions compris que la crise était grave. Nous pensions connaître les « méchants » : les grandes banques, qui, par leurs prêts cyniques et leurs prises de risques inconsidérées, avaient conduit les États-Unis au bord de la ruine. L'économie ne pourrait se relever, ont alors expliqué les administrations Bush et Obama, que si on leur donnait de l'argent sans limite – et sans conditions. Nous l'avons fait, non par amour pour les banques (nous a-t-on dit), mais parce que nous ne pouvions pas nous passer de leurs prêts. Beaucoup, surtout dans le secteur financier, ont assuré qu'une action forte, résolue et généreuse pour sauver non seulement les banques mais aussi les banquiers,

1. *Vanity Fair*, janvier 2012.

leurs actionnaires et leurs créanciers ramènerait l'économie à son niveau d'avant la crise. En attendant la guérison des banques, un modeste stimulant à court terme suffirait à soutenir l'activité.

Les banques ont été renflouées. Une partie de l'argent a été consacrée aux bonus, très peu aux prêts. Et l'économie ne s'est pas véritablement rétablie : elle produit à peine plus qu'avant la crise et le marché du travail est déprimé. Le diagnostic, et la prescription qui a suivi étaient erronés. D'abord, on a eu tort de croire que les banquiers allaient changer de comportement – que, si l'on était gentil avec eux, ils allaient se mettre à prêter. On nous a dit : « N'imposez pas aux banques de restructurer les prêts hypothécaires ou d'être plus honnêtes lors des saisies. Ne les obligez pas à utiliser l'argent pour prêter. De telles conditions mettraient en émoi nos marchés sensibles. » Finalement, les dirigeants des banques se sont servis, et ont continué d'agir comme à leur habitude.

Même quand le système bancaire sera complètement rétabli, nous serons toujours en mauvaise posture – parce que nous l'étions déjà avant. L'âge d'or de 2007 n'en était pas un. Oui, l'Amérique avait des raisons d'être fière. Les entreprises du secteur des technologies de l'information étaient à l'avant garde d'une révolution. Mais les revenus de la plupart des travailleurs américains ne s'étaient toujours pas rétablis de la récession précédente. Le niveau de vie n'était maintenu que par une dette croissante – si importante que l'épargne du pays était presque tombée à zéro. Et zéro, c'est beaucoup dire. Les riches ont toujours épargné une bonne partie de leurs revenus, qui remplit la colonne « crédit », et une moyenne proche de zéro signifie donc que tout le reste de la population est dans le rouge. (La réalité est claire : dans les années qui ont mené à la récession, selon une recherche effectuée par mon collègue de l'université Columbia Bruce Greenwald, les 80 % les plus pauvres des Américains dépensaient environ 110 % de leurs revenus.) Ce qui a rendu possible un tel niveau d'endettement, c'est la bulle immobilière qu'Alan Greenspan puis Ben Bernanke, présidents de la Federal Reserve, ont contribué à créer par des taux d'intérêt très bas et la non-réglementation : ils n'ont même pas utilisé les outils de réglementation dont ils disposaient.

Comme chacun sait, leur attitude a permis aux banques de prêter, et aux ménages d'emprunter, sur la base d'actifs dont la valeur était en partie déterminée par une hallucination collective.

En réalité, dans les années qui ont précédé la crise actuelle, l'économie était foncièrement faible : la bulle, et la consommation intenable qu'elle avait générée la maintenaient artificiellement en vie. Sans elles, le chômage aurait été très élevé. Il était absurde de croire que réparer le système bancaire suffirait à guérir notre économie. La ramener à «ce qu'elle était avant» n'allait absolument pas résoudre les problèmes de fond.

Le traumatisme que nous vivons ressemble à celui dont nous avons fait l'expérience il y a quatre-vingts ans, lors de la Grande Dépression, et il a été provoqué par des circonstances similaires. Alors comme aujourd'hui, le système bancaire s'était effondré. Alors comme aujourd'hui, ce krach était en partie dû à des problèmes plus profonds. Même si nous réagissons correctement au choc – aux défaillances du secteur financier –, il nous faudra au moins une décennie pour nous relever totalement. Dans le meilleur des cas, nous subirons une Longue Récession. Si nous réagissons mal, comme nous l'avons fait, cette Longue Récession sera encore plus longue, et le parallèle avec la Dépression prendra une nouvelle dimension, autrement tragique.

La Dépression a été la dernière période de l'histoire américaine, avant la nôtre, où le taux de chômage est resté supérieur à 8 % quatre ans après le début d'une récession. Et jamais, depuis soixante ans, la production économique, quatre ans après une récession, n'avait été à peine plus importante qu'avant. Le pourcentage de la population civile employée a baissé deux fois plus qu'après n'importe quelle récession d'après guerre. Bien entendu, les économistes ont commencé à étudier les ressemblances et les différences entre notre Longue Récession et la Grande Dépression. Tirer les bonnes leçons du passé n'est pas simple.

Beaucoup ont soutenu que la cause essentielle de la Dépression avait été l'austérité imposée par la Federal Reserve. Ben Bernanke, spécialiste de la Dépression, a déclaré publiquement que c'était la leçon qu'il en tirait – voilà pourquoi il ouvrait à présent les vannes monétaires. Il les a ouvertes à fond. Dès 2008, le bilan de la Federal Reserve a doublé, puis triplé. Il est aujourd'hui de 2 800 milliards de dollars. En agissant ainsi, la banque centrale a peut-être réussi à sauver les banques, mais pas l'économie.

Les événements ont non seulement donné tort à la Federal Reserve mais aussi remis en question l'une des interprétations admises des origines de la Dépression. Certains disaient que c'était la Federal Reserve qui, par sa politique restrictive, avait *provoqué* la Dépression ; si seulement elle avait augmenté la masse monétaire à l'époque – autrement dit, si elle avait fait alors ce qu'elle fait aujourd'hui –, la dépression totale aurait probablement été évitée. En économie, il est difficile de tester les hypothèses par des expériences contrôlées, comme pour les sciences exactes. Mais, puisque l'expansion monétaire s'avère incapable de contrer la récession actuelle, la thèse qui fait de la politique monétaire la grande coupable des événements des années 1930 devrait être définitivement écartée. Le problème, aujourd'hui comme alors, est ailleurs. Il est dans l'économie dite « réelle ». Il vient de la nature des emplois : ceux que nous avons, ceux dont nous avons besoin et ceux que nous sommes en train de perdre. Il vient également du profil des travailleurs : celui que nous voulons et celui dont nous ne savons que faire. L'économie réelle vit une transition douloureuse depuis des décennies, et on n'a jamais affronté sérieusement ses bouleversements. C'est une crise de l'économie réelle qui sous-tend la Longue Récession comme la Grande Dépression.

Depuis plusieurs années, nous travaillons, Bruce Greenwald et moi, à une nouvelle théorie de la Grande Dépression – et à une analyse différente de ce qui handicape notre économie aujourd'hui. Selon nous, la crise financière des années 1930 résulte davantage de faiblesses inhérentes à l'économie que d'une implosion d'ordre financier. L'effondrement du système bancaire n'a été total qu'en 1933, bien après le commencement de la Dépression et longtemps après le début de la montée du chômage. En 1931, le chômage était déjà proche de 16 % ; en 1932, il a atteint 23 %. Des bidonvilles baptisés « Hoovervilles » ont poussé un peu partout. La cause profonde était un changement structurel de l'économie réelle : le déclin général des revenus et des prix agricoles provoqué par ce que nous considérons pourtant, d'ordinaire, comme un phénomène «positif» – des gains de productivité.

Au début de la Dépression, plus d'un cinquième des Américains travaillaient dans l'agriculture. De 1929 à 1932, leurs revenus ont baissé d'un à deux tiers. Cette chute a aggravé des problèmes que les agriculteurs connaissaient déjà depuis des années. Le secteur avait été victime de son succès. En 1900, une grande partie de la population américaine devait travailler aux champs pour nourrir l'ensemble du pays. Puis avait commencé une révolution agricole qui allait s'accélérer tout au long du siècle : de meilleures semences, des engrais plus efficaces, des pratiques culturales plus élaborées, sur fond de mécanisation généralisée. Aujourd'hui, 2 % des Américains produisent plus de nourriture que nous ne pouvons en consommer.

Dans les fermes, cette transition se traduisait par la destruction d'emplois et de moyens d'existence. À cause de la croissance accélérée de la productivité, la production augmentait plus vite que la demande et les prix chutaient sévèrement. C'est ce mécanisme, plus que tout autre, qui explique la baisse rapide des revenus. Les agriculteurs de l'époque (comme les travailleurs urbains d'aujourd'hui) ont réagi en s'endettant massivement, pour maintenir leur niveau de vie et leur production. Mais ni les exploitants ni les banquiers n'avaient prévu que l'effondrement des prix serait si abrupt; une crise du crédit a donc vite suivi. Les exploitants n'ont plus été capables de rembourser leurs dettes. Et le secteur financier a été aspiré dans le tourbillon de la chute des revenus agricoles.

Les villes n'étaient pas épargnées – loin de là. Puisque les revenus agricoles chutaient, les exploitants avaient moins d'argent pour acheter les produits manufacturés. Les industriels ont dû licencier des ouvriers, ce qui a réduit encore plus la demande de produits agricoles et a entraîné les prix encore plus bas. Assez rapidement, ce cercle vicieux a contaminé toute l'économie.

Souvent, la valeur des actifs (celle des maisons, par exemple) décline avec les revenus. Les agriculteurs se sont retrouvés coincés dans leur secteur en déclin et dans leurs régions ruinées.

La chute de leur revenu et la dévalorisation de leur patrimoine rendaient l'exode rural plus difficile ; et il était de toute manière moins attractif, avec un tel chômage urbain. Tout au long des années 1930, malgré la chute vertigineuse des revenus agricoles, l'émigration vers les villes a été très faible. En attendant, les exploitants continuaient de produire, parfois en travaillant encore plus pour compenser la baisse des prix. Individuellement, c'était rationnel ; collectivement, c'était suicidaire, puisque toute augmentation de la production réduisait davantage encore les prix.

Au vu de l'ampleur de l'effondrement des revenus agricoles, il n'est pas étonnant que même le New Deal n'ait pas réussi à sortir le pays de la crise. Les programmes n'étaient pas assez ambitieux, donc beaucoup ont vite été abandonnés. En 1937, Roosevelt, cédant aux faucons antidéficit, a interrompu les efforts de stimulation – quel désastre ! Pendant ce temps-là, les États et les municipalités, sous pression, étaient forcés de licencier, comme aujourd'hui. La crise bancaire a sans nul doute envenimé tous ces problèmes, et elle a aggravé et prolongé la récession. Mais toute analyse du bouleversement financier doit partir de ce qui a déclenché cette réaction en chaîne.

L'Agriculture Adjustment Act, la loi agricole de Roosevelt, conçue pour faire monter les prix en réduisant la production, a peut-être un peu amélioré la situation, à la marge. Cependant, ce n'est que lorsque les dépenses publiques ont augmenté énormément en préparation de la guerre mondiale que l'Amérique a commencé à sortir de la Dépression. Il importe de le comprendre : ce sont les dépenses publiques – stimulant keynésien – qui ont provoqué la reprise, pas une correction de la politique monétaire ou une renaissance du système bancaire. Les perspectives à long terme de l'économie auraient été meilleures, bien sûr, si ces investissements avaient été faits dans l'éducation, la technologie et les infrastructures, et non dans l'armement. Mais même ainsi, la force des dépenses publiques a plus que contrebalancé la faiblesse des dépenses privées.

Les dépenses publiques ont résolu, accidentellement, le problème de fond de l'économie : elles ont achevé une transformation structurelle nécessaire en faisant résolument passer l'Amérique, le Sud en particulier, de l'agriculture à l'industrie. Les Américains sont assez réfractaires à des concepts comme «politique industrielle», mais les dépenses de guerre en étaient une : une politique qui a changé définitivement la nature de notre économie. La création massive d'emplois dans les zones urbaines – dans l'industrie – a réussi à faire sortir les agriculteurs de leurs exploitations. L'offre et la demande de nourriture se sont alors rééquilibrées : le prix des produits agricoles a commencé à remonter. Les nouveaux citadins ont appris à vivre en ville et acquis des compétences industrielles. Et, après la guerre, le G.I. Bill a permis aux anciens combattants de se former pour vivre dans une société industrielle moderne. Pendant ce temps, la grande réserve de main-d'œuvre piégée dans les fermes avait presque disparu. Le processus avait été long et très douloureux, mais la source de la détresse économique était tarie.

Les parallèles entre les origines de la Grande Dépression et celles de notre Grande Récession sont frappants. À l'époque, nous passions de l'agriculture à l'industrie. Aujourd'hui, nous passons de l'industrie à une économie de services. Le déclin des emplois industriels a été spectaculaire : près d'un tiers de la population active il y a soixante ans, moins d'un dixième aujourd'hui. Le rythme s'est nettement accéléré durant la dernière décennie. Il y a deux raisons à ce déclin. La première est la croissance de la productivité – la même dynamique qui a révolutionné l'agriculture et forcé la majorité des exploitants américains à chercher du travail ailleurs. La seconde est la mondialisation, qui a délocalisé des millions d'emplois à l'étranger, soit dans les pays à bas salaires, soit dans ceux qui ont investi le plus dans les infrastructures ou la technologie. (Comme l'a remarqué Greenwald, les pertes d'emplois dans les années 1990 ont été surtout liées aux gains de productivité, pas à la mondialisation.) Quelle que soit la cause exacte, le résultat inévitable est exactement le même qu'il y a quatre-vingts ans : baisse des revenus et des emplois. Les millions de chômeurs qui étaient autrefois ouvriers dans des villes comme Youngstown, Birmingham, Gary ou Detroit sont les équivalents modernes des agriculteurs sacrifiés de la Grande Dépression.

Les conséquences sur les dépenses du consommateur, et sur la santé globale de l'économie, sont évidentes – sans parler de l'épouvantable coût humain. Nous avons toutefois réussi à les ignorer pour un temps. Les bulles des marchés de l'immobilier et du crédit ont masqué momentanément le problème en créant une demande artificielle, qui a elle-même engendré des emplois dans le secteur financier, dans le bâtiment et ailleurs. La bulle a même fait oublier aux salariés que leur revenu était en baisse. Ils étaient grisés par la perspective d'une richesse inespérée : la valeur de leur maison montait en flèche et celle de leur pension de retraite, investie sur le marché financier, semblait suivre le même chemin. Mais les emplois n'étaient que temporaires, entretenus par des chimères.

À en croire les macroéconomistes orthodoxes, le vrai problème dans une récession n'est pas la baisse des salaires, c'est leur rigidité : si seulement on pouvait les rendre plus flexibles (autrement dit, plus bas), les récessions se corrigeraient d'elles-mêmes ! Mais c'était faux durant la Grande Dépression et c'est toujours faux aujourd'hui. Une baisse des revenus et des salaires ne ferait, au contraire, que réduire la demande, donc affaiblirait encore plus notre économie.

Sur les quatre principaux secteurs des services – la finance, l'immobilier, la santé et l'éducation –, les deux premiers avaient démesurément grossi avant la crise actuelle. Les deux autres, la santé et l'éducation, sont traditionnellement financés en grande partie par l'État. Mais les politiques d'austérité à tous les niveaux – les coupes budgétaires en réaction à la récession – ont porté à l'éducation un coup particulièrement dur, comme aux services publics en général. Près de 700 000 emplois publics ont été supprimés dans les États et les municipalités depuis quatre ans. C'est exactement ce qui s'est passé durant la Grande Dépression. Comme en 1937, les champions actuels de la lutte antidéficit réclament des budgets en équilibre et toujours plus de coupes. Au lieu de faire avancer une transition structurelle qui est inévitable – au lieu d'investir dans les formes nécessaires de capital humain, de technologies et d'infrastructures, ce qui finirait par nous mener à bon port –, l'État freine des quatre fers. Les politiques actuelles ne peuvent avoir qu'un résultat : rendre la Grande Récession plus longue et plus grave qu'elle n'aurait dû l'être.

On peut tirer deux conclusions de cette brève analyse historique. La première est que l'économie ne se remettra pas sur pied toute seule ; en tout cas, pas dans des délais raisonnables pour la population. Oui, toutes ces maisons saisies finiront par être à nouveau habitées, ou détruites. Les prix se stabiliseront et commenceront même à augmenter. Les Américains s'ajusteront à un niveau de vie plus faible – ils ne vivront pas seulement dans la limite de leurs moyens, ils vivront *en deçà*, car ils devront faire de gros efforts pour rembourser cette énorme dette. Mais les dégâts seront considérables. L'image que l'Amérique se faisait d'elle-même, le pays de l'égalité des chances, est déjà sérieusement écornée. Les jeunes au chômage sont ulcérés. Il sera toujours plus difficile de remettre nombre d'entre eux sur la voie d'un emploi productif. Ils seront marqués à vie par ce qui se passe aujourd'hui. Baladez-vous dans les vallées fluviales industrielles du Midwest, dans les petites villes des Grandes Plaines ou dans les centres industriels du Sud : vous verrez que le déclin est irréversible.

La politique monétaire ne va pas nous aider à sortir de ce chaos. Tardivement, Ben Bernanke a fini par l'admettre. La Federal Reserve a beaucoup contribué à créer la situation actuelle – en encourageant la bulle qui a conduit à une consommation délirante –, mais à présent elle ne peut pas faire grand-chose pour en atténuer les conséquences. Je comprends que ses membres ressentent une certaine culpabilité. Mais quiconque s'imagine que la politique monétaire va ressusciter l'économie sera amèrement déçu. Cette idée est une fausse piste. Fausse et dangereuse.

Ce qu'il faut faire, c'est lancer un programme d'investissement massif – comme nous l'avons fait, presque par accident, il y a quatre-vingts ans. Il relèvera notre productivité pour les années à venir et créera des emplois tout de suite. Ces investissements publics, et le rétablissement du PIB qu'ils provoqueront, augmenteront les rendements privés. Ils pourraient servir à améliorer la qualité de vie et la productivité *réelle* – à la différence des investissements du secteur privé dans les innovations financières, qui étaient plutôt, en fait, des armes financières de destruction massive.

Pouvons-nous vraiment nous résoudre à le faire, sans la mobilisation que suscite une guerre mondiale? Peut-être pas. La bonne nouvelle (en un sens), c'est que les États-Unis sous-investissent depuis des décennies dans les infrastructures, la technologie et l'éducation; le rendement des investissements additionnels est donc élevé, alors que le coût du capital est au plus bas. Si nous empruntons aujourd'hui pour financer des investissements très rentables, notre rapport «dette sur PIB» – la mesure habituelle de la viabilité de la dette – va s'améliorer fortement. Et si nous augmentons simultanément les impôts – par exemple ceux du 1 % des ménages aux plus hauts revenus –, la viabilité de notre dette sera meilleure encore.

De lui-même, le secteur privé ne peut pas entreprendre, et n'entreprendra pas, de transformations structurelles de l'envergure nécessaire – même si la Federal Reserve laisse les taux d'intérêt à zéro pendant quelques années encore. Cela ne peut se produire que par un plan de stimulation de l'État, conçu non pour protéger l'ancienne économie mais pour en créer une nouvelle. Nous devons lancer la transition de l'industrie vers des services souhaités par la population – vers des activités utiles qui élèvent le niveau de vie, pas vers celles qui intensifient le risque et l'inégalité. Pour cela, nous pouvons effectuer de nombreux investissements à forte rentabilité. L'éducation est l'un des plus importants : une population très instruite est un moteur essentiel de la croissance économique. La recherche pure a besoin d'argent. Les investissements que l'État lui a consacrés dans les décennies précédentes – la création d'Internet et des biotechnologies, par exemple – ont aidé à dynamiser la croissance. Si l'on ne finance pas la recherche fondamentale, d'où viendra la prochaine génération d'innovations? Simultanément, les États pourraient certainement utiliser l'aide fédérale pour combler les trous dans leur budget. La croissance économique à long terme n'est pas compatible avec notre consommation actuelle des ressources. Financer des recherches, former des techniciens et prendre des initiatives pour une énergie plus propre et plus efficace va donc nous aider à construire une économie solide pour les décennies à venir, et pas seulement à sortir de la récession. Nos infrastructures sur le déclin, des routes aux chemins de fer, des digues aux centrales électriques, sont des cibles de choix pour des investissements rentables.

Voici ma deuxième conclusion : si nous souhaitons garder un semblant de «normalité», nous devons réparer le système financier. Son implosion, nous l'avons dit, n'a peut-être pas été la cause fondamentale de la crise ; mais elle l'a aggravée et elle fait obstacle à une reprise durable. Dans toutes les économies, les principales créatrices d'emplois sont les PME, en particulier les nouvelles, et elles ont été très durement touchées. Il est vital que les banques cessent leurs spéculations dangereuses et se remettent tout bêtement à prêter. Mais nous n'avons pas réparé le système financier. Nous avons, à grands frais, renfloué les banques, sans restrictions, sans conditions, sans conception du système bancaire que nous voulons et dont nous avons besoin. Autrement dit, nous avons confondu la fin et les moyens. Un système bancaire est censé servir la société, pas le contraire.

Notre passivité face à cette confusion entre la fin et les moyens en dit long sur le mauvais tournant qu'ont pris notre société et notre économie. Les Américains commencent à comprendre ce qui s'est passé. Les manifestants dans tout le pays, galvanisés par le mouvement Occupy Wall Street, le savent déjà.

La pénurie à l'ère de l'opulence [1]

Dans le monde entier, on manifeste contre la hausse des prix des denrées alimentaires et de l'essence. Les pauvres voient leurs revenus pris en tenaille dans une période où l'économie mondiale ralentit. La classe moyenne aussi. Les responsables politiques souhaitent répondre aux inquiétudes légitimes de leurs électeurs, mais ne savent que faire.

Aux États-Unis, Hillary Clinton et John McCain ont tous deux choisi la solution de facilité : ils se sont prononcés pour une suspension de la taxe sur l'essence, au moins pendant l'été. Seul Barack Obama a tenu bon et rejeté cette proposition : elle n'aurait fait qu'augmenter la demande d'essence – ce qui aurait annulé les effets de la suspension.

Mais si Clinton et McCain ont tort, que faut-il faire ? Nous ne pouvons pas simplement ignorer les doléances de ceux qui souffrent. Aux États-Unis, les revenus réels de la classe moyenne n'ont toujours pas retrouvé leurs niveaux d'avant la dernière récession, en 1991.

Quand George Bush a été élu, il a expliqué que les réductions d'impôts en faveur des riches guériraient tous les maux de notre

1. *Project Syndicate*, 6 juin 2008.

économie. Les bénéfices de la croissance qu'elles allaient créer
profiteraient à tous, par ruissellement. Ces politiques étaient alors
à la mode en Europe et ailleurs, mais elles ont échoué. Les réductions d'impôts devaient encourager l'épargne ? Celle des ménages
américains a été réduite à néant. Elles devaient stimuler l'emploi ?
La participation à la population active est plus faible que dans les
années 1990. La croissance n'a bénéficié qu'aux super-riches. La
productivité a augmenté, pour un temps, mais pas grâce aux innovations financières de Wall Street. Les produits financiers qui ont
été créés ne géraient pas le risque, ils l'aggravaient. Ils étaient si
opaques et complexes que ni Wall Street ni les agences de notation
ne pouvaient les évaluer correctement. Et, simultanément, le
secteur financier n'a pas créé les produits qui auraient pu aider
les citoyens ordinaires à gérer les risques auxquels ils étaient
confrontés. Notamment les propriétaires. Des millions d'Américains vont probablement perdre leur maison et, avec elle, les économies de toute une vie.

La technologie de pointe, symbolisée par la Silicon Valley, est
au cœur du succès américain. Paradoxalement, à l'âge d'or de
la bulle immobilière, ceux qui ont le plus gagné n'ont pas été les
scientifiques, auxquels on doit les progrès techniques à la base de
la croissance ; ni les sociétés de capital-risque, qui les financent.
Les investissements réels se sont fait voler la vedette par les petits
jeux auxquels se sont livrés la plupart des acteurs des marchés
financiers.

Le monde doit repenser les sources de la croissance. Si ses
bases sont les améliorations scientifiques et techniques et pas la
spéculation sur l'immobilier ou sur les marchés financiers, il faut
réorienter le système fiscal. Pourquoi ceux qui jouent au casino
de Wall Street seraient-ils moins imposés que les autres ? Les
plus-values doivent l'être au moins autant que les revenus ordinaires. (Elles auraient de toute manière un avantage substantiel,
puisqu'elles ne sont imposées que lorsqu'elles sont réalisées.) De
plus, il faut introduire une taxe sur les profits d'aubaine des compagnies pétrolières et gazières.

Avec l'augmentation énorme des inégalités dans la plupart des
pays, il serait normal d'imposer davantage ceux qui ont gagné gros,

afin d'aider les victimes de la mondialisation et du changement technologique . Cela pourrait réduire aussi l'effet de l'envolée des prix alimentaires et énergétiques. Il est clair que les pays qui ont des programmes de bons d'alimentation, comme les États-Unis, doivent revaloriser ces aides pour que les normes de nutrition ne se détériorent pas. Les pays qui n'en ont pas devraient penser à en instaurer.

Deux facteurs ont déclenché la crise actuelle. Le premier est la guerre d'Irak, qui a contribué à la hausse des cours du brut, notamment en aggravant l'instabilité au Moyen-Orient – le fournisseur de pétrole bon marché –, au moment où, à cause des biocarburants, les marchés des denrées et de l'énergie sont de plus en plus intégrés. S'il est bon de s'intéresser aux sources d'énergie renouvelables, les politiques qui introduisent des distorsions dans l'offre alimentaire sont dangereuses. Les subventions américaines à l'éthanol extrait du maïs sont plus efficaces pour remplir les poches de ses producteurs que pour lutter contre le changement climatique. Les sommes considérables que les États-Unis et l'Union européenne versent à leur agriculture ont affaibli celle du monde en développement, où l'aide internationale a trop rarement servi à relever la productivité agricole. L'aide au développement consacrée à l'agriculture, qui avait atteint 17 % du total, est tombée à 3 % aujourd'hui. De plus, certains donneurs internationaux exigent la suppression de toute subvention aux engrais, ce qui pénalise encore plus les paysans désargentés face à la concurrence.

Les pays riches doivent réduire ou même supprimer leurs politiques énergétiques et agricoles perturbatrices. Ils doivent aider les habitants des pays les plus pauvres à améliorer leur capacité de production alimentaire. Mais ce n'est qu'un début : nous avons traité nos ressources les plus précieuses, l'eau et l'air non pollués, comme si elles étaient gratuites. C'est seulement par de nouveaux modes de consommation et de production – par un nouveau modèle économique – que nous pourrons nous attaquer à ce problème vraiment fondamental.

Première à gauche pour la croissance [1]

À gauche comme à droite, on se déclare pour la croissance économique. Alors, les électeurs qui doivent opter pour l'une ou l'autre ont-ils simplement à choisir entre deux équipes de management ?

Ce serait trop facile ! Le problème tient en partie au facteur chance. L'économie américaine en a eu beaucoup dans les années 1990 : les prix de l'énergie étaient très bas, le rythme de l'innovation très soutenu, et la Chine offrait des produits dont la qualité ne cessait d'augmenter et les prix de diminuer ; conjointement, tout cela nous a valu une inflation faible et une croissance rapide.

Le président Clinton et Alan Greenspan, alors président de la Federal Reserve, n'y étaient pas pour grand-chose, même si, bien sûr, des décisions politiques fâcheuses auraient pu tout gâcher. Nos problèmes actuels, en revanche – les prix énergétiques et alimentaires au plus haut et un système financier qui s'écroule –, sont dans une large mesure le fruit de mauvaises politiques.

Il y a en effet de grandes différences entre les *stratégies* de croissance ; elles n'auront donc probablement pas les mêmes résultats. La première porte sur la conception même de la croissance. Celle-ci n'est pas un simple synonyme d'augmentation du PIB. Elle

1. *Project Syndicate*, 6 août 2008.

doit être durable : si elle est fondée sur la dégradation de l'environnement, la consommation gloutonne financée par la dette ou l'exploitation de ressources naturelles rares sans réinvestissement des gains, elle n'est pas viable.

La croissance doit aussi être largement partagée ; elle doit au moins profiter à la majorité de la population. L'économie du ruissellement ne fonctionne pas : une hausse du PIB peut en fait s'accompagner de l'appauvrissement de la plupart des citoyens. La croissance américaine récente n'était ni économiquement durable ni inclusive. Pour la grande majorité des Américains, la vie est plus difficile aujourd'hui qu'il y a sept ans.

Mais nous ne sommes pas obligés de choisir entre inégalité et croissance. En renforçant la cohésion sociale, les États peuvent dynamiser l'économie. La ressource la plus précieuse d'un pays est son peuple. Il est donc essentiel de faire en sorte que *chacun* puisse réaliser son potentiel ; c'est pourquoi tout le monde doit avoir la possibilité de s'instruire.

L'économie moderne exige aussi la prise de risque. Mais on est plus aventureux quand on sait qu'il existe un filet de sécurité solide. Dans le cas contraire, les citoyens vont peut-être réclamer des barrières qui les mettraient à l'abri de la concurrence étrangère. La protection sociale est plus efficace que le protectionnisme.

Nous payons l'absence de solidarité sociale à d'autres niveaux, notamment dans les dépenses publiques et privées nécessaires pour protéger la propriété et incarcérer les criminels. On estime que, dans quelques années, il y aura en Amérique plus de personnel dans la sécurité que dans l'éducation. Une année en prison peut coûter plus cher qu'une année à Harvard. Il est clair que l'incarcération de deux millions d'Américains – un des taux de détention par habitant les plus élevés du monde – devrait être comptabilisée comme une soustraction au PIB, pourtant nous l'additionnons au reste !

La deuxième différence essentielle entre la gauche et la droite porte sur le rôle de l'État dans la promotion du développement. La gauche comprend son importance vitale. L'État doit fournir les infrastructures, assurer l'éducation, développer les technologies et même agir en entrepreneur. Il a posé les bases de la révolution d'Internet et de celle de la biotechnologie moderne. Au xixᵉ siècle, il a financé la recherche universitaire qui a été au fondement de la révolution agricole. Il a ensuite fait connaître ces innovations à des millions d'agriculteurs américains. Ses prêts aux petites entreprises ont été cruciaux pour créer non seulement de nouvelles compagnies, mais aussi des secteurs d'activité entièrement neufs.

La dernière différence peut paraître étrange : aujourd'hui, la gauche comprend les marchés et le rôle qu'ils peuvent et doivent jouer dans l'économie. Pas la droite, surtout en Amérique. La nouvelle droite, incarnée par l'administration Bush-Cheney, n'est en fait que le vieux corporatisme habillé de neuf.

Cette droite n'est pas libertarienne. Elle croit en un État fort, avec un pouvoir exécutif puissant, mais qui sert à défendre des intérêts bien établis, en faisant peu de cas des principes du marché. La liste des exemples serait longue. On y trouverait, en tout cas, les subventions aux grandes exploitations de l'agro-industrie, les droits de douane pour protéger la sidérurgie et, plus récemment, les mégarenflouements de Bear Stearns, Fannie Mae et Freddie Mac. Mais la contradiction entre rhétorique et réalité ne date pas d'aujourd'hui : le protectionnisme s'est renforcé sous Reagan, qui a même imposé aux exportations de voitures japonaises des restrictions dites «volontaires».

Au contraire, la gauche nouvelle s'efforce de faire fonctionner les marchés. Livrés à eux-mêmes, ils ne sont pas très efficaces – la débâcle financière actuelle le confirme assez. Les défenseurs des marchés admettent à l'occasion qu'ils ont des défaillances, parfois désastreuses, mais affirment qu'ils «se corrigent tout seuls». Pendant la Grande Dépression, certains ont tenu des raisonnements similaires : l'État ne doit rien faire, car les marchés ramèneront l'économie au plein-emploi *à long terme*. On connaît la célèbre réplique de John Maynard Keynes : à long terme, nous serons tous morts.

Les marchés ne se corrigent pas tout seuls à temps. Aucun gouvernement ne peut rester les bras croisés à regarder son pays s'enfoncer dans la récession ou la dépression, même quand elle est due à la cupidité des banquiers ou à la mauvaise appréciation des risques par les marchés des titres et les agences de notation.

Mais si c'est à l'État de payer la note d'hôpital de l'économie, il doit faire tout son possible pour que l'hospitalisation ne soit pas nécessaire. Le refrain de la droite à la gloire de la déréglementation était erroné, tout simplement; nous en payons aujourd'hui le prix. La facture – en termes de production perdue – sera très salée, peut-être supérieure à 1 500 milliards de dollars pour les seuls États-Unis.

La droite se présente souvent en héritière intellectuelle d'Adam Smith. Mais, même si ce dernier reconnaissait le pouvoir des marchés, il en comprenait également les limites. À son époque, déjà, les entreprises avaient compris qu'il était plus facile d'augmenter leurs profits en conspirant entre elles pour faire monter les prix qu'en fabriquant des produits innovants plus efficacement. Des lois antitrust vigoureuses sont nécessaires.

Donner une grande fête, c'est simple. Sur le moment, tout le monde est content. Promouvoir une croissance viable, c'est beaucoup plus difficile. Aujourd'hui, contrairement à la droite, la gauche propose un programme cohérent qui promet à la fois une croissance plus forte et la justice sociale. Les électeurs ne devraient pas avoir trop de mal à choisir.

L'énigme de l'innovation[1]

Le monde entier s'enthousiasme pour le type d'innovations techniques que symbolise la Silicon Valley. Vue sous cet angle, l'ingéniosité de l'Amérique est son véritable avantage comparatif, que les autres pays s'efforcent d'imiter. Mais il y a un mystère : pourquoi est-il si difficile de déceler les bénéfices de ces innovations dans les statistiques du PIB ?

Ce qui se passe aujourd'hui rappelle le constat fait en 1987, au début de l'ère de l'ordinateur personnel, par l'économiste Robert Solow – nobélisé pour ses travaux fondateurs sur la croissance : «L'ère de l'informatique est visible partout, sauf dans les statistiques de la productivité.» Il y a plusieurs explications possibles à ce phénomène.

Peut-être le PIB ne reflète-t-il pas réellement les améliorations du niveau de vie que l'ère de l'informatique a apportées. Ou peut-être ces innovations sont-elles moins importantes que ne le pensent les enthousiastes. En fait, il y a du vrai dans les deux hypothèses.

Rappelez-vous combien, il y a quelques années, juste avant la chute de Lehman Brothers, le secteur financier se vantait de sa

1. *Project Syndicate*, 9 mars 2014.

créativité! Puisque les sociétés financières recrutaient les esprits les plus brillants du monde, on n'en espérait pas moins d'elles. Mais, à y regarder de plus près, on a vu clairement que l'essentiel de leurs innovations ne visaient qu'à mettre au point de meilleurs moyens d'escroquer, de manipuler les marchés sans se faire prendre (du moins pendant très longtemps) et d'exploiter le pouvoir de marché.

Durant cette période, où les ressources affluaient dans ce secteur «innovant», la croissance du PIB a été nettement plus faible qu'auparavant. Même aux meilleurs moments, cette «innovation» n'a jamais fait monter les niveaux de vie (sauf celui des banquiers). Et elle a finalement mené à la crise dont nous nous rétablissons à peine aujourd'hui. Sa contribution sociale nette a été négative.

De même, la bulle des points-com qui a précédé a été très innovante – elle a créé, par exemple, des sites Internet de vente en ligne de sodas ou de nourriture pour chien. Elle nous a au moins légué des moteurs de recherche performants et une infrastructure de fibre optique. Mais il est difficile de déterminer à quel degré le temps gagné en faisant ses courses sur Internet, ou les réductions de coûts dues à l'intensification de la concurrence (encore facilitée par les comparateurs de prix en ligne), améliorent notre niveau de vie.

Il faut bien comprendre deux vérités. D'abord, la rentabilité d'une innovation n'est peut-être pas la meilleure mesure de sa contribution nette à notre bien-être. Dans notre économie, où le gagnant rafle tout, l'innovateur qui développe un meilleur site de commande de nourriture pour chien peut attirer tous ceux qui, dans le monde entier, achètent les croquettes de leur animal sur Internet, et faire d'énormes profits. Mais, sans lui, une large part de ces bénéfices serait simplement revenue à d'autres. En fait, la contribution de ce site Internet à la croissance économique est peut-être relativement faible.

Deuxièmement, si une innovation supprime des emplois, comme les distributeurs de billets, ni la souffrance de ceux qui perdent leur travail, ni l'alourdissement des coûts budgétaires lié à leurs indemnités de chômage n'apparaissent dans le taux de

rentabilité de l'entreprise. Notre système de mesure par le PIB
ne reflète pas le coût de l'insécurité croissante de chacun face au
risque accru de se retrouver sans emploi. Et, souvent – c'est un
point tout aussi important –, il ne reflète pas non plus avec pré-
cision l'amélioration qu'une innovation apporte au bien-être de la
société.

Dans un monde plus simple, quand l'innovation était, par
exemple, la baisse des coûts de production d'une automobile, il
était facile d'estimer sa valeur. Lorsqu'elle porte sur la *qualité* de
l'automobile, c'est beaucoup plus difficile. Et c'est encore plus
évident pour d'autres secteurs : grâce aux progrès médicaux, la
chirurgie cardiaque est plus sûre aujourd'hui que par le passé, ce
qui accroît sensiblement l'espérance et la qualité de vie ; comment
évaluer cette amélioration avec exactitude ?

Néanmoins, on ne peut éviter ce constat embarrassant : tout
bien pesé, la contribution des innovations techniques récentes
à la croissance à long terme des niveaux de vie est peut-être nettement plus faible que l'enthousiasme qu'elles ont soulevé. On a
beaucoup œuvré à mettre au point de meilleures méthodes pour
maximiser les budgets de publicité et de marketing – pour cibler
les clients, en particulier les riches, qui ont effectivement les
moyens d'acheter le produit. Mais le niveau de vie aurait peut-être
augmenté davantage si toute cette puissance d'innovation avait
été orientée vers la recherche fondamentale – ou même vers des
recherches appliquées qui auraient pu conduire à de nouveaux
produits.

Oui, être plus connectés les uns aux autres grâce à Facebook ou
Twitter, c'est important. Mais comment comparer ces innovations
au laser, au transistor, à la machine de Turing ou à la cartographie
du génome humain, qui ont ouvert la voie à tant de produits
révolutionnaires ?

Cela dit, nous pouvons aussi être rassurés sur un point. Nous
ne savons pas dans quelle proportion les innovations technologiques récentes contribuent à notre bien-être, mais nous sommes
au moins certains que, contrairement aux innovations financières
qui ont marqué l'économie mondiale avant la crise, elles ont eu un
effet positif.

Épilogue

La dernière partie est différente des autres. C'est une interview avec Cullen Murphy, mon éditeur à *Vanity Fair*, dans laquelle je réfute l'un des arguments des conservateurs : les riches sont des créateurs nets d'emplois. Selon cette thèse, il serait contre-productif de prendre de l'argent aux nantis – ou simplement de les forcer à payer leur juste part de l'impôt. L'Américain moyen en souffrirait. Ce n'est qu'une version «XXIᵉ siècle» de la vieille économie du ruissellement, qui tente de justifier les inégalités sociales.

Selon moi, l'économie du ruissellement était *totalement* erronée. De par le monde, il y a une énorme créativité, une immense envie d'entreprendre, *si la demande est suffisante* (et si certaines autres conditions sont respectées, comme l'accès au capital et la bonne qualité des infrastructures). De ce point de vue, les vrais «créateurs d'emplois» sont les consommateurs ; et si les économies américaine et européennes n'ont pas créé d'emplois, c'est parce que la stagnation des revenus entraîne celle de la demande. De fait, à l'heure où ce livre va sous presse, les salaires sont inférieurs à leur niveau d'avant la crise dans de nombreux pays européens ; et, comme je l'ai dit et répété, le revenu du ménage américain médian est plus bas qu'il y a un quart de siècle. Comment s'étonner, dans ces conditions, que la demande stagne ?

Les rédacteurs de *Vanity Fair* m'ont posé une autre question, que j'entends souvent lors de mes déplacements dans le pays : quand et pourquoi notre inégalité a-t-elle commencé à grandir ? Ma réponse est la même que celle de tous les autres spécialistes : en gros, au début de l'administration Reagan. Certaines mesures prises par le président Reagan ont très certainement contribué à aggraver l'inégalité – par exemple ses réformes fiscales, qui ont énormément bénéficié aux riches. Mais il faut élargir le champ, comme le fait Thomas Piketty dans son livre : la montée de l'inégalité a commencé à peu près à la même époque dans de nombreux pays développés. Les « réformes » qui étaient à la mode dans les années 1980 ont frappé un pays après l'autre. Elles comprenaient la baisse des taux d'imposition marginaux les plus élevés, mais aussi la libéralisation des marchés financiers.

Nous allons donc terminer ce livre en reprenant les thèmes que nous avons exposés au départ : notre inégalité n'est pas inévitable – ni les sommets qu'elle a atteints, ni les formes qu'elle a prises. Elle ne résulte pas de lois économiques ou physiques inéluctables. C'est un choix. C'est l'effet de nos politiques. Et nos politiques sont dues à notre politique. Cette inégalité, nous l'avons payée au prix fort. Et encore plus douloureusement ces dix dernières années, avec la gestation de la crise et ses suites. Mais nous allons continuer à la payer à l'avenir, toujours plus cher, si nous ne changeons pas les politiques qui l'ont fait naître.

Joseph E. Stiglitz : non, le 1 % n'est pas le moteur de l'innovation ; et le tournant vers l'inégalité en Amérique a été pris sous l'administration Reagan [1]

CULLEN MURPHY : Dans votre nouveau livre, Le Prix de l'inégalité, *vous élargissez votre point de vue, historiquement et géographiquement. Quelle est la période de l'histoire américaine qui vous paraît, par sa désinvolture face à la montée de l'inégalité, la plus proche de celle que nous vivons aujourd'hui ?*

JOSEPH E. STIGLITZ : Deux me viennent à l'esprit : l'Âge doré de la fin du XIXe siècle et le boom des années 1920. Les deux ont été marquées par une forte inégalité et une corruption massive, notamment dans le processus politique (pensons par exemple au célèbre scandale qui a marqué le début des années 1920, le «Teapot Dome [2]»). En réalité, jusqu'au milieu de la dernière décennie, l'inégalité des revenus n'était jamais remontée au niveau des folles années 1920. Bien sûr, parmi ceux qui ont fait fortune à ces époques, certains ont beaucoup apporté à notre société – les barons voleurs ont construit les chemins de fer qui ont transformé

---

1. *Vanity Fair*, 5 juin 2012.
2. Des compagnies pétrolières avaient corrompu de hauts responsables de l'administration Harding pour pouvoir exploiter à très bas prix des réserves pétrolières stratégiques de la marine, situées à Teapot Dome dans le Wyoming (*NdT*).

le pays; James B. Duke a éminemment contribué à électrifier certaines régions. Mais les deux périodes se sont aussi caractérisées par la spéculation, l'instabilité et les excès.

Quelques-uns, comme Edward Conard dans son livre Unintended Consequences *[Conséquences involontaires], pensent que l'inégalité extrême n'est nullement un signe de dysfonctionnement profond; c'est au contraire une bonne nouvelle. Vous avez beaucoup de critiques à leur faire. Quelles sont les principales erreurs de ce raisonnement?*

Conard explique que la montée de l'inégalité est positive, car plus les riches accumulent, plus ils vont investir et améliorer l'économie. Selon lui, leur fortune est une preuve de leurs contributions à l'innovation. Comme vous l'avez dit, ce raisonnement contient tellement d'erreurs qu'on ne sait par où commencer. Je vais en citer trois.

Premièrement, il repose sur «l'économie du ruissellement»; on connaît la thèse: si les riches prospèrent, le reste de la société s'enrichira aussi. Mais tout indique que c'est le contraire qui se passe: le revenu réel de la majorité des Américains est plus bas qu'en 1997, il y a quinze ans.

Deuxièmement, l'argument suppose que l'inégalité serait bonne pour la croissance. C'est un mensonge. À nouveau, les faits prouvent l'inverse. On démontre régulièrement que l'inégalité retarde la croissance et accroît l'instabilité. Ces conclusions se fondent sur les travaux d'économistes tout à fait modérés. Même le Fonds monétaire international, qui n'est pas connu pour sa radicalité, a fini par reconnaître les effets pervers de l'inégalité sur la performance économique.

Troisièmement, on a tort de croire que les super-riches prennent le risque d'investir dans des activités qui stimulent l'innovation. On observe très clairement qu'ils consacrent l'essentiel de leur fortune à la «recherche de rente». Quand de petites élites possèdent une richesse disproportionnée, elles utilisent leur pouvoir pour obtenir des faveurs de l'État. Parmi les plus riches (hier comme aujourd'hui), certains le sont devenus en exerçant un monopole et en empêchant les autres de les concurrencer à armes égales. Cette recherche de rente est une utilisation terriblement improductive des ressources. Ceux qui la pratiquent ne créent pas de valeur. Ils utilisent leur situation privilégiée sur certains marchés pour s'octroyer une part toujours plus grande de la valeur existante. Ils déforment l'économie, en réduisant l'efficacité et la croissance.

Les vrais moteurs de la croissance et de l'innovation sont les jeunes entreprises et les PME; en particulier dans les techniques de pointe, qui s'appuient, en général, sur des recherches financées par l'État. L'un des problèmes de l'Amérique aujourd'hui est que trop de riches refusent de payer leur juste part de ces «biens publics»: beaucoup sont imposés à des taux très inférieurs à ceux de contribuables bien plus modestes. Mais il n'est pas surprenant que certains des Américains les plus fortunés encouragent le mythe d'une économie où leur enrichissement personnel bénéficierait à tout le monde.

Durant la «reprise» de 2009-2010, le 1 % a accaparé 93 % de l'augmentation du revenu. Je ne pense pas que Conard puisse convaincre les 23 millions d'Américains qui cherchent un emploi à temps plein sans en trouver qu'ils devraient s'en réjouir.

Si vous deviez déterminer un moment charnière où nous avons commencé à prendre le chemin d'une inégalité croissante, quel serait-il? Et quels ont été les événements déclencheurs?

Il est difficile de désigner un seul moment critique. Mais il est clair que l'élection du président Ronald Reagan a été un tournant. Dans les décennies de l'immédiat après-guerre, la croissance économique était partagée par la majorité de la population, et, en pourcentage, les plus modestes progressaient plus que les riches. (C'est aussi la période où le pays a connu sa croissance la plus rapide.) Parmi les événements déclencheurs qui ont mené à la montée de l'inégalité, on peut mentionner le début de la déréglementation du secteur financier et la réduction de la progressivité du système fiscal. La déréglementation a entraîné une financiarisation excessive de l'économie – à tel point qu'avant la crise 40 % des profits des entreprises étaient absorbés par le secteur financier. Ce dernier offrait de très fortes rémunérations à ses dirigeants et devait une belle part de ses profits à l'exploitation de la classe moyenne et des pauvres, avec, par exemple, les prêts «prédateurs» et les pratiques abusives des cartes de crédit. Malheureusement, les successeurs de Reagan ont continué sur la voie de la déréglementation. Et ils ont généralisé la politique des réductions d'impôts pour les riches, au point qu'aujourd'hui le 1 % ne verse au fisc qu'environ 15 % de ses revenus, bien moins que des contribuables plus modestes.

On rappelle souvent que Reagan a brisé la grève des contrôleurs du ciel, et que ce fut un moment clé dans l'affaiblissement des syndicats. Leur déclin est l'un des facteurs qui expliquent pourquoi les travailleurs ont été si durement touchés ces dernières décennies. Mais il y en a d'autres. Reagan a également encouragé la libéralisation du commerce extérieur; la montée de l'inégalité est en partie imputable à la mondialisation et au remplacement d'emplois semi-qualifiés par les technologies nouvelles et par la main-d'œuvre étrangère. Une part de l'aggravation des inégalités, commune à l'Europe et aux États-Unis, peut se comprendre ainsi. Mais la particularité de l'Amérique, c'est la formidable croissance des revenus des super-riches, en particulier du 0,1 %. Elle dépasse de très loin celle qu'ont connue la plupart des pays d'Europe et découle à la fois de la ferveur dérégulatrice de Reagan – principalement dans la finance –, de l'application insuffisante des lois sur la concurrence et de la volonté, plus forte en Amérique, de profiter de règles inadaptées sur la gouvernance d'entreprise.

Tout au long de leur histoire, les États-Unis ont été confrontés à l'inégalité. Mais, avec les politiques fiscales et les réglementations qui existaient après guerre, nous étions sur la bonne voie pour améliorer un peu les choses. Les allégements fiscaux et la déréglementation qui ont commencé sous Reagan ont inversé la tendance. Les disparités de revenus avant impôts et transferts (les aides accordées aux plus démunis, comme les bons d'alimentation) sont à présent plus importantes et, puisque l'État réduit son assistance aux pauvres et favorise les riches, les inégalités de revenus après impôts et transferts sont encore plus amples.

Vous critiquez sans cesse la «recherche de rente». La voyez-vous à l'œuvre dans le fiasco de J-.P. Morgan[1] ?

Les pertes énormes que J. P. Morgan a révélées récemment montrent que nous n'en avons pas fini avec les excès des banques; nous n'avons pas résolu les problèmes qui ont conduit à la crise. Il y a encore un manque de transparence, un crédit prédateur, et des comportements imprudents – qui menacent toujours les contribuables. L'absence de réforme du secteur financier est clairement le résultat de la recherche de rente. Nous avons conservé un système où nous privatisons les profits et socialisons les coûts; de fait, les banques ont reçu des subventions massives (souvent cachées).

Le secteur financier a joué de ses portes tournantes avec l'État, d'abord pour affaiblir les réglementations qui lui posaient des bornes. Et même lorsqu'on s'est rendu compte qu'elles étaient en fait insuffisantes, il a poursuivi son action pour empêcher qu'on en vote de nouvelles, plus efficaces. Notre structure de réglementation est déficiente à cause de la recherche de rente. Les banques jouent de leur puissance pour obtenir des traitements de faveur, dont les renflouements. Elles ont compris que, si une perte soudaine les mettait en faillite, les contribuables américains seraient toujours là pour les financer à bon compte (par des injections directes, des taux d'intérêt nuls, en soutenant le marché hypothécaire, en payant les obligations d'AIG, etc.). En ce sens, elles nous ont extorqué des rentes à tous. Des rentes redistribuées en dividendes à leurs actionnaires et en «bonus» à leurs dirigeants. C'est cela qui a mis tant d'Américains en colère : ceux qui ont conduit leurs entreprises au bord de la faillite ont tout de même reçu des primes. Et, quand la Federal Reserve a prêté de l'argent

1. En mai 2012, la banque J. P. Morgan a subi une énorme perte de plus de 2 milliards de dollars dans une opération de trading à Londres, et prouvé ainsi que les banques ne maîtrisaient toujours pas leurs risques (*NdT*).

aux banques à un taux d'intérêt proche de zéro et qu'elles ont fait des profits faciles en achetant des bons d'État à long terme, les banquiers ont néanmoins perçu des bonus, comme si ces profits résultaient de leur dur labeur ou de leur génie.

Dans votre livre, vous proposez une série de mesures qui conjointement, à long terme, résoudraient le problème de l'inégalité. Si vous pouviez appuyer sur un bouton et appliquer l'une d'entre elles, laquelle choisiriez-vous et pourquoi ? Si vous pouviez appuyer à nouveau sur ce bouton, quelle serait la deuxième ?

Il n'y a pas de solution miracle. Il y a tant de facettes aux inégalités américaines : la fortune et les revenus indécents des riches, la classe moyenne qui périclite, la pauvreté qui grandit. Chacune a ses propres causes et ses propres remèdes.

Ce qui me trouble le plus, c'est que l'Amérique a cessé d'être le pays de l'égalité des chances. Intégrer la classe moyenne est bien plus difficile que dans la vieille Europe, plus difficile, en fait, que dans tous les autres pays avancés sur lesquels nous avons des chiffres. Ce manque d'ascension sociale se traduit, au fil du temps, par des inégalités croissantes et peut mener à la création d'une ploutocratie d'héritiers. Selon moi, le plus important est donc d'assurer un enseignement correct pour tous. En même temps, améliorer l'éducation aiderait les Américains à être plus compétitifs sur le marché mondial, toujours plus concurrentiel.

Les mesures que je propose dans *Le Prix de l'inégalité* découlent directement de mon diagnostic sur les sources de ce fléau : au sommet, une financiarisation excessive, l'abus des règles de gouvernance qui permettent aux PDG de s'octroyer une part disproportionnée des profits de leur entreprise, et la recherche de rente ; au milieu, l'affaiblissement des syndicats ; en bas, la discrimination et l'exploitation. Créer des réglementations financières efficaces, de meilleurs systèmes de gouvernance d'entreprise et des lois qui répriment davantage les discriminations et le crédit prédateur : tout cela serait très utile. De même que réformer le financement des campagnes électorales et prendre d'autres mesures politiques pour retirer aux riches des possibilités de chercher des rentes.

Toutes ces initiatives réduiraient l'ampleur de l'inégalité des revenus avant impôts. Mais la baisse de l'inégalité des revenus après impôts est tout aussi importante. Commençons donc par la fiscalité elle-même. Le système actuel impose les plus-values, qui peuvent être des profits de la spéculation, à un taux beaucoup plus bas que les salaires. Non seulement c'est absolument injustifié, mais de plus cette politique fiscale crée des distorsions dans l'économie et accroît l'instabilité. Les riches ne devraient pas payer au fisc une proportion plus faible de leurs revenus que la classe moyenne. Cela aggrave les inégalités, déforme encore plus notre politique et complique le rétablissement de la santé budgétaire du pays. Les recettes supplémentaires pourraient aider à financer les investissements publics nécessaires dans les infrastructures, l'éducation et la recherche : ceux-ci remettront notre économie sur les rails – et, s'ils sont bien conçus, feront aussi progresser l'égalité des revenus et des chances.

Vous avez expliqué pourquoi l'inégalité est un problème grave, et vous estimez que les riches ont en fait intérêt au bien-être de tous. Il doit bien y avoir quelques membres du 1 % qui partagent votre avis. Qui sont-ils ?

Il y en a beaucoup, notamment George Soros et Warren Buffett. Des centaines d'entre eux ont signé une pétition lancée par une association nommée Patriotic Millionaires pour demander l'augmentation des impôts des riches. On peut la trouver sur <patriotic-millionaires.org>. Ils comprennent qu'une maison divisée contre elle-même ne peut subsister ; ils savent que leur propre bien-être à long terme, et celui de leurs enfants, dépend de l'existence d'une société américaine soudée, qui investit efficacement dans l'éducation, les infrastructures et la technologie. Parmi eux, beaucoup ont vécu le rêve américain, ils n'ont pas hérité de leur fortune et souhaitent que d'autres puissent avoir la même chance qu'eux. Par-dessus tout, je pense qu'ils sont très attachés à certaines valeurs – illustrées par le style de vie de Buffett – et s'inquiètent que, dans une Amérique de plus en plus divisée, elles ne disparaissent peu à peu. Les Patriotic Millionaires l'ont écrit dans leur pétition pour soutenir la loi Buffett [1] : «Notre pays a été bon pour nous. Il nous a fourni le socle sur lequel nous avons pu construire notre succès. Aujourd'hui, nous voulons l'aider à garder ces solides fondements, afin que d'autres puissent réussir à leur tour.»

---

1. Projet de loi défendu depuis 2011 par l'administration Obama. La loi Buffett, désignée ainsi par l'administration Obama elle-même, instaure-rait pour les super-riches un taux d'imposition plancher de 30 % sur leurs revenus après toutes déductions. Jusqu'à présent, le Congrès s'y est opposé (*NdT*).

Crédits

Tous nos remerciements au *New York Times* pour avoir autorisé la reprise des articles suivants : «L'inégalité est un choix»; «Comment Martin Luther King a orienté mon travail en économie»; «L'égalité des chances, notre mythe national»; «Comment la dette étudiante broie le rêve américain»; «Il ne reste qu'une solution pour l'immobilier : un refinancement massif des prêts hypothécaires»; «Un système fiscal truqué contre les 99 %»; «La fausse leçon à tirer de la faillite de Détroit»; «In No One We Trust»; «Pourquoi c'est Janet Yellen, pas Larry Summers, qui doit diriger la Federal Reserve»; «La démence de notre politique alimentaire»; «Du mauvais côté de la mondialisation»; «Comment la propriété intellectuelle aggrave l'inégalité»; «L'inégalité n'est pas inévitable»; «Ce que l'Amérique inégalitaire doit apprendre de Singapour»; «Le Japon est un modèle, pas un contre-exemple»; «L'inégalité ralentit la reprise».

Tous nos remerciements au *Project Syndicate* pour avoir autorisé la reprise des articles suivants : «L'inégalité devient mondiale», initialement publiée sous le titre «Complacency in a Leaderless World»; «La démocratie au XXIe siècle»; «La justice pour certains»; «L'inégalité et l'enfant américain»; «Ebola et l'inégalité»; «Le socialisme pour les riches aux États-Unis»; «La mascarade du libre-échange»; «La décision de l'Inde est intellectuellement appropriée»; «Les crises de l'après-crise»; «Le miracle mauricien»; «La feuille de route de la Chine»; «Il faut réformer l'équilibre entre l'État et le marché en Chine»; «Medellín : un exemple lumineux pour les villes»; «Illusions américaines en Australie»; «La pénurie à l'ère de l'opulence»; «Première à gauche pour la croissance»; «L'énigme de l'innovation».

Tous nos remerciements à *Vanity Fair* pour avoir autorisé la reprise des articles suivants : «Les conséquences économiques de M. Bush»; «Les imbéciles du capitalisme»; «Du 1 %, par le 1 %, pour le 1 %»; «Le problème du 1 %»; «Le livre des jobs»; «Joseph Stiglitz : non, le 1 % n'est pas le moteur de l'innovation; et le tournant vers l'inégalité en Amérique a été pris sous l'administration Reagan».

Nous remercions également de leur autorisation de reprise : la *Critical Review*, pour «Anatomie d'un meurtre : qui a tué l'économie américaine?»; *Time*, pour «Comment sortir de la crise financière»; le *Washington Monthly*, pour «La croissance lente et l'inégalité sont des choix politiques. Nous pouvons en faire d'autres»; *Harper's*, pour «Pseudo-capitalisme»; *Politico*, pour «Le mythe de l'âge d'or de l'Amérique» et «Comment remettre l'Amérique au travail»; *The Guardian*, pour «La mondialisation n'est pas seulement une question de profits mais aussi d'impôts»; *USA Today*, pour «Les sophismes de Mitt Romney»; *The Washington Post*, pour «Comment l'action publique a contribué à la grande fracture économique»; *Ethics and International Affairs*, pour «Éliminer l'inégalité extrême : un objectif du développement durable 2015-2030»; Tokuma Shoten, pour «Japon, méfie-toi!»; *The Herald*, pour «L'indépendance écossaise»; Taurus Books, pour «La dépression espagnole».

Table

OUVRAGE RÉALISÉ
PAR L'ATELIER GRAPHIQUE ACTES SUD
REPRODUIT ET ACHEVÉ D'IMPRIMER
EN MARS 2017
PAR NORMANDIE ROTO IMPRESSION S.A.S.
À LONRAI
POUR LE COMPTE DES ÉDITIONS
ACTES SUD
LE MÉJAN
PLACE NINA-BERBEROVA
13200 ARLES

DÉPÔT LÉGAL
1re ÉDITION : AVRIL 2017
No impr. : 1605534
(Imprimé en France)